Monique Wernham

La communauté juive de Salon-de-Provence
d'après les actes notariés 1391-1435

Ville moyenne de Basse-Provence, Salon est situé au carrefour de routes menant aux grands centres d'Arles, d'Aix-en-Provence, de Marseille et d'Avignon ; l'agglomération jouait au Moyen Âge un rôle économique correspondant à son emplacement privilégié. Sa communauté juive, active et prospère, apparaît régulièrement dans les chartes, les statuts municipaux et la collection considérable de registres notariés.

Cette riche documentation étaye la présente étude qui traite des multiples aspects de la vie des Juifs de Salon entre 1391 et 1435. Cette période de calme relatif pour les communautés juives de Provence se situe à mi-chemin environ entre les pogroms qui ont suivi la Peste noire de 1348 et ceux qui, à partir de 1475, ont précédé l'expulsion des Juifs. Le nombre de personnes, les familles, les mouvements migratoires, la vie communautaire, les fortunes et les activités économiques font l'objet d'une analyse détaillée. La question des contacts avec la population chrétienne dominante et les pouvoirs locaux, c'est-à-dire l'archevêque d'Arles et le comte de Provence, est aussi abordée.

Les Juifs de Salon jouissaient de l'autonomie religieuse, possédaient les édifices nécessaires à la pratique du culte (synagogue, cimetière, bains, four, etc.) et appliquaient leurs propres mécanismes d'administration interne par l'intermédiaire de représentants élus. Ils étaient parfaitement intégrés à l'important réseau des communautés juives de Provence dont ils assumaient régulièrement leur part des lourdes charges fiscales qui les grevaient toutes.

Versés dans le crédit et le commerce, ils jouaient un rôle économique de tout premier plan aussi bien à Salon que dans les villages environnants. Ils associaient ces deux activités en se concentrant sur la collecte des denrées alimentaires de la région, notamment le grain, le raisin et l'huile d'olive, et sur la redistribution aux marchés locaux ou plus éloignés. Tous les groupes sociaux chrétiens (nobles, gens d'Église, juristes, artisans et paysans) transigeaient avec eux de sorte que leur influence dépassait largement leur importance démographique.

La vie, les activités et les intérêts de la communauté juive de Salon sont bien représentatifs des communautés juives de taille moyenne du XIV$^e$ et XV$^e$ siècles. Ce livre intéressera aussi bien les chercheurs qui étudient la vie économique, sociale et communautaire des Juifs au Moyen Âge que ceux qui se penchent sur le crédit et le commerce dans les régions urbaines et rurales.

Le volume comprend une bibliographie détaillée, des annexes documentaires, de nombreuses pièces justificatives, des études de cas, des cartes, des graphiques et des tableaux.

STUDIES AND TEXTS 82

# LA COMMUNAUTÉ JUIVE DE SALON-DE-PROVENCE D'APRÈS LES ACTES NOTARIÉS 1391-1435

PAR

MONIQUE WERNHAM

PONTIFICAL INSTITUTE OF MEDIAEVAL STUDIES

Cet ouvrage a été publié grâce à une subvention
de la Fédération canadienne des sciences sociales,
dont les fonds proviennent du Conseil de recherches
en sciences humaines du Canada.

Données de catalogage avant publication (Canada)

Wernham, Monique.
 La communauté juive de Salon-de-Provence d'après les actes notariés 1391-1435

(Studies and texts, ISSN 0082-5328 ; 82)
Bibliographie: p.
ISBN 0-88844-082-0

1. Juifs — France — Salon-de-Provence — Histoire.   2. Juifs — France — Salon-de-Provence — Commerce.   3. Salon-de-Provence (France) — Histoire.   I. Pontifical Institute of Mediaeval Studies.   II. Titre.   III. Collection: Studies and texts (Pontifical Institute of Mediaeval Studies) ; 82.

DS135.F85S35 1987          944'.91025004924          C87-093877-0

© 1987 par
Pontifical Institute of Mediaeval Studies
59 Queens's Park Crescent East
Toronto, Ontario Canada M5S 2C4

IMPRIMÉ PAR UNIVERSA, WETTEREN, BELGIQUE

Diffusion en dehors de l'Amérique du Nord:
E. J. Brill, Leiden, Pays-Bas
(Brill ISBN 90 04 08323 5)

## Remerciements

Cet ouvrage vit d'abord le jour comme thèse de doctorat de troisième cycle. Elle fut soutenue en octobre 1979 au Centre d'Aix de l'Université de Provence. Après quelques années de réflexion et une période de révision, nous avons envisagé de la publier sous forme de volume. C'est avec plaisir que nous exprimons ici notre reconnaissance à tous ceux qui ont collaboré à l'une ou l'autre des longues étapes de préparation de cet ouvrage.

À M. Georges Duby, professeur au Collège de France, je dois de sincères remerciements pour m'avoir donné le goût du Moyen Âge et avoir bien voulu accepter la direction de la thèse initiale. M. Noël Coulet, professeur à l'U.E.R. d'Histoire de l'Université de Provence m'a prodigué de nombreux conseils fructueux tout au long de mon travail et s'est prêté amicalement à la lecture de bien des chapitres. Qu'il soit vivement remercié de sa patience et de sa générosité. J'exprime également ma gratitude à M. Joseph Shatzmiller, professeur titulaire à l'Université de Toronto, qui m'a aidée à résoudre maints problèmes en répondant à mes demandes d'éclaircissements et d'informations. Je remercie aussi M. Bernhard Blumenkranz de Paris dont les remarques intéressantes ont nourri ma réflexion sur plusieurs questions. M. Louis Stouff, professeur à l'U.E.R. d'Histoire de l'Université de Provence, et M. Michel Hébert, de l'Université du Québec à Montréal, m'ont fourni une aide précieuse en me communiquant nombre de renseignements glanés au cours de leurs recherches. M. Simon Seror d'Herzlya m'a souvent transmis des éléments d'onomastique fort utiles.

À M$^{mes}$ Madeleine Villard et Marie-Christine Trouillet, je dois l'expression de ma gratitude pour le concours pratique qu'elles m'ont donné aux Archives départementales des Bouches-du-Rhône et au dépôt annexe d'Aix-en-Provence. M. Joseph Platero et M$^{me}$ Annie Tudury m'ont apporté une aide également précieuse aux Archives communales de Salon-de-Provence. M. Jean Blanchard m'a fait profiter de ses connaissances des archives salonaises et m'a renseignée fort utilement sur la géographie du quartier juif de cette ville. MM. Jean-Claude Gonin et Jim Caplan se sont employés de bon cœur à l'informatisation de mes données. M$^{me}$ Françoise Veyron de Gomez a aimablement accepté de concourir à la préparation de la partie graphique de cette thèse, domaine auquel a également contribué M$^{me}$ Anne-Marie Balac. À toutes ces personnes, je voudrais offrir mes sincères remerciements.

# Introduction

Les nouvelles méthodes de la recherche dans les sciences humaines ont révolutionné tous les domaines de l'histoire, mais plus particulièrement les domaines économiques et sociaux. L'apport de la quantification leur a permis un redémarrage sur une ligne plus féconde. L'histoire des communautés juives médiévales a bénéficié grandement de ce nouveau départ. Elle a produit, au cours des dernières années, plusieurs études économiques et sociales des juiveries du Midi de la France. Par l'usage de la quantification, celles-ci complètent heureusement les travaux déjà existants.

Dans son travail sur les Juifs de Perpignan,[1] R. W. Emery a étudié surtout leurs activités économiques. Sa documentation, constituée essentiellement de dix-sept registres notariaux datant du XIII$^e$ siècle (1261-1287), est particulièrement riche sur les questions de prêts. Il s'est consacré donc plus spécialement à l'étude de ce type d'activités, disséquant les classes sociales des emprunteurs, la richesse des prêteurs, le nombre des prêts et les sommes prêtées.

De même, au cours des dernières années, plusieurs travaux ont porté sur les juiveries du Comtat Venaissin.[2] Ainsi C. Castellani dans sa thèse sur Carpentras, a tenté d'étudier le rôle économique de la communauté juive de cette ville au XV$^e$ siècle (1396-1418), également à l'aide des registres de notaires. Pour traiter les 3.500 opérations de crédit de sa documentation, il a été amené à procéder à un triage mécanographique. La grande précision qui en a résulté, lui a permis d'éclairer certains aspects du prêt, sa correspondance avec les activités agricoles et pastorales, par exemple.

Parmi les études récentes effectuées sur la Provence, soulignons celle de F. Menkès sur la communauté juive de Trets.[3] Fondée en grande partie sur

---

[1] Richard W. Emery, *The Jews of Perpignan in the Thirteenth Century; An Economic Study Based on Notarial Records* (New York: Columbia University Press, 1959), 202 p. Partiel dans son objet, ce travail est néanmoins magistralement exécuté.

[2] Bernard Delpal, *Juifs et Chrétiens à Avignon et dans le Comtat Venaissin, du grand schisme d'Occident au milieu du XIV$^e$ siècle (1378-1557)*, diplôme de maîtrise de la Faculté de Lettres de Nanterre, 1968, 142 p. polycopiées. Christian Castellani, *Recherches sur le rôle économique de la communauté juive de Carpentras 1396-1420*, mémoire présenté à l'École Nationale des Chartes en janvier 1970 pour l'obtention du diplôme, 237 p.

[3] Fred Menkès, «Une communauté juive en Provence au XIV$^e$ siècle: étude d'un groupe social,» *Le Moyen-Âge*, 77, n° 2 (1971) 277-303, n$^{os}$ 3-4, 416-450.

les protocoles de notaires, elle tente de tirer les grandes lignes de la démographie juive de cette ville; le nombre de familles, leurs lieux d'origine, le taux de natalité, etc. Puis elle procède à l'analyse des activités économiques de la communauté et de sa fonction dans la vie économique de Trets au XIV$^e$ siècle.

L'excellente thèse de J. Shatzmiller sur la communauté juive de Manosque mérite également toute notre attention.[4] Sa documentation est extraite des registres de la Cour temporelle de Manosque et des minutes notariales de la ville. Laissant de côté la vie économique de la communauté, elle traite surtout de ses aspects démographiques, sociaux et de mentalités, en appuyant toujours ses thèses par une analyse statistique.[5]

À la suite de ces historiens, nous nous sommes intéressée à l'histoire des communautés juives de Provence et, comme eux, nous nous sommes penchée sur les registres de notaires, infiniment riches en renseignements sur l'économie et la société médiévales. Le nombre de transactions de cette source documentaire impliquant des Juifs suffit, à lui seul, à justifier notre intérêt. Il révèle l'importance de ceux-ci dans le fonctionnement des activités économiques des villes provençales.

Voici, par exemple, l'ensemble des actes notariés conservés dans les minutes de Salon-de-Provence des années 1391 à 1405. Mis à part le registre consacré exclusivement à Bonan Boniaqui, Juif de Salon,[6] le taux moyen d'actes impliquant des Juifs dans les registres de notaires est de 40 p. cent environ et dans les registres de cour de 22 p. cent, ce qui donne une moyenne générale de 37,19 p. cent. Ce taux varie selon les divers registres, oscillant entre 9,46 p. cent et 80,58 p. cent.[7] La proportion d'actes concernant les

---

[4] Joseph Shatzmiller, *Recherches sur la communauté juive de Manosque au Moyen Âge 1241-1329* (Paris, La Haye: Mouton & Co., 1974), 164 p.

[5] De nombreuses communications prononcées lors de colloques et traitant des activités des communautés juives de Provence ont été par la suite publiées. Il serait trop long de les énumérer, mais soulignons surtout celles de la table ronde tenue à l'abbaye de Sénanque en octobre 1978, intitulée *Minorités, techniques et métiers*, (Actes de la table ronde du Groupement d'Intérêt Scientifique Sciences Humaines sur l'Aire Méditerrannéenne, Centre national de la recherche scientifique, Maison de la Méditerranée, Institut de recherches méditerranéennes, Université de Provence, 1980, 196 p.). Traitant d'une période plus tardive, celle de l'expulsion et des années qui l'ont immédiatement précédée, la précieuse thèse de Danièle Iancu, intitulée *Les Juifs de Provence (1475-1501). De l'insertion à l'expulsion*, (Marseille, Institut historique de Provence, 1981, 342 p.) apporte de nombreux nouveaux éléments à la connaissance de l'histoire des juiveries provençales au Moyen-Âge.

[6] Archives départementales des Bouches-du-Rhône, Jacques Franc, 376 E 32 (1392-1399).

[7] Voici les noms des notaires, les cotes et les dates des registres et le pourcentage des actes qui impliquent des Juifs dans chacun de ceux-ci: Étienne Constantin, 376 E 83 (1390-1391), 43,94%; 376 E 84 (1392), 26,45%; 376 E 85 (1393-1394), 36,85%; 376 E 86 (1394-1395),

INTRODUCTION                                                                         IX

Juifs de la ville y est donc très forte; elle dépasse certainement de beaucoup leur importance démographique.[8] L'importance des Juifs dans la vie quotidienne de cette ville n'est donc nullement négligeable. Cette affirmation peut d'ailleurs être appliquée à la plupart des villes provençales.[9]

Salon a suscité notre intérêt comme champ d'étude, car il s'agissait d'une ville d'importance moyenne de Basse-Provence, capitale régionale d'un territoire restreint, bien située géographiquement. Or les travaux sur ce type de ville sont insuffisamment nombreux. Les documents susceptibles de donner une estimation démographique de cette ville sont rares. Il n'en existe aucun pour la période étudiée. Un des documents qui peut servir à une évaluation de la population du XIV$^e$ siècle est la liste de 1304 des cens dus à l'archevêque d'Arles à Salon.[10] É. Baratier y dénombre 480 logements, ce qui lui permet de classer cette ville dans la catégorie des localités de plus de 400 feux et de conclure à une population de 2.200 à 2.500 habitants.[11] A. Płachcinska utilise également cette liste de cens dans un but démographi-

---

48,26%; 376 E 87 (1396-1397), 49,24%; 376 E 88 (1398-1399), 42,91%; 376 E 89 (1399-1400), 65,22%; Barthélémy Rognac, 376 E 108 (1391-1392), 1406 (?), 40,70%; 376 E 109 (1401-1402), 35,76%; 376 E 110 (1400-1404), 9,46%; 376 E 111 (1403), 17,82%; 376 E 112 (1403-1404); 28,57%; 376 E 113 (1404-1405), 31,29%; 376 E 114 (1405-1406), 34,29%; Jean Astier, 376 E 66 (1398-1401), 46,46-; Jacques Franc, 376 E 29 (1391-1392), 45,71%; 376 E 30 (1391-1392), 28,66%. 376 E 31 (1393-1395), 45,95%; Bernard de Maxence, 376 E 140 (1399-1401), 36,17%; Pierre de Rivo, 376 E 141 (1399-1400), 7,22%; 376 E 142 (1400-1401), 0,60%; 376 E 143 (1401-1402), 2,00%; 376 E 145 (1405-1406), 1,67%; Attribués à Pierre de Rivo, 376 E 144 (1404), 6,90%; 376 E 157 (1398-1400), 20,83%; 376 E 158 (après 1399), 10,71%; 376 E 159 (1401), 15,87%; Jacques Amaury, 376 E 92 (1390-1391), 42,86%; 376 E 93 (1403-1404), 39,26%; Étienne Pachon, 376 E 105 (1397-1402), 53,38%; 376 E 106 (1403-1404), 80,58%; du même notaire, registres de la Cour temporelle de Salon, 376 E 102 (1391-1393), 25,65%; 376 E 103 (1394-1395), 25,75%; 376 E 104 (1395-1397), 21,41%; 376 E 107 (1404-1407), 17,19%. Ont été exclus du calcul deux registres de Jacques Franc, 375 E 6 (1401), consacré aux reconnaissances de cens des nobles Louis Isnard d'Alleins et Antoine Carpin, habitant tous les deux Salon qui ne comporte aucune mention de Juifs de Salon et 376 E 32, entièrement consacré aux créances de Bonan Boniaqui. Dans le compte, les registres de Pierre de Rivo doivent être considérés à part, car ce notaire instrumentait pour Saint-Chamas, Cornillon et Miramas. Les transactions concernant les Juifs de Salon sont donc beaucoup moins nombreuses dans ces registres que dans ceux des autres notaires.

[8] Une estimation démographique de la communauté juive de Salon de Provence sera tentée plus tard.

[9] Voir Joseph Shatzmiller, *op. cit.*, p. 7. Les taux d'actes concernant les Juifs de Manosque cités par l'auteur, bien qu'inférieurs à ceux obtenus pour Salon, ne sont nullement négligeables. Ils oscillent entre 2 p. cent et 56,2 p. cent.

[10] Arch. dép. des Bouches-du-Rhône, *Registrum censuum Sallonis*, III G 124 et III G 6, n° 32. Voir également Marie-Josèphe Cavalie, *Présentation et édition du Censier de Salon-de-Provence (1304)*, mémoire de maîtrise d'histoire présenté en 1973 à l'Université de Provence, Centre d'Aix, 156 p.

[11] Édouard Baratier, *La démographie provençale du XIII$^e$ au XVI$^e$ siècle*, p. 66, n. 4.

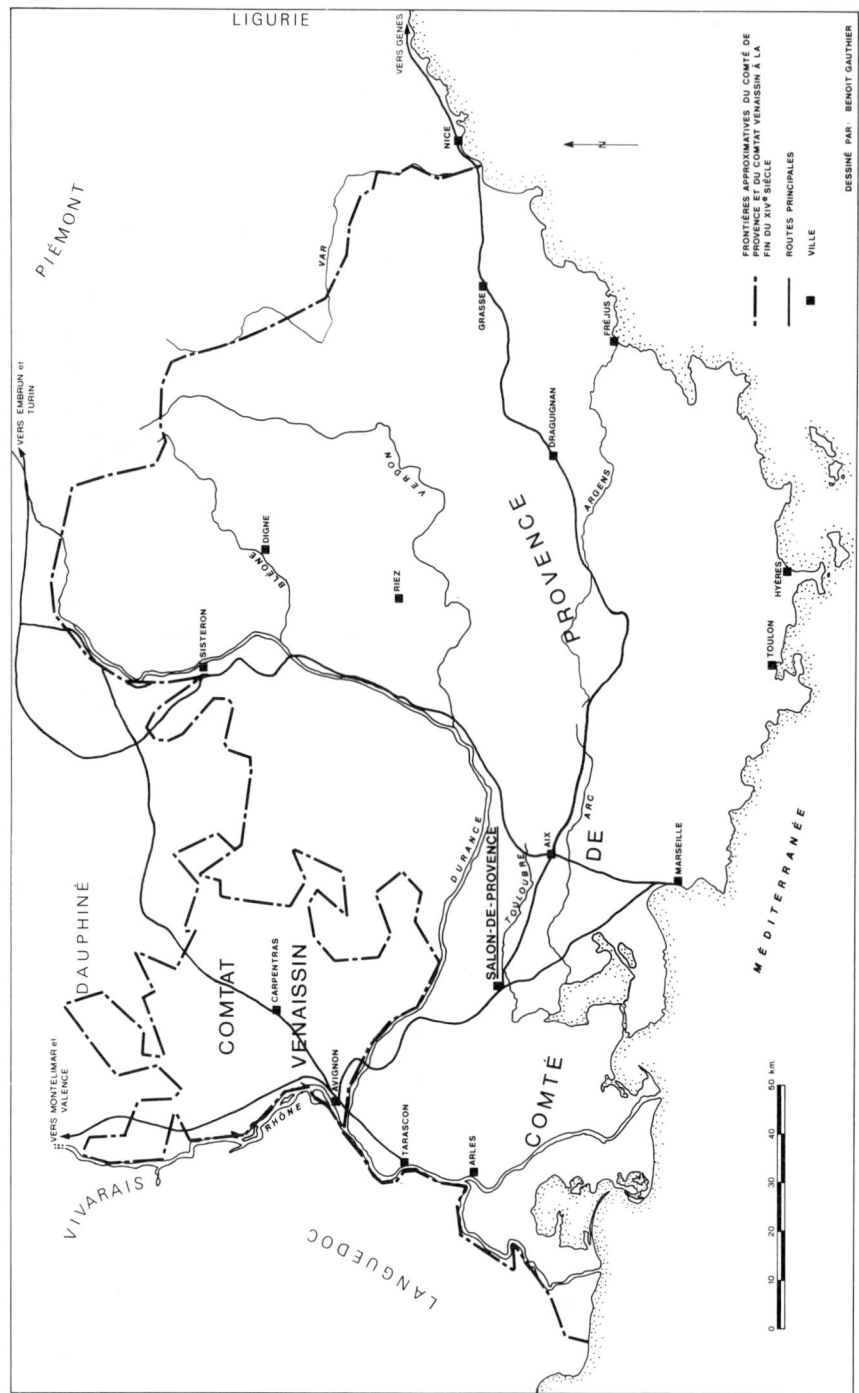

Figure 1. Localisation de Salon-de-Provence

que.¹² Elle y dénombre 546 unités d'habitation: 521 *hospicia*, vingt *domûs* et cinq *cazalia*. En ce qui concerne les propriétaires d'immeubles, en éliminant les femmes qui paient le cens sans être chefs de feux et certaines personnes vivant dans l'indivision, la liste de cens totalise 580 personnes, 555 hommes et vingt-cinq femmes. Or cette liste est partielle; elle ne couvre en effet que les unités d'habitation pour lesquelles l'archevêque perçoit des cens. Le nombre d'habitants de Salon était donc supérieur à celui révélé par la liste de 1304.¹³

Désireuse de confronter l'estimation démographique obtenue au moyen de la liste de cens de 1304 avec celle suggérée par d'autres sources documentaires, A. Płachcinska a fait appel aux registres notariaux: elle a relevé 1.265 hommes adultes qui apparaissent dans les protocoles des années 1341 à 1349. En utilisant le coefficient de K. Bücher,¹⁴ qui a obtenu pour la ville de Nuremberg en 1449, une proportion d'un homme pour 2,81 femmes et enfants, A. Płachcinska chiffre la population de Salon-de-Provence aux alentours de 3.500 personnes. Ceci semble confirmer les calculs faits selon la méthode de H. Ammann pour évaluer la population maximale pouvant occuper le périmètre de la ville médiévale.¹⁵

Quelle a été l'évolution démographique de la ville par la suite? Si Salon a suivi les mouvements de population des autres villes de Basse-Provence, il a dû bénéficier d'un léger accroissement jusqu'à la Grande Peste. Alors le revirement démographique fut brutal et il s'accentua avec les retours de peste, les guerres et les famines, si bien que le nombre des hommes ne retrouva plus son niveau initial avant le milieu du xv$^e$ siècle. La population de la ville devait donc être, à l'époque que nous étudions (1391-1435), sensiblement inférieure au chiffre proposé par A. Płachcinska: c'était donc une ville moyenne de Basse-Provence. En effet, elle n'atteignait pas la population des grandes

---

¹² Anna Rutkowska-Płachcinska, *Salon-de-Provence. Une société urbaine au bas Moyen-Âge*, Académie polonaise des sciences. Institut d'histoire de la culture matérielle, (Wrocław, Warszawa, Kraków, Gdańsk, Lodź, Zakład Narodowy Imienia Ossolińskich Wydawnictwo Polskiej Akademii Nauk, 1982), pp. 12-26. Chaque fois que cela se révèle possible, nous référons à cet ouvrage plus accessible de l'auteur. Toutefois, certains renseignements concernant la ville de Salon ne sont indiqués que dans une publication en polonais citée ailleurs et un article de l'auteur qui n'est pas encore paru, auquel nous avons dû également faire appel.

¹³ Mentionnons en outre que la Peau d'Âne de 1354, dont il reste deux copies conservées aux archives départementales des Bouches-du-Rhône, sous les cotes III G 21 f. 191 ss. et III G 145 f. 1086-1130, indique 466 noms.

¹⁴ L'auteur se réfère à K. Bücher, *Die Bevölkerung von Frankfurt a. Main im XIV und XV Jahrhundert* (Tübingen, 1886), pp. 31-48.

¹⁵ À partir de H. Ammann, «Wie gross war die mittelalterliche Stadt,» *Studium Generale*, 9 (1956) 503-506, l'auteur propose une densité maximum de 200 personnes par hectare d'une superficie urbaine construite pour les villes méridionales. Salon ayant 18,5 hectares au xiv$^e$ siècle, son nombre maximal d'habitants serait de 3.700 personnes.

villes provençales comme Marseille, Arles, Aix et Tarascon qui dépassaient les 1.000 feux de queste en 1315. Ces villes perdirent, il est vrai, une grande partie de leur population au moment de la Grande Peste et des calamités qui suivirent. Ainsi M. Hébert, d'après le recours de feux de 1392, évalue la population de Tarascon à cette date, à 4.800 habitants. Toutefois, comme toute la Provence fut affectée, ces agglomérations gardèrent leur supériorité numérique. Contrairement à ces villes à grande activité commerciale, Salon, Apt et Pertuis constituaient des marchés agricoles régionaux. Dans l'échelle de la population, ils se situaient à un échelon inférieur.[16]

Après 1470, la courbe démographique se redresse et la population salonaise s'accroît en grande partie, semble-t-il, grâce à l'immigration.[17] Si le cadastre de 1453 est trop partiel pour permettre d'évaluer la population,[18] celui de 1552 est relativement complet puisqu'il ne lui manque qu'un quartier, le Puy-Engenier. On y dénombre 780 chefs de famille. En évaluant à environ 60 le nombre de ceux qui devaient habiter le Puy-Engenier et en utilisant le coefficient de 3,5 personnes par famille, on obtient une population salonaise d'environ 3.000 habitants en 1552. Si ce chiffre est juste, la population de Salon n'aurait pas encore atteint, au milieu du XVI$^e$ siècle, son niveau du début du XIV$^e$ siècle. Mais elle confirme l'hypothèse que Salon était une ville relativement peu peuplée à l'époque qui nous intéresse.

Par son importance moyenne, Salon joue le rôle de capitale de la région immédiate. Comme les statuts municipaux de la ville le mentionnent, un certain nombre de villages des environs sont placés sous sa juridiction: il s'agit de Grans, Cornillon, Saint-Chamas, Vernègues, Aurons, Saint-Mître, Castel-Veyre, Vacquières et Saint-Martin.[19] Toutefois sa zone d'influence économique est sensiblement plus vaste. En effet, situé à une distance raisonnable des grands centres (Aix, Marseille, Arles et Avignon), il joue un rôle d'intermédiaire commercial entre ceux-ci et les villages.[20] Cela lui est d'autant facile qu'il est au carrefour des grandes routes: celle d'Aix à Arles

---

[16] Édouard Baratier, *op. cit.*, pp. 109-110 et 204-205. Michel Hébert, *Tarascon au XIV$^e$ siècle. Histoire d'une communauté urbaine provençale* (Aix-en-Provence: Éditions Édisud, 1979), pp. 55-60.

[17] Philippe Paillard, «Vie économique et sociale à Salon-de-Provence de 1470 à 1550,» *Provence Historique*, 19, fasc. 78 (1969), 283 ss.

[18] Il ne comprend que le Bourgneuf.

[19] Ch. Giraud, *Essai sur l'histoire du droit français au Moyen Âge*, t. 2, 2$^e$ partie: *Chartes et coutumes*, Statuts municipaux de la ville de Salon (1293), p. 249. «*Nullum reputamus extraneum qui sit de juridictione nostra, videlicet de Salone, de Granis, de Cornilione, de Sancto-Amantio, de Alinico (sic pour Alleins Aligno ou Vernègues Alvernico), de Auronis, de Sancto-Mitrio, de Castro Veteri, de Vaqueriis, de Sancto-Martino de palude majore.*»

[20] Cf. Robert Brun, *La ville de Salon au Moyen-Âge*, pp. 10-28.

et celle de Marseille à Avignon, passant par Lançon, Eyguières et Orgon. De plus, une route partant de Salon rejoint Saint-Chamas et l'étang de Berre.[21]

L'intérêt porté aux juiveries de Provence nous a amenée à nous intéresser au rôle économique et à la place occupée par une communauté juive dans la société d'une ville d'importance moyenne, centre intermédiaire, redistributeur des produits fabriqués ou importés des grandes villes et rassembleur des denrées alimentaires produites par la campagne.

Or la ville de Salon-de-Provence avec ses nombreuses chartes et registres de notaires, constituait un terrain de choix pour une telle étude. Nous avons voulu commencer notre étude en 1391, car à partir de cette date, les registres notariaux avaient une continuité suffisante pour permettre une étude régulière et détaillée des activités économiques des Juifs de Salon. Les notaires dont les minutes sont conservées pour cette période sont nombreux, ainsi l'effet de la perte des registres d'un notaire pour une année est atténué par la conservation des registres des autres notaires.

Le terminus *ad quem* de notre travail a été également délimité par les sources. À partir de l'année 1420, le nombre de registres augmente considérablement. Pour la période de 1391-1405, on compte trente-sept minutes de notaires et de cour conservées alors que pour une période deux fois plus longue (1406-1435), on en compte 102, soit vingt-huit de plus que le double.[22] Et cette tendance s'accroît avec les années, si bien que nous avons dû interrompre notre dépouillement à l'année 1435 pour ne pas être confrontée à une documentation difficile à maîtriser.

Puisque l'essentiel des conclusions de cette étude a été tiré des registres de brèves, il convient de les examiner de plus près. Pour la période allant de 1391 à 1405, nous avons dépouillé systématiquement trente-trois registres de brèves et quatre registres de la juridiction civile de la cour temporelle de Salon tenus par huit notaires. Les actes étaient rédigés dans un ordre chronologique assez rigoureux, avec d'occasionnels décalages. Comme leur nom l'indique, ces actes étaient présentés sous une forme abrégée et un peu sèche, avec des clauses à peine amorcées et suivies d'etc.

Il est impossible, hélas, de déterminer la proportion des actes conservés par rapport à ceux qui ont été rédigés à l'origine. Aucun cadastre ou liste de

---

[21] Édouard Baratier, Georges Duby et Ernest Hildesheimer, *Atlas historique, Provence, Comtat Venaissin, Principauté de Monaco, Principauté d'Orange, Comté de Nice*, Carte économique du Moyen-Âge, ports, routes et foires du XIII$^e$ et XV$^e$ siècle, n° 86, Thérèse Sclafert, «Les routes du Dauphiné et de la Provence sous l'influence du séjour des papes à Avignon,» *Annales d'histoire économique et sociale* (1929) 183-192 et Michel Hébert, *Les péages de Basse Provence Occidentale d'après une enquête de la cour des Comptes de Provence. 1366-1381*, Mémoire de maîtrise, Université de Provence, juin 1972, pp. 52-70.

[22] Dans ce compte, seules les brèves apparaissent.

chefs de feux de la période ne nous indique le nombre total de notaires ayant instrumenté, de sorte que des séries complètes peuvent être absentes de la documentation sans que l'historien ne s'en rende compte. En outre, si la perte de certains registres est évidente, certaines autres absences portent à réflexion. Qu'il suffise de donner quelques exemples. Ainsi, un registre de 1391-1392 de l'étude de Barthélémy Rognac a été conservé et plus tard une série débutant en 1401.[23] Les traces de dix années d'activités de ce notaire salonais se sont sans doute perdues. Des registres de Jacques Franc, il reste quelques spécimens disséminés entre les années 1360 et 1419.[24] Ce qui est insuffisant pour déduire l'intensité du travail de ce notaire.

En outre, l'absence totale de cadastre ne facilite pas la recherche des clientèles. Toutefois, aucun notaire salonais connu n'a instrumenté que pour les Juifs. Il ne reste qu'un seul registre uniquement consacré à un Juif; c'est celui que Jacques Franc réserve au prêteur et commerçant Bonan Boniaqui.[25]

Soulignons enfin l'état de conservation relativement bon de ces registres: plusieurs sont complets et peu sont si tachés qu'ils en deviennent difficilement lisibles. Nous avons relevé de ceux-ci tous les actes concernant des Juifs de la ville: les renseignements qui en ressortent peuvent servir aussi bien à retracer leur mobilité géographique qu'à étudier leurs activités économiques et leur rôle social. Ont été également retenus tous les actes de prêts impliquant des bailleurs de fonds chrétiens et cela afin de pouvoir comparer l'importance et le fonctionnement du prêt chrétien et du prêt juif.

Au cours des années qui suivent (1406-1435), nous nous sommes contentée de relever dans les 102 registres de brèves conservés, les actes importants concernant les familles ou la communauté. Ainsi nous avons rassemblé un nombre intéressant de constitutions et de reconnaissances de dot (47), de testaments (30), de codicilles (8) et d'actes concernant la communauté en tant qu'organisme constitué pendant toute la période étudiée. Des actes de ce type n'apparaissent que rarement dans les registres salonais antérieurs à 1420, mais à partir de cette date, leur fréquence augmente et ils deviennent très nombreux par rapport aux dimensions réduites de la communauté.

Afin de pouvoir analyser les constitutions de dot et les testaments des Juifs de Salon non pas seulement comme des éléments propres et originaux, mais également en relation avec les constitutions de dot et les testaments chrétiens,

---

[23] Arch. dép. des Bouches-du-Rhône, Barthélémy Rognac, 376 E 108-114, 116.

[24] Robert-Henri Bautier et Janine Sornay, *Les sources de l'histoire économique et sociale du Moyen-Âge, Provence, Comtat Venaissin, Dauphiné, États de la maison de Savoie*, Vol. 2: *Archives ecclésiastiques, communales et notariales, archives des marchands et des particuliers*, (Paris: Éditions du Centre National de la Recherche Scientifique, 1971), pp. 1236-1237.

[25] Arch. dép. des Bouches-du-Rhône, Jacques Franc, 376 E 32 (1392-1399).

nous avons procédé à un sondage à travers les registres notariaux et nous y avons relevé une centaine de constitutions chrétiennes et une cinquantaine de testaments chrétiens. Cette confrontation a permis d'utiles comparaisons, ainsi pour le montant des dots. Il n'est pas possible en revanche de comparer les legs juifs et les legs chrétiens dans les testaments.

Une autre source documentaire très riche pour celui qui étudie un aspect de l'histoire du Salon médiéval, est sa large collection de chartes. Pour compléter les renseignements tirés des actes notariés, nous avons fait appel à celles-ci et y avons cherché des documents datant de la période étudiée. Nous avons ainsi puisé dans le Chartrier de Salon. Cependant, les autres chartriers et cartulaires du fonds de l'archevêché d'Arles ont été sollicités en vain.[26]

Au cours de ce travail, nous nous intéressons dans une première partie aux Juifs de Salon d'abord en tant qu'individus, puis en tant que membres d'une communauté. Nous tenterons de trouver leur origine et d'évaluer leur nombre à l'époque qui nous occupe, d'analyser leur taux de natalité, leur espérance de vie, etc. Puis nous étudierons leur organisation communautaire qui, bien qu'embryonnaire, fonctionnait néanmoins régulièrement et de façon autonome.

La seconde partie, essentiellement consacrée au rôle économique des Juifs de la ville au cours des années 1391 à 1405, étudiera d'abord leurs activités professionnelles, puis se concentrera sur celles de Bonan Boniaqui, de qui la documentation permet de tracer un portrait assez circonstancié.

---

[26] De même, les documents conservés aux archives municipales de Salon n'ont pas été très utiles: le cadastre de 1430 (CC 225) est trop partiel et le Livre Blanc (AA 9) ne comporte aucun acte concernant la communauté juive à l'époque étudiée.

Le dépouillement des chartriers et cartulaires du fonds de l'archevêché d'Arles (Livre d'Or, Chartrier de Salon, Chartrier de Mondragon, Livre Vert, Livre Jaune, etc...) a été effectué par l'intermédiaire du fichier constitué par Raoul Busquet lorsqu'il travaillait à l'Inventaire de la série G. Cf. Raoul Busquet et Paul Giraud, *Répertoire numérique de la série G, 4ᵉ fascicule, III G. Archevêché d'Arles*, (Marseille: Archives des Bouches-du-Rhône, 1935), 56 p.

# Monnaies et mesures

Pour donner une idée, ne serait-ce qu'approximative, des sommes et quantités figurant dans les transactions des registres salonais, nous tenons à mentionner quelques équivalences.

### Monnaies[1]

Le florin utilisé était de seize sous ou de douze gros.

Le florin de Provence contenait 2,80 grammes d'or alors que celui de Florence, occasionnellement utilisé, variait entre 3,4 et 3,6 grammes d'or presque fin.

Le gros contenait 2,5 grammes d'argent.

Le franc valait vingt sous de Provence.

### Mesures[2]

a. Mesures de capacité:
 i. Grains:
Le saumée de huit émines valait 197.23 litres environ. Par conséquent, l'émine valait 24.65 litres. La saumée était de neuf panaux. La pognadière correspondait au huitième de l'émine.
 ii. Huile:
La valeur du cartal est inconnue.
b. Mesures de poids:
Le quintal valait 104 livres (petit poids), soit 39,71 kilogrammes.

---

[1] Cf. Henri Rolland, *Monnaies des comtes de Provences, XII$^e$-XV$^e$ siècles. Histoire monétaire, économique et corporative, description raisonnée* (Paris: A. J. Picard & Cie, E. Bourgey, 1956), 274 p.

[2] Nicolas, *Tableau comparatif des poids et mesures anciennes du département des Bouches-du-Rhône, avec les poids et mesures républicaines* (Aix: Imprimerie de la veuve Adibert, an 10/1801/), 264 p., Comte de Villeneuve-Bargemont, *Statistique du département des Bouches-du-Rhône avec atlas*, T. 4 (Marseille: Feissat Ainé, imprimeur du roi et de la préfecture, 1829), 568 p. et Louis Stouff, *Ravitaillement et alimentation en Provence aux XIV$^e$ et XV$^e$ siècles*, Paris-La Haye, Mouton & Co, 1970), pp. 334-338, et Raoul Busquet, *Histoire du commerce de Marseille*, I. *Antiquité, Moyen-Âge jusqu'en 1291* par Régine Pernoud (Paris: Plon, 1949), p. 335.

c. Mesures de superficie:

D'après certains auteurs, la quarterée mesurait 25 ares environ.³ Toutefois, la quarterée d'Arles mesurait 18,16 ares et les mesures arlésiennes étaient en général légèrement supérieures à celles de Salon.

### ÉLÉMENTS DE RÉFÉRENCE

Certaines valeurs permettront en outre au lecteur d'évaluer concrètement les nombreuses quantités de numéraire ou de denrées mentionnées dans le texte:

a. En mai-juin 1439, le blé acheté à Arles en août 1438 à 3 gros l'émine, se vendait dans la même ville 4.5 gros l'émine.⁴
b. Une émine de froment donnait 62 livres 11 onces de pain blanc et 83 livres 5 onces et demie de pain complet.⁵
c. La ration quotidienne des individus en Provence au bas Moyen-Âge oscillait entre 1,1 et 1,65 litre de froment et 1 à 2 litres de vin. La ration annuelle d'huile d'olive était de 500 grammes.⁶

---

³ Anna Rutkowska-Płachcińska, *Salon-de-Provence. Une société urbaine du bas Moyen-Âge* (Wrocław. Warszawa. Kraków. Gdańsk. Lodź: Zakład Narodowy Imienia Ossolińskich Wydawnictwo Polskiej Akamedii Nauk, 1982), p. 66, n. 2.

⁴ Louis Stouff, «Activités et professions dans une communauté juive de Provence au bas Moyen-Âge. La juiverie d'Arles 1400-1450,» dans *Minorités, techniques et métiers*, Actes de la table ronde du Groupement d'Intérêt Scientifique Sciences Humaines sur l'Aire Méditerranéenne, Abbaye de Sénanque, octobre 1978 (Aix-en-Provence, Institut de Recherches Méditerranéennes, Université de Provence, 1980), p. 64.

⁵ Louis Stouff, *Ravitaillement et alimentation en Provence aux XIV$^e$ et XV$^e$ siècles* (Paris-La Haye: Mouton & Co, 1970), p. 49, tableau 3.

⁶ *Ibid.*, pp. 230-231 et p. 244, tableau 32.

Première partie

Les Juifs de Salon-de-Provence

# Introduction

À la fin du XIV siècle, les Juifs habitent déjà Salon depuis plusieurs générations. Leur nombre, leur organisation et l'intensité de leurs activités économiques révèlent une installation ancienne. La date de leur arrivée, comme celle de la plupart des autres communautés juives de Provence, semble impossible à fixer. Mais les premières mentions de leur existence dans les sources sont très antérieures à la période couverte par ce travail. Elles figurent aussi bien dans des documents hébreux que latins.

Les sources hébraïques attestent la présence de savants juifs à Salon, dès la fin du XIII siècle. Ainsi Samuel de Salon, auteur de critiques sur les poésies d'Abraham Bédersi de Perpignan, semble n'avoir séjourné que temporairement dans cette dernière ville et être bien originaire de Salon. De plus, une élégie d'Abraham Bédersi révèle la mort d'un parent salonais, Méir, fils de David de Capestang. Des relations familiales et intellectuelles unissaient donc déjà la communauté juive de Salon-de-Provence à celle de Perpignan.[1]

Au début du XIV siècle, Kalonymos ben Kalonymos d'Arles et Samuel de Marseille[2] ont étudié à Salon où résidaient deux érudits, Abba Mari ben Eligdor et Moïse de Salon. Les récits hébraïques du XIV siècle témoignent également de l'existence de deux Juifs salonais, Maestre Bonjudas Nathan Crescas, médecin et auteur d'ouvrages médicaux et Jacob ben Moïse de Bagnols, auteur d'un ouvrage de casuistique et de philosophie religieuse, qui occupa pendant quelque temps la charge de rabbin à Salon.

---

[1] Henri Gross, *Gallia Judaïca. Dictionnaire géographique de la France d'après les sources rabbiniques*, avec un supplément par Simon Schwarzfuchs (Amsterdam-Paris: Philo Press, 1969), pp. 653-657. Gross souligne également la présence à Salon au cours de la seconde moitié du XIII siècle d'un savant juif du nom de Prophègue (ou Profiat) ainsi que celle d'Isaac ben Mordekhaï Kimhi, appelé Maestre Petit de Nions qui a entretenu une correspondance avec le grand savant Salomon ben Adret de Barcelone.

[2] Kalonymos ben Kalonymos vécut à Arles à la fin du XIII et au début du XIV siècle (entre 1286 et 1328). Au cours des années 1322 et 1323, il écrivit un recueil de réflexions satiriques. Il est aussi connu pour ses nombreuses traductions en hébreu, d'ouvrages de philosophie, de médecine et de mathématiques. Le lecteur trouvera également des renseignements sur les auteurs hébraïques ayant habité Salon ou y ayant séjourné dans Ernest Renan, «Les écrivains juifs français du XIV siècle,» extrait de l'*Histoire littéraire de la France* (Paris: Imprimerie nationale, 1893; republished in 1969 by Gregg International Publishers Limited, Westmead, Farnborough, Hants., England), 31: [412-460, 548-567, 573-581, 655-660].

Ainsi les écrits hébraïques qui dévoilent l'existence d'érudits salonais ne couvrent qu'un siècle, de la fin du XIIIᵉ à la fin du XIVᵉ siècle. Ils révèlent des penseurs actifs dans plusieurs domaines: critique, poésie, littérature religieuse et médecine. Ceux-ci étaient issus d'une communauté déjà active et prospère. Vers la fin du XIVᵉ siècle, les ouvrages rabbiniques se taisent définitivement sur les penseurs juifs de Salon. Les sources latines viennent suppléer généreusement les sources hébraïques de cette époque et mettent en lumière la vie de la communauté juive de la ville.

La présence des Juifs à Salon est attestée très tôt dans les sources latines. La plus ancienne mention apparaît dans les *Anciens Statuts de Salon* à l'article des boucheries.[3] Malheureusement les dates de rédaction et de compilation de ces *Status* sont inconnues. La référence à un bayle à l'article 7 permet de supposer qu'ils ont été compilés entre 1159, date de remplacement du *villicus* par le bayle, et 1269, date de l'apparition du viguier.[4] Toutefois l'usage du mot *forum* (marché) dans le premier article suggère qu'ils l'ont été avant le 9 avril 1253, jour où l'archevêque Jean Baussan a concédé aux bouchers de Salon l'autorisation de construire un *masellum* (boucherie). Mais, cet article semble reproduire des dispositions antérieures: ainsi le terme *nummus* désignant une pièce de monnaie est, d'après R. Brun, fréquent au XIIᵉ siècle, mais ne se rencontre plus au XIIIᵉ siècle dans cette région. Si le terme *nummus* a été repris de dispositions antérieures, *forum* a pu l'être également. En conséquence, cet article des *Statuts* mentionnant la présence des Juifs, est certainement antérieur à 1269, mais sans doute beaucoup plus ancien.

Les *Nouveaux Statuts Municipaux* de Salon, datant du 8 mai 1293 faisaient mention à deux reprises des Juifs de la ville;[5] l'article 11 les obligeaient à

---

[3] «*In primis ut macellarii non lucrentur nisi unum nummum in duodecim denariis; et ut perdices vel aves non emant, ut revendant; pisces in Quadragesima non emant, ut revendant, ante nonam; tempore carnali, ante meridiem. Pecudes que non cultello sed fatali morbo moriuntur nulla ratione in foro vendant. Carnes a Judeis nulla ratione dilaniari (sic) faciant.*» (Le mot «*dilaniari*» doit être remplacé par «*dilancinari*» qui est un synonyme de «*lacerare*» et veut dire mettre en morceaux.) Il y a ici erreur du copiste.) Arch. dép. des Bouches-du-Rhône, Série G, Fonds de l'archevêché d'Arles; Livre vert, f. 190, cité par Robert Brun, *La ville de Salon au Moyen Âge*, pièce justificative n° 1, pp. 287-288.

[4] Le *villicus*, le bayle et le viguier ont tous trois été des administrateurs successifs de Salon au nom de l'archevêque d'Arles. La fonction du *villicus* se réduisait à la perception des revenus du seigneur. Le bayle, qui le remplaça en 1159, fut chargé, de plus, de la surveillance des assemblées publiques. Mais de tous les fonctionnaires de l'archevêque à Salon, le viguier eut les attributions les plus étendues: en plus de celles de ses prédécesseurs, il recevait les hommages, commandait les troupes et veillait à la sécurité de la ville. Cf. Robert Brun, *op. cit.*, pp. 139-148.

[5] Quatre copies de cet acte ont été conservées. Ce sont les suivantes: 1. Arch. dép. des Bouches-du-Rhône: *Livre vert*, f. 26 à 34, copie contemporaine; 2. *Ibid., Chartrier de Salon*, n° 11, *vidimus* du 1ᵉʳ janvier 1365; 3. *Ibid., Livre de la communauté de Salon*, f. 1142 ss., copie

acheter les marchandises qu'ils avaient touchées au marché.⁶ Ce type de règlement n'est pas unique; il en existe un analogue dans les *Statuts* de 1441 à Avignon.⁷ Mais à Salon, une déclaration de principe suivait immédiatement, disant que les Juifs ne devaient pas être persécutés car ils représentaient le souvenir de la Passion du Christ et une restriction au règlement précédent leur permettait de toucher aux aliments sauf au pain et aux fruits.⁸

Les Juifs sont signalés à nouveau à l'article 55 des mêmes *Statuts*, pour interdire la vente des animaux tués par eux: «*Macellari nullam carnem infirmam vel a Judeis occisam, vendant ullo modo, ex certa sciencia sua, infro castrum vel extra.*» Encore ici les dispositions des *Statuts d'Avignon* de 1243 étaient reprises sinon dans les mêmes termes, du moins dans le même ordre de pensée.⁹ Dans ces deux cas, les *Statuts* ne précisaient pas si cette règle ne s'appliquait qu'aux viandes d'animaux abattus par des Juifs «*more judaico,*» alors que d'autres textes provençaux le faisaient.¹⁰

Ainsi les Statuts de 1293 constituent un jalon dans l'attestation de la présence juive à Salon. Mentionnés à plusieurs reprises, les Juifs semblaient

---

du XVᵉ siècle; 4. Arch. mun. de Salon: *Livre blanc*, f. 32 ss., copie de 1616. Il en existe trois publications: celle de Charles Giraud, dans *Essai sur l'histoire du droit français au Moyen Âge*, t. 2, 2ᵉ partie: *Chartes et Coutumes*, p. 246 ss., a été faite à partir du *vidimus* du 1ᵉʳ janvier 1365; celle de Louis Gimon, dans *Chroniques de la ville de Salon depuis son origine jusqu'en 1792*, p. 724 ss., est peu fiable. Elle est cependant accompagnée d'une traduction. Elle est basée sur la copie du *Livre blanc*. La meilleure édition des *Statuts Municipaux* de Salon a été fournie par Robert Brun, *op. cit.*, pp. 294-315, pièce justificative n° 5. Il a repris la copie contemporaine du *Livre vert*, la plus complète des quatre.

⁶ «*Item statuimus quod nullus Judeus, meretrix vel leprosus panem, pisces, carnes seu fructus quoscumque tangere presumat nisi solum ea que emerit; vendentes autem predicta vel aliquos eorum si contrarium patientur fieri in VI denarios puniantur, et ementes que tetigerint emere compellantur.*»

⁷ Voir R. de Maulde, *Les Juifs dans les états français du Saint-Siège* (Paris: Champion, 1886), pp. 17-18 et note. Comme à Salon, les Juifs et les prostituées ayant touché des fruits sur la place publique étaient obligés de les acheter. Cf. Bibliothèque d'Avignon, *Statuts de 1441*, art. 137, Maurice Kriegel, «Un trait de psychologie sociale dans les pays méditerranéens du bas moyen âge: Le Juif comme intouchable,» *Annales. Economies. Sociétés. Civilisations* 31, n° 2 (mars-avril 1976) 326-330 et Noël Coulet, «Juif intouchable et interdits alimentaires,» *Exclus et systèmes d'exclusion dans la littérature et la civilisation médiévales*, Sénéfiance n° 5 (1978) 207-221.

⁸ «*Ut autem Judeos, quos sancta romana ecclesia permittit inter nos vivere, quia reliquie Jerusalem salve fient, et propter memoriam dominice Passionis, non videamur persequi volontarie seu gravare, permittimus quod vendentes impune possint Judeis dare licenciam tangendi predicta, preter panem et fructus.*» Cette clause n'apparaît que dans la copie contemporaine: les autres copies ne la reproduisent pas.

⁹ Louis Stouff, *Ravitaillement et alimentation en Provence aux XIVᵉ et XVᵉ siècle* (Paris: Mouton, 1970), p. 143: «*De carnibus viciatis aut a Judeis interfectis vel macellatis.*»

¹⁰ *Ibid.*, p. 412, pièce justificative n° 39, art. 2: *Statuts de Robert*, Marseille, 6 mai 1306: «*Statuimus ut a modo macellus Iudeorum sit a macello fidelium separatus, ne carnes a Iudeis iudayco modo mactatas et fortassis...*»

déjà suffisamment nombreux pour que le législateur s'emploie à prévoir plusieurs cas où ils pourraient être impliqués.

Puis, il faut attendre encore dix ans pour les retrouver dans la documentation: plusieurs d'entre eux sont signalés dans la liste des cens dus à l'archevêque d'Arles, seigneur de la ville de Salon.[11] Pour la première fois, la *Juzataria* est mentionnée explicitement. L'archevêque ne percevait le cens que pour trois habitations de ce quartier. Mais une étude attentive des quartiers d'où provenaient les cens versés montre qu'ils ne lui étaient dus que pour une partie de la surface construite.[12]

De plus, ce document signale pour la première fois, l'existence à Salon d'une organisation communautaire juive, l'*universitas Judeorum* dont il sera question à nouveau dans cette partie. Cet organisme était représenté par un consul qui payait les redevances annuelles dues à l'archevêque par la communauté, soit cent sous destinés à la literie du palais archiépiscopal et quatre émines de froment de cens pour le cimetière juif.[13] L'usage du terme «consul» pour désigner les représentants de la communauté juive paraît insolite dans une ville où l'organisation municipale était réduite et ne portait pas le nom de consulat.

Ce relevé de cens, malgré ses références laconiques aux Juifs, révèle beaucoup d'éléments sur la juiverie salonaise du XIV$^e$ siècle. En premier lieu, les Juifs étaient suffisamment nombreux pour justifier une organisation communautaire avec au moins un représentant. Ils avaient un cimetière; et de là, il n'y a qu'un pas à imaginer qu'ils ont eu également d'autres édifices cultuels: une synagogue, un four, une boucherie, des bains peut-être. De plus, ces Juifs vivaient déjà groupés bien qu'aucun statut salonais ne les y obligeât. Ce document, fort incomplet, donne donc des éléments pour imaginer la communauté juive de l'époque.

[11] *Registrum censuum Sallonis* (5 août 1304). Arch. dép. des Bouches-du-Rhône, III G 124. Cf. Marie-Josèphe Cavalie, *Présentation et édition du Censier de Salon-de-Provence (1304)*.

[12] Anna Rutkowska-Płachcinska, *Salon-de-Provence. Une société urbaine du bas Moyen Âge*, Académie polonaise des sciences, Institut d'histoire de la culture matérielle (Wrocław, Warszawa, Kraków, Gdańsk, Łódź: Zakład Narodowy Imienia Ossolińskich Wydawnictwo Polskiej Akademii Nauk, 1982), p. 15.

[13] L'émine de Salon vaut 24,65 litres. Arch. dép. des Bouches-du-Rhône, n° 32. Copie du *Registrum Censuum Sallonis*, III G 6: «*Item, ultima die augusti, Falconetus Profach, Judeus, nomine suo proprio et ut consul universitatis Judeorum, teneri ad solvendum anno quolibet domino archiepiscopo vel illi quo pro eo fuerit in dicto castro Sallonis, in festo Beati Martini, scilicet C sol. cor. pro rauba lectorum quos providere solebant Judei Sallonis ad opus domus archiepiscopalis dicti castri. Item, pro cimiterio Judeorum Sallonis, quod confrontatur cum quadam vinea Stefanorum de Lambisco et alia cum terra predictorum, pro quo cimiterio ipse recognoscens nomine predicto servire tenetur annuatim, in festo Natalis Domini, quatuor eminas annone.*» Le Cahier des censives de l'Église d'Arles du 18 mai 1434 révèle que cent trente ans plus tard, les Juifs de Salon payaient encore ces deux redevances. Cf. Arch. comm. de Salon-de-Provence, GG n° 42 f. 63 r.

D'ailleurs c'est après 1306 que sa population a dû s'accroître sensiblement par suite de l'arrivée des Juifs expulsés de France comme ce fut le cas de celle d'autres villes de Provence.[14] Malheureusement la documentation qui permettrait d'évaluer cet apport démographique manque et sur cette question nous ne pouvons émettre que des hypothèses hasardeuses.

La série des registres notariaux salonais conservés commence au milieu du XIV$^e$ siècle. Elle est la source majeure pour connaître la vie et les activités économiques des Juifs au bas Moyen Âge. Au début, les registres sont intermittents et lacunaires et leur exploitation systématique ne saurait servir de base à une monographie. Tout au plus, peuvent-ils combler quelques lacunes: ainsi un registre de 1341-1342 mentionne l'existence de bains juifs dans la ville.[15] Mais à partir des années 1370 les registres conservés ont une certaine régularité et une étude suivie de certaines questions s'avère possible. Par contre, pour analyser le fonctionnement interne de l'*universitas Judeorum*, il faut attendre le début du XV$^e$ siècle, période où les actes la concernant deviennent plus nombreux.

Ainsi il a été possible de réunir dans les minutes notariales de la période 1391 à 1435 un nombre d'éléments suffisant pour permettre une approche statistique de certains sujets concernant les Juifs de Salon, en tant qu'individus, auxquels nous consacrerons notre première partie. Dans cette optique, nous interrogerons la documentation pour mieux connaître leurs lieux d'origine et, par conséquent, leurs migrations, leur nombre au début du XV$^e$ siècle, et leur évolution démographique, en général. Puis notre étude portera sur la vie communautaire, les organes relevant de l'*universitas Judeorum* et leur fonctionnement quotidien. Nous tenterons de définir de quel type d'autonomie administrative ils bénéficiaient et quels problèmes rencontrait l'administration communautaire.

---

[14] Joseph Shatzmiller, *Recherches sur la communauté juive de Manosque au Moyen Âge 1241-1329* (Paris-La Haye: Mouton, 1973), pp. 15-16.

[15] Arch. dép. des Bouches-du-Rhône, Fonds Camille, Guillaume Raymond, notaire, 376 E 6, f. 41 r.; 7 août 1342. On y note un confront «*cum proprietate bagneatorum (sic) Judeorum Sallonis.*» Deux registres seulement ont été conservés pour la période allant de 1331 à 1340; l'un, du notaire Jean Cereyson, est un registre de la juridiction gracieuse et des ordonnances du juge de la cour temporelle de Salon (1331-1333); l'autre, de Pierre Durant est lacunaire (1334-1335). Les dix années suivantes (1341-1350) sont légèrement mieux pourvues en registres: on en compte un de Guillaume Raymond (1342-1345), un de Jacques Gervais (1344), un de Raymond de Gap (1349-1350) et quelques-uns de Pierre Durant. Pour la période qui suit, trois notaires instrumentent, Pierre et Jacques Durant ainsi que Raymond de Gap. À partir de 1370 seulement, des séries de registres existent pour plus d'un notaire à la fois. Pour plus de précision voir R. H. Bautier et J. Sornay, *Les sources de l'histoire économique et sociale du Moyen Âge, Provence, Comtat Venaissin, Dauphiné, États de la maison de Savoie*, t. 2: *Archives ecclésiastiques, communales et notariales, archives des marchands et des particuliers* (Paris: Éditions du Centre National de la Recherche Scientifique, 1971), pp. 1235-1237.

# 1

# La population juive de Salon-de-Provence

L'historien ne peut étudier une société sans avoir dénombré les individus qui la composent, sans avoir circonscrit et mesuré ses caractéristiques démographiques comme son taux de natalité, l'intensité de ses migrations, son taux de mortalité, etc. Ainsi il connaît son champ de travail et peut passer à l'étude de problèmes plus spécifiquement économiques et sociaux. La démographie constitue donc le point de départ de l'analyse historique.

Malheureusement l'étude des populations est balbutiante à l'époque médiévale, car les données, rares et incertaines, ne permettent pas d'effectuer des calculs rigoureux et d'obtenir des résultats satisfaisants. Toutefois des approximations, même hasardeuses, aident à la compréhension du sujet. C'est pourquoi nous avons réuni dans ce premier chapitre les maigres indices documentaires permettant d'évaluer la population juive de Salon et de suivre son évolution démographique.

### 1. Lieux d'origine et migrations

Au cours des années 1391 à 1405, période pour laquelle nous avons effectué le dépouillement systématique des actes concernant des Juifs dans les archives salonaises, la communauté juive était constituée fermement et existait depuis longtemps. Les lieux d'origine des premiers Juifs salonais sont inconnus tout comme leur date d'arrivée dans la ville.

Y avait-il encore à Salon entre 1391 et 1405 des familles juives de vieille souche salonaise établies avant l'immigration consécutive à l'expulsion des Juifs du royaume de France de 1306? L'absence de patronymes juifs nuit à la constitution de généalogies qui permettraient de retrouver les traces des familles séculaires de la ville. D'ailleurs la grande mobilité géographique des Juifs provençaux permet de douter de la résidence à Salon de lignées juives se perpétuant sur une aussi longue période.

Si les indices pour retracer les familles sédentaires font défaut, il n'en est pas de même pour ceux qui témoignent de migrations. Ainsi les noms juifs étaient composés d'un prénom suivi de celui du père au génitif et très souvent du nom d'une localité à l'ablatif. Cette dernière était un lieu d'origine, utile dans certains cas pour suivre les déplacements des familles juives.

Dans son étude consacrée à Salon avant la Grande Peste, A. Płachcinska relève une série importante de cas où les Juifs ont ajouté à leur nom celui de leur lieu d'origine.[1] Elle en conclut que cette coutume était en train de s'établir et que ces noms d'origine subissaient encore de fréquents changements. Cinquante ans plus tard, ils ne sont toujours pas fixés, sauf dans quelques cas. Et même si certains noms de lieux présents dans la documentation notariée d'avant la Peste (i.e. Berre, Borrian, Clermont, Istres et Trets) se retrouvent au cours des années 1391 à 1405, la filiation des familles portant ces noms n'est pas certaine. Très souvent, en effet, lorsqu'un nom de lieu est adjoint à celui d'un Juif, il s'agit du lieu de sa dernière résidence et non d'un lieu d'origine se transmettant d'une génération à l'autre. Pourtant ces deux phénomènes apparaissent successivement dans la documentation et la distinction entre eux n'est pas toujours claire.

Dans le premier cas, l'individu apparaît généralement avec son prénom et celui de son père. Occasionnellement sa ville d'origine est mentionnée dans les actes notariés. Ainsi Josse Vidas, désigné comme Salonais depuis le début de la période étudiée, est mentionné en 1399 comme originaire de Cavaillon.[2] Au contraire, dans le cas où le nom d'un lieu accolé à celui d'un Juif représente le lieu d'origine de la lignée, il apparaît presque dans tous les actes

---

[1] Anna Rutkowska-Płachcinska, «Une société urbaine au Moyen Âge. Démographie, activités professionnelles, fortunes. Salon-de-Provence (1304-1349),» à paraître, *Cahiers du C.E.S.M.*, état dactylographié, note 264. Elle relève les noms de lieux suivants: *de Argenteria* (L'Argentière, Ardèche), *de Aquis* (Aix-en-Provence), *de Berra* (Berre), *de Bolena vel Abolena* (Bollène), *de Barriano* (Alpes de Haute-Provence), *de Cadarossa* (Caderousse, près d'Orange), *de Carpentrassio* (Carpentras), *de Castellana* (Castellane), *de Claromonte* (Clermont-Ferrand?), *de Faletis* (?), *de Istrio* (Istres), *de Mayraniguis* (Meyrargues), *de Novis* (Noves), *de Pertusio* (Pertuis), *de Roccamartina* (Roquemartine), *de Tretiis* (Trets), *de Tholosa* (Toulouse), *de Uchesio* (Uchaux, au sud d'Orange ou Uzès). Il convient d'apporter ici quelques rectifications à la lecture faite par A. Płachcinska d'un typonyme. Le lieu lu «*Barriano*» et situé dans les Alpes de Haute-Provence ne devrait-il pas plutôt être lu «*Borriano*»? Il s'agirait alors plutôt de Borrian, ancien nom d'un faubourg d'Arles dénommé par la suite Bourgneuf. Cf. Henri Gross, *Gallia Judaïca*, p. 112 et Salomon Kahn, «Les Juifs de la Sénéchaussée de Beaucaire,» *Revue des études juives* 65 (1913) 191. Une famille juive d'Arles nommée «de Borrian» est mentionnée dans l'article de Louis Stouff, «Activités et professions dans une communauté juive de Provence au bas Moyen-Âge. La juiverie d'Arles, 1400-1450,» in *Minorités, techniques et métiers*, Actes de la table ronde du G.I.S. Méditerranée, Abbaye de Sénanque, octobre 1978, Institut de recherches méditerranéennes (Aix-en-Provence, 1980), p. 61 et ss. Les Juifs habitaient le quartier Borrian de Noves, alors qu'il ne semble pas qu'ils aient habité celui d'Arles. Mais comme les relations entre Arles et Salon ont toujours été très étroites, nous avons conclu à l'origine arlésienne de cette famille salonaise.

[2] Arch. dép. des Bouches-du-Rhône, Étienne Pachon, 376 E 105; n.p., 17 mars 1399 n.s.

concernant cet homme. En outre, lorsque la documentation est particulièrement riche, il est possible de vérifier le passage de ce nom d'une génération à l'autre. Au cours des années 1391 à 1405, par exemple, nous pouvons suivre les activités économiques de la famille de Tournon: Jusson de Tournon, de Salon, avait un fils, Vidalet, à Martigues et un frère, Bonenfant, à Arles, qui portaient tous deux le même patronyme.[3] De même la famille de Lattes conservait le lieu de son origine accolé au nom de ses membres à travers ses pérégrinations de Montélimar où habitait le père, Davin, à Salon où s'établit le fils, Bonet Davin.[4]

Les mêmes éléments sont sensibles dans quelques autres familles, mais le phénomène a été certainement plus ample que ce que les documents pourraient laisser croire. En effet, ce qui suggère souvent que le lieu d'origine joint au nom d'un Juif n'indique pas son origine personnelle, mais celle de sa lignée, c'est généralement le fait que cette localité est située en Languedoc ou dans le Nord de la France. Ces régions ont fourni un apport démographique considérable aux juiveries provençales après la première expulsion des Juifs de France en 1306. Malgré les rappels et les prolongations de séjour (rappel de 1315, nouvelle expulsion de 1322, rappel de 1359, prolongations de 1364, 1374 et 1384) le nombre de Juifs qui revinrent dans le royaume fut peu élevé[5] et, par conséquent, leur possibilité d'émigration vers la Provence fut réduite. L'immigration des Juifs languedociens et originaires du Nord, possible jusqu'en 1394 (date du départ définitif) n'atteignit jamais l'ampleur du mouvement de 1306.[6] Pour ces cas d'origines étrangères à la Provence, on soupçonne aisément une date ancienne, mais lorsqu'une famille juive vient d'une localité provençale, elle peut en porter le nom pendant plusieurs générations sans attirer l'attention de l'historien, surtout si l'individu qui la représente n'apparaît que rarement dans les documents. C'est le cas des frères Bonet et Mosse Maymoni originaires «de Berre, habitant Salon.» Berre est-il leur lieu d'origine immédiat ou ancien?[7]

[3] *Ibid.*, Jacques Franc, 376 E 29 n.p.; 24 juillet 1391 et Étienne Constantin, 376 E 86 n.p.; 30 mai 1394 et 29 décembre 1394. À cette dernière référence, Vidalet habite «*Insule*». Il s'agit sans doute de «*Insule Martici*» (l'Ile de Martigues).

[4] Arch. dép. des Bouches-du-Rhône, Jean Astier, 376 E 66, n.p.; 9 décembre 1400.

[5] Cf. Bernhard Blumenkranz, *Histoire des Juifs en France* (Toulouse: Privat, 1972), pp. 18-22. L'auteur souligne qu'à chaque rappel ou prolongation de séjour, la taxe exigée par le roi de France était de plus en plus élevée et le nombre de Juifs capables de la payer diminuait d'autant. Gross, dans *Gallia Judaïca*, p. 429, souligne, par exemple, que très peu de Juifs revinrent à Narbonne après l'expulsion de 1306.

[6] Cf. R. H. Bautier, «Feux, population et structure sociale au milieu du xv$^e$ siècle. L'exemple de Carpentras,» *Annales. Économies. Sociétés. Civilisations* 14, n° 2 (avril-juin 1959) 262-264. Dans cette étude de démographie historique, l'auteur a prouvé que certaines familles juives de Carpentras avaient gardé pendant presque deux siècles dans leur nom le souvenir de leur origine ancienne.

[7] Arch. dép. des Bouches-du-Rhône, Jacques Franc, 376 E 30; 30 mars 1391. Soulignons

Que ce toponyme soit établi héréditairement dans le nom d'un individu ou qu'il n'apparaisse qu'occasionnellement pour indiquer son lieu d'origine personnel, il révèle de toute façon une migration. Dans le premier cas, il s'agit d'une migration à long terme qui camoufle presque toujours des mouvements plus courts.[8] Les pérégrinations des familles de Tournon et de Lattes, mentionnées plus tôt, servent à illustrer ce phénomène. Dans le second cas, il s'agit d'une migration à court terme, qui a eu lieu à l'intérieur d'une génération.

Sur les cinquante Juifs mâles habitant Salon et recensés dans les registres de notaires, vingt n'étaient pas d'origine salonaise:[9] dans neuf de ces cas, l'origine était certainement ancienne; dans un cas, celui de Bonet Maymoni de Berre cité plus haut, elle semble ancienne, mais on ne peut en être certain; dans les dix derniers cas, l'immigration à Salon était récente. Quand elle ne s'est pas produite au cours des quinze années étudiées, elle a eu lieu peu avant, à l'intérieur de la même génération.

D'autre part, la documentation souligne le cas de quatre Juifs qui ont quitté Salon au cours de la période pour habiter ailleurs. Ils reviennent en tant que créanciers recouvrer de vieux prêts accordés du temps qu'ils habitaient Salon. C'est le cas de Salomon Bonaffocii de Draguignan, qui habitait Salon en 1393 et qui émigra à Avignon par la suite.[10] Ainsi les migrations de Salon peuvent toutes être situées très précisément dans le temps et dans l'espace.

---

que la documentation notariée ne semble pas toujours faire à Salon la distinction pour les Juifs entre l'habitat et l'origine. Un individu originaire d'une autre localité n'est pas toujours qualifié d'habitant de Salon. De même un Juif né à Salon reçoit occasionnellement l'attribut d'habitant de Salon. L'usage du terme «habitant» est indépendant de l'origine de celui qui le porte.

[8] Les déplacements de Dieulosal Bendich semblent se situer dans cette catégorie. Les actes en parlent tour à tour comme habitant Eyguières (Arch. dép. des Bouches-du-Rhône, Bernard de Maxence, 376 E 140; 10 mars 1391 n.s.; Barthélémy Rognac, 376 E 109; 17 septembre 1401), habitant Salon (Barthélémy Rognac, 376 E 112; 19 novembre 1403) et «de Salon habitant Eyguières» (Jean Astier, 376 E 66; 14 février 1401 n.s.). Aucune origine uzétienne ne lui est attribuée avant sa mort, mais dans une constitution de dot, il est dénommé comme suit: «*condam Dieulosal Bendich de Ucesio et Judeus castri de Sallone*» (Mourgues Alfant, 375 E 121 f. 51 v.; 24 juin 1435). Il apparaît également sous cette appellation dans un document un peu antérieur (Mourgues Alfant, 375 E 119 f. 105 r.; 7 février 1432 n.s.). Malgré cette apparente contradiction, il ne peut s'agir que du même individu.

[9] Nous n'avons pas tenu compte des femmes dans l'étude des migrations juives car les données à leur sujet sont d'interprétation trop fragile. Le lieu d'origine de l'époux est généralement indiqué, mais très rarement celui de l'épouse. On serait tenté de croire qu'elles venaient de la même ville que leur époux, ce qui n'était pas forcément le cas étant donné que les mariages entre Juifs de villes différentes étaient très nombreux.

[10] Arch. dép. des Bouches-du-Rhône, Étienne Constantin, 376 E 85; 4 juin 1393 et Barthélémy Rognac, 376 E 108; 15 novembre 1406. Cette dernière date n'est pas certaine car elle est tirée d'un feuillet mis par erreur dans un registre de 1391. Aucune année précise ne date ce feuillet, mais les annulations des actes portent à croire qu'il est de 1406.

Au total, des migrations récentes sont connues pour quatorze Juifs mâles sur les cinquante relevés, soit 28 p. cent des cas. Le taux réel de déplacements a certainement été encore plus élevé. En effet, ce n'est qu'involontairement que la documentation révèle ces éléments et il y a tout lieu de croire que plusieurs mouvements de population n'ont pas été consignés.

Les mouvements migratoires anciens qui ont été à l'origine de la population juive de Salon à la fin du XIVe siècle étaient donc relativement diversifiés. À l'époque où les Juifs habitaient l'ensemble du territoire actuel de la France, ils se déplaçaient dans toutes les directions en dépit des restrictions. On ne s'étonne guère de trouver à Salon des Juifs dont l'origine ancienne se situe dans les pays du Rhône moyen (Tournon), la région du Languedoc-Roussillon (Lattes, Narbonne et Perpignan) et la Basse-Provence (Berre et Draguignan).[11] Mais à mesure qu'ils furent proscrits de France, leur aire migratoire possible se rétrécit à la Provence comme l'attestent les déplacements récents par rapport à la période étudiée. Encore faut-il souligner que les Juifs privilégiaient la Basse-Provence dans leurs migrations. Des mouvements dans les deux sens auraient pu se produire avec la Haute-Provence, l'Italie et l'Espagne, mais la documentation des années 1391 à 1405 n'en

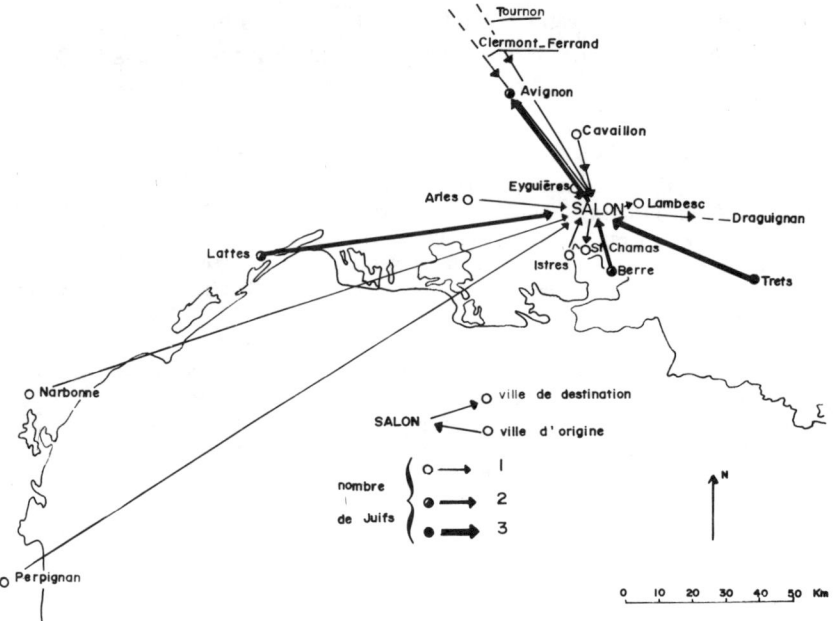

Figure 2. Mobilité géographique des Juifs de Salon (1391-1405)

[11] Cf. Fig. 2, Mobilité géographique des Juifs de Salon (1391-1405) et Lieux d'origine de quelques Juifs de Salon, Annexe 1.

fournit pas d'exemples. D'ailleurs pendant la période immédiatement postérieure, pour laquelle nous n'avons effectué qu'un dépouillement partiel, il en existe quelques cas.[12]

Les tendances migratoires des Juifs salonais de la fin du XIVe siècle reproduisent celles étudiées par A. Płachcinska cinquante ans plus tôt: même préférence pour les déplacements à l'intérieur de la Basse-Provence, avec des mouvements occasionnellement plus longs.[13] Elles rejoignent également les conclusions illustrées par les recherches sur Trets et Manosque.[14]

Dans son étude démographique sur Carpentras,[15] R.-H. Bautier relève les noms patronymiques des membres de la communauté israélite énumérés dans le recensement du 30 août 1473. Puis il les compare à ceux contenus dans les listes de 1357 et 1400 publiées par Isidore Loeb.[16] Il constate que certaines familles juives immigrées sous saint Louis, Philippe le Bel ou Charles IV avaient gardé dans leur nom le souvenir de leur origine lointaine. On note donc à Carpentras comme à Salon au début du XVe siècle, pour les familles de Tournon et de Lattes, une certaine stabilité des noms. Mais ce phénomène n'est pas général et dans 90 p. cent des cas les noms patronymiques de la liste de 1357 ne se retrouvent pas dans les deux autres à la fois. Cela n'est guère étonnant: les immigrés carpentrassiens de 1357 ont dû poursuivre leurs migrations par la suite.

Mais contrairement au phénomène sensible à Salon, les immigrants juifs de Carpentras ne venaient pas en grande majorité de la zone immédiate

---

[12] Arch. dép. des Bouches-du-Rhône, Guillaume Capardi, 375 E 19 f. 108 r.; 5 février 1431 n.s. Un Juif dénommé Gabriel Boneti de «*Valencia Magna in Cathalonia*» reconnaît avoir reçu une partie de la dot de sa femme, Catherine, Juive de Salon. Il semble que le Juif en question se soit établi dans cette ville. Des noms tels Gabriel et Catherine ne sont certes pas en général portés par des Juifs. Indiquent-ils des conversions ou font-ils partie des noms que S. Seror qualifie de «déplacés» pour des Juifs? Cf. Simon Seror, «Contribution à l'onomastique des Juifs de France au XIIIe et XIVe siècles,» *Revue des études juives* 140, fasc. 1-2 (janv.-juin 1981) 155.

[13] Cf. Anna Putkowska-Płachcinska, «Une société urbaine au Moyen-Âge. Démographie, activités professionnelles, fortunes. Salon-de-Provence (1304-1349),» à paraître, *Cahiers du C.E.S.M.*, p. 66.

[14] Cf. Fred Menkès, «Une communauté juive en Provence au XIVe siècle: étude d'un groupe social,» *Le Moyen-Âge* 77, n° 2 (1971) 282. L'auteur conclut à une mobilité élevée, mais à peu près limitée à la Provence. L'origine des Juifs manoscains est étudiée plus en détail par J. Shatzmiller. Les localités apparaissant dans les noms de famille sont cartographiées en trois périodes: 1240 à 1275, 1275 à 1306, après 1306. La mobilité à l'intérieur même de la Provence est largement prédominante. Cf. Joseph Shatzmiller, *op. cit.*, pp. 16-26.

[15] Robert-Henri Bautier, «Feux, population et structure sociale au milieu du XVe siècle. L'exemple de Carpentras,» *Annales. Économies. Sociétés. Civilisations* 14, n° 2 (avril-juin 1959) 263.

[16] Isidore Loeb, «Les Juifs de Carpentras sous le gouvernement pontifical,» *Revue des études juives* 12 (1886) 193-195 (1357); 195-196 (1400).

constituée par la Basse-Provence et le Comtat Venaissin. Dans les listes de 1357 et de 1400, le nombre des patronymes qui révèlent un lieu d'origine situé dans le royaume de France est égal à ceux du Comtat, de la Provence et du Dauphiné réunis (quatorze en 1357 et onze en 1400). Dans celle de 1473, il est largement supérieur (vingt contre quatorze). Cette différence entre Carpentras et Salon est aisément explicable. Celle-là était une plus grande ville, susceptible d'éponger un apport de main d'œuvre plus important. De plus, sa proximité d'Avignon devait faire miroiter aux investisseurs forcés d'émigrer l'espérance d'affaires plus importantes que dans le petit centre de redistribution que constituait Salon.

Les déplacements contemporains à la période 1391 à 1405 drainaient la population juive salonaise vers des localités de même importance ou plus grandes que celles de départ. De Trets, de Saint-Chamas, d'Istres et d'Eyguières, on émigrait vers Salon. À Salon, on préférait Avignon. Mais cette tendance n'était pas généralisée et il existait également des déplacements à contre-courant comme le montre l'exemple d'Abraam Massipi, Juif salonais, établi à Lambesc.[17]

Mais ces conclusions s'appliquaient aussi aux migrations des Chrétiens de l'époque. N'ayant pas dépouillé tous les actes, nous ne sommes en mesure de comparer ni l'intensité, ni l'aire géographique couverte par les mouvements de population juifs et chrétiens à la fin du XIV$^e$ siècle. Mais une carte, fournie par A. Płachcinska dans une étude sur les activités économiques de Salon, qui représente les villes et villages d'origine des immigrés salonais du milieu du XIV$^e$ siècle (1341-1349),[18] nous incite à penser que les migrations juives différaient de celles des Chrétiens plus par leur intensité que par leurs lignes directrices. En effet, la plupart des immigrés chrétiens venaient de la Basse-Provence également. Quelques-uns toutefois, venaient du Sud-Ouest (Albi et Narbonne), de la Côte (Fréjus et Antibes) et des Alpes (Gap). Le pôle d'attraction que constitue la ville pour les villageois est aussi fort chez les Chrétiens: si les villes fournissaient quelques immigrés salonais (Aix-en-Provence, Marseille et Avignon, par exemple), c'étaient en grande partie les villages des environs (Orgon, Sénas, Eyguières, Mouriès, Suès, Valbonnette, Rognes, etc.) qui servaient de réservoir d'hommes à Salon.

La documentation étant trop vaste après 1405 pour permettre de dénombrer tous les actes concernant les Juifs, nous avons dû interrompre à

---

[17] Arch. dép. des Bouches-du-Rhône, Jacques Franc, 376 E 29 n.p.; 24 juillet 1391.

[18] Anna Rutkowska-Płachcinska, *Gospodarka i Zasięg Oddziaływania miasta średniowiecznego. Salon-de-Provence w połonie XIV w.*, (L'économie et l'activité d'une ville du Moyen Âge. Salon-de-Provence au milieu du XIV$^e$ siècle), (Varsovie, 1969), p. 121, Mapa 6, Miejscowości, z których przybyli imigranci do Salon, (Les immigrés à Salon).

cette date l'étude systématique des migrations juives. Mais, comme nous avons retenu les actes importants (dont les constitutions de dot) jusqu'en 1435, l'étude des déplacements consécutifs aux mariages est possible jusqu'à cette date.

La richesse des archives notariales salonaises en documents concernant les dots juives est extraordinaire: nous avons relevé pas moins de quarante-sept actes entre 1396 et 1435.[19] À cette richesse du nombre s'ajoute l'intérêt des renseignements fournis par chaque document. Bien que ces actes ne soient pas toujours des *constitutiones dotis* (constitutions de dot), mais aussi des *recognitiones dotis* (reconnaissances de dot) et des *note matrimonii* (contrats de mariage), ils comprennent toujours la mention des lieux d'origine des époux, du montant de la dot et du nom de celui qui dote. Dans la plupart des cas, ils prévoient la périodicité du paiement des versements, les augments de dot et biens paraphernaux à venir, et les *alimenta*[20] à fournir aux nouveaux mariés par la famille de l'un ou de l'autre. À l'aide de ces renseignements, il est possible de reconstituer des éléments importants de la vie des nouveaux époux.

De ces actes, il ressort que dans trente-huit des quarante-sept mariages contractés, un des deux conjoints venait d'une ville autre que Salon, soit dans 80,74 p. cent des cas. Or ces mariages impliquaient nécessairement un transfert de population, l'un des jeunes mariés allant vivre dans la localité de l'autre. Encore ne peut-on pas conclure que ce soit nécessairement la mariée qui ait eu à suivre son mari. Les documents révèlent en effet, une absence de principe bien établi en ce domaine. Dans quatorze cas sur quarante-sept, les actes prévoient une cohabitation des nouveaux mariés avec leurs parents (soit dans 29,8 p. cent des cas).[21] Le pourcentage des cas où cette vie commune a effectivement eu lieu est certainement plus élevé, car les *alimenta* n'apparaissent que dans les actes les plus complets. À maintes reprises ils peuvent être apparus dans la *quessuba*,[22] contrat de mariage en hébreu, et ne pas avoir été repris dans sa copie latine.

Quoi qu'il en soit, les actes en latin stipulent plus souvent la cohabitation des jeunes époux avec les parents de la mariée qu'avec ceux du marié.[23] Sa

---

[19] Nous n'avons retrouvé aucun document concernant des dots juives au cours des années 1391 à 1395.

[20] Les *alimenta* comprenaient l'entretien du jeune couple par leurs parents, soit dans la maison de ces derniers, soit ailleurs.

[21] Hildenfinger note le même phénomène à Arles. Cf. Paul Hildenfinger, «Documents relatifs aux Juifs d'Arles,» *Revue des études juives* 47 (1903) 237.

[22] Les notaires écrivaient en général ainsi le mot hébreu «Ketoubâ,» qui signifie «écriture» et dans un sens plus étroit «contrat de mariage.»

[23] Huit actes prévoient le logement des époux par le père de la mariée, et cinq par le père du marié.

durée moyenne était de six ans et elle oscillait entre deux et treize ans. Ce phénomène est intéressant car I. Agus souligne, dans son étude sur les communautés juives de France et d'Allemagne aux $X^e$ et $XI^e$ siècles, que pour des raisons de moralité on y évitait la cohabitation des nouveaux époux avec les parents de la mariée. En effet, les belles-mères étant généralement encore jeunes à l'époque du mariage de leurs filles, on craignait que ne se développent des rapports trop étroits entre elles et leurs gendres. Les parents du marié assuraient donc le logement de leur fils et de leur belle-fille, soit chez eux, soit dans une demeure à proximité.[24]

La cartographie des déplacements consécutifs à des mariages confirme en gros les conclusions avancées pour les migrations juives récentes par rapport à la période 1391-1405.[25] L'aire de recrutement matrimonial des Juifs de Salon est réduite à la Basse-Provence. La période que couvrent les renseignements cartographiés exclut la possibilité de relations avec le Nord de la France ou le Languedoc, mais non avec la Haute-Provence. L'existence de Juifs dans cette région ne fait pas de doute, mais leurs contacts avec la communauté juive de Salon semblent réduits.[26] Soulignons toutefois les apports matrimoniaux importants de certaines villes qui n'apparaissent pas dans la carte des migrations de 1391 à 1405: Marseille surtout, mais aussi Tarascon, Carpentras, Orange, Manosque, etc.

Mais à la lumière de la comparaison avec les documents chrétiens, l'ouverture géographique des Juifs de Salon apparaît encore plus éclatante. Un sondage rassemblant cent constitutions de dot chrétiennes au cours des années 1396 à 1435 permet de constater que le taux de Salonais qui contractaient des mariages avec des étrangers était de 35 p. cent alors qu'il s'élevait à plus de 80 p. cent chez les Juifs de la ville. La mobilité géographique consécutive au mariage était donc à moitié moindre chez les Chrétiens. Leur aire de recrutement matrimonial était aussi nettement moins étendue. Mis à part les cas de deux maris qui viennent de localités éloi-

---

[24] Irving, A. Agus, *The Heroic Age of Franco-German Jewry. The Jews of Germany and France of the Tenth and Eleventh Centuries, The Pioneers and Builders of Town-Life, Town-Government and Institutions* (New York: Yeshiva University Press, 1969), p. 278. Traitant d'une période plus tardive, mais très intéressant à titre de comparaison, le bel article de Jackie A. Kohnstamm et René Moulinas, «Archaïsme et traditions locales: le mariage chez les Juifs d'Avignon et du Comtat au dernier siècle avant l'émancipation,» *Revue des études juives* 138, fasc. 1-2 (janv.–juin 1979) 89-115, analyse les différentes étapes du mariage juif dans la région et mentionne les coutumes de cohabitation.

[25] Cf. Fig. 3, Aire de recrutement matrimonial des Juifs de Salon.

[26] Cf. Bernhard Blumenkranz, *op. cit.*, p. 25, Carte des implantations juives en Provence médiévale.

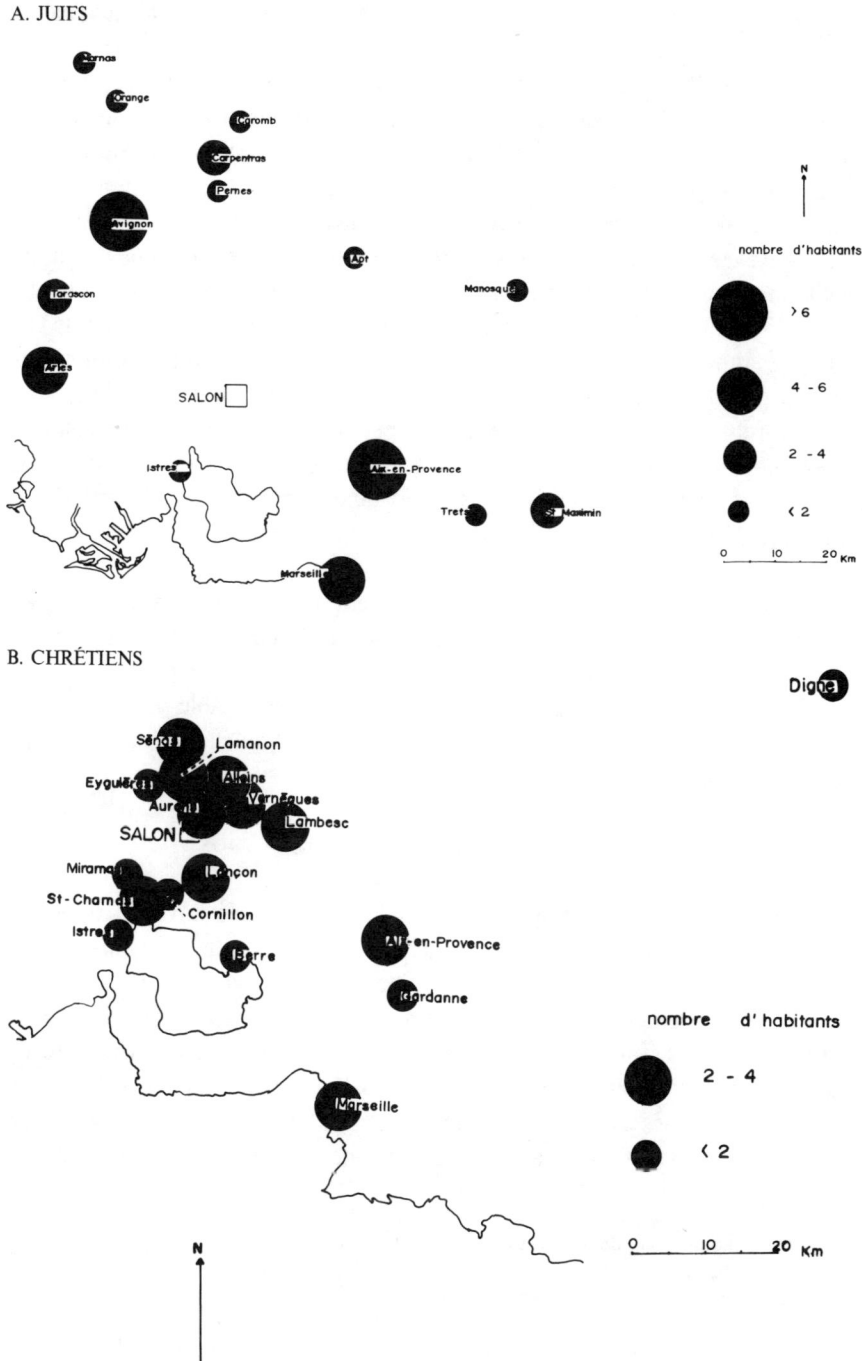

Figure 3. AIRE DE RECRUTEMENT MATRIMONIAL SALON (1396-1435)

gnées,[27] les étrangers qui s'unissaient à des Salonaises ou vice versa venaient des villes et villages de la région immédiate.[28]

Toutefois, il convient d'expliquer cette très grande exogamie des Juifs de Salon. Si ceux-ci se mariaient dans une grande proportion avec des coreligionnaires d'autres villes, c'est que la communauté juive de Salon était relativement petite (environ 150 personnes) et une endogamie supérieure à 20 p. cent eut été impossible. Un pourcentage tel révèle même une endogamie élevée dans le cas d'une si petite communauté. Le phénomène n'a pas la même intensité pour les Chrétiens bien que le droit canon ait été beaucoup plus sévère que la loi juive et ait prohibé les mariages entre parents même très éloignés. La population chrétienne salonaise étant beaucoup plus importante que la population juive, une endogamie de 65 p. cent était possible.

Le problème de la rareté relative des personnes du sexe opposé disponibles au sein de la société juive était accentué par les exigences du niveau social. En effet, seules les familles de fortune comparable s'alliaient par le mariage de leurs enfants. Le recours à des conjoints de l'extérieur devenait donc vite nécessaire.

De même, l'étendue de l'aire de recrutement matrimonial des Juifs salonais est rendue indispensable par la faible présence de coreligionnaires dans les campagnes environnantes.

Si l'importante exogamie juive est facilement explicable par des raisons démographiques et sociales, il n'en reste pas moins qu'elle est un facteur de mobilité géographique constante.

## 2. Essai d'évaluation de la population

Évaluer l'importance démographique de la communauté juive de Salon, au début du XV$^e$ siècle, n'est pas chose facile. Les données de base sont rares et surtout fragiles et elles permettent à peine de risquer un chiffre.

Le dépouillement systématique des actes notariés conservés pour la période 1391 à 1405 a révélé l'apparition occasionnelle ou fréquente de soixante-dix-huit Juifs et Juives habitant Salon, soit cinquante hommes et vingt-huit femmes adultes. Comme il n'y avait aucun moyen d'évaluer le nombre de Juifs salonais n'apparaissant pas dans les documents, nous avons

---

[27] Un conjoint venait de Saint-Cézaire-sur-Siagne, diocèse de Grasse (Alpes-Maritimes) et un autre de Saint-Pourçain-sur-Sioule, diocèse de Clermont-Ferrand (Allier).

[28] Les localités d'où venaient les conjoints chrétiens non-salonais sont les suivantes: Aix-en-Provence (2), Alleins (2), Aurons (2), Berre (1), Cornillon (1), Digne (1), Eyguières (1), Gardanne (1), Istres (1), Lamanon (2), Lambesc (3), Lançon (5), Marseille (3), Miramas (1), Saint-Cézaire-sur-Siagne (1), Saint-Pourçain-sur-Sioule (1), Sénas (3) et Vernègues (2).

cherché à regrouper les familles de façon à avoir une idée approximative du nombre de chefs de feux.[29] Dans vingt cas, nous avons reconstitué ce qui a pu être une unité familiale, mais dix-huit Juifs de la documentation n'ont pu être rattachés à aucune famille. La réalité a certainement été plus complexe que ne le laisse croire la documentation. Ce qui paraît avoir constitué une famille, a pu se dédoubler en deux feux. Et les dix-huit Juifs sans famille connue ont pu faire partie de feux constitués sans que la documentation nous suggère de les y rattacher. Enfin, il y a certainement parmi eux des personnes de passage à Salon figurant dans des actes par le hasard des circonstances.

L'absence totale de listes de Juifs dans les registres de ces quinze années élimine la possibilité de compléter le fichier en ajoutant des noms manquants. Par contre, la documentation riche surtout à partir de 1420, fournit cinq listes de Juifs échelonnés au cours de neuf années. Elles sont toutes comprises dans des actes concernant les finances de l'*universitas Judeorum*.

La première liste date de 1425. Elle constituait en une désignation de cinq procureurs par vingt membres de la communauté en représentant la «*maior et sanior pars*» et réunis dans la synagogue. Ces procureurs étaient habilités à vendre une pension annuelle de cinquante florins.[30] En 1427, vingt-sept Juifs étaient désignés dans un acte concernant l'approbation de la vente d'une pension de soixante florins par an à un damoiseau salonais.[31] Quatre ans plus tard, onze Juifs se réunissaient pour désigner neuf de leurs coreligionnaires comme syndics chargés de lever au nom de la communauté 200 florins pour racheter la moitié de cette pension.[32] Deux mois plus tard, vingt-huit Juifs représentant toujours la «*maior et sanior pars universitatis*» se réunissaient pour recevoir quittance de leur dette de 600 florins contractée par l'acte de 1427.[33] Enfin en 1433, vingt-trois Juifs s'engageaient ensemble et engageaient deux coreligionnaires malades qui étaient restés chez eux, à rembourser une dette de 800 florins contractée envers une Juive d'Arles.[34]

---

[29] Voir la liste des Juifs salonais (1391-1405) en Annexe 10. Dans sept cas, les documents révèlent deux membres de la famille; dans quatre cas, 3; dans sept cas, 4; dans un cas, 5; et dans un autre cas, 6. À quelques occasions, des membres de la famille n'étaient pas mentionnés durant la période 1391 à 1405, mais seulement pendant les trente années ultérieures.

[30] Arch. dép. des Bouches-du-Rhône, Guillaume Capardi, 375 E 13 f. 31 v. ss.; 17 juin 1425.

[31] *Ibid.*, Guillaume Capardi, 375 E 14 f. 49 v. ss.; 13 janvier 1427 n.s.

[32] *Ibid.*, Guillaume Capardi, 375 E 19 f. 104 v. ss.; 30 janvier 1431 n.s.

[33] *Ibid.*, Guillaume Capardi, 375 E 20 f. 3 r. ss.; 27 mars 1431.

[34] *Ibid.*, Guillaume Capardi, 375 E 21 n.p.; 29 décembre 1433: «*tam nominibus ipsorum propriis quam dicte eorum universitatis, omnes insimul et quilibet ipsorum insolidum et promisso per eos de faciendi obligari Salves Caracause et Bonanum Boniaqui nunc in domibus ipsorum infirmatl ad infrascripta complenda prout ipsi supranominati sut (sic) infra obligati.*»

Seule la liste la plus ancienne mentionne la présence des Juifs dans la synagogue, mais le rôle habituel de cet édifice comme maison de réunion porte à croire que les autres décisions de la communauté y ont également été prises. À première vue, donc, tout homme ayant la majorité religieuse (c'est-à-dire treize ans) était susceptible d'apparaître dans ces listes. Si cela avait été le cas, il aurait suffi pour obtenir le chiffre de la population juive de la ville, de multiplier par quatre le nombre d'individus recensés dans ces cinq actes.[35] Ce coefficient proposé par B. Blumenkranz tient compte de la courte durée moyenne de vie, tout en supposant une répartition égale des sexes.[36] Le nombre d'individus dont les noms sont mentionnés variant entre vingt et vingt-huit d'une liste à l'autre, la population juive de Salon aurait donc pu être estimée à un chiffre oscillant entre quatre-vingts et cent douze personnes.

Mais en les regardant de plus près, on voit que ces listes dénombrent des chefs de feux. En effet, dans la première liste, Salomon Vitalis Cohen figurait en son nom propre. Après sa mort, dans trois listes ultérieures, ses enfants furent représentés par leur oncle Salvet.[37] Il faut donc abandonner l'hypothèse que les Juifs de ces listes aient tous eu la majorité religieuse puisque les enfants de Salomon y sont mentionnés.

Dans quelle mesure ces listes de chefs de feux étaient-elles complètes? Voilà précisément ce qui est difficile à établir. La liste du 30 janvier 1431 était certes incomplète car elle ne comportait que vingt noms. Vital Creguti n'y apparaît pas et n'y est représenté par personne alors qu'il figure dans les listes antérieures et postérieures. Salvet Vitalis Cohen apparaît en son nom propre, mais n'y représente pas ses neveux. Les autres listes comprennent un nombre plus important de chefs de feux: elles oscillent entre vingt-cinq et vingt-huit noms. Dans l'acte le plus récent, les Juifs présents s'engagent expressément à obtenir la garantie de deux Juifs, Salves Caracause et Bonan Boniaqui, qui étaient retenus chez eux par la maladie.

L'usage des termes «*maior et sanior pars*» écarte l'hypothèse qu'il s'agisse là de toute la communauté. Les décisions prises impliquaient la présence de tous ceux qui étaient en mesure d'assumer leur part des charges collectives, mais les actes excluaient certes un petit nombre de familles pauvres qu'il est

---

[35] S. W. Baron souligne l'importance des rassemblements communautaires des mâles de plus de treize ans dans les communautés de petite et moyenne taille. Ces assemblées se réunissaient dans la synagogue pour élire les conseils et prendre des décisions majeures concernant la communauté. Voir Salo Wittmayer Baron, *The Jewish Community. Its History and Structure to the American Revolution*, 2: 23-24.

[36] Bernhard Blumenkranz, «Les Juifs à Blois au moyen âge: à propos de la démographie historique des Juifs,» dans *Étude de civilisation médiévale (IX$^e$ - XII$^e$ siècles), Mélanges offerts à Edmond-René Lalande* (Poitiers, 1974), p. 35.

[37] Voir ces listes en Annexe 2.

difficile d'évaluer plus précisément. Les données sur les *nichil* des communautés juives font cruellement défaut dans les documents. Mais dans les milieux chrétiens de Pise à la même époque, on évalue les *miserabili* de la ville à 16,5 p. cent et les ménages féminins pauvres à 15,6 p. cent, alors que dans le comté pisan, ils étaient respectivement de 8,2 p. cent et 9,2 p. cent.[38]

Le nombre total de Juifs présents dans l'une ou l'autre des listes salonaises s'élève à trente-six. Si l'on exclut la liste la plus courte de vingt noms qui était incomplète, il est probable qu'au cours des huit années pendant lesquelles elles s'échelonnent il y ait eu des changements de chefs de feux qui contribuaient aux prestations, soit par décès, soit par immigration, soit par amélioration de la situation financière, qui justifient l'apport de onze nouveaux noms de la plus ancienne à la plus récente des listes. Il est donc vraisemblable que les quatre listes retenues aient compris la plupart des chefs de feux juifs imposés de Salon, soit environ vingt-cinq.[39]

Ce chiffre paraît plausible mis en rapport avec le nombre approximatif de familles relevées de 1391 à 1405, soit vingt. La communauté a pu s'accroître légèrement pendant les vingt années pour lesquelles nous n'avons pas pu suivre directement son évolution démographique parce que nous n'avons trouvé aucune liste ni effectué le dépouillement de tous les actes. La mince différence des données obtenues par les deux méthodes de compte confirme néanmoins la valeur de l'estimation. Selon que l'on utilise le coefficient établi par E. Baratier d'après le recensement de la communauté juive d'Aix-en-Provence en 1341 (5,9) ou celui de R.-H. Bautier à Carpentras en 1473 (4,3), en comptant les foyers imposés, la population juive de Salon compterait entre cent et cent cinquante personnes.[40] En y ajoutant le taux hypothétique assez conservateur de 15 à 20 p. cent de foyers pauvres, elle aurait même pu s'élever à 115 ou 180 personnes.[41] Il s'agissait donc d'une communauté relativement modeste. C'était également la conclusion de E. Baratier qui la classait parmi celles dont le chiffre oscillait entre cent et deux

---

[38] David Herlihy et Christiane Klapisch-Zuber, *Les Toscans et leurs familles. Une étude du catasto florentin de 1427* (Paris: Presses de la Fondation nationale des sciences politiques, Éditions de l'École des Hautes Études en sciences sociales, 1978), p. 96.

[39] Nous retiendrons prudemment le chiffre le moins élevé.

[40] Cf. Édouard Baratier, *La démographie provençale du XIII$^e$ au XIV$^e$ siècle avec chiffres de comparaison pour le XVIII$^e$ siècle* (Paris: S.E.V.P.E.N., 1961), p. 59 ss. et Robert-Henri Bautier, *loc. cit.*, p. 257. Il est intéressant de noter que nos différentes méthodes de calcul nous suggèrent un chiffre de la population juive salonaise au début du XV$^e$ siècle comparable à celui proposé par Bernhard Blumenkranz pour la communauté de Blois au moment du massacre du 26 mai 1171, soit de 105 à 140 âmes. Le nombre de communautés de cette taille à l'époque médiévale devait être important aussi bien en France du Nord qu'en Provence. Cf. Bernhard Blumenkranz, *loc. cit.*, p. 37.

[41] David Herlihy et Christiane Klapisch-Zuber, *op. cit.*, p. 96.

cents personnes, et qui habitaient en général des villes de l'intérieur jouant le rôle de capitales régionales.[42] Le rapport des Juifs et des Chrétiens dans la ville était de l'ordre d'un à vingt ou à vingt-trois environ.[43]

Dans son étude sur la vie économique et sociale de Salon-de-Provence entre 1341 et 1352, A. Płachcinska évalue la population juive de la ville à cent familles, soit à 350-450 personnes. Il faut donc conclure à une baisse démographique sensible de ce secteur de la population entre 1341-1352 et 1391-1435.[44]

Les Juifs salonais habitaient une rue désignée sous le nom de «Juiverie,»[45] située dans le quartier Bastonenc à l'est et menant du rempart sud au centre de la vieille ville. Sur son parcours, elle portait successivement les noms de «Juiverie,» «place Neuve» et «rue Jacob.» Au croisement de la rue Jacob et de la rue menant au château, s'élevait un puits, qui donnait son nom à cette place: «Puits de Jacob.»[46] L'absence de cadastre rend impossible toute tentative de localisation des édifices du culte,[47] mais les notaires fournissent de nombreuses indications sur l'habitat des Juifs à Salon.

La *Juzataria* regroupait la majeure partie des Juifs, mais non la totalité. Un certain nombre d'entre eux étaient dispersés dans les autres quartiers de la ville: aucun règlement ne le leur interdisait.[48] De même les Chrétiens ne l'évitaient pas systématiquement et on rencontre tour à tour dans les actes notariés des Chrétiens et des Juifs qui voisinaient dans la *carreria Judeorum*.

Cet état de fait n'est pas propre à Salon. J. Duranti la Calade rapporte qu'à Aix-en-Provence également, au début du XIVe siècle, les Juifs étaient disséminés un peu partout à travers la ville. Mais, comme à Salon, la majorité d'entre eux habitait certaines rues. En 1351, la reine Jeanne leur imposa la

---

[42] Cf. Édouard Baratier, p. 70.

[43] Ce rapport a été établi en fonction du chiffre total de la population salonaise fourni dans l'introduction générale.

[44] Anna Rutkowska-Płachcinska, *Salon-de-Provence. Une société urbaine du bas Moyen Âge*, Académie Polonaise des sciences, Institut d'histoire de la culture matérielle (Wrocław, Warszawa, Kraków, Gdańsk, Lodź: Zakład Narodowy Imienia Ossolińskich Wydawnictwo Polskiej Akademii Nauk, 1982), pp. 21-22.

[45] Les termes latins qu'on trouve le plus fréquemment pour désigner la Juiverie sont «*Judea*» et «*Jusataria*» ou «*Juzataria*.»

[46] Le quartier juif a été en partie détruit récemment dans le cadre de la restauration du vieux Salon.

[47] Les renseignements concernant le quartier juif de Salon sont réunis dans l'article de Danièle Iancu-Agou, «Topographie des quartiers juifs en Provence médiévale,» *Revue des études juives* 133, fasc. 1-2 (janvier-juin 1974) 77-81.

[48] Au contraire, un édit de Charles II, en date du 20 août 1306, permettait aux Juifs d'habiter dans des quartiers chrétiens. Cette législation fut d'ailleurs reprise par le roi René dans des *Lettres* du 19 mai 1455. Cf. Raoul Busquet, *Études sur l'ancienne Provence. Institutions et points d'histoire* (Paris: Champion, 1930), pp. 118-127.

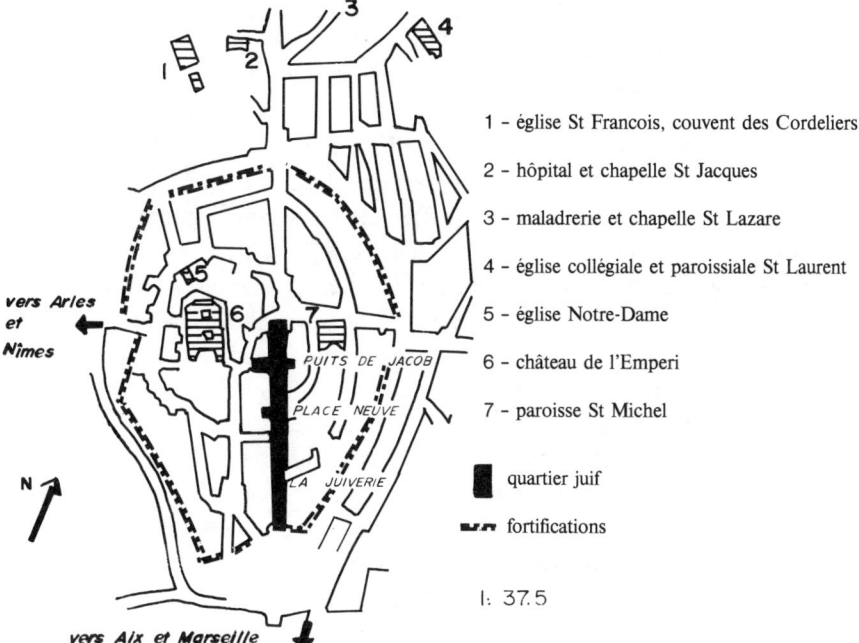

Figure 4. Plan de Salon (XVᵉ siècle)

(D'après un Plan de Salon [XVIIᵉ s.] paru dans *Salon-de-Crau - Memento des «amis du Vieux Salon,»* n° 44 [1970] p. 15, rectifié d'après Louis Gimon, *Chroniques de la ville de Salon*, pp. 70-73.)

résidence dans un même quartier et la concentration des Juifs dans une partie de la ville s'effectua peu à peu. Toutefois, la Juiverie d'Aix ne fut jamais close et des Chrétiens y habitèrent au cours de toute la période. Ceux-ci y possédaient des maisons, alors que les Juifs avaient des propriétés dans toute la ville.[49]

Mais ce phénomène n'est pas général en Provence. En effet, le cadastre de 1390 laisse entrevoir à Tarascon une coupure beaucoup plus marquée entre habitat juif et habitat chrétien. Aucun Chrétien ne possédait de maison dans la Juiverie et aucun Juif n'en possédait en dehors de celle-ci. De plus, on constate même une certaine concentration des biens fonciers appartenant aux Juifs: la grande majorité de leurs vignes étaient réunies sur une section du Plan appelée «*am lo ranc Juzieu.*»[50]

---

[49] J. Duranti la Calade, «Notes sur les rues d'Aix au XIVᵉ et XVᵉ siècles (suite). Le Quartier des Juifs,» *Annales de Provence*, 10, n° 6 (novembre-décembre 1913) 398-406.

[50] Michel Hébert, *Tarascon au XIVᵉ siècle. Histoire d'une communauté urbaine provençale* (Aix-en-Provence: Éditions Edisud, 1979), p. 63.

Mais une ligne de séparation entre Juifs et Chrétiens encore plus dure a été tracée dans une ville comtadine, Carpentras. Dès 1344, les Juifs de la ville furent isolés dans un quartier spécial. À plusieurs reprises, les autorités pontificales tentèrent de réduire l'étendue de la Juiverie. Finalement, sous prétexte de protection, le Conseil de ville réussit, en 1486, à persuader les Juifs d'abandonner une partie de la Carrière et de se réunir dans le reste de celle-ci. La Juiverie fut par la suite fermée à ses deux extrémités par des portes qui furent construites aux frais des Juifs.[51]

En Espagne, la situation évolua considérablement sur ce point au cours de l'époque médiévale. Dans la majeure partie des villes, l'habitat juif était concentré, bien que la résidence en dehors de la *Juderia* ait été autorisée et ait existé dans une certaine mesure. Toutefois, après les massacres de 1391 qui ont entraîné la destruction totale de certaines communautés juives, les Juifs furent forcés d'habiter à l'intérieur des limites de la Juiverie.[52]

La notion de «Juiverie» semble parfois assez floue dans les documents salonais. Ses limites avec le quartier Bastonenc ne devaient pas être très précises, car on constate certaines confusions. Ainsi dans trois testaments, Vital Creguti cédait à sa femme la maison dans laquelle il habitait. Deux fois il la situait dans la Juiverie et une fois dans le quartier Bastonenc.[53] L'identité de la maison ne fait pas de doute: les confronts sont les mêmes. La maison voisine, propriété également de Vital Creguti, mais habitée par son beau-frère, Dieulosal Bendich, et ses enfants, n'a jamais été décrite autrement que dans la Juiverie.

La tendance à la concentration des Juifs dans leur quartier est sensible dans les transactions réalisées sur les maisons au cours de la période 1391 à 1405. Cinq maisons ont été vendues par des Juifs à des Chrétiens; aucune n'était située dans la Juiverie.[54] Une seule a été vendue par un Juif à un

---

[51] Isidore Loeb, «Les Juifs de Carpentras sous le gouvernement pontifical,» *Revue des études juives* 12 (1886) 171-180 et Henri Dubled, «Les Juifs de Carpentras à partir du XIIIe siècle,» *Provence historique* 19, n° 77 (juillet-septembre 1969) 216-217.

[52] Abraham A. Neuman, *The Jews in Spain. Their Social, Political and Cultural Life during the Middle Ages*, vol. 1: *A Political Economic Study* (New York: Octagon Books, 1969), p. 166. Une analyse des massacres de 1391 en Espagne est contenue dans Salo Wittmayer Baron, *A Social and Religious History of the Jews. Late Middle Ages and Era of European Expansion (1200-1650)*, vol. 11: *Citizen or Alien Conjurer* (New York and London: Columbia University Press, 1967), pp. 232-236.

[53] Arch. dép. des Bouches-du-Rhône, Guillaume Capardi, 375 E 17 f. 43 r. – 46 r.; 6 décembre 1428: «*quoddam hospicium in qua dictus Vitalis nunc habitat scitum infra menia dicti castri in Judea.*» Guillaume Capardi, 375 E 19 f. 130 r. ss; 21 mars 1431 n.s.: «*unum hospicium scitum in carreria Judee.*» Guillaume Capardi, 375 E 13 f. 79 v. ss; 11 décembre 1425: «*hospicium in quo nunc dictus Vitalis habitat scitum infra menia Sallonis in quartono Bastonencorum.*»

[54] Deux maisons étaient dans le quartier Bastonenc (Arch. dép. des Bouches-du-Rhône, Étienne Pachon, 376 E 105 n.p.; 17 mars 1399 n.s. et Jacques Franc, 376 E 31 n.p.; 3 juillet

coreligionnaire et elle y était située.⁵⁵ Par contre, six actes mentionnent des locations de maisons toutes situées dans la Juiverie: cinq étaient louées par des Juifs à des Chrétiens et une seule par un Chrétien à un Juif. À travers ces quelques actes, le mouvement de concentration juive est donc sensible: les Juifs se défaisaient des maisons qu'ils avaient acquises parfois malgré eux en dehors de la Juiverie, échangeant entre eux celles qui y étaient situées ou les louant même à des Chrétiens, tout en gardant leur droit de propriété.⁵⁶ Ainsi, peu à peu, les Juifs ont pu peupler leur quartier, soit en y habitant eux-mêmes, soit en y contrôlant ceux qui y habitaient.

### 3. Caractères de la population

Grâce à une série remarquable de documents, il est possible d'aller plus loin que la simple estimation de la population juive salonaise et d'étudier certains de ses caractères. Le hasard a été généreux et a fourni, en plus de trente testaments et de quarante-sept constitutions de dot, des actes économiques où les noms et les relations de parenté entre les individus étaient généralement signalés. Cette richesse de détails a permis de reconstituer l'évolution de huit familles juives sur trois, quatre et parfois même cinq générations.

Dans quelle mesure ces généalogies sont-elles complètes? C'est un élément difficile à déterminer et il faut émettre certaines réserves sur notre documentation. Précisons d'abord que les individus disparaissent des documents et, par conséquent, du champ d'étude lorsqu'ils quittent Salon. Nous avons souligné précédemment que ce phénomène se produisait avec une fréquence considérable. Ces généalogies ne mentionnent donc que les individus de chaque famille qui restaient à Salon à chaque génération. De même, il faut émettre des réserves inhérentes au type d'actes utilisés. Les filiations révélées par les actes économiques privilégiaient le sexe masculin. En effet, au cours des années 1391 à 1405, environ cinquante hommes et vingt-cinq femmes

---

1393). Les deux suivantes étaient, l'une dans le quartier de Puy-Engenier (Jean Astier, 376 E 6 n.p.; mars 1401 n.s.) et l'autre dans le quartier Arlatan (Étienne Constantin, 376 E 83 n.p.; 9 juin 1391). Une dernière n'est pas localisable (Étienne Constantin, 376 E 89 n.p.; 6 janvier 1400 n.s.: «*loco dicto in podio.*»

⁵⁵ Arch. dép. des Bouches-du-Rhône, Jean Astier, 376 E 66; 17 avril 1399.

⁵⁶ Les actes de location de maisons situées dans la Juiverie apparaissent dans les registres suivants: Arch. dép. des Bouches-du-Rhône, Étienne Constantin, 376 E 84 n.p.; 12 juillet 1392; 376 E 85 n.p.; 24 avril 1393; 376 E 83 n.p.; 17 mai 1391, 2 mai 1392 et 12 avril 1391; Étienne Pachon, 376 E 105 n.p.; 16 mars 1399. Les Juifs qui vendirent des maisons étaient dans deux cas des anciens habitants de Salon ayant déménagé dans une autre ville et dans quatre cas de gros prêteurs qui avaient sans doute obtenu ces maisons en remboursement de dettes. Leurs noms étaient les suivants: Cregud Aym (2), Vital Creguti (1) et Jaconet Mosse (1).

apparaissent à un moment ou l'autre dans les registres de notaires. Pendant cette période, les actes qui n'étaient pas purement économiques (constitutions de dot, testaments, etc.) étaient très rares. C'est donc dire que dans les transactions économiques les hommes avaient une plus grande place que les femmes. Même si celles-ci n'en étaient pas exclues, elles y apparaissaient moins nombreuses et moins souvent. Par conséquent, les premières ou deuxièmes générations des tableaux constitués sont à prédominance masculines: les épouses et les sœurs sont parfois ignorées.

La période suivante néanmoins, par sa richesse en constitutions de dot, a compensé ce tort. Dans les cas de Salonaises épousant des Salonais, les deux sexes étaient également représentés dans les généalogies, mais lorsqu'elles épousaient des étrangers, elles menaient à l'excès contraire de la période précédente: elles «surreprésentaient» leur sexe. C'est ce qui explique que dans les dernières générations, les femmes sont légèrement plus nombreuses que les hommes.

Le testament juif a servi plus que tout autre document à la reconstitution des familles parce que, en général, il mentionnait tous les enfants vivants au moment où le père testait. En effet, contrairement au testament chrétien qui éliminait parfois de l'héritage les filles dotées, le testament juif leur attribuait une somme en legs particulier destinée à constituer un augment de dot. Ainsi sur les vingt-huit enfants de seize testaments juifs provenant d'unités familiales, le nombre de garçons et de filles est égal tandis que dans un sondage effectué dans les testaments chrétiens, le nombre de filles mentionnées est légèrement inférieur (vingt-deux contre vingt-sept). De plus, sur les quatorze Juives bénéficiant de legs testamentaires de leurs parents, huit étaient déjà mariées et donc dotées. Pour trois autres, le testament mentionne explicitement que le legs était attribué à titre de dot. Enfin trois héritières n'ont pu être classées dans l'une ou l'autre de ces catégories, faute de renseignements précis. Les Juives dotées n'étaient pas évincées des testaments de leurs parents. Au contraire, elles y figurent en majorité.

Dans les quelques cas où la documentation est suffisamment abondante pour permettre le contrôle du nombre d'enfants fourni par les testaments à l'aide de documents d'autres types, nous avons constaté qu'effectivement ils mentionnaient la totalité des enfants vivants à ce moment-là. Ainsi dans son premier testament (1427), Bonan Boniaqui léguait de fortes sommes à ses deux filles, Sterette et Astrugonne, et à son fils, dont le nom n'est pas précisé.[57] Dans son second testament et dans celui de sa femme, sept ans plus tard, il n'est plus question d'une de ces filles, Sterette, sans doute morte et l'acte précise que son fils, Josse, est mort lui aussi. On y découvre également

---

[57] Arch. dép. des Bouches-du-Rhône, Raymond Salomon, 375 E 47 f. 13 v.; 25 avril 1427.

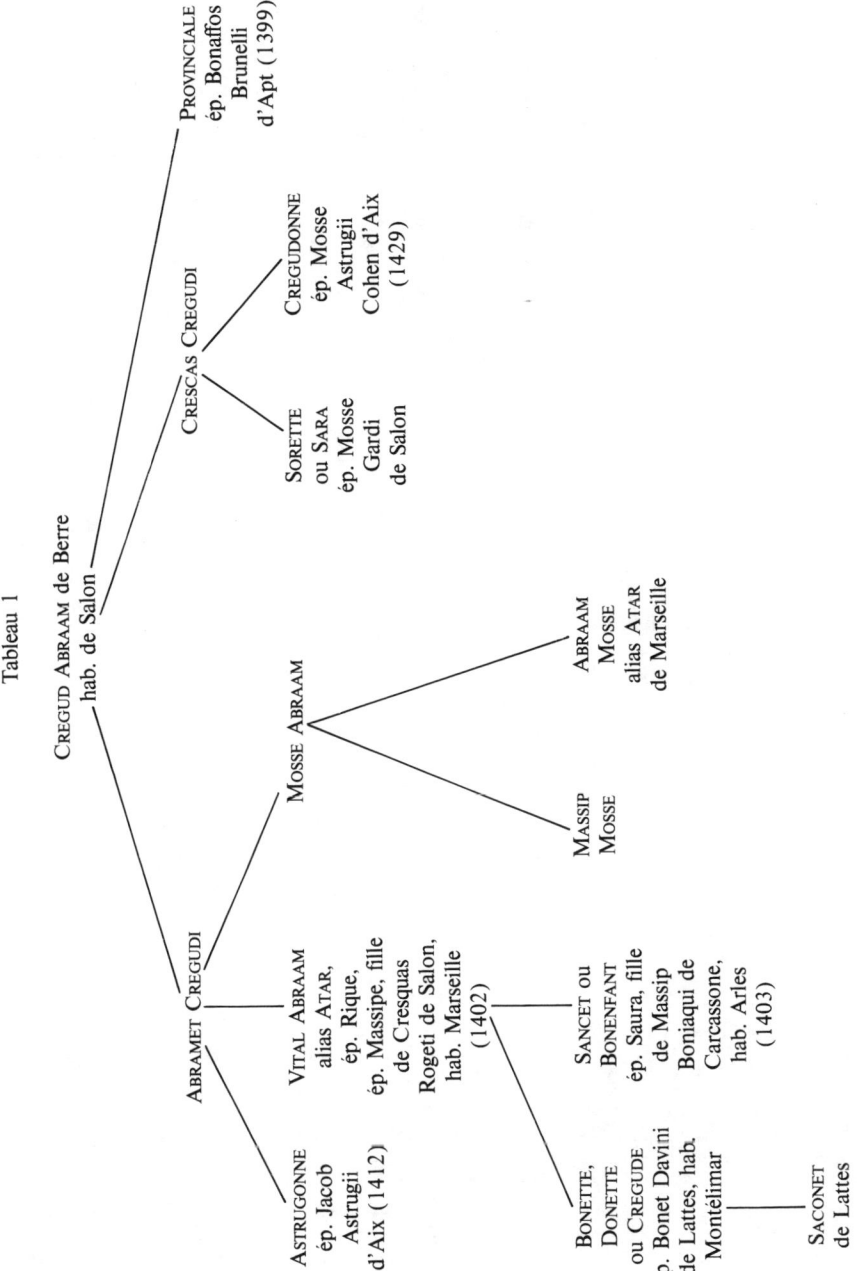

Tableau 2

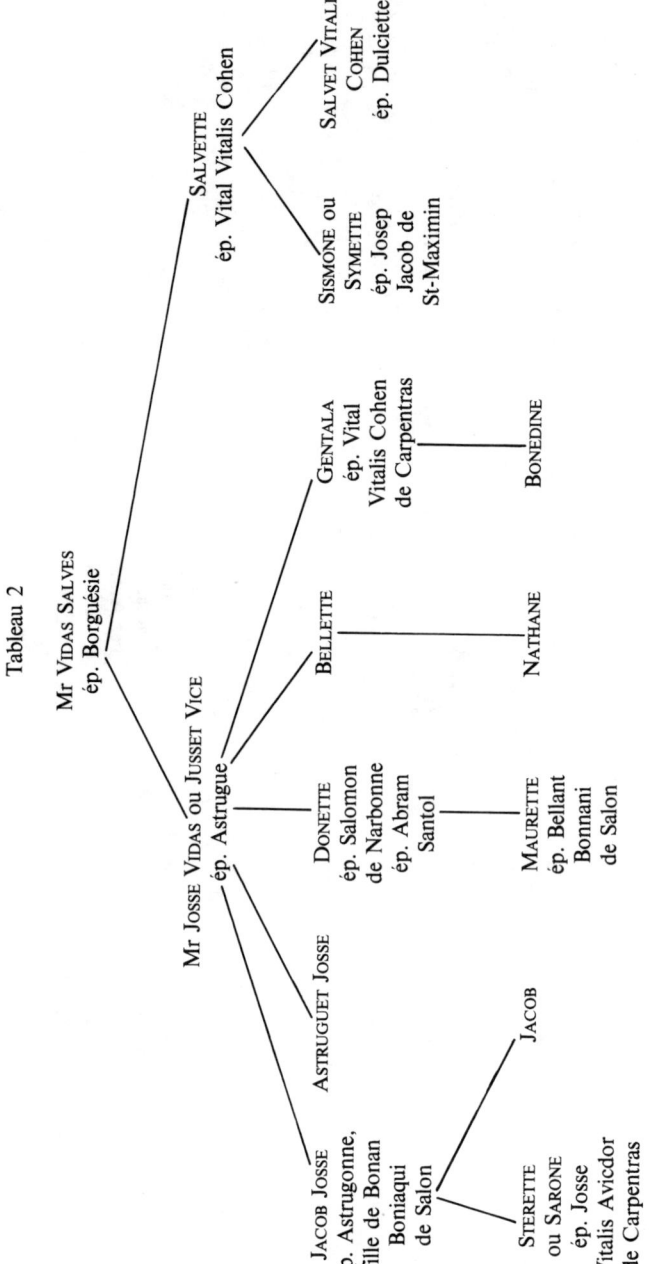

LA POPULATION JUIVE 29

Tableau 3

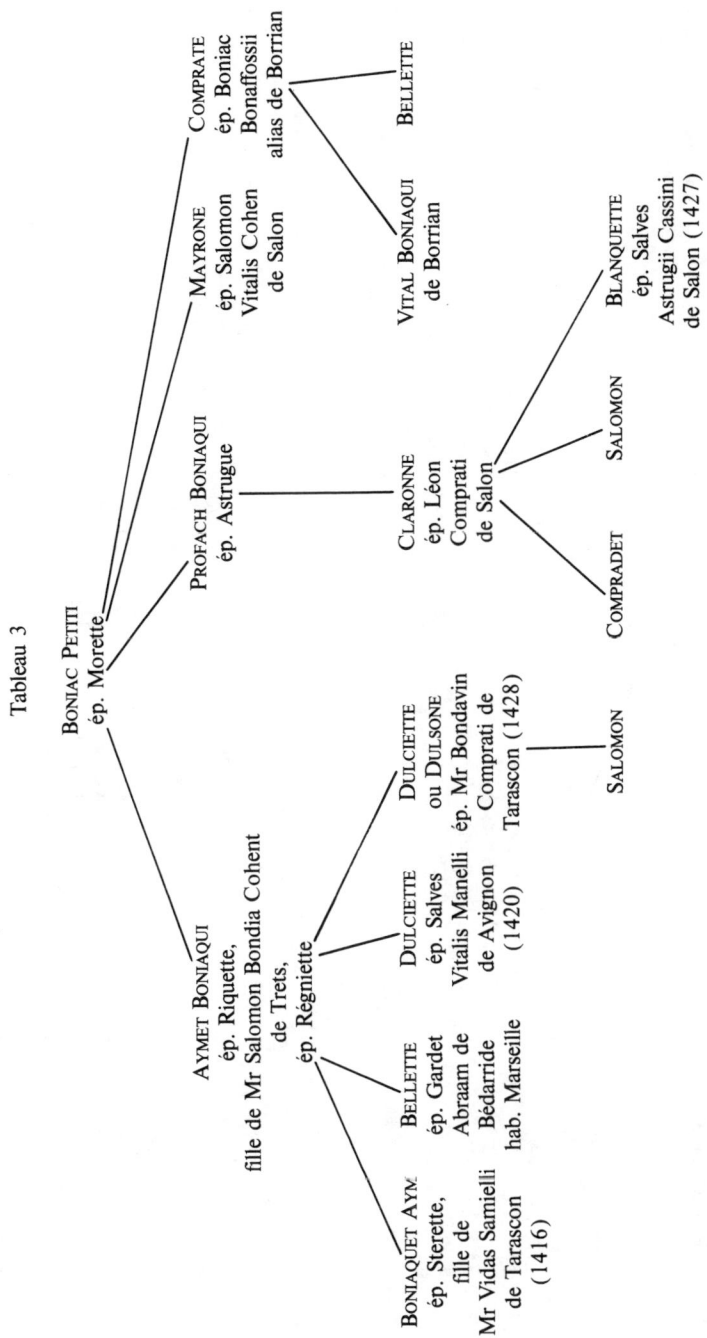

Tableau 4

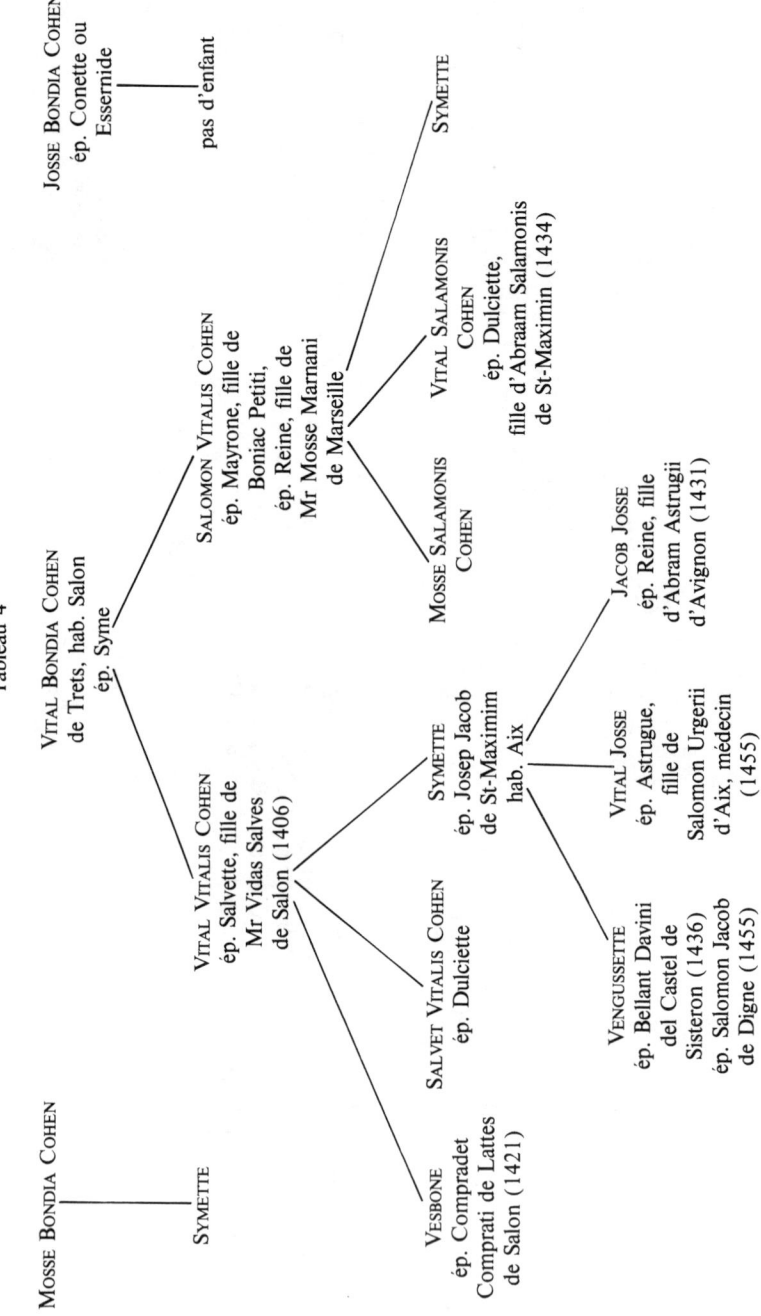

# LA POPULATION JUIVE

Tableau 5

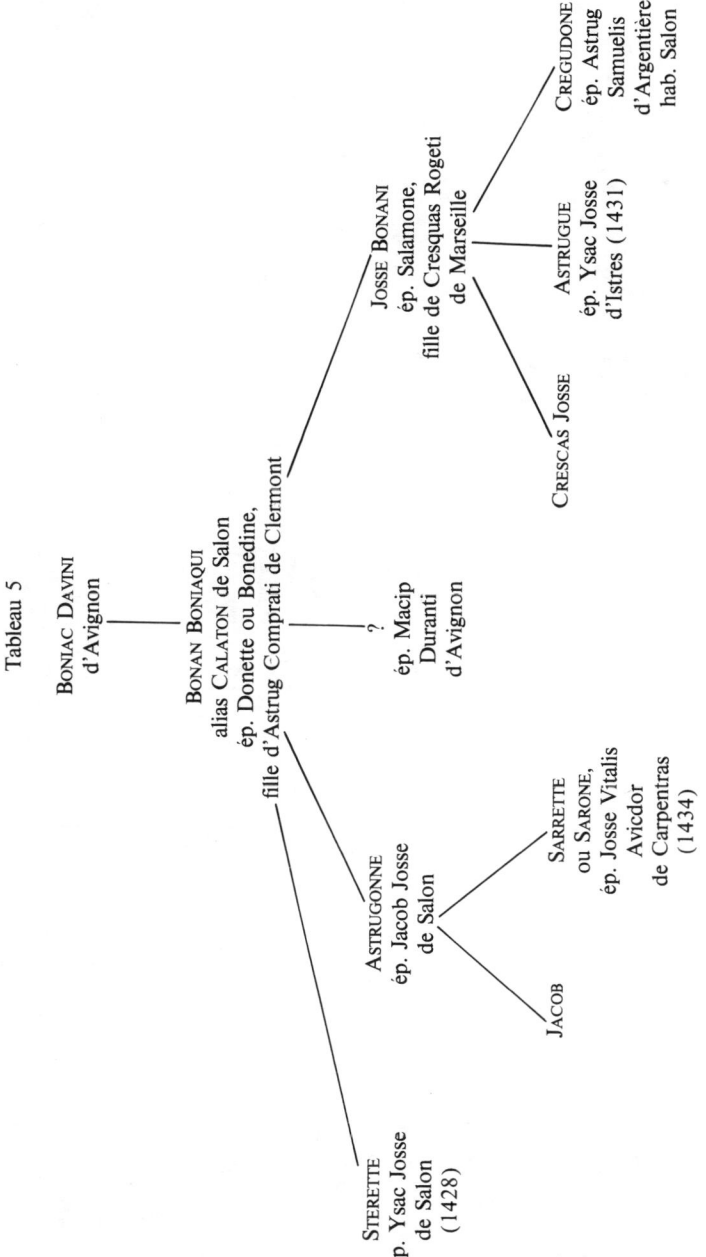

Tableau 6

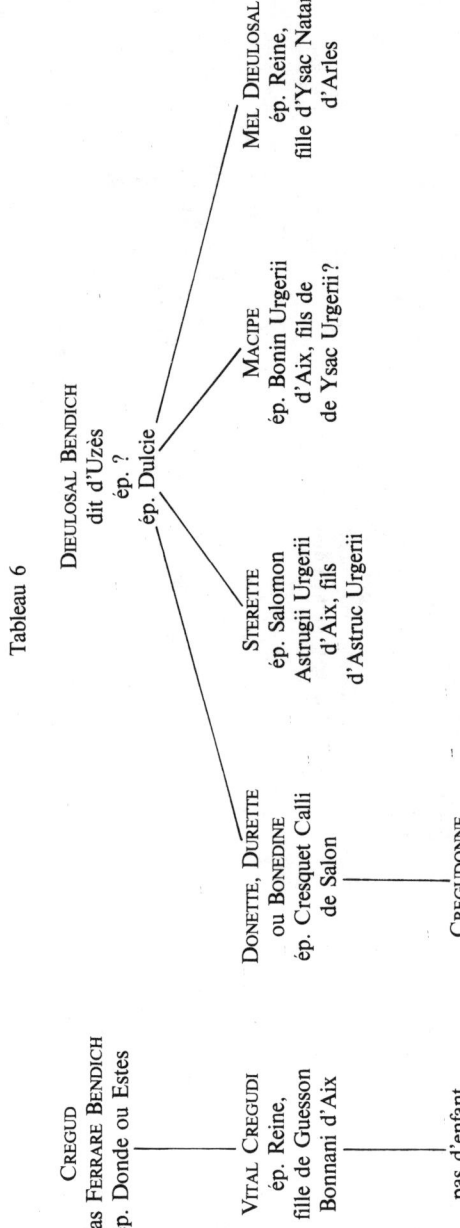

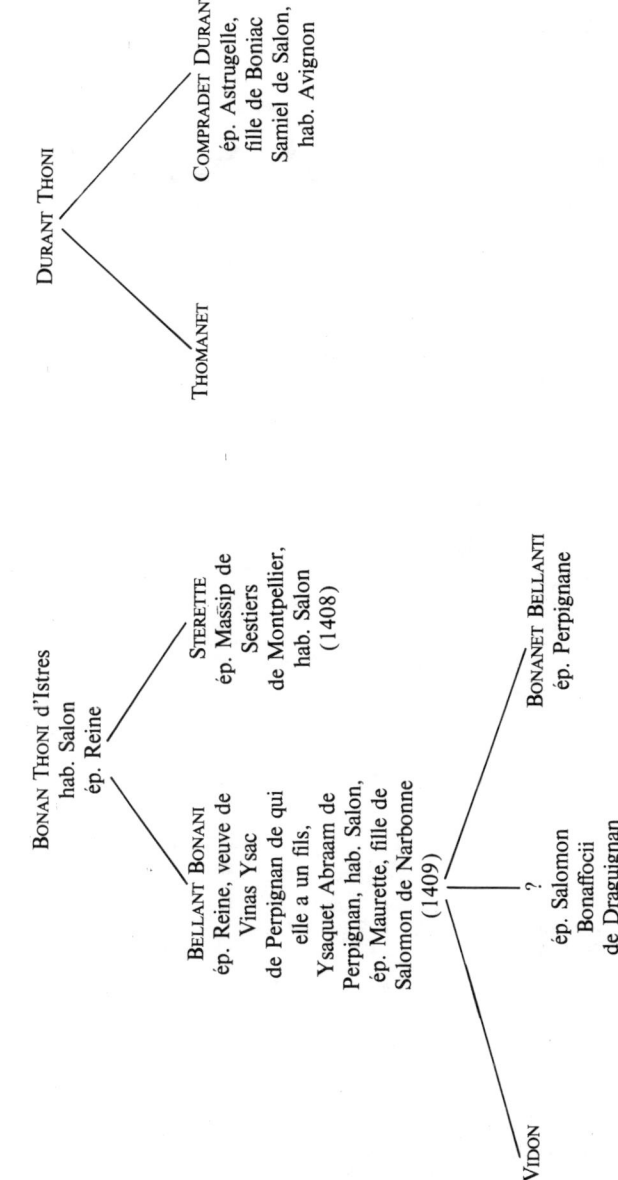

Tableau 7

Tableau 8

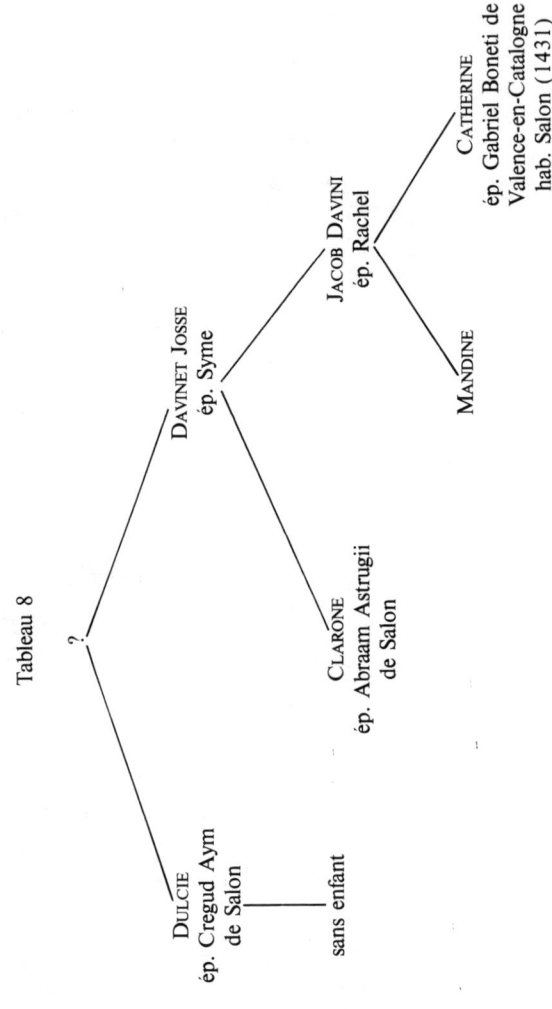

un gendre, Macip Duranti d'Avignon, époux d'une troisième fille de Bonan, dont on ignore le nom et probablement morte depuis longtemps.[58] Seules les deux filles et les fils vivant en 1427 figurent dans des constitutions de dot conservées également.[59]

Un intérêt majeur des testaments est de révéler les foyers sans enfants. En effet, que d'autres actes ne mentionnent pas qu'un couple ait d'enfants n'est pas une preuve qu'il n'en ait pas. Mais lorsque les testaments ne révèlent pas d'enfants ou de petits-enfants, on peut conclure à l'absence d'héritiers en ligne directe. Ainsi dans les quatre testaments de Vital Creguti et les deux de sa femme, Reine, il n'y a aucun legs fait à un fils ou une fille, à un petit-fils ou à une petite-fille. Leurs neveux et nièces par contre sont largement pourvus.[60] Ce couple n'a probablement pas d'enfant vivant au moment des testaments; peut-être n'en a-t-il jamais eu.

Les généalogies reconstituées sont donc complètes dans la mesure où nous avons retrouvé le testament du chef de famille et quelques constitutions de dot qui permettent de connaître le nom des enfants morts au moment où il teste.

Les trente testaments relevés au cours de la période renseignent sur seize cellules familiales seulement. Fréquemment, un individu a testé à plusieurs reprises, ou sa femme et lui ont testé le même jour. Si les renseignements fournis quant au nombre d'enfants d'un individu sont corroborés d'un testament à l'autre, c'est qu'il y a eu changement dans la structure familiale, que des enfants sont nés ou morts. Dans ces cas, nous avons retenu le testament qui révèle la famille la plus nombreuse. Pour le compte moyen d'enfants par testament, nous avons préféré le testament de 1427 de Bonan Boniaqui à ceux de 1434 de sa femme et de lui car il y déclarait alors trois enfants (deux filles et un fils) tandis que sept ans plus tard, il n'avait plus qu'une fille.

Les testaments des épouses infirment parfois ceux de leurs maris sans qu'il y ait nécessairement eu une évolution de la cellule familiale. Ainsi testant le même jour, Vidas Salves et sa femme Borguésie déclaraient un nombre différent d'enfants.[61] La pauvreté de Borguésie peut expliquer qu'elle n'a pas pu diviser son maigre bien entre ses deux enfants.

---

[58] *Ibid.*, Guillaume Capardi, 375 E 23 f 9; 19 avril 1434 et f. 12 v.; même date.

[59] *Ibid.*, Raymond Salomon, 375 E 48 f. 19 r.; 4 mai 1428; Guillaume Capardi, 375 E 20 f. 41 v.; 26 juillet 1431; 375 E 19 f. 101 v.; 30 janvier 1431 n.s.

[60] *Ibid.*, Guillaume Capardi, 375 E 13 f. 79 v. ss.; 11 décembre 1425; 375 E 17 f. 43 r. — 46 r.; 6 décembre 1428; 375 E 19 f. 130 r. ss.; 21 mars 1431 n.s.; 375 E 20 f. 75 v. ss.; 9 novembre 1431; 375 E 14 f. 37 v. ss.; 13 octobre 1426; Mourgues Alfant, 375 E 120 f. 135 v. ss.; 14 septembre 1434.

[61] *Ibid.*, Jacques Amaury, 376 E 94 n.p.; 15 octobre 1406. Le testament de Vidas Salves fait état de deux enfants alors que celui de sa femme ne mentionne qu'une fille.

D'après les testaments, les seize cellules familiales analysées se partageaient vingt-huit enfants, soit un taux de 1,75 par famille. Comme l'indique le tableau ci-contre[62] 25 p. cent des foyers n'avaient pas d'enfant, et 18,75 p. cent n'en avaient qu'un. Émettons toutefois une réserve: les testaments ne révèlent que le nombre d'enfants vivants, non celui des enfants morts jeunes ou à l'âge adulte. Dans un cas, par exemple, la vieillesse du couple testateur est expressément signalée:[63] qu'il n'ait pas d'enfant ne paraît guère étonnant.

Les résultats d'un sondage effectué sur une cinquantaine de testaments chrétiens recueillis pour la même période révèlent un taux d'enfants encore plus bas: quarante-neuf figurent dans cinquante testaments, ce qui n'équivaut même pas à un enfant par testament. Vingt-trois testaments ne signalent aucun enfant vivant (46 p. cent) et seize n'en signalent qu'un (32 p. cent).

L'écart entre le nombre d'enfants exprimé dans les testaments juifs et celui des testaments chrétiens s'explique de maintes façons.[64] Pour deux familles juives, nous détenons deux ou trois testaments qui fournissent des nombres d'enfants différents. Cette pluralité constitue un supplément d'information qui permet de choisir, comme nous l'avons fait, le testament rédigé au moment où la famille est la plus complète. Par contre, chaque testament chrétien révèle une cellule familiale et aucun élément nouveau ne peut le compléter puisqu'il s'agit d'un sondage et que la documentation est partielle. Ce facteur peut dans une certaine mesure créer une distorsion et accroître le chiffre de couples à faible nombre d'enfants.

Mais le facteur essentiel de cette différence est tout autre: il tient à l'exclusion fréquente des filles mariées de l'héritage parental chez les Chrétiens. En effet, sur les vingt-sept testaments chrétiens mentionnant des enfants, des filles apparaissent comme légataires particulières ou universelles dans seize cas. Or dans quatre cas seulement, on signale également l'existence de fils, c'est-à-dire que dans la majeure partie des testaments (douze), le passage de la fortune familiale à une fille est sans doute dû à l'absence d'enfant mâle au moment où le parent teste. Ce phénomène n'est pas du tout sensible chez les Juifs où les filles figurent avec leurs frères dans la plupart des testaments.[65] Le graphique du nombre d'enfants apparaissant dans les testaments chrétiens doit correspondre à la réalité dans une moindre mesure

---

[62] Cf. Tableau 9: Nombre d'enfants par cellule familiale d'après les testaments juifs et chrétiens.

[63] Arch. dép. des Bouches-du-Rhône, Raymond Salomon, 375 E 39 f. 32 v. – 33 r.; 20 septembre 1419, testaments d'Astruc Crescas de Bésaudun habitant de Salon et celui de Ster, son épouse.

[64] Cf. Fig. 5, «Nombre d'enfants par famille d'après les testaments de 1396 à 1435.»

[65] Sur douze couples ayant des enfants au moment où ils testent, neuf lèguent leurs biens à des enfants des deux sexes, deux à des filles seulement et l'un à un garçon seulement.

## LA POPULATION JUIVE

Tableau 9

NOMBRE D'ENFANTS PAR CELLULE FAMILIALE

A. *D'après les testaments juifs*

| Nombre d'enfants | Nombre de familles | % | % cumulé ascendant |
|---|---|---|---|
| 0 | 4 | 25 | 25,00 |
| 1 | 3 | 18,75 | 43,75 |
| 2 | 4 | 25 | 68,75 |
| 3 | 4 | 25 | 93,75 |
| 4 | 0 | 0 | 93,75 |
| 5 | 1 | 6,25 | 100,00 |

B. *D'après les testaments chrétiens*

| Nombre d'enfants | Nombre de familles | % | % cumulé ascendant |
|---|---|---|---|
| 0 | 23 | 46 | 46,00 |
| 1 | 16 | 32 | 78,00 |
| 2 | 5 | 10 | 88,00 |
| 3 | 2 | 4 | 92,00 |
| 4 | 3 | 6 | 98,00 |
| 5 | 1 | 2 | 100,00 |

Figure 5. NOMBRE D'ENFANTS PAR FAMILLE

(D'après les testaments juifs et chrétiens de 1396 à 1435.)

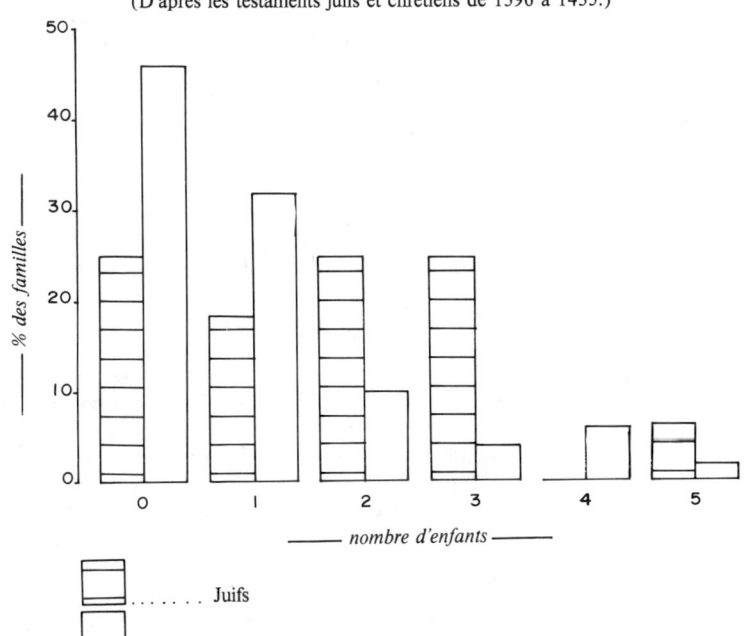

que celui exécuté d'après les testaments juifs, du fait de ce facteur. Ce dernier a certainement contribué à sous-évaluer le nombre d'enfants par couple chrétien.

Mais n'est-il pas possible de pousser plus loin l'étude du nombre d'enfants par famille juive? S'il n'existe aucun moyen de découvrir les naissances, du moins, dans une série de cas, connaissons-nous les enfants parvenus à l'âge adulte. Même s'ils n'apparaissent pas dans les testaments de leurs père et mère, parce qu'ils étaient morts à ce moment-là, ils figurent dans les constitutions de dot et les testaments antérieurs de parents éloignés.

Les familles reconstituées en généalogies à partir de ces éléments réunis comprennent donc un nombre d'enfants supérieur à celui révélé par les testaments parentaux. De plus, alors que le calcul n'était possible que dans les testaments de seize familles, les généalogies reproduites ici révèlent quarante-cinq couples que nous avons pu suivre au cours de la période et pour lesquels nous pouvons effectuer le compte des enfants.[66] Au total, ces familles se partageaient quatre-vingt-dix-neuf enfants, soit un taux de 2,2 enfants par couple.[67] Sensiblement supérieur à celui révélé par les testaments, il doit correspondre dans une bonne mesure au nombre moyen d'enfants par foyer effectivement parvenus à l'âge adulte. Un tel taux aurait à peine permis la progression de la communauté juive sans apport extérieur.[68] Il était heureusement compensé par une forte nuptialité. En effet, les enfants étaient promis en mariage très jeunes. Dans deux constitutions de dot, une somme était même prévue pour pourvoir à l'éducation du futur époux.[69] Les fiancés se mariaient dès que l'une des parties l'exigeaient;[70] si l'on refusait de

---

[66] Pour ce compte, nous avons éliminé les familles n'apparaissant qu'épisodiquement dans les documents.

[67] Ce calcul tient compte de deux familles sans enfants. Un taux comparable (entre 2,25 et 2,8) se retrouve en 1419-1420 à Valréas. Voir Monique Zerner, «Une crise de mortalité au XV*e* siècle à travers les testaments et les rôles d'imposition,» *Annales. Économies. Sociétés. Civilisations* 34, n° 3 (mai-juin, 1979) 566-589.

[68] Cf. Fred Menkès, *loc. cit.*, p. 290. L'auteur obtient un taux analogue pour la communauté juive de Trets: un peu moins de trois enfants par couple. Le taux de 2,2 obtenu à Salon est un minimum.

[69] Arch. dép. des Bouches-du-Rhône, Étienne Pachon, 376 E 106 n.p.; 7 novembre 1403 et Guillaume Gaudin, 376 E 171 n.p.; 10 avril 1418.

[70] *Ibid.*, Étienne Pachon, 376 E 106 n.p.; 7 novembre 1403. Ainsi l'accord est-il conclu: *Mr Josse Bondie Cohent medicus, Abraam Mosse alias Atar Judeus tutor et nomine tutorie dicte Bonenfant, Mr Videtus Salves surgicus, Bonetus de Latis, Abrametus Maymoni, Judei de Sallone propinqui ipsius Bonenfant promiserunt dicto Macipo Boniaqui quod ipse Bonenfant dum tempus legitimum habebit, copulabit et matrimonium contrahet cum dicta Saura, juxta morem judaycam ad primam requisitionem ipsius Saure ac dicti Boniaqui patris ipsius Saure. Viceversa dictus Macipus pater dicte Saure et Astrugius Samielis Judeus avus maternus Saure promiserunt amicis supranominatis quo ipsa Saura dum tempus legitimum habebit, copulabit*

procéder au mariage à la demande de l'autre partie, on risquait d'être poursuivi en justice, comme le fut Bonan Boniaqui dont la petite-fille refusait d'épouser son fiancé.[71] Les remariages étaient également très fréquents étant donné l'âge où l'on se mariait pour la première fois et la brièveté de la vie d'une grande partie de la population à cette époque. Cinq de ces cas sont relevés dans les généalogies reconstituées ici, mais ils ont certainement été plus nombreux car ce n'est qu'accidentellement, au cours d'un testament, d'un compromis au sujet d'une dot, etc., que les documents révèlent ces mariages successifs. D'ailleurs, bien qu'il soit impossible de procéder à une comparaison systématique du nombre de remariages juifs et chrétiens, le phénomène semble identique dans les deux communautés. Le sondage effectué dans les constitutions de dot chrétiennes révèlent quelques remariages qui suggèrent également un plus grand nombre de cas. Mais existe-t-il dans la même mesure chez les Juifs et les Chrétiens? Il est impossible de le préciser. Quoi qu'il en soit, aussi bien chez les uns que chez les autres, le remariage augmentait le nombre d'enfants de certains foyers et palliait les mortalités infantiles.

Comme pour la nuptialité, les éléments pouvant servir au calcul de l'espérance de vie dans la documentation sont rares. De plus, ils n'ont qu'une valeur d'indices contradictoires. L'étude peut être menée encore une fois par le biais des constitutions de dot. Les pères de la mariée et du marié étaient généralement mentionnés lorsqu'ils étaient vivants. De là, on peut procéder au calcul du nombre de marié(e)s orphelin(e)s de père. Ainsi, vingt-neuf des cinquante-cinq fiancé(e)s ou marié(e)s des actes de dot avaient toujours leur père (soit 52,72 p. cent). Par contre, onze d'entre eux sont expressément mentionné(e)s comme orphelin(e)s de père (soit 21,81 p. cent). De plus, dans neuf cas le père du marié n'est pas mentionné et conséquemment, il y a toutes raisons de croire qu'il est mort, ce qui porte le nombre de ceux qui sont orphelins de père à vingt et au taux de 36,54 p. cent.[72]

Ce taux était donc très élevé étant donné que les mariages se contractaient en général pendant l'adolescence. Plus d'un tiers des conjoints étaient donc orphelins de père, mais il faut tempérer cette conclusion en soulignant que quelques-uns ne devaient plus être très jeunes, s'étant déjà mariés précédem-

---

*et matrimonium contrahet cum dicto Bonenfant juxta morem judaycam ad primam requisitionem ipsius Bonenfant et amicorum suorum.*» Des clauses analogues apparaissent dans toutes les constitutions de dot.

[71] *Ibid.*, Guillaume Capardi, 375 E 19 f. 85 r. ss.; 12 décembre 1430.

[72] Six individus ont été éliminés du calcul parce qu'ils apparaissaient dans des actes de dot postérieurs de beaucoup à leur mariage et que la mort de leur père au moment de la rédaction de l'acte n'avait pas la valeur démographique du même élément fourni par une constitution de dot.

ment. Quoi qu'il en soit, cette observation n'enlève pas toute valeur aux résultats obtenus puisque ce sont des jeunes qui apparaissent dans les constitutions de dot la plupart du temps. En effet, dans plusieurs renonciations aux biens paternels et maternels, il est stipulé que la candidate au mariage a plus de quatorze et moins de vingt-cinq ans.[73]

Contrairement à ces éléments révélateurs d'une espérance de vie relativement courte, d'autres montrent une série d'individus faisant preuve d'une longévité étonnante pour l'époque. Ainsi, nous avons relevé dans les listes de chefs de feux juifs entre 1425 et 1433 analysées plus haut, les noms d'une dizaine d'hommes présents dans notre documentation des années 1391 à 1405. Sur ces dix Juifs, l'identité de huit est bien connue et ne peut prêter à confusion car nous les avons suivis au cours de toute la période. Dans deux cas toutefois, celui d'Astruguet Gardi et celui de Mosse Maymoni, il a pu y avoir similitude de noms, car ils ne figurent pas régulièrement dans les documents recensés. Mais nous n'avons pas dépouillé toute la documentation des années 1406 à 1435. Ces listes de chefs de feux comprenaient bien évidemment les doyens de la communauté juive, mais il est étonnant de constater que sur trente-six noms qui y figurent, plus du quart apparaissent déjà depuis vingt-cinq ans et plus dans les registres notariés. Deux d'entre eux y figuraient depuis vingt-cinq et vingt-sept ans; quatre depuis trente et quarante ans et quatre autres, depuis quarante et quarante-deux ans inclusivement.[74] Si l'on considère qu'ils n'ont pu entreprendre leurs activités économiques avant l'âge d'homme, on peut en déduire qu'ils ont entre quarante-cinq et soixante-cinq ans (âge respectable pour l'époque) au moment où nous les retrouvons pour la dernière fois dans les actes notariés. Soulignons de plus que les quatre individus recensés dans les actes de 1391, date de départ de notre étude, y sont apparus sans doute quelques années auparavant, ce qui conduit à leur attribuer un âge plus avancé. Encore n'étaient-ils pas tous morts au *terminus ad quem* de notre documentation.

Ces éléments ne suffisent pas à calculer une espérance de vie moyenne des Juifs de Salon au début du xv<sup>e</sup> siècle, mais ils permettent d'entrevoir une

---

[73] Arch. dép. des Bouches-du-Rhône, Barthélémy Rognac, 376 E 131 n.p.; 15 décembre 1422; Guillaume Capardi, 375 E 14 f. 59 r.; 20 février 1427 n.s., 375 E 11 f. 35 v.; 17 octobre 1423, 375 E 19 f. ill.; 24 janvier 1421 n.s.; Guillaume Gaudin, 376 E 171 n.p.; 10 avril 1418. Une reconnaissance de dot attribuait le même âge à un garçon (Guillaume Gaudin, 376 E 172 n.p.; 21 mars 1420 n.s.) et un autre document du même type évalue l'âge d'une jeune fiancée entre vingt et vingt-cinq ans (Guillaume Capardi, 375 E 19 f. 108 r.; 5 février 1431 n.s.).

[74] Voici le nom de ces individus ainsi que la date de leur première et dernière apparition dans la documentation: Vital Cregudi (1391-1433), Aymet Boniaqui (1391-1433), Salomon Vitalis Cohen (1391-1425), Cresquet Creguti (1401-1431), Salves Caracause (1396-1433), Bonan Boniaqui (1392-1433), Bonan Thoni (1406-1431), Vital Vitalis Cohen (1401-1433), Astruguet Gardi (1406-1433) et Mosse Maymoni (1391-1433).

réalité qui coincide avec les données tirées d'autres sources médiévales. La mortalité infantile n'est pas contrôlable dans notre documentation, mais elle ne peut être que très élevée à une époque où la médecine et l'hygiène étaient encore balbutiantes. Le taux élevé de morts chez les adultes encore jeunes, tels que le révèlent les constitutions de dot, devait contribuer dans une large mesure à faire baisser l'espérance de vie. Par contre, si la majeure partie de la population mourait jeune, selon les critères modernes, il restait un petit nombre de gens appelés à vivre aussi vieux qu'on vit de nos jours.

Ainsi se faisait et se défaisait la population juive de Salon, à un rythme à peine différent de la population chrétienne. Leur évolution était fondamentalement la même, mais parfois elle différait dans les détails. Sur certains points, toutefois, l'écart entre les deux communautés est sensible, comme nous avons eu l'occasion de l'illustrer dans ces pages.

# 2

# La communauté

Les Juifs de Provence formaient des groupes à part dans la société de leur ville. Ils se différenciaient des autres individus aussi bien par leur culte que par leurs activités économiques ou leur habitat. De ce fait, ils se regroupaient autour de communautés, les *universitates Judeorum*, qui possédaient une certaine autonomie et exerçaient des pouvoirs sur leurs membres avec l'accord des autorités locales. Ces organismes fonctionnaient donc parallèlement à ceux des communautés non juives des villes.

L'importance de la communauté pour les Juifs d'une ville était extrême. L'*universitas Judeorum* unissait les individus qui en faisaient partie par des liens religieux et économiques, par le respect de la tradition et par la conscience d'une responsabilité communautaire qui s'actualisait dans le paiement des impôts, par exemple. S. W. Baron décrit la communauté comme étant un «petit état intra-territorial, presque totalitaire bien qu'apolitique.» Il souligne que sans avoir le pouvoir policier nécessaire à l'application de ses règles et de ses décisions, elle pouvait user de sanctions religieuses qui n'avaient pas moins de force sur les croyants.[1] Cette autorité de la cellule communautaire était étayée par la reconnaissance de l'Église et de l'État.[2]

À Salon, comme ailleurs, les registres notariaux témoignent de l'existence d'une *universitas Judeorum*. Les actes la concernant sont rares au cours de la première quinzaine d'années couverte par notre recherche (deux: l'un en 1395, l'autre en 1404), mais ils deviennent plus nombreux et plus réguliers par la suite (trente-sept entre 1406 et 1435).[3] Voici un tableau de la fréquence de ces actes:

---

[1] Nombreux sont les ouvrages qui traitent de l'excommunication comme arme disciplinaire au sein des juiveries. Parmi les travaux récents qui se penchent sur cette question dans les communautés juives provençales, notons de Joseph Shatzmiller, *Recherches sur la communauté juive de Manosque au Moyen Âge 1241-1329* (Paris-La Haye: Mouton & Co., 1973), pp. 34-54, et «L'excommunication, la communauté juive et les autorités temporelles au Moyen Âge,» dans *Les Juifs dans l'histoire de France* (Leiden: E. J. Brill, 1980), pp. 63-69.

[2] Voir Salo Wittmayer Baron, *The Jewish Community. Its History and Structure to the American Revolution* (Westport, Connecticut: Greenwood Press Publishers, 2ᵉ éd. 1972), 1: 208. Traduction libre de «...*it was a sort of little state, interterritorial and non-political, but none the less quasi-totalitarian.*»

[3] Dans le calcul sont inclus les actes concernant les biens et les aumônes de la communauté.

Tableau 10

ACTES CONCERNANT LA COMMUNAUTÉ

| Année | Nombre d'actes | Année | Nombre d'actes |
|---|---|---|---|
| 1395 | 1 | 1425 | 1 |
| 1404 | 1 | 1427 | 3 |
| 1406 | 4 | 1428 | 2 |
| 1412 | 1 | 1429 | 1 |
| 1414 | 1 | 1430 | 2 |
| 1415 | 1 | 1431 | 5 |
| 1420 | 1 | 1432 | 4 |
| 1422 | 1 | 1433 | 2 |
| 1423 | 2 | 1434 | 1 |
| 1424 | 2 | 1435 | 3 |

## 1. L'*UNIVERSITAS JUDEORUM* ET SON ADMINISTRATION INTERNE

### A. *Ses représentants*

L'*universitas* était formée de l'ensemble des Juifs de la ville. Bien que d'habitude des représentants élus réglaient les affaires courantes, lorsqu'une décision importante devait être prise, l'ensemble des chefs de feux contribuables, la «*maior et sanior pars*» était convoquée. C'est grâce à cette coutume que nous sont parvenues les cinq listes dont il a déjà été question au chapitre précédent.

La documentation fait mention des représentants élus par la communauté avec une fréquence suffisante pour nous permettre de nous rendre compte des divers niveaux de représentation.[4] Les baylons de la communauté, au nombre de trois, sont les élus qu'on rencontre le plus souvent: ils semblent en général exercer conjointement leurs fonctions,[5] mais il arrive souvent qu'un[6] ou deux[7] seulement figurent sur un document.

Les actes donnent une idée de l'ampleur de leurs activités. Ils réglaient les problèmes en tous genres: ils prêtaient au nom de la communauté,[8] nommaient des procureurs qui empruntaient pour elle,[9] procédaient au rem-

---

[4] Voir la liste des représentants de la communauté juive en annexe 3.

[5] Cf. Arch. dép. des Bouches-du-Rhône, Guillaume Capardi, 375 E 22 f. 75 r.; 5 août 1432; Bartélémy Rognac, 376 E 138 n.p.; 26 février 1434 n.s.; Mourgues Alfant, 375 E 120 f. 205 r.; 10 janvier 1435 n.s.

[6] *Ibid.*, Guillaume Capardi, 375 E 11 f. 35 r.; 12 octobre 1423; Raymond Salomon, 375 E 53; 29 avril 1433.

[7] *Ibid.*, Barthélémy Rognac, 376 E 112 n.p.; 11 février 1404 n.s.; Isoard Guinier, 375 E 73 f. 91 v.; 31 octobre 1429; Mourgues Alfant, 375 E 120 f. 75 v.; 23 août 1434; Mourgues Alfant, 375 E 120 f. 232 v.; 23 février 1435 n.s.

[8] *Ibid.*, Étienne Constantin, 376 E 83 n.p.; 10 mars 1391 n.s.

[9] *Ibid.*, Guillaume Capardi, 375 E 11 f. 35 r.; 12 octobre 1423. Voir pièce justificative n° IV.

boursement de ses dettes,[10] administraient les biens de la synagogue[11] et payaient les redevances dues par l'*universitas* pour ses possessions diverses.[12]

Comme l'indique un document plus précis dans sa formulation,[13] les baylons étaient assistés de «receveurs et auditeurs des comptes,» au nombre de deux dans cet acte, et de conseillers au nombre de trois. Si leur dénomination suffit à donner une idée de leurs fonctions, la rareté de leurs apparitions dans la documentation nous empêche de suivre de près leurs activités. Nous ne sommes pas en mesure, non plus, de dire si les membres du conseil sont tous mentionnés dans cet acte ou s'ils sont plus nombreux. Quoi qu'il en soit, cet acte semble donner les trois catégories principales de représentants de l'administration interne de la communauté juive de Salon.[14]

Les renseignements transmis par les historiens sur l'organisation communautaire des juiveries révèlent qu'elles variaient considérablement d'une ville à l'autre en fonction de certains facteurs comme leur importance et leur localisation. A. Neuman distingue en Espagne trois types d'administration: dans les petites villes et les villages, les affaires communautaires étaient menées par l'ensemble des Juifs; dans certaines localités elles l'étaient par une oligarchie considérée comme compétente par l'ensemble des membres et enfin dans d'autres elles l'étaient par un organisme de trois à douze membres élus et assistés d'un conseil de dix à trente membres.[15] Dans les petites juiveries de France et d'Allemagne, S. W. Baron constate surtout l'existence du troisième de ces types d'administration communautaire, mais avec un nombre moins élevé de représentants, soit un, deux ou trois.[16] À Avignon, des statuts plus tardifs (1558) stipulaient que le conseil serait constitué de six conseillers et six baylons qui alternaient dans leurs fonctions.[17] Les

---

[10] *Ibid.*, Isoard Guinier, 375 E 73 f. 91 v.; 31 octobre 1429.

[11] *Ibid.*, Barthélémy Rognac, 376 E 112 n.p.; 11 février 1404 n.s. Dans cet acte, Josse Bondia Cohen est dit «*bayllonus, gubernator scole sive synagogue Judeorum Sallonis.*»

[12] *Ibid.*, Jehan Vaureys, 375 E 68 n.p.; 8 octobre 1432 et Mourgues Alfant, 375 E 120 f. 232 v.; 23 février 1435 n.s.

[13] *Ibid.*, Guillaume Capardi, 375 E 11 f. 35 v.; 12 octobre 1423.

[14] Dans un nombre important d'actes, des Juifs agissent au nom de la communauté sans être expressément mentionnés comme baylons. Il semble qu'ils le soient et que la désignation de «*baylonus*» n'ait pas été automatiquement accolée au nom de ceux qui en exerçaient les fonctions.

[15] Abraham A. Newman, *The Jews in Spain. Their Social, Political and Cultural Life During the Middle Ages*, 1: *A Political-Economic Study* (New York: Octagon Books, 1969), pp. 34-35.

[16] Salo Wittmayer Baron, *The Jewish Community. Its History and Structure to the American Revolution* (Westport: Greenwood Press Publishers, 1972), 2: 43, 55.

[17] M. de Maulde, *Les Juifs dans les États français du Saint-Siège au Moyen Âge. Documents pour servir à l'histoire des Israélites et de la papauté* (Paris: H. Champion libraire, 1886), pp. 53-54.

documents conservés qui traitent de l'organisation communautaire de Marseille mentionnent deux et trois syndics.[18] À Arles, la communauté était administrée par quatre baylons qui étaient soumis au contrôle de la communauté. Les archives y attestent également l'existence d'auditeurs des comptes et de conseillers.[19] Ce type d'organisation se compare donc bien à celle que nous constatons à Salon.

À côté des délégués à l'administration générale des affaires de la communauté, des syndics géraient certains secteurs précis des biens de la communauté. Ces élus portaient les noms de baylons, recteurs, gouverneurs, procureurs ou consuls.[20] Un acte de 1422 mentionne l'existence de deux baylons du four.[21] Mais en général ces délégués particuliers administraient les fonds des aumônes juives. Un acte les désigne sous les noms de «*procuratores et rectores elemosine Judeorum.*»[22] Mais les autres mentions sont plus précises et désignent expressément l'aumône dont ils sont les administrateurs. On connaît ainsi les baylons de l'aumône du luminaire,[23] ceux de l'aumône appelée «*sedaca*» (ils sont d'ailleurs dénommés, dans ces documents, «*bu-*

---

[18] Joseph Shatzmiller, «Structures communautaires juives à Marseille: autour d'un contrat de 1278,» *Provence historique* 28, fasc. 115 (janvier-février-mars 1979) 33-45 et «Structures communautaires juives à Marseille: une confirmation,» *Provence historique* 30, fasc. 120 (avril-mai-juin 1980) 218-219.

[19] Paul Hildenfinger, «Documents relatifs aux Juifs d'Arles,» *Revue des études juives* 41 (1900) 63 et 47 (1903) 230.

[20] Le terme le plus fréquemment utilisé était baylon. Les représentants chargés de l'administration des aumônes portaient en général les noms de recteur, procureur et gouverneur. Ceux qui étaient élus pour certaines tâches précises et qui n'exerçaient pas leurs responsabilités pendant un terme étaient appelés syndics (Arch. dép. des Bouches-du-Rhône, Guillaume Capardi, 375 E 19 f. 104 v.; 30 juin 1431) ou *syndicum yconomicum* (*Ibid.*, Guillaume Capardi, 375 E 11 f. 35 r.; 12 octobre 1423, 375 E 13 f. 31 v.; 17 juin 1425). Le terme consul, un peu insolite dans une ville qui n'avait pas connu le consulat comme mode d'administration municipale apparaît tout de même dans cinq documents: deux registres des cens dus à l'archevêque d'Arles et trois actes notariés (Arch. dép. des Bouches-du-Rhône, III G 6, n° 32, copie du *Registrum Censuum Sallonis*, Jacques Amaury, 376 E 94 n.p.; 28 mars 1406, deux actes: «*consules elemosine Judeorum Sallonis appellate ‹bururims de seaca›,*» 376 E 99 n.p.; 7 mai 1414, Archives communales de Salon-de-Provence, GG n° 42, Cahier des censives de l'Église d'Arles: 18 mai 1434 f. 63). Les désignations des représentants de la communauté juive de Salon ne différaient pas considérablement de ceux des autres localités. Cf. Joseph Shatzmiller, «L'organisation communautaire et les limites du ‹Self Government› en Provence (1250-1350),» dans *Les Juifs dans la Méditerranée médiévale et moderne*, Actes des journées d'études des 25 et 26 mai 1983, sous la direction de J. Shatzmiller, Université de Nice, 1986, pp. 1-9.

[21] Arch. dép. des Bouches-du-Rhône, Barthélémy Rognac, 376 E 128 n.p.; 16 mars 1422 n.s.

[22] *Ibid.*, Étienne Constantin, 376 E 86 n.p.; 10 janvier 1395 n.s.

[23] *Ibid.*, Jacques Amaury, 376 E 97 n.p.; 25 février 1412 n.s.; Notaire inconnu, 376 E 177 n.p.; 9 décembre 1415; Barthélémy Rognac, 376 E 128 n.p.; 8 décembre 1421; Raymond Salomon, 375 E 50 f. 122 r.; 14 février 1431 n.s.

*rurims*» du mot hébreu signifiant «syndics») et ceux de l'aumône «*hedes.*»[24] L'administration des biens de la communauté juive de Salon était donc fractionnée en différents secteurs et non pas entièrement gérée par les délégués généraux.

A. Neuman constate également en Espagne un certain degré de spécialisation dans les fonctions des représentants de l'*universitas.*[25] Ce phénomène est aussi attesté dans les statuts de la communauté juive d'Avignon de 1558 où les responsabilités des baylons de l'aumône et de ceux de l'étude sont clairement définies.[26]

La documentation n'est pas suffisamment précise pour bien montrer quand se faisaient l'élection et le transfert des pouvoirs de l'ancien au nouveau conseil de la communauté. D'une part, en 1432, la comparaison entre deux actes, l'un daté du 6 mars et l'autre du 5 octobre, indique que deux baylons ont été remplacés alors qu'un troisième, Vital Creguti, est resté en fonction.[27] D'autre part, Léon Comprati, baylon en février 1434, l'est toujours en août.[28]

Peut-on supposer à partir de ces maigres indices que le nouveau conseil de l'*universitas Judeorum Sallonis* était élu lors des fêtes entourant le Nouvel An juif? Les documents traitant de ces questions sont peu nombreux, mais notons que les statuts de 1558 d'Avignon mentionnent que les élections avaient lieu lors du premier sabbat du mois *ellul*, ce qui signifie en août ou en septembre.[29] P. Hildenfinger notait qu'en 1435, les baylons de la communauté d'Arles avaient pris possession de leur charge au mois de juillet, ce qu'il jugeait «peut-être exceptionnel...».[30]

On serait également tenté de déduire de ces exemples que le nouveau conseil comprenait nécessairement un membre du conseil ancien et deux nouveaux membres, ce qui n'est pas du tout le cas. Les autres exemples de la documentation prouvent au contraire qu'aucune règle stricte n'excluait les candidats à l'élection. Ainsi Vital Creguti exerça l'office de baylon pendant quatre années consécutives: de 1432 à 1435; Léon Comprati fut baylon de

---

[24] *Ibid.*, Jacques Amaury, 376 E 94 n.p.; 28 mars 1406; Jacques Amaury, 376 E 99 n.p.; 7 mai 1414; Barthélémy Rognac, 376 E 127 n.p.; 1er septembre 1420. Nous aurons l'occasion de revenir plus tard sur la signification des mots hébreux désignant les diverses aumônes.

[25] Abraham A. Neuman, *op. cit.*, 1: 44-45.

[26] M. de Maulde, *op. cit.*, pp. 60-61.

[27] *Ibid.*, Guillaume Capardi, 375 E 20 f. 111 r.; 6 mars 1432 n.s. et 375 E 22 f. 75 r.; 5 octobre 1432.

[28] *Ibid.*, Barthélémy Rognac, 376 E 138 n.p.; 26 février 1434 n.s.; Mourgues Alfant, 375 E 120 f. 75 r.; 23 août 1434.

[29] M. de Maulde, *op. cit.*, p. 94.

[30] Paul Hildenfinger, «Documents relatifs aux Juifs d'Arles,» *Revue des études juives* 41 (1900) 63.

1432 à 1434 et Bondavin Comprati le fut en 1432, 1434 et 1435. Les mêmes individus pouvaient donc exercer des charges communautaires pendant plusieurs années sans restriction.

Cela nous amène à nous interroger sur la condition économique et sociale de ceux qui étaient élus pour représenter la communauté juive. Au cours des quarante-cinq années étudiées, nous avons relevé cinquante-neuf mentions de représentants aux diverses fonctions de l'*universitas*, aussi bien baylons de la communauté que du four et des aumônes. Or ces charges furent réparties entre vingt-trois individus seulement, c'est-à-dire qu'en moyenne chacun d'eux aurait exercé un office, au moins à deux reprises. Cela paraîtrait plausible étant donné que la communauté juive de Salon était réduite. Mais ce n'est pas le cas et en regardant de plus près, on constate que douze Juifs ne siégèrent dans les organes administratifs qu'une seule fois, alors que cinq y figurent deux fois; deux, trois fois; un, quatre fois; un, six fois; un, huit fois et enfin un, douze fois.[31] Les représentants formaient un cercle relativement

Tableau 11

FRÉQUENCE DES MENTIONS
DES REPRÉSENTANTS DE LA COMMUNAUTÉ DANS LA DOCUMENTATION

| Nom | Nombre de mentions |
|---|---|
| 1. Abraam Maymoni | 1 |
| 2. Abraam Santo | 1 |
| 3. Astrug Gardi | 1 |
| 4. Astruguet de Vinariis | 1 |
| 5. Aymet Boniaqui | 1 |
| 6. Bonan Boniaqui | 1 |
| 7. Bondavin Comprati | 4 |
| 8. Boniac Aym | 1 |
| 9. Cregud Aym | 2 |
| 10. Dieulosal Bendich | 1 |
| 11. Josse Bonani | 1 |
| 12. Josse Bondia Cohen | 3 |
| 13. Josse Vidas ou Vice | 6 |
| 14. Jusset Bonafocii | 1 |
| 15. Léon Comprati | 8 |
| 16. Maymonet Davini | 2 |
| 17. Profach Boniaqui | 2 |
| 18. Salomon Vitalis Cohen | 2 |
| 19. Salves Caracause | 2 |
| 20. Salvet Vitalis Cohen | 3 |
| 21. Vidalet Abraam | 1 |
| 22. Videt Salves | 1 |
| 23. Vital Creguti | 12 |

[31] Voir le tableau 11: «Fréquence des mentions des représentants de la communauté dans la documentation.»

fermé et c'étaient en général les mêmes individus qui géraient les affaires de la communauté.

Comme nous n'avons étudié les activités économiques des Juifs qu'au cours des années 1391 à 1405, nous ne sommes pas en mesure d'évaluer la fortune de tous les individus qui apparaissent à un moment ou l'autre comme baylons. Mais il est possible d'affirmer que ceux que nous trouvons largement représentés dans les actes de ces années comme pourvoyeurs de crédit, apparaissent également à plusieurs reprises comme représentants de la communauté. C'est le cas de Josse Bondia Cohen (trois apparitions), de Josse Vidas (cinq) et surtout de Vital Creguti (douze). Tous les représentants connus entre 1391 et 1420 apparaissent fréquemment dans les actes de crédit. Par contre, Bonan Boniaqui, prêteur et marchand riche, comme le prouvent le registre de ses créances, ses testaments et les sommes dont il dote sa fille et ses petites-filles,[32] semble être resté à l'écart de l'administration de la communauté: il n'y figure qu'une seule fois en tant que baylon, en 1432.

Notre documentation ne nous permet malheureusement pas de situer de plus près la situation économique de certains autres élus qui représentent la communauté avec une régularité surprenante. C'est le cas de Bondavin et Léon Comprati. Encore savons-nous de ce dernier qu'il n'était pas totalement démuni financièrement puisqu'il dotait sa fille en 1427 d'une somme de 477 florins.[33] Tous ces indices concordent donc et donnent l'impression que les Juifs qui assumaient les charges de l'administration étaient les plus aisés.

Considérant, en effet, que c'était la minorité aisée qui supportait le fardeau des impositions, on admettait généralement qu'elle ait le privilège de pouvoir prendre les décisions relatives à la répartition de ses taxes et à l'administration générale des affaires de la communauté. Cela incluait que la majorité des membres se pliât aux volontés de cette oligarchie. Kalonymos ben Kalonymos d'Arles, lui-même, avait exprimé son avis sur cette question dans son *Eben Bohan* achevé en 1323, en soulignant que les riches payaient la «part du lion» des impôts et qu'en période de crise ils avançaient aux autorités les

---

[32] Arch. dép. des Bouches-du-Rhône, Barthélémy Rognac, 376 E 32: registre des créances de Bonan Boniaqui; Raymond Salomon, 375 E 47 f. 13 v.; 25 avril 1427 et Guillaume Capardi, 375 E 23 f. 9; 10 avril 1434: ses testaments; Raymond Salomon, 375 E 48 f. 19 r.; 4 mai 1428: constitution de dot de sa fille Ster; Guillaume Capardi, 375 E 17 f. 58 r.; 20 janvier 1429 n.s. et 375 E 19 f. 101 v.; 30 janvier 1431: constitution et reconnaissance de dot de sa petite-fille Astrugue (Voir pièces justificatives n[os] 12 et 14); Guillaume Capardi, 375 E 20 f. 41 v.; 26 juillet 1431: reconnaissance de la dot de sa petite-fille Cregudonne.

[33] Arch. dép. des Bouches-du-Rhône, Guillaume Capardi, 375 E 14 f. 61 v.; 9 mars 1427 n.s.

sommes considérables qui servaient à détourner le danger de tous.[34] Au XVIe siècle, Samuel de Médine de Salonique fustigeait dans un *responsum* «les pauvres qui, au lieu d'être reconnaissants aux riches de payer les impôts de ceux-ci, s'immisçaient dans l'administration communautaire et perturbaient ainsi l'ordre établi.»[35] Toutefois, il semble que les problèmes suscités par ce mode de représentation aient été perçus assez tôt dans certaines cités.

Ainsi à Aix-en-Provence, une transaction de 1493 atteste un différend entre le Conseil de la communauté des Juifs (composé de Juifs aisés) et les Juifs pauvres de la ville à propos de la répartition de l'impôt et de ses modalités et de la place trop grande occupée par les Juifs les plus riches à la tête de la communauté. Parmi les nombreuses décisions retenues dans cette transaction, soulignons la répartition des tailles et charges des trois années à venir au sou et à la livre, tel que le réclamaient les pauvres et l'élection de quatre membres pauvres ayant voix au conseil.[36] De même, les Juifs pauvres furent peu à peu intégrés à l'administration de nombreuses communautés, car les autorités exigèrent que les membres des communautés soient divisés en trois catégories en fonction de leurs richesses et qu'un nombre égal de représentants soit choisi dans chaque catégorie. Une décision de ce type fut appliquée à la communauté juive de Valence par un décret de Jacques II en 1300.[37] Mais il n'existe pas de document qui révèle qu'à Salon les élus aient mal représenté certains membres de la communauté.

D'autres éléments suggèrent que les représentants de la communauté juive salonaise faisaient en général partie d'un groupe d'âge assez avancé. Lors de leurs dernières apparitions comme baylons, Vital Creguti, Bonan Boniaqui et Salves Caracause étaient assez vieux: ils exerçaient déjà des activités économiques depuis la dernière décennie du XIVe siècle. Par contre, dans l'administration des secteurs particuliers, impliquant de moindres responsabilités, on faisait volontiers appel à des gens plus jeunes. Josse Bonani, fils de

---

[34] Joseph Shatzmiller, «L'organisation communautaire et les limites du ‹Self Government› en Provence (1250-1350),» dans *Les Juifs dans la Méditerranée médiévale et moderne*, Actes des journées d'études des 25 et 26 mai 1983, sous la direction de J. Shatzmiller, Université de Nice, 1986, pp. 1-9.

[35] Salo Wittmayer Baron, *op. cit.*, 2: 27. Traduction libre de «*In another responsum he sharply censured the poor who, instead of being grateful to the rich for paying their poll taxes, meddled in matters of communal administration, thereby disturbing the established order.*» Samuel Hayyim de Salonique vécut au cours du XVIe siècle. Soixante-trois de ses *responsa* furent publiés à Salonique en 1613. Cf. Isidore Singer, *The Jewish Encyclopedia* (New York: Ktav Publishing House, Inc., 1964), vol. 11, col. 17.

[36] Danièle Iancu-Agou, «La communauté juive aixoise à l'extrême fin du XVe siècle: dissensions internes et clivage social,» reprint from *Proceedings of the Seventh World Congress of Jewish Studies. History of the Jews in Europe*, held at the Hebrew University of Jerusalem, 7-14 August 1977, under the auspices of the Israel Academy of Sciences and Humanities, World Union of Jewish Studies (Jerusalem, 1981) pp. 9-27.

[37] Salo Wittmayer Baron, *op. cit.*, 2: 28.

Bonan Boniaqui et baylon du four en 1422[38] devait être encore jeune, car il n'apparaît dans aucun acte antérieur à 1406 et il était déjà mort lorsqu'une de ses deux filles se maria en 1429.[39] Son père, par contre, lui survécut longtemps.

Les élus de la communauté juive formaient donc un cercle assez restreint de membres déjà bien établis par l'âge et la fortune. C'est ce que suggèrent les quelques éléments que nous avons rassemblés et comparés. Peut-être une documentation plus vaste aurait-elle atténué légèrement les résultats obtenus, mais elle n'aurait sans doute pas infirmé l'essentiel de nos conclusions.

B. *Possessions et aumônes de la communauté*

Parce qu'ils ne pratiquaient pas la même religion que l'ensemble des habitants, les Juifs de Salon, comme ceux des autres villes de Provence d'ailleurs, possédaient des édifices qui étaient nécessaires à l'exercice de leur culte. Mais ils détenaient également à titre communautaire diverses possessions et des aumônes dont les administrateurs recueillaient les fonds et les répartissaient pour le plus grand bénéfice de la communauté.

Les édifices cultuels des communautés juives assez importantes étaient la synagogue, le cimetière, les bains, le moulin et le four. La synagogue, lieu de réunion des fidèles, servait surtout pour la prière, mais elle était également utilisée pour les rencontres des membres de la communauté lorsqu'ils devaient prendre des décisions communes et régler des affaires d'intérêt général. Nous avons mentionné, par exemple, au chapitre précédent, qu'ils s'y étaient réunis en 1425 pour désigner cinq procureurs habilités à vendre une pension annuelle de cinquante florins au nom de l'*universitas*.[40] En second lieu, la possession d'un cimetière pour enterrer leurs morts s'imposait aux Juifs de toutes les communautés. Ils possédaient également des établissements de bains qui portaient le nom hébreu de *mikve* dans lesquels venaient se purifier périodiquement les femmes juives, comme le leur imposait la tradition. En général, les édifices communautaires comprenaient également un four qui servait à cuire le pain azyme ou *matsa* que les Juifs mangeaient durant la Pâque et une boucherie où l'on vendait la viande *casher* ou *de lege*, seule autorisée pour l'alimentation des Juifs.[41]

---

[38] Arch. dép. des Bouches-du-Rhône, Barthélémy Rognac, 376 E 128 n.p.; 16 mars 1422 n.s. Voir pièce justificative n° 2.

[39] *Ibid.*, Guillaume Capardi, 375 E 17 f. 58 r.; 20 janvier 1429 n.s. Voir pièce justificative n° 12.

[40] *Ibid.*, Guillaume Capardi, 375 E 13 f. 31 v. et ss; 17 juin 1425.

[41] Pour plus de précisions sur l'utilisation des édifices cultuels des juiveries médiévales, voir Danièle Iancu-Agou, «Topographie des quartiers juifs en Provence médiévale,» *Revue des études juives* 133, fasc. 1-2 (janvier-juin 1974) 17-21.

Un relevé des droits appartenant à l'archevêque d'Arles mentionne qu'en 1434 la communauté juive de Salon avait une synagogue, un cimetière, une boucherie, un moulin, un four, un établissement de bains, de nombreuses possessions dans la ville et son terroir.[42] À titre de «consuls de la communauté et de baylons de l'aumône des Juifs de Salon,» Vital Creguti et Salves Caracause reconnaissaient détenir ces biens de l'Église d'Arles.

La synagogue est souvent mentionnée: les Juifs s'y réunissaient,[43] les notaires instrumentaient dans une chambre de cet édifice[44] ou sur la place en face de celui-ci.[45] De plus, la plupart des testaments, par l'intermédiaire de legs qui y sont faits à l'aumône de son luminaire, mentionnent la synagogue.

Il en est de même du cimetière. Attesté dès 1304,[46] il est mentionné dans tous les testaments juifs que nous possédons, lors de l'élection de sépulture. De plus, des documents de 1427 et 1428 apportent une précision supplémentaire sur sa localisation: il était situé «*ad molendinum Boree.*»[47] En effet le relevé des droits de 1434 souligne que le moulin et le cimetière des Juifs sont établis côte à côte.

Deux actes, l'un de 1422 et l'autre de 1427, mentionnent l'existence du four des Juifs.[48] Dans le premier, Jean Hostagerii de Salon s'engage envers les deux baylons du four de la synagogue, Josse Bonani et Boniac Aym, à fournir du bois pour chauffer le four et pour l'éclairer[49] et à le déposer en face de cet édifice. Ce contrat l'engage pour le reste de l'année et il reçoit la somme de deux francs pour ce travail. Cet acte fut annulé le 9 avril suivant. Il semble toutefois que ce même Jean Hostagerii ait effectué le même travail à plusieurs reprises, car dans l'acte du 27 octobre 1427, il donne quittance aux baylons du four (qui ne sont pas nommés) de ce qu'ils lui devaient du

---

[42] Robert Brun *La ville de Salon au Moyen-Âge*, p. 260. L'acte auquel il se réfère est conservé aux Archives communales de Salon-de-Provence sous la cote GG n° 42. Cahier des censives de l'Église d'Arles: 18 mai 1434, f. 63 r. et v. Nous remercions M. Henri Amouric qui nous a aimablement transmis ce renseignement.

[43] Arch. dép. des Bouches-du-Rhône, Guillaume Capardi, 375 E 13 f. 31 v. et ss.; 17 juin 1425.

[44] *Ibid.*, Guillaume Capardi, 375 E 11 f. 35 r. et ss.; 12 octobre 1423: «*in quadam camera sinagoge.*»

[45] *Ibid*, Guillaume Capardi, 375 E 19 f. 104 v. et ss.; 30 janvier 1431 n.s.: «*Actum Sallonis in magna platea sinagoge Judeorum Sallonis.*»

[46] *Ibid.*, III G 6 n° 32, Chartrier de Salon; 31 août 1304.

[47] *Ibid.*, Raymond Salomon, 375 E 47 f. 13 v.; 25 avril 1427: testament de Bonan Boniaqui et 375 E 48 v.; 9 août 1428: testament d'Aymet Boniaqui.

[48] *Ibid.*, Barthélémy Rognac, 376 E 128 n.p.; 16 mars 1422 n.s. (voir pièce justificative n° 2) et 376 E 135 n.p.; 27 octobre 1427.

[49] «[...] *de providendo dictum furnum de fornilha et candelis ligni ad faciendum lumen dicto furno.*»

fait qu'au cours des années passées ils avaient approvisionné le four en bois.[50] Le relevé des droits de l'archevêque d'Arles de 1434 indique que ce four était situé dans la synagogue.

L'existence de la boucherie juive de Salon est attestée dans ce Cahier des censives, à titre de confront, et en outre dans un document un peu postérieur.[51] Un acte notarié mentionne, en effet, que la communauté juive de Salon détenait sous la seigneurie de noble Honorat Raynaudi d'Arles une maison de boucherie ainsi qu'une terre située au lieu dit «*ad Quintinum*» pour lesquels elle payait de plus «*de certo in certum tempus*» les trezains pour ces possessions. Noble Honorat Raynaudi reconnaît donc avoir reçu de celle-ci trois florins de trezains.

De plus, un testament de la fin de la période étudiée révèle l'existence de deux hôpitaux juifs à Salon, un pour chaque sexe.[52] Or ces biens étaient ignorés du relevé des droits de 1434, sans doute parce que les Juifs ne devaient rien à l'archevêque pour ceux-ci, en raison de leur caractère d'institutions charitables ou parce qu'ils relevaient de la seigneurie d'un autre individu.

Un acte très antérieur (1342) mentionne l'existence de bains juifs par l'intermédiaire d'un confront.[53] Mais la seule mention de ceux-ci au cours de notre période apparaît dans le relevé des droits de l'archevêque comme dans le cas du moulin.[54] Ces édifices communautaires sont les seuls dont la documentation notariée des années 1391 à 1435 fasse expressément mention.

Quelques actes nous renseignent sur d'autres biens tenus à titre communautaire par les Juifs de Salon. Ainsi dans un acte de 1404, une veuve, Silette Suavis Rebolle, abandonne à la synagogue une maison qu'elle tenait à loyer perpétuel de celle-ci, parce qu'elle est désormais incapable d'en payer le loyer. Le même jour, Josse Bondia Cohen, baylon, reloue cette maison, située dans le quartier de Puy-Engenier, à un dénommé Antoine Gaufridi. Puis en 1430, un autre acte signale que Sila Suavis Rebolle, qui est entrée en

---

[50] «[...] *temporibus retroactis, deservierit furnum Judeorum de lignis pro faciendo eorum candolas.*»

[51] Arch. communales de Salon-de-Provence, GG n° 42: Cahier des censives de l'Église d'Arles: 18 mai 1434, f. 63 r. et v. Arch. dép. des Bouches-du-Rhône, Mourgues Alfant, 375 E 120 f. 232 v.; 25 février 1435 n.s. Voir pièce justificative n° 1.

[52] *Ibid.*, Guillaume Capardi, 375 E 54 f. 236 r.; 21 mars 1435 n.s.: «*Item plus lego cuilibet hospicio pauperum Judeorum utriusque sexus dicti loci Sallonis* [...].» Voir pièce justificative n° 15.

[53] *Ibid.*, Fonds Camille, Guillaume Raymond, 376 E 6 f. 41 r.; 7 août 1432.

[54] Archives communales de Salon-de-Provence, GG n° 42, Cahier des censives de l'Église d'Arles: 18 mai 1434, f. 63 r. et v.

possession de cette maison entretemps, s'en défait de nouveau.[55] L'administration de cet édifice est désormais assumée par les baylons du luminaire de la synagogue. Ainsi cette possession s'est perpétuée pendant plus de trente ans, ce qui donne l'impression que les biens communautaires juifs, non seulement cultuels mais autres, faisaient preuve d'une certaine stabilité.

Le Cahier des censives de l'Église d'Arles de 1434 révèle, en outre, que les Juifs de Salon possédaient à titre communautaire plusieurs autres biens: une vigne, trois terres, deux maisons et une aire.[56]

D'autres possessions de l'*universitas*, dont parle la documentation semblent relever des différentes aumônes de la synagogue. Ce qui nous amène à souligner l'importance des œuvres de charité dans la vie communautaire des Juifs à Salon. Les nombreuses traces qui subsistent dans les actes en témoignent. Qu'il suffise de rappeler, à titre d'exemple, que bon nombre de représentants de la communauté qui apparaissent dans les documents sont des baylons ou administrateurs des aumônes.

En effet, dans toutes les communautés juives de Provence et du Comtat Venaissin, s'étaient greffées sur les synagogues certaines œuvres de charité. P. Pansier en comptait neuf à Avignon aux XIV$^e$ et XV$^e$ siècles.[57] J. de Duranti la Calade en a dénombré cinq dans un testament aixois de 1455 et un autre dans un acte de 1405. Le relevé systématique de tous les testaments juifs aixois en aurait certainement révélé quelques autres.[58] Nous en avons relevé six à Salon au cours des quarante-cinq années étudiées. Chaque testateur prenait soin dans ses dernières volontés de léguer une somme, grosse ou petite selon sa fortune personnelle, à quelques-unes de ces aumônes de la synagogue.

Pour différencier ces œuvres de charité, il faut faire appel au mot hébreu qui les désignait. Le mot «*maor*» ou «*mahor*» qui s'appliquait à une aumône salonaise, signifie «lumière.» Il désignait celle du luminaire de la synagogue

---

[55] Arch. dép. des Bouches-du-Rhône, Barthélémy Rognac, 376 E 112 n.p.; 11 février 1404 (deux actes) et Raymond Salomon, 375 E 50 f. 20 v.; 10 mai 1430.

[56] Archives communales de Salon-de-Provence, GG n° 42, Cahier des censives de l'Église d'Arles: 18 mai 1434, f. 63 r. et v. Les confronts mentionnés dans ce document révèlent la concentration des biens communautaires des Juifs de la ville: une terre qu'ils possédaient voisinait leur cimetière; une de leur maison jouxtait d'un côté une autre maison de la communauté, des deux autres, le jardin de la synagogue et la boucherie des Juifs; une maison était située près des bains communautaires et le moulin avait pour confront le cimetière.

[57] P. Pansier, «Les œuvres de charité juives à Avignon du XIV$^e$ au XVIII$^e$ siècle.» *Annales d'Avignon et du Comtat Venaissin* 10 (1924) 71-72.

[58] J. de Duranti la Calade, «Notes sur les rues d'Aix au XIV$^e$ et au XV$^e$ siècles (suite). Le Quartier des Juifs,» *Annales de Provence* 21 (1924) 23-26. Les actes auxquels l'auteur se réfère sont les suivants: Étude Laucagne, Jacques Martin: testament de Vitalis de la Garde, Juif d'Aix, 2 septembre 1455 (f. 224) et Fonds Lombard, Antoine Raynaudi, prot. 1406-1407, f. 32.

comme l'expriment si clairement certains testaments: «*elemosine luminarii synagoge Sallonis que ‹maor› ebraysse appellatur.*»[59] Le mot «*tsedaqua*» que l'on retrouve sous les formes altérées de «*sedaca*» ou «*seaca*» signifie «justice» ou plus précisément «aumône.» C'était l'œuvre de charité par excellence, celle des pauvres, comme l'atteste le testament ci-dessus: «*elemosine pauperum que ‹seaca› appellatur.*» Le cimetière profitait de deux aumônes différentes. La première, désignée sous le nom de «*tacana*» («*thacana*» ou «*altacana*»), mot signifiant ordonnance, en raison d'une ordonnance portant sur la sépulture des défunts, apparaît avec ce sens dans les documents. Un testament mentionne un legs «*elemosine ‹tacana› dicitur latine ‹pro sepultura deffunctorum›.*»[60] Il semble, en outre, que dans une certaine mesure, les dons faits à cette aumône aient été affectés à des travaux effectués au cimetière. En effet, deux testaments nous transmettent cette version: dans l'un d'eux, un legs est fait à «*elemosine reparationis cymmeterii qui ‹altacana› vocatur;*»[61] dans l'autre, le legs s'applique à «*elemosine in synagoga Judeorum fundate pro reparatione parietum cimiterii.*»[62] L'autre aumône du cimetière trouvée dans les testaments porte le nom de «*beha haym,*» version déformée de «*beth hayim*» qui veut dire «cimetière.» Mais les legs faits à cette aumône ne sont pas assez détaillés pour permettre d'entrevoir à quel usage ces fonds étaient consacrés. Le mot «*ecdes*» ou «*hedes,*» utilisé à Salon pour désigner une œuvre de charité, est la transcription libre du mot hébreu «*heqdesh*» qui signifie «fondation pieuse.» Comme l'indique le testament de Vital Creguti, les revenus de cette aumône étaient distribués aux Juifs pauvres de la ville.[63] À cette liste d'œuvres de charité juives salonaises s'ajoute celle «des filles juives pauvres à marier» qui n'est jamais désignée sous un nom hébreu quelconque.[64]

---

[59] Arch. dép. des Bouches-du-Rhône, Guillaume Capardi, 375 E 16 f. 36 r. et ss.; 17 novembre 1427: testament d'Astrugue, fille de feu Josse Astrugii de Carcassonne, habitant Avignon et épouse de Maître Josse Vice, médecin de Salon.

[60] *Ibid.*, Guillaume Capardi, 375 E 23 f. 9; 19 avril 1434: testament de Bonan Boniaqui de Salon, fils de feu Boniac Davini d'Avignon.

[61] *Ibid.*, Guillaume Capardi, 375 E 16 f. 36 v. et ss.; 17 novembre 1427: testament d'Astrugue, fille de feu Josse Astrugii de Carcassonne, habitant Avignon et épouse de Maître Josse Vice.

[62] *Ibid.*, Guillaume Capardi, 375 E 9 f. 26 r.; 15 octobre 1419: testament de Profach Boniaqui de Salon.

[63] *Ibid.*, Guillaume Capardi, 375 E 13 f. 79 v.; 11 décembre 1425: testament de Vital Creguti, fils de Cregut Benedicti.

[64] Nous n'avons pas trouvé, entre 1391 et 1435, de legs faits aux aumônes «*arbacosot,*» c'est-à-dire «quatre verres» et «*berit*» (du mot hébreu «*b'rith*» qui signifie «alliance») que Paillard rencontre dans les documents salonais postérieurs. Cf. Philippe Paillard, «Vie économique et sociale à Salon-de-Provence de 1470 à 1550,» *Provence historique* 19, fasc. 78 (1969) 295.

Salon, malgré la taille relativement restreinte de sa communauté, était donc doté d'un nombre considérable d'œuvres de charité et elle n'avait rien à envier aux autres collectivités juives. Les aumônes portaient plus ou moins partout les mêmes noms. Ainsi à Avignon, l'aumône «*hecdes*» existait également: elle était même la plus importante des neuf. P. Pansier y souligne aussi l'existence d'une aumône du luminaire, d'une autre appelée «*sedaca*» et d'une autre, enfin, des Juives pauvres à marier, œuvres que l'on retrouve toutes à Salon. Mais il y avait de plus à Avignon des œuvres de charité pour les malades et l'hôpital, pour l'école («*talmud tora*»), pour les Juifs étrangers pauvres et pour les prisonniers. Une aumône des purificateurs, appelée «*methaarin*» ou «*metaharim*» rassemblait des dons et des legs qui servaient à la sépulture des défunts.[65] À Aix, J. de Duranti la Calade note également l'existence d'une aumône du luminaire, appelée «*mahor.*» De plus, comme à Salon, il y avait dans cette ville deux œuvres du cimetière, l'une dite des Puys-Judaïques et l'autre des morts appelée «*bella haym.*» Une aumône des pauvres, appelée «*sedaqua*» et une des filles juives pauvres à marier sont également énumérées dans le testament de Vitalis de la Garde (1455). Mais il y apparaît de plus une œuvre de l'enfance pauvre, dite dans le texte latin «*herissor,*» orthographe libre du mot hébreu «*hehhosser*» qui signifie «indigence.»[66]

Nous avons tenté d'établir l'importance des diverses œuvres de charité juives de Salon en comparant le nombre et le montant des legs qui leur étaient faits. Pour cela, nous avons retenu vingt-trois testaments de testateurs différents. En effet, dans les cas où un Juif testait à plusieurs reprises, il laissait en général le même montant comme legs pies. Dans la majeure partie des cas, les legs étaient stipulés en numéraire si bien que l'analyse statistique des sommes versées suffit à elle seule à peindre la réalité des legs aux aumônes.[67] Chaque testateur laisse en général une petite somme à deux ou trois œuvres différentes, mais aucun d'eux ne les gratifie toutes.

C'est l'aumône «*maor*» qui a la plus grande popularité. Elle perçoit vingt et un legs. Les deux seuls testateurs qui ne lui laissent rien sont Ster, épouse d'Astrug Crescas de Bésaudun, dont le testament donne l'impression d'une

---

[65] P. Pansier, *loc. cit.*, pp. 71-76. Bernhard Blumenkranz, *Histoire des Juifs en France* (Toulouse: Privat, 1972), p. 54. Hugues-Jean de Dianoux, «Cimetières juifs et soins pour les défunts en Avignon et dans le Comtat Venaissin,» *Archives juives* 7, n° 2 (1970-1971), 20. Notons que des confréries pour la sépulture des défunts existaient en Espagne et en Allemagne. Cf. Salo Wittmayer Baron, *op. cit.*, 1: 352-354. De même cet auteur atteste l'existence d'œuvres de charité destinées à l'éducation dans plusieurs autres communautés. Cf. *Ibid.*, p. 356.

[66] J. de Duranti la Calade, *loc. cit.*, pp. 24-26.

[67] Voir le tableau 12: «Sommes versées aux aumônes dans les testaments juifs (1391-1435).»

Tableau 12

SOMMES VERSÉES AUX AUMÔNES DANS LES TESTAMENTS JUIFS
(1391-1435)

| Aumône | Nombre de donateurs | Total | Moyenne |
|---|---|---|---|
| *Maor, mahor* | 21 | 103 fl. 2 sous | 3 fl. 1 sou |
| *Tacana, thacana* | 19 | 55 fl. 9 sous | 2 fl. 8 sous |
| *Tsedaqua, sedaca, seaca* | 13 | 13 fl. 6 sous | 1 fl. |
| Pour les filles juives pauvres à marier | 5 | 48 fl. 5 sous | 9 fl. 11 sous |
| *Ecdes, hedes* | 2 | 1 (400 fl.) 1 (montant non précisé) | |
| *Beha haym* | 2 | 30 fl. | 15 fl. |

très grande pauvreté, et Bonan Thoni.[68] Les dons oscillent généralement entre un et cinq florins, mais les legs peuvent monter jusqu'à vingt-cinq florins dans le testament de Salves Caracause (1425) et jusqu'à cinquante florins dans celui de Vital Creguti. Ce dernier stipule que cette somme doit servir à l'achat d'un verger d'oliviers pour le luminaire.[69] Dans son testament de 1435, Salves Caracause transforme ce legs de vingt-cinq florins en une pension annuelle de cinq cartals d'huile qui doit être versée la veille du Kippour.[70]

Les dons à l'aumône «*tacana*» sont aussi très nombreux (i.e. dix-neuf). Ils sont relativement modestes et aucun legs important comme dans le cas de l'aumône précédente, ne s'écarte de la moyenne. Seul Vital Creguti lègue un montant de dix florins, somme légèrement supérieure à celles laissées par les autres testateurs.

L'aumône «*sedaca*» ne reçoit que treize legs d'une moyenne d'un florin chacun. Mais dans son testament de 1435, Salves Caracause lui lègue une pension annuelle d'une émine de froment pour faire des pains azymes qui doivent être distribués à trois pauvres de chaque hôpital juif de Salon avant la Pâque.[71]

[68] Arch. dép. des Bouches-du-Rhône, Raymond Salomon, 375 E 39 f. 32 v.; 20 septembre 1419 et Jacques Amaury, 376 E 95 n.p.; 20 octobre 1409.

[69] *Ibid.*, Barthélémy Rognac, 376 E 130 n.p.; 5 janvier 1425 n.s. et Guillaume Capardi, 375 E 13 f. 79 v.; 11 décembre 1425: «[...] *pro uno viridario olivariorum emendo ac pro oleo habendo ad usum dicti luminarii et quod dicti bayloni et consanguineus illud emere debeant quam primum reperire potiunt.*»

[70] *Ibid.*, Raymond Salomon, 375 E 54 f. 236 r.; 21 mars 1435 n.s.: «[...] *in vigilia magni jejunii Judeorum appellati ebrayce Jom Aquipurim.*» Voir pièce justificative n° 15.

[71] *Ibid.*, Guillaume Capardi, 375 E 54 f. 236 r.; 21 mars 1435 n.s. Voir pièce justificative n° 15.

Les trois autres aumônes connues à Salon ne bénéficient qu'occasionnellement de legs. Celle des jeunes filles pauvres à marier en touche cinq dont l'un de vingt-cinq florins et l'autre de vingt.[72] Celle de «*beha haym*» en reçoit deux, l'un de vingt-cinq florins de Salves Caracause et l'autre de cinq florins de sa femme.[73] L'aumône «*ecdes*» perçoit deux dons dont l'un est particulièrement intéressant. En effet, Vital Creguti, riche Juif de Salon, sans enfant vivant, lègue à cette aumône, dans ses quatre testaments successifs, une somme de quatre cents florins qui devra être investie par les baylons assistés d'un parent. Le testateur prévoit également que les profits de ces investissements devront être distribués aux pauvres de la ville.[74]

Ainsi, si ce large éventail d'aumônes ne pouvait prétendre opérer à l'intérieur de la communauté juive une redistribution des richesses, il pouvait au moins apporter un remède aux inégalités les plus flagrantes, aux cas typiques de pauvreté.

Outre les legs en numéraire qui leur sont ainsi affectés à la mort des individus, ces aumônes possédaient et administraient des biens immobiliers qui leur avaient été donnés, soit à la mort de certains Juifs, soit de leur vivant.

Ainsi quelques actes révèlent que l'aumône «*mahor*» possédait un grand verger d'oliviers qui lui avait été légué par Cregud Aym.[75] Dans le premier (1412), les baylons du luminaire arrentaient ce verger à Bertrand Ricardi de Salon, pour une période de huit ans, moyennant soixante-quinze cartals d'huile par an.[76] Ce contrat fut annulé en 1420 et, dès l'année suivante, les baylons arrentaient de nouveau le même verger à Étienne Pellegrini et Guillaume Lialis de Salon, pour une période plus longue cette fois (i.e. quatorze ans) et contre une rente plus faible, soit quarante cartals d'huile par an.[77] Mais le troisième de ces actes est certainement le plus intéressant: les baylons du luminaire, agissant au nom de la communauté, y demandaient au seigneur Jean de Prosa, bachelier en décrets et official de la cour spirituelle

---

[72] *Ibid.*, Barthélémy Rognac, 376 E 130 n.p.; 5 janvier 1425 n.s.: testament de Salves Caracause de Salon et de Benvengude, sa femme.

[73] *Ibid.*

[74] *Ibid.*, Guillaume Capardi, 375 E 13 f. 79 v.; 11 décembre 1425: «[...] *quod bayloni carrerie Judeorum dicti castri cum quibus intersit unus consanguineus de proximioribus generis Vitalis* [...] *ponere debeant ad certum partem lucri ad maioribus utilitatem dicte elemosine,* [...] *aut emantur fructus, proventus aut redditus, etc. et quod lucrum ipsum fructus ipsi aut redditus annis singulis et pervenire debeant atque distribuantur et convertantur in comodum dicte elemosine et pauperum Judeorum carrerie Judeorum Sallonis.*»

[75] Arch. dép. des Bouches-du-Rhône, Raymond Salomon, 375 E 50 f. 122; 14 février 1431 n.s.: «[...] *bayloni sive rectores luminarie sinagoge Judeorum appellate ebrayce mahor habent et possident in territorio Sallonis loco dicto ad Pontem Avinionis, quoddam viridarium magnus olivariorum in quo est una turris* [...] *per Cregudum Aym condam legatum.*»

[76] *Ibid.*, Jacques Amaury, 376 E 97 n.p.; 25 février 1412 n.s.

[77] *Ibid.*, Barthélémy Rognac, 376 E 128 n.p.; 8 décembre 1421.

de Salon, la permission de vendre ce verger.[78] En effet, ils craignaient que le taux d'arrentement ne baisse encore.[79] En revanche, en raison de la grande cherté de l'huile à Salon à ce moment-là, un acheteur était déjà trouvé.[80] En conséquence, il valait mieux s'en défaire au meilleur prix possible.[81] La permission leur fut accordée par l'official. Les deux actes qui suivent sont d'abord le contrat de vente du verger pour une somme de 200 florins, avec l'accord de la «*maior et sanior pars*» des Juifs et ensuite, une reconnaissance de dette de 180 florins d'Antoine Spitalerii, boucher de Salon, aux baylons du luminaire de la synagogue pour l'achat à crédit de ce verger d'oliviers.

Dans un acte de 1415, maître Josse Bondia Cohen céda à trois aumônes de la communauté la créance de 200 florins constituée par le coût des réparations qu'il avait faites sur une maison de la Juiverie qu'il tenait à loyer, depuis six ans, de Fossette, veuve de Bonafos de Cans alias Del Portal de Carpentras.[82] Il s'agit d'une donation entre vifs, dont les deux tiers sont faits au profit de l'aumône «*mahor*» et le tiers au profit de celles de «*tacana*» et «*sedaca*.» Il y est mentionné que la maison est toujours à Fossette. Le donateur demande qu'après sa mort, on fasse brûler pour lui à certaines occasions une lampe d'huile dans la synagogue. Ce document nous confronte au don d'un droit sur un bien, ou plus exactement d'une créance de 200 florins sur la maison de la dite Fossette.[83]

De plus, une série d'actes de lecture difficile, datant de 1406, montrent les consuls de l'aumône «*sedaca*», occupés à vendre à Bonan Thoni, Juif d'Istres habitant Salon, le loyer perpétuel de quatre florins qu'il payait pour une maison située au quartier Bastonenc.[84] Mais Bonan ne pouvant acquitter le prix fixé à quatre-vingts florins, les nouveaux consuls de «*sedaca*» prorogèrent la date de paiement à la fête de Pâque 1416.[85]

---

[78] *Ibid.*, Raymond Salomon, 375 E 50 f. 122 r.; 14 février 1431 n.s.

[79] «[...] *cum solum annuatim retrolapsis temporibus habuerint ex ipso viridario quadraginta cartalia olei pro dicta luminaria et speretur in futurum minus haberi ob quod dicte luminarie magis dampnosum* [...].»

[80] «[...] *quod nunc propter caristiam oley de presenti vigentem in presenti loco emptorem qui bonum et utile (sic) partim dicte luminarie seu rectoribus ipsis se datur offert ex quo maiorem utilitatem et comodum* [...].»

[81] «[...] *licenciam vendendi, alienandi et distrahendi precio meliori quo vendi poterat.*»

[82] Arch. dép. des Bouches-du-Rhône, Notaire inconnu, 376 E 177 n.p.; 9 décembre 1415: «*donavit Vitali Creguti et Josse Vidas, Judeis de Sallone, nomine luminarii scole Judeorum Sallonis reparationem factam in dicto hospicio.*»

[83] C'est ce que donne à penser, entre autres, la phrase suivante: «[...] *loquerium quod ipse donator debet de ipso hospicio, debent deduci de hiis que dicta Fosseta sibi debet nomine dicte reparationis.*»

[84] Arch. dép. des Bouches-du-Rhône, Jacques Amaury, 376 E 94 n.p.; 28 mars 1406.

[85] *Ibid.*, Jacques Amaury, 376 E 99 n.p.; 7 mai 1414.

L'aumône «*hedes*» possédait quelques biens elle aussi, comme le rapporte cette reconnaissance de cens de ses baylons envers noble Elzéar Raynaudi d'Arles au nom de sa femme. Elle tenait en dot une terre en emphytéose située au lieu-dit «*ad Quintinum.*»[86] Mais quelle était la valeur de ces possessions des aumônes? Un acte de 1432[87] signale que les possessions et terres de l'aumône des Juifs avaient le privilège de payer les lods tous les neuf ans selon l'estimation de deux «probes hommes» et cela en vertu d'une entente avec le vicaire général Hugues, évêque de Vaison.[88] Le dernier paiement des lods ayant eu lieu en 1423, ils devaient de nouveau payer ceux-ci. On estima les biens de l'aumône à 150 florins et la communauté juive paya vingt-deux florins huit sous au viguier de Salon, Barthélémy Alhaudi. Mais s'agit-il là de l'ensemble des possessions des aumônes ou que ceux d'une seule? Le fait que les baylons qui payaient les lods (i.e. Vital Creguti et Léon Comprati) aient été les représentants de la communauté et non ceux d'une aumône incline à penser qu'il s'agissait là de l'estimation des biens de l'ensemble des aumônes payant les lods à l'archevêque. Mais encore, on peut se demander si celui-ci percevait les lods sur toutes les possessions des aumônes. À cette question, les documents ne donnent pas de réponse certaine, mais il semble que peu à peu l'archevêque d'Arles ait monopolisé les revenus et prestations en tous genres provenant des Juifs. Si bien qu'il est fort possible que la valeur de 150 florins attribuée aux biens immobiliers des aumônes dans ce document ait été réelle.

C'est par l'existence des édifices cultuels essentiels à la vie religieuse, par l'importance des aumônes et de leurs possessions, par l'intérêt que les Juifs portaient à ces œuvres de charité auxquelles ils faisaient régulièrement des legs dans leurs testaments, que l'on peut entrevoir la vigueur de la vie communautaire des Juifs à Salon. Car celle-ci ne transparaît pas facilement dans les documents: elle doit être étudiée indirectement dans des actes qui ont d'autres but, comme les testaments, par exemple.

C. *Les finances de la communauté*

La documentation n'est pas très riche en ce qui concerne les finances de la communauté. À peine a-t-on conservé une vingtaine d'actes. Dans la plupart des cas, ceux-ci ne sont pas très intéressants individuellement, mais

---

[86] *Ibid.*, Barthélémy Rognac, 376 E 127 n.p.; 1er septembre 1420. Bien que située au même lieu dit, cette terre n'est pas celle de la synagogue dont nous avons eu l'occasion de parler auparavant. Les confronts sont différents.

[87] *Ibid.*, Jehan Vaureys, 375 E 68 n.p.; 8 octobre 1432.

[88] Hugues, évêque de Vaison, fut vicaire général de l'archevêché d'Arles de 1419 à 1424.

envisagés dans leur ensemble, ils révèlent clairement certaines tendances de l'administration du budget communautaire.

Ce qui frappe d'abord l'historien dans ces quelques actes, c'est le lourd et constant recours au crédit de la communauté. Les reconnaissances et quittances de dettes constituent la plus grande partie de ces documents. Ainsi, d'une part, entre 1423 et 1435, nous avons retrouvé trois quittances d'Elzéar Vitalis de Salon, pour des sommes de vingt à quarante florins remboursées par la communauté.[89] Le plus récent de ces actes mentionne que le montant de quarante florins remboursé est le sixième versement d'une «plus forte somme» due par la communauté.[90] Cette précision suffit à donner une idée de l'importance de cette dette. D'autre part, trois autres quittances (l'une de quarante-cinq florins, l'autre de cinquante et la dernière de quatre-vingt-dix florins) données entre 1427 et 1433 aux Juifs de Salon par Geoffroi Boeti, Salonais, en son nom et ceux de son frère, Philippe, et de son neveu, Raymond, accentuent l'impression d'endettement qu'avaient laissée les actes mentionnés ci-dessus. Il est également question ici d'«une plus forte somme due.»[91] La communauté juive de Salon était donc lourdement endettée envers plusieurs créanciers concurremment et elle remboursait peu à peu ses dettes.

Son besoin de numéraire se manifeste également dans un acte de 1423 où les représentants de la communauté nomment comme procureur un Juif d'Aix, Bondavin Bondavini Avicxor avec la charge d'emprunter mille florins,[92] et dans un autre de 1425 où les Juifs de Salon, réunis dans la synagogue, désignent comme procureurs cinq d'entre eux qui doivent vendre une pension de cinquante florins ou emprunter mille florins.[93]

Enfin, un cas suffisamment bien documenté révèle comment la communauté procède habituellement dans l'administration de ses finances: il s'agit de la vente d'une pension au noble Arnaud Carpini, damoiseau de Salon, pour laquelle nous n'avons pas retrouvé moins de six actes différents. Cette transaction qui eut lieu en janvier 1427 (n.s.) faisait-elle suite à la décision de vendre une pension prise en 1425? Il y a tout lieu de le croire: dans les deux cas, on fit appel au même notaire et on recueillit l'avis de l'ensemble de la communauté. Quoi qu'il en soit, la pension de soixante florins vendue

---

[89] Arch. dép. des Bouches-du-Rhône, Barthélémy Rognac, 376 E 129 n.p.; 4 février 1423 n.s.; 376 E 137 n.p.; 5 juin 1431 et Mourgues Alfant, 375 E 120 f. 75 r.; 23 août 1435.

[90] «[...] *in diminutione maioris summe in qua dicta universitas Judeorum eidem Alziaro tenetur* [...].»

[91] Arch. dép. des Bouches-du-Rhône, Barthélémy Rognac, 376 E 134 n.p.; 20 mai 1427; 376 E 135 n.p.; 29 mars 1428 et Raymond Salomon, 375 E 53 f. 18 r.; 29 avril 1433.

[92] Voir pièce justificative n° 4.

[93] Arch. dép. des Bouches-du-Rhône, Guillaume Capardi, 375 E 13 f. 31 v.; 17 juin 1425.

rapporta aux Juifs de Salon dix fois plus, soit 600 florins. L'affranchissement pouvait se faire en un ou deux versements.[94] Les paiements annuels de cette pension figurent dans trois quittances conservées, l'une de soixante florins à noble Arnaud Carpini lui-même et les deux autres (l'une de soixante florins et l'autre partielle de trente florins) à sa veuve Catherine, épouse de noble Guillaume de Pontevès, seigneur de Lambesc.[95] Puis le 30 janvier 1431, les Juifs de Salon décidèrent à l'unanimité de s'affranchir de la moitié de cette pension léguée à noble dame Catherine qui l'avait assignée au révérend Jean Verdache pour la fondation d'une chapellenie. Comme les Juifs n'avaient pas la somme nécessaire, neuf d'entre eux s'engagèrent à emprunter 200 florins au nom de la communauté.[96] Deux mois plus tard, noble Catherine reconnut avoir reçu 600 florins des Juifs de Salon et les affranchit de la totalité de cette pension qui lui était versée.[97]

Ce cas est très révélateur du fonctionnement des finances de la communauté. Pour faire face aux besoins immédiats en numéraire plutôt que de lever un impôt dont la perception était toujours longue et de résultats incertains, on procédait à la vente de pensions ou à des emprunts qu'on remboursait peu à peu. Si le besoin du rachat d'une pension se faisait sentir, la communauté contractait un nouvel emprunt pour y parvenir. Ainsi la communauté juive de Salon était-elle constamment endettée et avait-elle un système financier des plus fragiles. En cela, elle n'était pas la seule et il semble que ce recours constant au crédit pour faire face aux besoins courants ait été la technique habituelle d'administration des finances publiques à l'époque médiévale. Les conseils municipaux et les communautés d'habitants y faisaient aussi largement appel. L'endettement n'est donc pas ici une faiblesse, mais plutôt un mode d'administration.[98]

Les exemples de communautés juives forcées de s'endetter abondent. Citant Ibn Adret, A. Neuman souligne que celles d'Espagne étaient en état d'appauvrissement continuel et chronique et que leurs représentants devaient

---

[94] *Ibid.*, Guillaume Capardi, 375 E 13 f. 31 v.; 17 juin 1425.

[95] *Ibid.*, Barthélémy Rognac, 376 E 135 n.p.; 31 mars 1428; Isoard Guinier, 375 E 73 f. 91 v.; 31 octobre 1429; Guillaume Capardi, 375 E 19 f. 97 v.; 20 décembre 1430. Le versement de cette pension devait être fait le 1er décembre.

[96] *Ibid.*, Guillaume Capardi, 375 E 19 f. 104 v.; 30 janvier 1431 n.s. Voir pièce justificative n° 5.

[97] *Ibid.*, Guillaume Capardi, 375 E 20 f. 3 r.; 27 mars 1431.

[98] Les villes de Marseille et de Toulouse avaient toutes deux recours à l'emprunt dans les situations d'urgence budgétaire. Cf. Alain Droguet, *Administration financière et système fiscal à Marseille dans la seconde moitié du XIVe siècle*, Sociétés médiévales méditerranéennes, Nouvelle série n° 1. Université de Provence (Aix-en-Provence), pp. 37, 43-48, et Philippe Wolff, *Commerces et marchands de Toulouse (vers 1350 - vers 1450)* (Paris: Librairie Plon, 1954), p. 394.

souvent faire appel aux membres les plus riches de la communauté pour répondre aux besoins pressants de numéraire. Toutefois il ne fait pas mention d'emprunts à des non-Juifs.[99] De plus, la taille levée sur les Juifs de Perpignan en 1413-1414 témoigne de l'habitude qu'avaient les communautés juives d'avoir recours à l'emprunt dans les moments critiques. Le produit de cette taille devait être en effet consacré en grande partie au remboursement de diverses dettes contractées par la communauté envers des Juifs et des Chrétiens.[100]

Mais d'où venaient ces besoins répétés en numéraire? Comment peut-on expliquer que la communauté juive de Salon ait eu à recourir constamment à l'emprunt de fortes sommes? La seule réponse que suggérerait la documentation serait la lourdeur des charges fiscales imposées par l'archevêque d'Arles et surtout par le comte de Provence. Les éléments que nous avons en main pour juger de l'importance des prestations dues par les Juifs de Salon à l'archevêque d'Arles sont minces. Nous avons souligné, dans l'introduction à la première partie, que, d'après un document de 1304, ceux-ci devaient fournir cent sous par an pour la literie du château de l'archevêque de Salon.[101] Cette redevance était toujours en vigueur au début du xv$^e$ siècle comme l'indique le relevé des droits de l'Église d'Arles à Salon.[102] De plus, d'après ce document, les redevances annuelles des Juifs de cette ville comprenaient trois florins et demi pour trois terres, deux maisons et le four, quatre émines de froment pour le cimetière, un panal de froment pour une vigne, un panal d'orge pour le moulin et une pognadière d'orge pour une aire.[103] Toutefois, on peut se demander si la communauté juive ne devait à l'archevêque que ces

---

[99] Abraham A; Neuman, *The Jews in Spain. Their Social, Political and Cultural Life during the Middle Ages*, vol. 1: *A Political-Economic Study* (New York: Octagon Books, 1969), p. 109. L'auteur cite Salomon ben Abraham ibn Adret, *She' elot u-Teshubot*, V, 183, X. Salomon ben Abraham ibn Adret était un rabbin espagnol qui vécut à Barcelone de 1235 à 1310. Il était un grand talmudiste. Il encouragea la traduction de l'arabe à l'hébreu d'une partie du commentaire de la *Mishnah* par Maïmonide. Il est l'auteur de 3.000 *responsa* dont la moitié seulement a été publiée. Cf. Isidore Singer, *The Jewish Encyclopedia* (New York: Ktav Publishing House, Inc., 1964), vol. 1, col. 212-213.

[100] Isidore Loeb, «Histoire d'une taille levée sur les Juifs de Perpignan en 1413-1414,» *Revue des études juives* 14 (1887) 57.

[101] Arch. dép. des Bouches-du-Rhône, *Registrum censuum Sallonis*, III G, n° 32.

[102] Arch. communales de Salon-de-Provence, Cahier des censives de l'Église d'Arles: 18 mai 1434, GG n° 42 f. 63 r. et v. Cf. Robert Brun, *La ville de Salon au Moyen Âge; la vie économique, le régime seigneurial, le régime municipal* (Aix-en-Provence: Imprimerie universitaire de Provence, 1924), pp. 265-266.

[103] Robert Brun déclare également que les Juifs étaient tenus de contribuer aux tailles levées pour entreprendre des travaux d'utilité générale. Pour appuyer ceci, il cite un document publié, selon lui, dans Camille Arnaud, *Essai sur la condition des Juifs en Provence au Moyen-Âge* (Forcalquier: Imprimerie-Librairie d'Auguste Masson, 1879), p. 19. Il s'avère que cette référence est erronée.

redevances régulières ou si elle n'était pas sollicitée à lui fournir des prêts obligatoires. Dans ce domaine, les quelques exemples de la documentation sont révélateurs de ce que l'archevêque d'Arles pouvait exiger des Juifs de la ville.

Deux actes témoignent de transactions où les Juifs de Salon interviennent pour venir en aide à l'archevêque d'Arles en lui prêtant un montant en numéraire. En effet, en 1391, Cregud Aym et Josse Bondia Cohen prêtaient 200 florins, au nom de la communauté, à Guillaume Arnaudi de Fabrica, agissant comme procureur de l'archevêque Jean.[104] Cette somme devait être remboursée en août de la même année et le débiteur laissait en gage, au nom de l'archevêque, une importante quantité d'huile.[105] Ce document ne diffère en rien de nombreux actes de crédit de nos registres notariés, si ce n'est par le montant prêté qui est beaucoup plus élevé que la moyenne.

C'est pourquoi, l'autre document où l'on voit les Juifs de Salon prêter à l'archevêque d'Arles est plus intéressant. Ceux-là réunis, s'engagent et engagent la parole de Salves Caracause et Bonan Boniaqui, restés chez eux malades, à rembourser à une Juive d'Arles, Bengues Nathane, une somme de 800 florins qu'elle doit faire parvenir, au nom de la communauté de Salon, au marchand arlésien Guillaume Blanqui et cela pour venir en aide à l'archevêque d'Arles, Louis Alemand.[106] Dans ce cas également, on fait appel à une caution pour garantir l'emprunt et l'archevêque d'Arles met en gage, à la discrétion de la communauté, 300 saumées de froment. Ces grains ne peuvent être vendus que par deux officiers de l'archevêque spécialement mandatés pour le faire et le produit de cette vente doit servir au remboursement de sa dette.

En somme, les Juifs de Salon contractaient une forte dette pour l'archevêque d'Arles et on peut se demander si leur intervention en faveur de celui-ci était libre. Comme le don gratuit, elle pouvait être imposée par le seigneur, ou du moins fortement encouragée. Bien qu'il n'y ait aucune preuve que ce genre de réclamations seigneuriales aient été fréquentes à Salon, quand elles se produisaient elles étaient susceptibles de grever le budget de la communauté et de l'amener à contracter des dettes élevées comme dans le cas ci-dessus.

---

[104] Arch. dép. des Bouches-du-Rhône, Étienne Constantin, 376 E 83 n p.; 10 mars 1391. L'archevêque dont il est question ici est Jean V de Rochechouart qui fut à la tête de l'archevêché d'Arles entre 1390 et 1398. Voir J. H. Albanès, *Gallia christiana novissima*, t. 3: *Arles*, col. 739 et ss.

[105] «*Arnaudus upothecavit in speciale pignus XII botas olei prefati domini archiepiscopi quas se dixit esse tam in castro archiepiscopali quam in villa Sallonis in domibus infrascriptis [...].*»

[106] Arch. dép. des Bouches-du-Rhône, Guillaume Capardi, 375 E 21 f. 94 r.; 29 décembre 1433. Voir pièce justificative n° 10. Louis Alemand fut archevêque d'Arles de 1423 à 1450. Voir J. H. Albanès, *Gallia christiana novissima*, t. 3: *Arles*, col. 1282 et ss.

Pour étudier les contributions que les Juifs de Salon versaient au comte de Provence, nous disposons en plus des registres notariaux salonais, de documents déjà publiés, provenant d'autres sources. L'ensemble des renseignements fournis par la documentation suffit à donner une idée des montants payés par la communauté de Salon et de la part que constituaient ces sommes par rapport au don global des communautés juives de Provence. Malheureusement, les données ne sont pas uniformes, car elles mentionnent parfois les dons ordinaires, parfois les dons extraordinaires, si bien qu'il est impossible de définir pour une seule année le montant total versé au comte par les Juifs de Salon.

Ainsi la première mention conservée de la part de Salon dans les charges des juiveries provençales date de 1420 (n.s.).[107] En effet, le 19 mars, dix-neuf délégués, dont sept de Marseille, quatre d'Arles, trois d'Aix, deux d'Apt, un de Salon, un de Tarascon et un de Draguignan, se réunirent à Arles chez Isac Nathan pour y procéder à la répartition d'un impôt extraordinaire de 1.200 florins. Le représentant de la communauté juive de Salon était Jacob Josep. Il fut décidé qu'elle paierait cinquante florins d'imposition, soit 4,2 p. cent du total.[108] La répartition entre les diverses communautés était la suivante:

Tableau 13

RÉPARTITION D'UNE CONTRIBUTION IMPOSÉE AUX JUIFS DE PROVENCE
(19 MARS 1420 n.s.)

| Communauté | Florins | % |
| --- | --- | --- |
| Aix-en-Provence | 275 | 22,9 |
| Arles | 60 | 5,0 |
| Marseille | 400 | 33,3 |
| Tarascon | – | – |
| Salon-de-Provence | 50 | 4,2 |
| *castra* | 415 | 34,6 |
| TOTAL | 1.200 | 100,0 |

La participation de Salon à ce don gratuit des communautés juives est donc d'un vingt-quatrième du total.

Un document notarial d'Aix-en-Provence daté du 11 mars 1423 mentionne que les Juifs du comté devaient 3.225 florins à Louis III à titre de

---

[107] Arch. mun. d'Arles, Fonds Véran, armoire 34, mélanges. Répartition d'une contribution imposée à la communauté générale des Juifs de Provence (19 mars 1419-1420) d'après le registre d'Antoine Olivarii, 1419, f. 45. Voir Paul Hindenginger, «Documents relatifs aux Juifs d'Arles,» *Revue des études juives* 41 (1900) 66 et Joseph Shatzmiller, «La perception de la *tallia judeorum*,» *Annales du Midi* 98 (1970) 224.

[108] «[...] *item universitas judaica loci Sallonis, Arelatensis diocesis, pro quotta sive particula solvet similiter pro quolibet anno videlicet L florenos*; [...].»

quote-part du don gracieux qui lui avait été octroyé par les États réunis à Tarascon deux mois auparavant.[109] Le 12 octobre 1423, les Juifs de Salon chargeaient Bondavin Bondavini Avicxor d'Aix d'emprunter mille florins pour le roi. Cet acte, sans doute lié à la pression financière soudainement exercée sur les communautés juives, semble indiquer une augmentation des sommes fournies par celle de Salon.[110] Comme il est peu probable que la part imposée à celle-ci soit passée de 4,2% à 31%, il faut émettre l'hypothèse que la somme qui devait être empruntée couvrait également d'autres prestations.

Toutefois, un document de nos registres notariés confirme que la quote-part de Salon s'est accrue à cette époque. En effet, dans un acte du 19 février 1432 (n.s.), les baylons et conseillers de la communauté juive de Salon nommèrent quatre syndics: Léon Comprati, maître Bondavin Comprati, Abram Bonaffocii et Salvet Vitalis Cohen. Ceux-ci étaient habilités à négocier avec les autres communautés juives de Provence une réduction de la part qu'ils payaient des dons gratuits faits au comte de Provence et des dépenses effectuées à cette occasion.[111] Ils demandaient que la quinzième partie qu'ils avaient l'habitude de payer soit réduite à la dixième de ce qui devait être payé cette fois-là et qu'il en soit ainsi à l'avenir.[112] S'agit-il d'une erreur de copiste? Des éléments nous manquent pour comprendre comment le passage du quinzième au dixième peut constituer une réduction de charge.

Il fut fait selon ce que les Juifs de Salon demandaient. Dans une transaction légèrement postérieure, soit du 3 mars 1432 (n.s.) entre la communauté juive de Salon, représentée par maître Bondavin Comprati, médecin, ainsi que par Léon Comprati de Lattes, et les autres communautés juives de Provence, il fut décidé que les Juifs de Salon contribueraient de la dixième partie des dons, questes et autres prestations payés au comte par les communautés juives de Provence dans les quatre années à venir.[113]

---

[109] Noël Coulet, *Aix-en-Provence. Espace et relations d'une capitale (milieu XIVe s. - milieu XVe s.)*, thèse présentée devant l'Université de Provence pour obtenir le grade de docteur ès-lettres (Aix-en-Provence, 1979) 1: 438.

[110] Voir pièce justificative n° 4.

[111] Arch. dép. des Bouches-du-Rhône, Guillaume Capardi, 375 E 20 f. 105 r.; 19 février 1432 n.s. Voir pièce justificative n° 9.

[112] «...*ita quod procuratores possint redducere partem decimam quintam solitam exsolvi per Judeos universitatis Sallonis ad decimam partem solvendam per dictos Judeos Sallonis et pro tantum tempus per quod eisdem procuratoribus videbint (sic) statuendi* [...].»

[113] Arch. dép. des Bouches-du-Rhône, dépôt annexe d'Aix-en-Provence, Jean Dieulofes, 306 E 182 n.p., 3 mars 1432 n.s.: «[...] *Transactio facta inter universitatem Judeorum de Sallone ex parte una et universitates Judeorum civitatum Aquensis, Arelatensis, et loco Tharasconis et castrorum Provincie ex parte altera.*» «[...] *Transigerunt* [...] *quod Judei universitatis predicte dicti loci de Sallone durante tempore quatuor annorum proxime futurorum* [...] *solvere teneantur et debeantur decimam partem* [...] *de omnibus universis et singulis donis graciosis et etiam questis et adhempres (sic) supradictis per dictas generales universitates*

Pour la période de notre étude, ce sont les seuls éléments que nous avons pu rassembler concernant la part payée par la Juiverie de Salon. Mais, après l'avènement de René d'Anjou, les pressions fiscales sur les communautés juives s'alourdirent.[114] Et peu après la fin de notre période, la répartition effectuée le 26 novembre à Orgon fournit d'autres éléments intéressants qu'il ne faut pas négliger.[115] C'est là qu'on décide de la contribution des différentes juiveries aux droits annuels dus au roi et au conservateur des Juifs de Provence. La communauté de Salon paierait 185 florins, soit 6,7 p. cent du total. La répartition s'effectua comme suit:

Tableau 14

RÉPARTITION DE LA CONTRIBUTION DES JUIFS DE PROVENCE
(ORGON, 26 NOV. 1446)

| Communauté | Pension du roi (florins) | Pension du conservateur (florins) | Total | % |
|---|---|---|---|---|
| Aix-en-Provence | 615 | 125 | 740 | 27,0 |
| Arles | 470 | 100 | 570 | 20,8 |
| Marseille | 100 | 50 | 150 | 5,5 |
| Salon-de-Provence | 135 | 50 | 185 | 6,7 |
| Tarascon | 270 | 50 | 320 | 11,6 |
| *castra* | 655 | 125 | 780 | 28,4 |
| TOTAL | 2.245 | 500 | 2.745 | 100,0 |

Ces contributions étant décidées en fonction des possibilités financières des diverses communautés, ces renseignements ont l'avantage de situer les juiveries provençales les unes par rapport aux autres, du moins en ce qui concerne les plus importantes. Et en 1420, comme en 1446, Salon, malgré le nombre relativement peu élevé de ses effectifs, était parmi les cinq communautés juives les plus riches de Provence. En 1420, elle était sans doute la cinquième si l'on suppose que Tarascon qui n'apparaît pas sur le tableau la dépassait. En 1446, par suite de la ruine de la communauté juive de Marseille par l'invasion aragonaise de 1423 et le marasme économique qui la suivit, Salon était devenue la quatrième.

---

*Judeorum dictorum comitatuum Provincie et Forcalquerii faciendis et impendendis dicti Reginali et Regie Magestati.*» Il est à noter que dans cette transaction le délégué de la communauté juive d'Arles est Isac Nathan, celui-là même chez qui les représentants des communautés juives s'étaient réunis en 1419.

[114] Noël Coulet, *Aix-en-Provence. Espace et relations d'une capitale (milieu XIV$^e$ s. - milieu XV$^e$ s.)*, 1: 437.

[115] Voir Paul Hildenfinger, «Documents relatifs aux Juifs d'Arles,» *Revue des études juives* 47 (1903) 231. Cette répartition a été reprise par Joseph Shatzmiller dans «La perception de la *tallia judeorum*,» *Annales du Midi* 98 (1970) 224.

Il semble que la communauté juive de Marseille ait été durement touchée par l'attaque aragonaise parce que les Juifs ne purent trouver un asile dans les églises et les monastères qui échappèrent à peu près tous au pillage. Ils s'enfuirent donc de la ville pour se réfugier dans des endroits plus sûrs et ce n'est pas sans mal que les pouvoirs leur firent réintégrer la ville.[116] De plus, pour faciliter la reprise des activités économiques à Marseille, les dettes et le paiement des intérêts furent suspendus pendant trois ans. Comme les débiteurs étaient ruinés, les créanciers ne pouvaient les contraindre à les rembourser et ils durent accorder des délais de paiement très longs, si bien que la reprise des activités économiques des Juifs de la ville fut très lente.[117]

Les autres communautés juives vinrent à l'aide de celle de Marseille. Ainsi dans la transaction de 1432 dont nous avons parlé plus haut, il est question d'une aide annuelle de 300 florins que les autres communautés apportaient à Marseille. Sur cette somme, il fut statué que la part de la communauté juive salonaise serait de vingt-cinq florins, soit de 8,3 p. cent.[118]

Au cours de la période étudiée, la communauté de Salon déboursait donc en général du vingtième environ au dixième des impôts que l'ensemble des juiveries provençales payait au comte de Provence, proportion fort élevée. Il semble d'ailleurs que cette part ait été transmise par l'intermédiaire de la communauté juive d'Arles. C'est ce que laissent à penser deux quittances de 1432 données par Ysac Nathan aux baylons de la communauté juive de Salon. L'acte du 6 mars 1432 est une quittance générale. Le second acte date du 5 octobre de la même année: Moïse de Villeneuve y agit en tant que procureur d'Ysac Nathan et de la communauté d'Arles. Il reconnaît avoir reçu au nom de ceux-ci quatre-vingt-sept des 177 florins qui leur étaient dus par la communauté de Salon.[119] Mais ce sont les seuls exemples que nous ayons et il est impossible de dire si Arles agissait régulièrement comme intermédiaire ou si cela ne se produisait qu'occasionnellement.

Le seul document des registres notariaux étudiés où il soit question de la *tallia Judeorum* de Provence est également une quittance. En 1424, le révérend Antoine Stéphani, prêtre de Berre et agissant au nom de noble Urbaine d'Agout, reconnaît avoir reçu de Vital Creguti au nom de la

---

[116] Voir Adélard Crémieux, «Les Juifs de Marseille au Moyen-Âge,» tiré à part de la *Revue des études juives* 46 (1903) 58-59.

[117] Voir Édouard Baratier, *Histoire du commerce de Marseille*, 2: *De 1291 à 1480* (Paris: Plon, 1951), pp. 319-321.

[118] Arch. dép. des Bouches-du-Rhône, dépôt annexe d'Aix-en-Provence, Jean Dieulofes, 306 E 182; 3 mars 1432: «[...] *quod* [...] *universitas Judeorum loci predicti de Sallone teneatur et debeatur solvere et contribuere in petitione annuali tricentorum florenorum civitatis Massilie videlicet viginti quinque florenorum monete currentis in Provincia.*»

[119] *Ibid.*, Guillaume Capardi, 375 E 22 f. 75 r.; 5 octobre 1432. Voir pièce justificative n° 7.

communauté juive de Salon la somme de trente-six florins six gros venant de la taille des Juifs qui lui avait été assignée par le trésorier de Provence, Jean Porcherii.[120] L'acte se contente de dire qu'il s'agit du versement du mois d'avril et ne mentionne pas quelle partie du montant annuel de la *tallia Judeorum* de Salon avait été affectée à cette assignation, si bien qu'on ne peut connaître le montant annuel de la taille des Juifs de Salon.

Soulignons ici que l'assignation par les pouvoirs locaux des revenus provenant des Juifs était très courante au Moyen Âge. Les princes utilisaient ce moyen de remercier leurs amis ou d'étendre leurs faveurs sur les grandes familles qu'ils voulaient se concilier. Les exemples de ce phénomène ne manquent pas. Comme il est ci-dessus mentionné, la documentation salonaise révèle une assignation de tailles des Juifs de Salon à noble Urbaine d'Agout. De plus, J. Shatzmiller, dans un article sur la communauté juive d'Aix-en-Provence en 1336, mentionne que depuis 1298 les communautés juives de Provence servaient une rente de cent livres par an au monastère Sainte-Claire de Marseille.[121] Dans son étude sur les Juifs d'Espagne, A. Neuman souligne que cette pratique y était également courante. Il semble même qu'elle y ait été appliquée encore plus systématiquement qu'en Provence.[122]

Les éléments réunis ici suffisent à prouver que les prestations qui pesaient sur les Juifs de Salon, tant en emprunts forcés de l'archevêque d'Arles qu'en impôts du comte de Provence, étaient assez lourdes pour expliquer le constant endettement de la communauté.

## 2. LES FORTUNES DES JUIFS SALONAIS

Nous avons souligné précédemment que l'existence à Salon de nombreuses œuvres de charité juives était un indice de la présence de pauvres dans la communauté, d'autant plus que ce n'est pas une présence qui se décèle aisément dans les actes notariés. De même, la forte imposition qui pesait sur la juiverie salonaise suggère l'existence de fortunes juives considérables, ou du moins d'une classe de Juifs assez aisés. Cette richesse transparaît dans les documents, surtout dans les constitutions de dot et dans les testaments. Malheureusement, les registres notariaux constituent une documentation assez orientée qui privilégie ceux qui ont du bien et qui laisse dans l'ombre ceux qui n'en ont pas, ou en ont moins. Lorsque les parents aisés dotent leurs

---

[120] *Ibid.*, Barthélémy Rognac, 376 E 132 n.p.; 10 janvier 1424 n.s. Voir pièce justificative n° 8.

[121] Joseph Shatzmiller. «Documents de la communauté d'Aix-en-Provence,» *Michaël IV* (Tel Aviv, 1976), Arch. dép. des Bouches-du-Rhône, B 2564, 277 v. – 278 v., 27 avril 1298.

[122] Abraham A. Neuman, *op. cit.*, 1: 76.

filles et testent, les registres en font mention. Ainsi on les repère plus facilement que ceux qui n'ont pas de quoi doter leurs enfants ou qui ont si peu que cela ne vaut pas la peine de faire appel à un notaire pour noter leurs transactions. Ce caractère de la documentation nous force à étudier les classes privilégiées. C'est consciente de cette faiblesse des sources que nous procéderons à l'analyse des constitutions de dot et des testaments.

Comme nous l'avons fait remarquer dans le premier chapitre, les actes concernant les dots juives (i.e. *constitutiones dotis, recognitiones dotis, note matrimonii*) sont très abondants dans les registres notariaux salonais de la période étudiée. On en compte quarante-sept, dont quarante-deux bien situés dans le temps. Dans les cinq autres cas, les actes se réfèrent à des dots antérieures, probablement anciennes, dont la date n'est pas spécifiée. Elles ont été exclues de nos comptages.

En principe, dans le droit matrimonial juif, la dot comprend d'abord l'apport de la femme, puis un douaire constitué par le mari à sa femme et formé d'une part d'une dot légale, et d'autre part, d'un augment du tiers de la dot qui doit probablement compenser l'accroissement de la dot pendant la durée du mariage.[123] Dans la pratique, les dots salonaises du début du XV$^e$ siècle n'étaient constituées que d'un montant versé par la famille de la mariée. C'était en général le père ou le grand-père qui se chargeait de doter la fiancée. Lorsqu'ils étaient morts, la mère, la grand-mère, un frère ou un cousin pouvait s'en charger. Si la mariée en était à son second mariage, il arrivait qu'elle se dotât elle-même, en utilisant le montant reçu lors de son premier mariage. Occasionnellement, à cette somme globale s'ajoutait un léger augment versé par un parent proche, ou promis à son décès. Le but de la dot était de permettre au nouveau couple de s'installer et de supporter les charges du mariage. De même, c'était le but des *alimenta* qui prévoyaient le logement des jeunes mariés par la famille de l'un des deux époux pour une période plus ou moins longue. La dot juive du XV$^e$ siècle s'était donc fortement écartée du principe du droit matrimonial juif: dans aucun acte, nous n'avons trouvé mention de douaire versé par le mari.

Il est intéressant de noter que les montants des dots juives provençales tels qu'ils sont rapportés dans les contrats de mariage en latin varient d'un acte à l'autre. Ils ne diffèrent pas en cela des montants des dots chrétiennes. Pour tout dire, ils représentent les sommes réelles qui ont été versées par la famille de la mariée à celle de son conjoint. Et la mise par écrit devant notaire du montant de la dot avait pour but d'assurer la sécurité économique de l'épouse

---

[123] Paul Hildenfinger, «Documents relatifs aux Juifs d'Arles,» *Revue des études juives* 47 (1903) 235.

qui, en cas de veuvage ou de divorce récupérait la totalité de sa dot. Or il semble que les communautés juives du Nord aient utilisé un tout autre moyen d'assurer la sécurité économique de la femme mariée. Les chefs des communautés juives d'Allemagne établirent le principe que le marié accepterait le montant de la dot de sa femme comme équivalent à cinquante livres d'argent, quelle qu'ait été la valeur réelle de la dot, puisqu'il s'engagerait à fournir à son épouse un augment de dot d'une valeur égale, soit de cinquante livres d'argent.[124] C'est ainsi qu'on se mit à consigner la dot modèle de cent livres dans le contrat de mariage en hébreu (*Ketoubâh*). Ce schème, qui fit son apparition dès le $x^e$ siècle et fut conservé jusqu'à une époque tardive, se répandit à travers l'Allemagne, la France, l'Autriche, la Hongrie, la Bohême, la Pologne et la Lithuanie. Le grand développement de cette *Ketoubâh* modèle est certainement explicable par le fait qu'elle répondait à un besoin. En effet, elle garantissait la sécurité économique de la femme, même en cas de perte du document original, car elle rendait possible le remboursement de la dot modèle.[125] Notons que si la somme modèle de la *Ketoubâh* d'une jeune fille était de cent livres d'argent, celle d'une veuve ou d'une divorcée était de quatre-vingts livres, soit quarante livres de dot et quarante livres d'augment fourni par le mari. L'augment était toujours égal à la dot et il représentait les profits que le mari pourrait tirer de l'investissement de la dot de sa femme.[126] Malgré l'important développement de la *Ketoubâh* modèle, il ne semble pas, d'après nos recherches, qu'elle ait pénétré les juiveries sépharades.

Le nombre des dots juives salonaises conservées augmente avec les années. Ainsi alors qu'il ne reste aucune dot entre 1391 et 1396, on en compte cinq entre 1396 et 1405, huit entre 1406 et 1415, onze entre 1416 et 1425 et dix-huit entre 1426 et 1435.

Pour juger de l'importance des dots juives, il faut les étudier en comparaison avec les dots chrétiennes. Nous avons donc procédé à un sondage effectué sur cent constitutions de dot chrétiennes rassemblées au cours des années 1396 à 1435 dans les mêmes proportions que les dots juives retracées à chaque dizaine d'années. Nous avons donc relevé douze dots chrétiennes entre 1396 et 1405, dix-neuf entre 1406 et 1416, vingt-six entre 1416 et 1425 et quarante-trois entre 1426 et 1435. Sur ces cent cas, dix-huit dots sont impossibles à évaluer car elles sont stipulées en biens immobiliers.

---

[124] Irving A. Agus, «The Standard Ketuba of the German Jews and Its Economic Implications,» *The Jewish Quarterly Review* 42 (1951-1952) 225-226.

[125] *Ibid.*, p. 227.

[126] Irving A. Agus, *The Heroic Age of Franco-German Jewry. The Jews of Germany and France of the Tenth and Eleventh Centuries, the Pioneers and Builders of Town-Life, Town-Government and Institutions* (New York: Yeshiva University Press, 1969), p. 293.

Quinze sont stipulées à la fois en biens immobiliers et en numéraire. Les sommes données en numéraire sont alors petites et leur moyenne est de quarante-trois florins cinq sous. Il reste donc du sondage, soixante-sept dots chrétiennes uniquement stipulées en numéraire et pour lesquelles la comparaison est possible avec les dots juives.

Afin d'atténuer le caractère absolu de cette comparaison, soulignons une différence mineure entre les dots juives et les dots chrétiennes. En général, le montant des vêtements, hardes et bijoux (*vestes*, *arnesia* et *jocalia*) est précisé et inclus dans les dot juives. En revanche, il n'est pas précisé et il est prévu en augment de dot dans les dots chrétiennes. La moyenne de ces dernières doit être légèrement supérieure à ce qu'elle est en numéraire, si on veut la considérer à égalité absolue avec la dot juive. Quoi qu'il en soit, la marge entre les moyennes est telle que cette légère différence ne modifie en rien l'essentiel des conclusions. Ces moyennes peuvent être calculées en tenant compte des augments qui viennent s'ajouter au montant initial de la dot ou sans en tenir compte. Ainsi la moyenne générale des dots juives, si l'on ne calcule pas les augments, est de 252 florins 10 sous alors que celle des dots chrétiennes n'est que de 122 florins 4 sous.

Les augments accroissent encore la différence entre ces moyennes puisque celle des dots juives avec augments passe à 274 florins 12 sous et celle des dots chrétiennes à 132 florins 10 sous. Et encore cette différence serait-elle accentuée si l'on pouvait tenir compte dans le calcul des dots juives des *alimenta*, stipulés en augment de dot. En effet, les augments de dots juives sont constitués, soit d'un montant en numéraire offert par un parent ou promis à la mort de celui-ci, soit par une cohabitation des nouveaux époux avec les parents de l'un ou l'autre des conjoints, prévue parfois pour plusieurs années. Dans la plupart des cas, cette cohabitation n'est pas évaluée en numéraire et ne peut être calculée. Par contre, dans aucune des dots chrétiennes de notre sondage, une cohabitation des nouveaux mariés avec leurs parents n'est prévue. Les augments de dots y sont constitués uniquement de petites sommes en numéraire à ajouter à la somme initiale ou visant à payer la robe nuptiale.

Les fiancées juives des registres notariaux salonais étaient donc beaucoup plus largement dotées que les chrétiennes. Encore faut-il se demander si cette conclusion n'est pas hâtive et si la documentation n'amène pas à envisager le problème sous un angle déformé. Les riches Chrétiennes pourraient être dotées en biens immobiliers et celles de milieux moyens en numéraire. Un examen attentif des actes chrétiens atteste que ce n'est pas le cas. La documentation est homogène et l'on trouve autant de riches Chrétiennes dotées en numéraire qu'en biens immobiliers. Noble Catherine, fille de noble Laurent Ysnardi de Salon, par exemple, reçoit en 1434, 1.200 florins de dot, montant plus élevé que ne reçoit aucune Juive.[127] De même, s'il existe quelques grosses dots en biens immobiliers, dans la majorité des cas, elles sont modestes.

Il est à noter que la moyenne des dots juives s'accroît au cours de la période, passant pour les dots sans augment de 143 florins[128] entre 1396 et 1405 à 314 florins entre 1426 et 1435.[129] Il en est de même et dans la même mesure des dots avec augments qui passent de 173 à 345 florins pendant la même période. Par contre, les dots chrétiennes n'évoluent pas ou à peine: la moyenne des dots sans augment diminue légèrement alors que celle avec calcul des augments s'accroît de cinq florins.[130] Il est intéressant de noter un tel contraste des deux courbes des moyennes. On ne peut conclure de ce seul élément à un mouvement d'enrichissement des Juifs au cours de la période, mais c'est un indice qu'il est bon de retenir.

Tableau 15

MOYENNE DES DOTS PAR PÉRIODE

| Période | Nombre de dots | en % | Moyenne des dots sans augment | Moyenne des dots avec augments |
|---|---|---|---|---|
| A. *Dots juives* | | | | |
| 1396-1405 | 5 | 11,90 | 143 fl. 8 sous | 173 fl. 12 sous |
| 1406-1415 | 8 | 19,05 | 195 fl. 14 sous | 195 fl. 14 sous |
| 1416-1425 | 11 | 26,19 | 265 fl. 12 sous | 275 fl. 12 sous |
| 1426-1435 | 18 | 42,86 | 314 fl. 11 sous | 345 fl. 4 sous |
| B. *Dots chrétiennes* | | | | |
| 1396-1405 | 7 | 10,47 | 130 fl. 2 sous | 137 fl. 5 sous |
| 1406-1415 | 8 | 11,94 | 99 fl. 8 sous | 99 fl. 8 sous |
| 1416-1425 | 19 | 28,35 | 120 fl. 12 sous | 128 fl. 6 sous |
| 1426-1435 | 33 | 49,24 | 127 fl. | 142 fl. 1 sou |

Le classement des dots par catégorie révèle des différences également intéressantes entre les dots juives et les dots chrétiennes.[131] Le pourcentage des dots de moins de cent florins est peu élevé chez les Juifs (i.e. 18,87 p. cent sans augment), mais très élevé chez les Chrétiens (i.e., 67,16 p. cent sans augment). D'ailleurs la supériorité de la moyenne des dots juives sur les

---

[127] Arch. dép. des Bouches-du-Rhône, Raymond Salomon, 375 E 55 f. 88 r.; 6 août 1434.
[128] La moyenne des dots de la période 1396 à 1406 serait légèrement accrue si l'on pouvait y inclure deux dots comprenant, outre un montant en numéraire, le quart d'une maison et le quart de deux vignes pour chacune d'elles.
[129] Voir Tableau 15 A.
[130] Voir Tableau 15 B.
[131] Voir Tableau 16 A et B.

dots chrétiennes est sensible à chaque échelon de ce tableau. Ainsi 26,09 p. cent des dots juives relevées dépassent 300 florins alors que le pourcentage n'est que de 5,97 pour les dots chrétiennes sans calcul des augments.

Tableau 16

CLASSIFICATION DES DOTS PAR CATÉGORIE

| Catégorie | Sans augment | | | Avec augments | | |
|---|---|---|---|---|---|---|
| | Nombre | % simple | % cumulé descendant | Nombre | % simple | % cumulé descendant |
| A. *Dots juives* | | | | | | |
| 1-100 fl. | 5 | 10,87 | 100,00 | 4 | 8,70 | 100,00 |
| 101-200 fl. | 16 | 34,78 | 89,13 | 13 | 28,26 | 91,30 |
| 201-300 fl. | 13 | 28,26 | 54,35 | 16 | 34,78 | 63,04 |
| 301-400 fl. | 5 | 10,87 | 26,09 | 5 | 10,87 | 28,26 |
| 401-500 fl. | 4 | 8,70 | 15,22 | 2 | 4,36 | 17,39 |
| plus de 501 fl. | 3 | 6,52 | 6,52 | 6 | 13,03 | 13,03 |
| B. *Dots chrétiennes* | | | | | | |
| 1-100 fl. | 45 | 67,16 | 100,00 | 42 | 62,69 | 100,00 |
| 101-200 fl. | 14 | 20,90 | 32,84 | 14 | 20,90 | 37,31 |
| 201-300 fl. | 4 | 5,97 | 11,94 | 5 | 7,47 | 16,41 |
| 301-400 fl. | 1 | 1,50 | 5,97 | 2 | 2,98 | 8,94 |
| 401-500 fl. | 1 | 1,50 | 4,47 | 2 | 2,98 | 5,96 |
| plus de 501 fl. | 2 | 2,97 | 2,97 | 2 | 2,98 | 2,98 |

De plus, nous avons déjà souligné dans le premier chapitre que les Juifs de Salon contractaient mariage avec des conjoints non salonais dans une proportion beaucoup plus élevée que les Chrétiens de la ville (80,75 p. cent contre 35 p. cent). L'explication de ce phénomène peut résider dans le fait que le nombre des Juifs étant plus restreint que celui des Chrétiens, il leur était plus difficile de se marier dans la ville à l'intérieur de leur classe sociale. Pour les Chrétiens, le cercle des conjoints possibles était beaucoup plus vaste. Il a été en effet démontré, dans le village de Pourrières, par exemple, que les familles qui mariaient leurs enfants étaient en général de position sociale égale.[132] Pour se marier à l'intérieur de leur classe sociale, les Juifs devaient souvent chercher des conjoints dans d'autres villes de Provence ou du Comtat.

---

[132] Jeanne Noguès, *Le village de Pourrières de 1377 à 1407 d'après des registres de notaires*, mémoire présenté à l'Université de Provence, Faculté des Lettres et Sciences humaines d'Aix-en-Provence, 1970-1971, p. 57.

. Certains éléments viennent à l'appui de cette théorie. La moyenne des dots apportées par des Juives salonaises à des Salonais est de 204 florins 12 sous tandis que celles apportées par des Juives salonaises à des non-Salonais ont une moyenne de 266 florins 2 sous. De même celles apportées par des Juives non-salonaises à des Salonais sont en moyenne de 259 florins 3 sous. Cette tendance à doter plus largement lorsqu'on marie ses filles à l'extérieur de la ville prouve que ce sont les classes sociales les mieux pourvues qui recrutent les conjoints de leurs enfants en dehors de Salon. Effectivement, le cercle des Juifs riches de la ville devait être assez restreint et déjà fortement uni par des liens de parenté consécutifs à des mariages, si bien que pousser plus loin les mariages au sein de la même classe était devenu difficile. Les Juives salonaises les mieux dotées épousaient en général des non-Salonais.

En utilisant le sondage effectué sur les dots chrétiennes, nous avons classé les catégories socio-professionnelles en fonction du montant de dot que leurs membres donnaient à leurs filles lorsqu'ils les mariaient, et en fonction de ce que les époux et leur famille recevaient lors du mariage.[133] Ceci fait, la comparaison s'avérait possible entre la moyenne des dots juives et celles des diverses catégories socio-professionnelles chrétiennes. Il en ressort que les Juifs viennent en second lieu, bien après les nobles, dans la classification socio-professionnelle de ceux qui dotent les mariées. Par contre, ils se rangent au quatrième rang, bien après les nobles et les drapiers et peu après les notaires, dans celle des époux et de leur famille, receveurs de dot. La conclusion qui s'impose est l'éminente place qu'occupent les Juifs dans la classification des donneurs et receveurs de dot, juste après les milieux sociaux les mieux nantis et bien avant les marchands, les macelliers et les laboureurs.

Soulignons avant de terminer l'analyse des dots que la part de la dot juive qui était prévue en premier versement était en moyenne de 61,78 p. cent du montant total de la dot et que sa durée de paiement dans son intégralité devait être de sept ans trois mois en moyenne. Mais on peut douter que les dots aient toujours été intégralement payées. En effet, on rencontre quelques actes qui témoignent d'un retard important dans le paiement des versements. Ainsi en 1420, un Juif d'Avignon réclamait au nom de sa mère et de son frère, quatre-vingt-treize florins impayés de la dot de sa mère. Une maison appartenant à feu son grand-père fut affectée au paiement de dix florins de la dot.[134] Le reste de la somme demeura impayé.

Au cours du sondage effectué sur les dots chrétiennes, nous avons constaté que trente-six des soixante-sept dots stipulées en numéraire (soit 53,73 p.

---

[133] Voir tableau 17.
[134] Arch. dép. des Bouches-du-Rhône, Guillaume Capardi, 375 E 9 f. 44 r.; 12 janvier 1420 n.s.

cent) mentionnaient le temps prévu pour le versement intégral de la dot. Nous avons procédé au calcul de la moyenne de ces trente-six cas pour les comparer avec les résultats obtenus sur le même point dans les dots juives. Il s'avère que la période prévue pour le paiement complet de la dot est en moyenne de onze ans quatre mois chez les Chrétiens, soit près de quatre années de plus que celle envisagée chez les Juifs. Par contre, la moyenne des montants de ces trente-six dots chrétiennes n'est que de 150 florins 4 sous alors que celle des dots juives sans augment était de 252 florins 10 sous. Il est donc clair que les Chrétiens ont beaucoup plus de mal que les Juifs à assumer le paiement des dots puisqu'ils prévoient des périodes plus longues pour des sommes inférieures.

Tableau 17

CLASSIFICATION SOCIO-PROFESSIONNELLE

| Catégorie | Moyenne des dots |
|---|---|
| A. *De ceux qui dotent la mariée* | |
| 1. Nobles | 590 fl. |
| 2. *Juifs* | 274 fl. 12 sous |
| 3. Marchands | 177 fl. 8 sous |
| 4. Sabbatiers | 165 fl. |
| 5. Fabres | 100 fl. |
| 6. Macelliers | 90 fl. |
| 7. Laboureurs | 54 fl. |
| 8. Fabricants de chandelles | 50 fl. |
| 9. Pastres | 48 fl. 9 sous |
| B. *Des époux et de leurs familles* | |
| 1. Nobles | 850 fl. |
| 2. Drapiers | 600 fl. |
| 3. Notaires | 276 fl. 9 sous |
| 4. *Juifs* | 274 fl. 12 sous |
| 5. Cuiratiers | 180 fl. |
| 6. Tisserands | 125 fl. |
| 7. Sabbatiers | 125 fl. |
| 8. Marchands | 120 fl. |
| 9. Macelliers | 110 fl. |
| 10. Pastres | 92 fl. |
| 11. Laboureurs | 68 fl. |
| 12. Apothicaires | 50 fl. |
| 13. Barbiers | 50 fl. |
| 14. Fabres | 43 fl. 10 sous |
| 15. Sartres | 40 fl. |

Figure 6. CLASSIFICATION SOCIO-PROFESSIONNELLE

A. DE CEUX QUI DOTENT LA MARIÉE

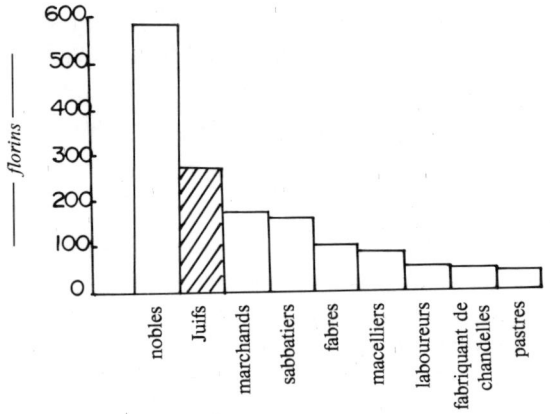

B. DES ÉPOUX ET DE LEUR FAMILLE

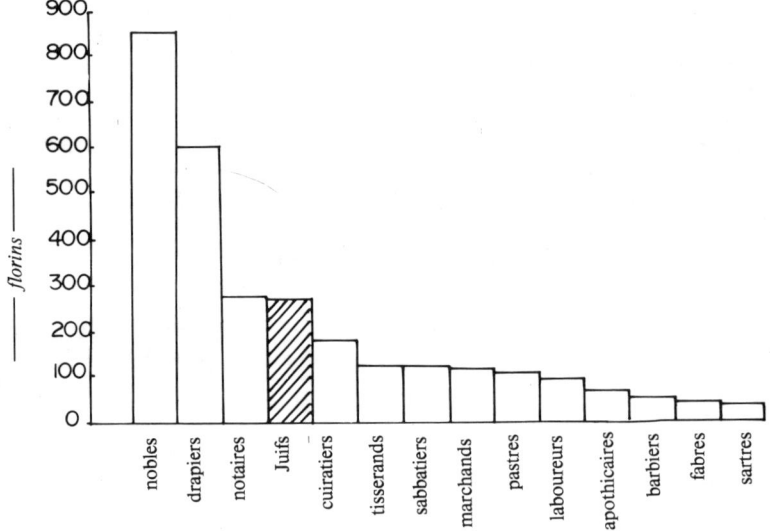

Il eût été intéressant de procéder à la comparaison systématique de l'importance du premier versement de la dot chez les Juifs et les Chrétiens. Malheureusement, seules trois des constitutions de dot chrétiennes relevées mentionnent le montant du premier versement. Dans le premier cas, celui-ci couvre le sixième du montant total de la dot,[135] dans le second, près du quart[136] et dans le troisième, un peu moins du tiers.[137] Bien que ces taux soient très inférieurs à ceux calculés chez les Juifs (61,78 p. cent), on ne peut guère en tirer de conclusion, compte tenu du petit nombre de données.

Un élément reste à noter dans l'analyse de ce sondage effectué sur les dots chrétiennes de la période: il s'agit du nombre considérable de fiancées qui se dotent elles-mêmes. On en compte seize sur soixante-sept (soit un taux de 23,88 p. cent). Elles utilisent, en général, pour se doter, le montant reçu lors d'un mariage précédent, ou un héritage passé ou à venir. Ce phénomène n'a pas du tout la même importance chez les Juifs où on ne rencontre que deux cas sur quarante-sept de fiancées se dotant elles-mêmes (soit un taux de 4,17 p. cent). Doit-on en déduire qu'il y a chez les Juifs une plus grande solidité des liens familiaux, qui fait intervenir, lors des mariages, un membre de la famille pour doter la fiancée même dans le cas où celle-ci pourrait se doter elle-même? Nous ne sommes pas en mesure, dans l'état de notre documentation, de répondre affirmativement à cette question. Mais cette solution nous apparaît plausible étant donné qu'on ne peut supposer que cette différence entre Chrétiennes et Juives soit due à un taux moindre de remariages des Juives. En effet, de nos actes, il ressort clairement que celles-ci se remariaient très aisément et très souvent.

Les testaments contituent également un type de sources dans lequel il est possible de saisir, dans une certaine mesure, la richesse des Juifs à Salon. En effet, ils contiennent, en plus des dons pieux et du legs universel, une série de legs particuliers où la somme en numéraire et les objets légués sont précisés. En faisant le compte de l'ensemble des legs particuliers, on peut évaluer une partie de la richesse du testateur. Cette partie varie selon qu'il a des héritiers directs ou non. S'il en a, il les constitue légataires universels et on peut supposer qu'il leur laisse le maximum de sa fortune. Alors les legs particuliers n'atteignent pas de fortes sommes. Si, au contraire, il n'a pas d'enfants, il lègue une partie importante de sa fortune à ses parents ou amis en legs particuliers et ces derniers donnent alors une image assez véridique de ce que pourrait être sa fortune. Les quatre testaments de Vital Creguti sont

---

[135] *Ibid.*, Barthélémy Rognac, 376 E 127 n.p.; 27 avril 1421.
[136] *Ibid.*, Barthélémy Rognac, 376 E 127 n.p.; 1ᵉʳ juin 1421.
[137] *Ibid.*, Guillaume Gaudin, 376 E 171 n.p.; 22 septembre 1418.

un exemple de ce phénomène.[138] N'ayant aucun enfant vivant, celui-ci institue successivement sa femme, son oncle et son cousin héritiers universels. Mais il laisse des sommes variant entre 1.400 et 2.800 florins en legs particuliers. La part de sa fortune qu'il laisse en legs universels doit certainement être inférieure à ces sommes.

Les testaments conservés pour la période de 1391 à 1435 sont au nombre de trente: aucun de 1391 à 1395, quatre de 1396 à 1405, cinq de 1406 à 1415, dix de 1416 à 1425 et onze de 1426 à 1435. Leur nombre s'accroît donc avec les années. Ils témoignent des dernières volontés de vingt-trois personnes puisque cinq d'entre elles testent à plusieurs reprises.[139] De plus, dans sept cas, nous possédons un testament des deux époux de sorte que les testaments de la période nous renseignent sur seize cellules familiales.[140]

La moyenne des sommes laissées en legs particuliers par testament (sans tenir compte des legs pies) est de 230 florins 5 sous si l'on excepte les quatre testaments de Vital Creguti dont les legs considérables font augmenter la moyenne jusqu'à 393 florins 15 sous. Ces montants sont élevés si l'on considère qu'ils excluent les legs universels impossibles à évaluer. Or, comme nous l'avons dit précédemment, ces derniers devaient être importants dans la plupart des cas.

La répartition par catégorie de la somme des legs particuliers non pieux révèle une certaine échelle des fortunes.

Tableau 18

Somme des legs particuliers par catégorie

| Catégorie | Nombre de testaments | % |
|---|---|---|
| 0-100 fl. | 13 | 43,4 |
| 101-200 fl. | 4 | 13,4 |
| 201-300 fl. | 3 | 10,0 |
| 301-400 fl. | 2 | 6,6 |
| 401-500 fl. | 2 | 6,6 |
| 501 fl. et plus | 6 | 20,0 |

---

[138] *Ibid.*, Guillaume Capardi, 375 E 13 f. 79 v.; 11 décembre 1425; 375 E 17 f. 43 r. - 46 r.; 6 décembre 1428; 375 E 19 f. 130 r.; 21 mars 1431 et 375 E 20 f. 75 v.; 9 novembre 1431.

[139] Vital Creguti teste à quatre reprises et sa femme, Reine, à deux reprises. De plus, Bonan Boniaqui, Salves Caracause et Vital Abraam testent deux fois.

[140] Mis à part Vital Creguti et sa femme, Reine, les autres couples pour lesquels nous détenons les testaments des deux époux sont les suivants: Bonan Boniaqui et sa femme Donette, Vidas Salves et sa femme Borguésie, Josse Bondia Cohen et sa femme Conette, Salomon Vitalis Cohen et sa femme Mayronne, Salves Caracause et sa femme Benvengude et Astrug Cresquas de Bésaudun et sa femme Ster.

La catégorie 0-100 florins est la plus importante, mais elle comprend six testaments sans aucun legs particulier en numéraire, faits par quatre femmes et un couple apparemment assez pauvre.[141] Les autres catégories se répartissent normalement en diminuant à mesure que le montant des legs augmente, excepté la catégorie des legs de plus de 500 florins. Celle-ci comprend, outre les quatre testaments de Vital Creguti qui n'a pas d'héritier direct, ceux de Profach Boniaqui qui institue sa fille héritière universelle et qui laisse 1.260 florins en legs particuliers[142] et de Salomon Vitalis Cohen qui désigne sa fille et ses deux fils héritiers universels tout en laissant 1.640 florins en legs particuliers.[143]

Il est difficile de définir les modalités successorales de la communauté juive de Salon d'après les testaments. Chaque testateur dispose de ses biens selon son gré et les préférences des uns ne se retrouvent pas chez les autres. Profach Boniaqui accorde les vivres, l'hébergement et une pension à sa femme alors qu'il institue sa fille comme héritière universelle.[144] Vital Abraam fait un legs particulier à son fils, Fauronet, mais désigne sa femme héritière universelle dans un testament. Il fait l'inverse dans l'autre exécuté le jour suivant.[145] Notons toutefois que le fils et le petit-fils sont en général préférés à la fille en tant qu'héritiers universels dans les testaments.[146] Mais on ne dédaigne pas de nommer conjointement des fils et des filles[147] et des petits-fils et des filles.[148] Très souvent les époux se lèguent universellement

---

[141] Arch. dép. des Bouches-du-Rhône, Étienne Pachon, 376 E 106 n.p.; 3 mars 1403: testament de la veuve de Bongazas Cassini; Raymond Salomon, 375 E 45 f. 45 v.; 25 août 1423: testament de Bonoze, veuve d'Astrug Jacob d'Avignon habitant de Salon; Guillaume Capardi, 375 E 23 f. 12 v.; 19 avril 1434: testament de Donette, épouse de Bonan Boniaqui; Jacques Amaury, 376 E 94 n.p.; 15 octobre 1406: testament de Borguésie, épouse de Vidas Salves; Raymond Salomon, 375 E 39 f. 32 v. et 33 r.: testaments d'Astrug Cresquas de Bésaudun et de Ster, son épouse.

[142] *Ibid.*, Guillaume Capardi, 375 E 9 f. 26 r.; 15 octobre 1419.

[143] *Ibid.*, Guillaume Capardi, 375 E 13 f. 52 r.; 9 novembre 1429.

[144] *Ibid.*, Guillaume Capardi, 375 E 9 f. 26 r., 15 octobre 1419.

[145] *Ibid.*, Jacques Amaury, 376 E 93 n.p.; 8 et 9 octobre 1403. Le premier testament ne prévoit pas de substitut à Massipe, la femme du testateur mais le second, en cas de mort de Fauronet, envisage son remplacement par son fils, Saconet de Lattes, qui hériterait de la moitié des biens universels et par un dénommé Vidalet Abraam de Carcassonne dont la parenté avec le testateur n'est pas spécifiée et qui bénéficierait de l'autre moitié.

[146] Des fils et des petits-fils sont élus héritiers universels dans dix testaments alors que les filles n'accèdent à ce statut que dans cinq testaments. Aucune petite-fille n'est nommée légataire universelle.

[147] *Ibid.*, Étienne Pachon, 376 E 106 n.p.; 3 mars 1404: testament de la veuve de Bongazas Cassini; Guillaume Capardi, 375 E 13 f. 52 r.; 9 novembre 1425: testament de Salomon Vitalis Cohen.

[148] *Ibid.*, Guillaume Capardi, 375 E 23 f. 12 v.; 19 avril 1434: testament de Donette, épouse de Bonan Boniaqui.

leurs biens.[149] Les filles reçoivent en général des montants, plus ou moins élevés selon la fortune du testateur, en legs particuliers même si elles ont été dotées auparavant. Ces sommes constituent alors des augments de dot.[150]

Dans le détail de la documentation, on constate des fortunes élevées. Nous avons déjà signalé l'importance des legs particuliers de Profach Boniaqui et de Salomon Vitalis Cohen. Bonan Boniaqui semble avoir détenu également une des plus grosses fortunes juives salonaises. Bien qu'il ne laisse que 424 florins en legs particuliers, on peut supposer que son petit-fils, nommé héritier universel, a touché à la mort de son grand-père un ensemble considérable de biens.[151] En effet, la générosité dont Bonan fait preuve aux mariages de sa fille et de ses deux petites-filles, fait entrevoir l'ampleur de sa fortune. En 1428, il dote sa fille, Ster, d'une somme de 300 florins, dont cent en numéraire et cent en vêtements et bijoux qui doivent être payés le jour du mariage. Les cent autres florins doivent être payés ultérieurement en plusieurs versements.[152] Trois ans plus tard, en 1431, il dote ses deux petites-filles, l'une, Astrugonne, d'une somme de 395 florins, comprenant 181 florins en vêtements et bijoux et l'autre, Cregudonne, de 330 florins, dont cent doivent être versés le jour du mariage.[153] De tels versements supposent une capacité financière considérable.[154]

Une autre fortune importante que révèle les actes notariés est celle de Vital Creguti. Nous avons conservé non moins de quatre testaments et six codicilles de ce Juif. Il lègue dans ceux-ci, outre 460 florins de legs pies, des legs particuliers considérables. Ces derniers atteignent 1.415 florins dans son premier testament, 1.510 florins dans son second, 2.100 florins dans son

---

[149] Dans nos trente testaments, les héritiers universels sont constitués, soit individuellement, soit à plusieurs, par le conjoint et les parents. Le conjoint apparaît comme légataire universel dans dix testaments; des fils dans huit; des filles dans cinq; des neveux dans quatre; des cousins dans trois; des petits-fils et des frères dans deux et un oncle paternel dans un. Dans un testament le lien de parenté qui unit les héritières universelles au testateur n'est pas précisé et dans un autre, aucun legs universel n'est prévu. Pour connaître dans le détail les apparitions conjointes de l'époux et des divers parents dans les legs universels, voir le tableau des liens entre le testateur et les héritiers universels, annexe 4.

[150] C'est le cas d'un legs de vingt florins constitué par maître Vidas Salves à sa fille Salvette (Arch. dép. des Bouches-du-Rhône, Jacques Amaury, 376 E 94 n.p.; 15 octobre 1406). Dans cet acte, il est spécifié qu'une dot lui a été précédemment versée. Cette précision n'apparaît pas toujours dans les testaments mais d'autres textes nous permettent parfois de savoir qu'une dot a été négociée et versée. Dans son étude sur les juiveries de France et d'Allemagne, Agus constate de même que les parents croyaient fermement au droit égal des fils et des filles à l'héritage familial. Cf. Irving A. Agus, *op. cit.*, p. 287.

[151] *Ibid.*, Guillaume Capardi, 375 E 23 f. 9; 10 avril 1434.

[152] *Ibid.*, Raymond Salomon, 375 E 48 f. 19 r.; 4 mai 1428.

[153] *Ibid.*, Guillaume Capardi, 375 E 19 f. 101 v.; 30 janvier 1431 n.s. et 375 E 20 f. 41 v.; 26 juillet 1431.

[154] Nous aurons l'occasion au deuxième chapitre de la deuxième partie d'analyser le registre conservé des créances de Bonan Boniaqui.

troisième et 2.800 florins dans son dernier.[155] Ses testaments révèlent qu'il a touché 500 florins de sa femme en dot et biens paraphernaux. Il lègue l'essentiel de sa fortune à sa femme, Reine, à son oncle paternel, Dieulosal Bendich, et après le mort de celui-ci, à ses quatre cousins et cousines. De plus, ses deux derniers testaments signalent qu'il possède trois maisons en propre et l'une en indivis avec les héritiers de Cresquet Creguti, toutes situées dans la Juiverie. Il les laisse à sa femme et à ses cousines. Un de ses codicilles mentionne une division de ses vignes entre deux de ses cousines, Sterette et Macipe, et son cousin Mel Dieulosal.[156] Ses vignes qui n'avaient pas été mentionnées dans ses testaments précédents devaient être incluses dans le legs universel. L'ensemble de ces éléments incitent à croire à l'importance et la variété des disponibilités financières de Vital Creguti.

Sa fortune lui créa sans doute quelques ennuis. En effet, grâce à une querelle de juridiction entre la cour de l'archevêque d'Arles et celle du comte de Provence nous apprenons que Vital Creguti fut amené de force à Aix en août 1425 par les agents du comte et emprisonné à cause de certains délits qu'il avait commis.[157] La présence du procureur fiscal dans cette affaire suggère que le motif de l'arrestation de Vital était relatif à des impôts non payés ou à la ferme des droits comtaux.[158] L'acte par lequel le frère du roi et vice-roi, Charles, le fait relâcher mentionne qu'il avait été arrêté en même temps qu'Aym Boniaqui, plus connu sous le nom d'Aymet.[159]

La documentation, si elle ne fournit pas ou peu de renseignements sur les pauvres, est donc abondante en ce qui concerne les classes aisées et les fortunes réelles. Rassemblés, ces renseignements donnent l'image d'une communauté juive assez prospère. Cette image est-elle conforme à la réalité? La comparaison avec d'autres communautés juives de Provence et du Comtat Venaissin serait défavorable à Salon. Il devait s'y trouver des individus plus riches. Mais il n'en reste pas moins que le nombre et les fortunes de la communauté juive de Salon ne sont pas à négliger.

[155] Arch. dép. des Bouches-du-Rhône, Guillaume Capardi, 375 E 13 f. 79 v.; 11 décembre 1425; 375 E 17 f. 43 r. – 46 r.; 6 décembre 1428; 375 E 19 f. 130 r.; 21 mars 1431; 375 E 20 f. 75 v.; 9 novembre 1431.
[156] *Ibid.*, Mourgues Alfant, 375 E 119 f. 106 r.; 7 février 1432 n.s.
[157] *Ibid.*, III G 7 f. 116, *Chartrier de Salon*, Archevêché d'Arles; 25 août 1425.
[158] «*Ibidem presens nobilis [...] dominus Johannes Martini, licenciatus in legibus, regius procurator et advocatus fiscalis, nomine Regie et pro juris ipsius curie interesse relaxationem dicti Judei modo aliquo non consensit, ymo expresse dissensit, dicens Judeum ipsum detentum esse ad ipsius procuratoris fiscalis instanciam pro nonnullis criminibus et delictis comissis et perpetratis per eum contra Regiam jurisdictionem.*» Vital Creguti administrait aussi certains biens de dame Hugue de Salon, seigneuresse de Trets: Arch. dép. des Bouches-du-Rhône, Etienne Pachon, 376 E 105 n.p.: 14 novembre 1398; Barthélémy Rognac, 376 E 109 n.p.: 26 juin et 15 décembre 1401.
[159] Arch. dép. des Bouches-du-Rhône, III G 7 f. 115, *Chartrier de Salon*, Archevêché d'Arles; 25 août 1425.

# Conclusion partielle

La communauté juive de Salon entre 1391 et 1435 avait une population relativement modeste. Elle semble toutefois avoir été prospère. Par l'intermédiaire de l'*universitas Judeorum*, organisme communautaire, elle disposait d'une assez large autonomie et constituait une cellule plus qu'une agglomération d'individus.

Mais on peut s'interroger sur les droits des Juifs dans la société médiévale et sur le sens du mot «autonomie» qu'on applique aux diverses communautés juives de Provence. Les Juifs avaient le droit de pratiquer leur culte, ce qui à l'époque était sans doute un grand privilège. Par conséquent, ils avaient le droit de posséder des édifices cultuels. Les délégués élus par l'ensemble de la communauté pouvaient administrer ses biens et gérer le patrimoine des aumônes, mais ils devaient surtout répartir les divers impôts, prestations, dons gratuits entre les membres de la communauté, en fonction de leurs possibilités financières et en organiser la perception. En cela résidait la plus grande partie de l'autonomie des communautés juives de Provence. Or, telle que nous venons de la décrire, elle ne coûtait rien aux pouvoirs locaux. Aux contraire, elle rapportait beaucoup. Les Juifs de Salon, par exemple, payaient des droits à l'archevêque d'Arles pour leurs édifices cultuels. Tout privilège accordé aux Juifs était soigneusement monnayé, si bien que même le peu d'autonomie accordée aux communautés devenait éminemment rentable pour les pouvoirs publics.

Le comte de Provence avait fait preuve de libéralisme en accueillant sur son territoire les Juifs chassés de France, mais il avait surtout montré, par cette mesure, son opportunisme. L'accroissement du nombre des Juifs en Provence consolida les communautés déjà existantes et rendit plus facile la perception de nombreux impôts. Le comte en profita certainement pour les augmenter.

L'autonomie des communautés juives évoluait donc en fonction de l'intérêt des pouvoirs locaux. Elle ne leur nuisait pas, mais au contraire, leur profitait largement et elle était tolérée dans la mesure où elle était rentable et pas au delà.

Deuxième partie

Le rôle économique
des Juifs de Salon-de-Provence
(1391-1405)

# Introduction

Au cours des chapitres précédents, nous avons tenté d'évaluer le nombre de Juifs de la communauté de Salon, leur lieu d'origine et les tendances générales de leurs migrations; de retracer leur vie communautaire tant par la localisation de leur quartier et l'existence de leurs édifices cultuels que par l'organisation interne de l'*universitas Judeorum* et son fonctionnement; de découvrir une échelle des fortunes à l'intérieur de la communauté par l'intermédiaire des dots et des legs *post mortem*. Mais un des intérêts essentiels d'une étude telle que celle-ci demeure l'analyse du rôle économique de cette communauté. Le premier pas dans ce domaine consiste en la découverte de l'emploi, des moyens d'existence et des activités économiques des Juifs de Salon. L'étude quantitative des transactions opérées par ceux-ci permettra de juger de leur importance dans l'ensemble de la vie économique de la ville.

Les actes ayant servi à l'élaboration de la deuxième partie de ce travail abondent. En effet, une centaine d'actes portaient sur la vie communautaire et les fortunes au cours de la période 1391-1435, soit quarante documents concernant l'*universitas Judeorum*, quarante-sept constitutions ou reconnaissances de dot et trente testaments. Une étude quantitative de ces données s'est révélée possible pour cette période, mais à petite échelle. Aucune analyse n'eût été possible si nous avions interrompu nos recherches à l'année 1405 puisque les registres ne contenaient que trois actes touchant la vie communautaire, six constitutions de dot et quatre testaments antérieurs à 1405. En revanche, les actes rapportant les transactions économiques des Juifs foisonnent dans les archives notariales salonaises de la période 1391 à 1405. Plus de 3.000 figurent dans les minutes ordinaires: l'ordinateur dénombre 2.947 opérations de crédit divers,[1] cinquante-sept documents rapportent des transactions immobilières, une trentaine d'autres des ventes de revenus et de bétail.[2] En outre, quatre registres de la juridiction gracieuse

---

[1] 2.928 ne comportent qu'une forme de crédit, dix-neuf allient deux types de crédit différents.

[2] Cette trentaine d'actes a été traitée manuellement parce que sa mise sur ordinateur aurait nécessité un codage plus complexe que le petit nombre de ces actes ne justifiait pas.

de la cour de Salon comptent 194 actes impliquant des Juifs et justifiés pour la plupart par l'incapacité des débiteurs à s'acquitter de leurs obligations financières.

Une telle masse documentaire nécessitait l'utilisation des méthodes quantitatives et leur application à une échelle beaucoup plus vaste que celle de la première partie de cette étude. Ce traitement fait ressortir les tendances générales des activités économiques des Juifs de Salon au-delà de l'impression laissée par quelques documents individuels. La ressemblance entre quelque 2.900 actes de crédit a dicté le traitement par ordinateur de cette partie de la documentation. La forme simple et condensée de ces actes rend leur codage et leur mise sur fiche d'ordinateur relativement faciles bien que longs et fastidieux. Les résultats obtenus par le traitement informatique de ces nombreux documents justifient le travail préparatoire à la mise sur ordinateur. Les recherches peuvent être poussées dans maintes directions sans que le temps passé à traiter les données constitue un obstacle. Toutefois certains actes n'ont pu être mis sur ordinateur car les transactions qu'ils rapportent étaient trop complexes et ils auraient nécessité un codage différent. De plus, ces actes auraient perdu leur originalité dans la masse documentaire. Un traitement manuel et parfois même une analyse individuelle étaient plus appropriés à leur caractère original. De même, certains documents mis sur ordinateur ont été analysés individuellement par la suite. Ce double examen se justifiait à la fois par l'intérêt de leur introduction dans les courbes générales et par la nécessité de souligner leurs particularités.

Mais dans quelle mesure cette longue série documentaire permet-elle de saisir la réalité des activités artisanales, professionnelles et financières des Juifs de Salon? Cette documentation pourtant très abondante comporte de nombreuses lacunes sur lesquelles nous voudrions nous attarder quelques moments.

Les registres notariaux salonais révèlent le métier de la grande majorité des Chrétiens de la ville. Très souvent l'adjonction du métier d'un individu à son nom visait à éviter la confusion avec un autre individu du même nom. Or la faiblesse de la population juive salonaise réduisait la similitude des noms juifs à quelques rares cas, si bien que les notaires ne sentaient pas le besoin d'adjoindre la mention du métier du Juif impliqué dans un contrat. En revanche, ils n'omettaient jamais de préciser la judaïcité de l'individu. De ce phénomène découle une facilité à reconnaître les Juifs dans la documentation salonaise et une difficulté à découvrir le métier qu'ils exerçaient. En effet, les minutes ne nous fournissent des indications de métier que pour six Juifs de la ville: deux sartres, trois médecins aussi mentionnés comme chirurgiens et un individu qui cumule les professions de médecin et de marchand. Ce ne furent certes pas les seuls métiers exercés par les Juifs salonais et cette ville compta sûrement une variété d'occupations artisanales et professionnelles comparable à celle d'autres villes provençales et comtadines.[3]

Par contre, les activités économiques comportant un appel quelconque au crédit figurent largement dans la documentation salonaise. La cause de ce phénomène s'impose à l'esprit: elle réside dans le besoin de justifier par un acte légal de l'existence d'une dette afin de pouvoir exiger son remboursement ou, si nécessaire, de faire appel aux voies d'exécution.

Les opérations de crédit les plus nombreuses impliquant des Juifs sont les prêts à intérêt.[4] Viennent ensuite les achats de récolte sur pied. Ces deux types de document dominent les registres notariaux salonais. Les ventes et achats à crédit abondent également. Les reprises en charge de dettes antérieures et les prorogations de crédit constituent une part nullement négligeable de la documentation. Il en est de même des transferts de créances à des tiers. D'autres actes comportant des dettes apparaissent occasionnellement: ainsi celles dues à des transactions immobilières, celles justifiées par le retard dans le paiement des salaires, des pensions ou des dots. Ils ne composent cependant qu'une faible partie des actes notariés dépouillés.

En revanche, certains documents figurent dans les registres pour souligner que le remboursement du crédit octroyé a été effectué et pour éviter un appel aux voies d'exécution: les quittances, par exemple. Ou encore des actes ont-ils été motivés par le désir de faire ressortir que le passage d'un bien mobilier ou immobilier d'une main à une autre s'est fait sans appel au crédit: c'est le cas des achats purs et simples.

Enfin certains actes notariés reflètent les mécanismes de la vie économique de l'époque comme les nominations de procureurs, par exemple. Celles-ci

---

[3] Cf. Christian Castellani, *Recherches sur le rôle économique de la communauté juive de Carpentras 1396-1420*, présenté à l'École Nationale des Chartes en janvier 1970 pour l'obtention du diplôme, dactylographié, pp. 192-194. Jean Birrel, «La ville de Berre à la fin du Moyen Âge,» *Cahiers du Centre d'études des sociétés méditerranéennes,* n° 2, 1968 (publication de la Faculté des Lettres et Sciences Humaines, Aix-en-Provence), p. 164. Adélard Crémieux, «Les Juifs de Marseille au Moyen Âge,» tiré à part de la *Revue des études juives* 46 (1903) 47. Pour la même ville, Lucette Bénichou-Sportouch découvre, dans les registres notariaux du XIIIe siècle, quelques métiers supplémentaires exercés par des Juifs marseillais. Cf. *Recherches sur la communauté juive de Marseille au XIIIe siècle,* mémoire dactylographié présenté en vue de l'obtention de la maîtrise d'histoire et dirigé par Monsieur le Professeur Georges Duby, Faculté des Lettres et Sciences Humaines d'Aix-en-Provence, (Université d'Aix-Marseille, 1969), p. 14. Voir également Léon Bardinet, «Les Juifs du Comtat Venaissin au Moyen Âge. Leur rôle économique et intellectuel,» *Revue historique* 14 (1880 sept.-déc.) 39-40 et *Minorités, techniques et métiers*, Actes de la table ronde du Groupement d'Intérêt Scientifique Sciences Humaines sur l'Aire Méditerranéenne, Abbaye de Sénanque, octobre 1978 (Aix-en-Provence, 1979), 196 p.

[4] Nous étudierons plus tard dans quelle mesure les Juifs sont pourvoyeurs ou bénéficiaires de ces transferts de biens.

visent à transmettre certains pouvoirs d'un individu à un autre pour le règlement de ses affaires en général ou d'une transaction particulière.

Pourtant ces documents de crédit abondants et divers ne représentent qu'une partie des activités économiques des Juifs de Salon. En effet, un grand nombre de transactions peuvent être effectuées sans qu'il soit nécessaire d'en laisser trace.

Ainsi les registres notariaux provençaux en général, et salonais en particulier, sont très bien pourvus pour une étude du prêt à intérêt. Le nombre des actes de ce type suffit largement à permettre une analyse quasi complète de ses mécanismes. Mais le prêt sur gage, dont on sait qu'il était fort important à l'époque, n'apparaît qu'à de très rares occasions dans les minutes ordinaires, lorsque le gage était sujet de litige, par exemple. Ceci s'explique facilement: le prêteur possédant un gage d'une valeur égale ou supérieure à la somme prêtée ne réclamait pas en général un acte juridique pour s'assurer du remboursement. Mais quelques quittances de gage nous renseignent sur l'existence à Salon comme ailleurs de la pratique de ce type de prêt. De plus, les quatre registres de cour qui comprennent plusieurs décisions de la cour ordonnant la prise ou la remise de gages, abondent en ce sens.

Les achats à terme, qui sous maints aspects se comparent à des prêts à intérêt puisqu'ils comportent la sortie immédiate d'argent ou de denrées et le remboursement futur en denrées, sont bien représentés dans les registres notariaux. Or l'analyse des mécanismes de ce type d'actes, ainsi que du volume des denrées à livrer, peut être à la fois précise et complète[5] puisque pour assurer la livraison des achats à terme un acte juridique a toujours été nécessaire et, par conséquent, a laissé sa trace dans les registres. La documentation est donc ici beaucoup plus complète que dans l'étude des prêts, où les prêts sur gage n'apparaissent presque pas.

L'étude du commerce des Juifs salonais par l'intermédiaire des ventes comprises dans les registres présente également quelques difficultés. Les actes nombreux des minutes rapportent presque tous des ventes à crédit. Et la proportion du commerce qui se faisait au comptant a tendance à être sous-estimée. À peine la documentation nous fournit-elle quelques cas d'achats et de ventes au comptant même si ceux-ci, on le sait, abondaient. Ce que les actes nous révèlent du commerce de Salon ne représente donc qu'une partie de la réalité.

Les quelques restrictions que nous venons d'apporter ne mettent pas fondamentalement en doute la valeur de notre documentation. Celle-ci est

---

[5] Il va sans dire que le mot «complet» prend ici une valeur toute relative. Il est entendu dans le sens de la proportion des actes comparés par type les uns aux autres et non dans celui de la proportion des actes conservés par rapport à ceux ayant déjà existé.

pleine d'intérêt et elle permet l'étude de l'essentiel des activités économiques des Juifs de Salon, ainsi que l'analyse détaillée du crédit dans cette ville. Toutefois les registres notariaux contiennent quelques lacunes susceptibles d'être comblées par l'intermédiaire des quatre registres de cour ou qu'il faut parfois renoncer à corriger.

Dans les deux chapitres qui suivent nous analyserons le rôle économique des Juifs de la ville. Nous nous attacherons d'abord à leurs intérêts immobiliers, puis nous centrerons notre étude sur le crédit, tentant d'en définir les divers mécanismes, de retracer les individus s'y consacrant, d'évaluer le volume et les directions des transferts de biens. Puis, dans un deuxième temps, nous nous attarderons à l'analyse des activités d'un individu, Bonan Boniaqui, sur lequel la documentation nous renseigne considérablement, dans le but de voir dans quelle mesure il était typique du marchand juif salonais.

# 3

# Les activités professionnelles

## 1. Les investissements immobiliers

Tous les historiens des communautés juives de la Provence médiévale s'interrogent sur les possessions immobilières des Juifs. Ceux-ci étaient-ils autorisés à posséder des biens fonciers? Dans quelle mesure en possédaient-ils à titre individuel?[1] Il semble que des interdictions à ce sujet aient été édictées par les pouvoirs locaux, mais qu'elles n'aient jamais vraiment été appliquées.[2] La consultation des registres notariaux de la plupart des villes provençales montre que si la majeure partie des activités professionnelles des Juifs n'était pas liée aux biens immobiliers, il reste qu'ils possédaient et exploitaient ceux-ci. Toutefois, l'importance des biens fonciers appartenant aux Juifs variait d'une ville à l'autre. P.-L. Malausséna constate que les Juifs de Grasse paraissaient fort peu tentés par les investissements immobiliers.[3] Par contre, selon E. Baratier, ceux de Manosque et de Sisteron possédaient une large part du terroir.[4] Dans son volume sur la ville de Tarascon à la fin du XIV$^e$ siècle, M. Hébert rappelle certaines précisons du cadastre de 1378 qui permettent de mesurer l'écart entre les biens meubles et immeubles des Juifs de la ville. La somme de leurs biens fonciers s'élevaient à 3.255 florins. Or comme leurs revenus étaient essentiellement mobiliers, le conseil municipal négocia avec la communauté juive et établit que le total de la fortune des

---

[1] Nous avons vu au chapitre 2 de la première partie que les Juifs de Salon possédaient à titre communautaire, par l'intermédiaire de l'aumône «*mahor*,» un verger d'oliviers avec l'autorisation des pouvoirs locaux. La communauté s'en défait le 14 février 1431. Cf. Arch. dép. des Bouches-du-Rhône, Raymond Salomon, 375 E 50 f 122 r.

[2] Louis Honoré, «Les Juifs à Draguignan du XIII$^e$ au XV$^e$ siècle,» *Bulletin de la Société d'études scientifiques et archéologiques de Draguignan* 43, 2$^e$ partie (1940-1941) 51.

[3] Paul-Louis Malausséna, *La vie en Provence orientale aux XIV$^e$ et XV$^e$ siècles. Un exemple: Grasse à travers les actes notariés* (Paris: Librairie générale de droit et de jurisprudence R. Pichon et R. Durand-Auzias, 1969), p. 252, note 33.

[4] Édouard Baratier, *La démographie provençale du XIII$^e$ au XIV$^e$ siècle, avec chiffres de comparaison pour le XVIII$^e$ siècle*, École Pratique des Haute Études, VI$^e$ section, Centre de recherches historiques, Démographies et Sociétés V (Paris: S.E.V.P.E.N., 1961), p. 70, note 9.

Juifs de la ville s'élevait à 10.000 florins. D'après ce document, la part de leurs biens immobiliers aurait donc été du tiers environ de l'ensemble de leurs biens.[5]

Malheureusement, les archives salonaises ne disposent pas de documents qui évaluent avec une telle précision la proportion de la fortune des Juifs de la ville investie en biens immobiliers. Le censier de 1304 mentionne les noms de trois Juifs seulement payant le cens à l'archevêque d'Arles pour des habitations situées dans la Juiverie.[6] Mais ce seigneur ne percevait des prestations que pour une partie du terroir. Les deux cadastres salonais qui datent du XVe siècle sont très fragmentaires: par l'intermédiaire des confronts, ils confirment que certains Juifs possédaient effectivement des biens immobiliers, mais l'inventaire des possessions de ceux-ci manque. Le seul cadastre complet, celui de 1552, est postérieur à l'expulsion des Juifs de Provence et aux conversions que ces règlements ont entraînées.[7] Le nombre d'actes notariés traitant de transferts de terre, de concessions en facherie ou de transactions diverses où un Juif est explicitement désigné comme possédant un bien immobilier ou l'exploitant est très petit. Toutefois, il ne faut pas en conclure à l'insignifiance de la fortune immobilière des Juifs de Salon, car des activités économiques impliquant le crédit, à savoir le prêt à intérêt et le commerce à crédit nécessitent des transactions beaucoup plus fréquentes et qui laissent plus de traces dans les actes notariés que l'exploitation de la terre.

## A. *Les maisons*

Nous avons déjà mentionné dans la partie précédente de cette étude que des Juifs possédaient des maisons dans la Juiverie et au-dehors de celle-ci et que les documents révélaient une tendance à la concentration des Juifs de la ville dans la Juiverie. Mais il convient également d'analyser les transactions sur les maisons dans une optique plus purement économique. En effet, à Salon comme en d'autres villes provençales,[8] les Juifs s'intéressaient plus à la propriété urbaine qu'aux biens ruraux. Ainsi nous avons relevé vingt documents relatant des transactions sur les maisons pendant la période

---

[5] Michel Hébert, *Tarascon au XIVe siècle. Histoire d'une communauté urbaine provençale* (Aix en Provence. Éditions Édisud, 1979), p. 64.

[6] Arch. dép. des Bouches-du-Rhône, *Registrum Censuum Sallonis*, III G 124, 5 août 1304. Cf. Marie-Josèphe Cavalie, *Présentation et édition du censier de Salon-de-Provence (1304)*, mémoire ronéotypé de maîtrise d'histoire présenté et soutenu en 1973, Université de Provence (Aix-Marseille I, Centre d'Aix), 156 p.

[7] Archives communales de Salon-de-Provence: cadastre de 1430 (CC 225), de 1453 (CC 226) et de 1552 (CC 228).

[8] Alain Drouard, «La communauté juive de Tarascon-sur-Rhône à la fin du XIVe siècle et dans la première moitié du XVe siècle,» *Archives juives* n° 2 (1967-1968) 17.

étudiée, contre quatorze seulement sur les vignes, le bien rural pourtant le plus convoité.

La documentation des années 1391 à 1405 comprend six ventes de maisons faites par des Juifs. Deux de ces ventes furent effectuées par des Juifs non salonais. Dans un de ces cas, le désir de se défaire d'une maison fut motivé par la migration d'une famille salonaise vers une autre ville, migration qui ne peut être située exactement dans le temps. En effet, Astrug Salomon de Mazan qui avait habité autrefois Salon vendit sa maison du quartier Bastonenc, par l'intermédiaire d'un Juif salonais, Josse Vidas.[9] La raison motivant la seconde vente est différente: Cregud Jacob de Saint-Maximin vendit une maison que feu son beau-frère Jacob de Berre lui avait léguée en l'instituant héritier universel.[10] Située dans la Juiverie, cette maison passa aux mains de Salves Caracause, important homme d'affaires salonais.

La vente des quatre autres maisons possédées par des Juifs salonais s'explique moins facilement. Il semble que les vendeurs ne tenaient pas à ces maisons puisqu'ils s'en défaisaient. On peut donc supposer qu'ils aient possédé ailleurs une maison qu'ils habitaient ou qu'ils aient loué une maison mieux située ou qu'ils aient logé chez des parents. Une étude détaillée de ces quatre maisons et de leurs vendeurs pourraient nous éclairer sur les raisons des ventes. Au cours des quinze années de notre étude, Cregud Aym vendit au moins deux maisons, à sept ans d'intervalle. Celles-ci étaient situées l'une au Puy-Engenier et l'autre au quartier Bastonenc près des remparts et elles passaient aux mains de Chrétiens.[11] Les deux dernières habitations qui firent l'objet de transactions relatées dans les registres conservés furent vendues par Jaconet Mosse et Vital Cregudi, également à des Chrétiens. Elles étaient situées respectivement au quartier Arlatan et au Puy-Engenier.[12] Or ces quatre Juifs apparaissent fréquemment dans des actes de crédit: ils étaient des prêteurs et des commerçants salonais importants. Vital Cregudi devint même riche. Il n'est donc pas exagéré de supposer que ces maisons soient échues aux mains de ceux-ci en remboursement de dettes impayées. D'ailleurs, un regard sur les prix de vente de ces demeures suffit à confirmer cette hypothèse. Trois de ces prix étaient relativement modestes et suggèrent de petites habitations: celle vendue par Vital Cregudi ne l'était que pour six florins alors que les deux autres furent achetées au prix de vingt-quatre et trente florins.[13] Une seule maison vendue dépassa probablement la somme

---

[9] Arch. dép. des Bouches-du-Rhône, Étienne Pachon, 376 E 105 n.p.; 17 mars 1400.
[10] *Ibid.*, Jean Astier, 376 E 66 n.p.; 17 avril 1399.
[11] *Ibid.*, Étienne Constantin, 376 E 89 n.p.; 6 janvier 1400 n.s. et Jacques Franc, 376 E 31 n.p.; 3 juillet 1393.
[12] *Ibid.*, Étienne Constantin, 376 E 83 n.p.; 9 juin 1391.
[13] Cf. annexe 5.

de cent florins: il s'agit de celle vendue par Jaconet Mosse, dont le prix de vente a dû se situer aux environs de 117 florins, puisque les trezains payés étaient de neuf florins. À cette exception près, il est donc probable que les maisons ont été données en remboursement d'un ou de plusieurs prêts à la consommation ou à l'investissement.

Rappelons également que des six demeures vendues par des Juifs, une seule était située dans la Juiverie et que cette maison a été rachetée par un Juif salonais, Salves Caracause. Ce détail, ajouté à d'autres relevés dans la première partie de ce travail,[14] révèle une tendance à la concentration non seulement de l'habitat juif, mais des possessions juives dans la Juiverie. Il souligne également que les Juifs salonais n'avaient pas un désir très prononcé d'étendre leurs possessions immobilières profondément à l'intérieur de la ville. Le fait qu'ils aient vendu des maisons et en aient achetées peu (une seule et dans la Juiverie) le prouve.

Les six locations d'immeubles de la documentation confirment les tendances décelées par les ventes. La seule prise en location par un Juif concernait une boutique louée par un Chrétien au prix de cinq florins par an: le preneur était Davinet Josse. Les cinq maisons mises en location le furent par des Juifs dont on peut dire, comme dans le cas des ventes, qu'ils avaient probablement plus d'une maison. Ils tiraient profit de leur seconde demeure en la louant à des Chrétiens. D'ailleurs, deux vendeurs de maisons, Jaconet Mosse et Vital Cregudi, en mettaient également en location. Des cinq demeures louées par des Juifs, une seule était située en dehors de la Juiverie: c'était celle de Jusson de Tournon au Bourgneuf. Il semble que la propriété directe de cet immeuble ait appartenu à Jacques de Saint-Jean et non à Jusson de Tournon. Il ne s'agirait alors que d'une sous-location. Les quatre autres maisons ayant fait l'objet de locations étaient situées dans la Juiverie, ce qui souligne la concentration de la propriété des Juifs dans le quartier. D'ailleurs, les périodes mentionnées dans les baux montrent que les locations de courte durée étaient préférées: celles d'un an,[15] de deux ans[16] ou de trois ans.[17] Le propriétaire pouvait ainsi récupérer l'usage de son bien si cela s'avérait nécessaire. Les tarifs de location tels qu'ils apparaissent dans les baux de la période étaient généralement de quatre ou cinq florins par an.

De plus, une série d'opérations qui ne sont ni des achats, ni des contrats de prise en location, révèlent le nom d'autres Juifs salonais possesseurs ou

---

[14] Cf. pp. 22-23 et 53 n. 56.
[15] Arch. dép. des Bouches-du-Rhône, Étienne Constantin, 376 E 85 n.p.; 24 avril 1393.
[16] Ibid., Étienne Constantin, 376 E 83 n.p.; 17 mai 1391; 376 E 84 n.p.; 12 juillet 1392; Étienne Pachon, 376 E 105 n.p.; 16 mars 1399.
[17] Ibid., Étienne Constantin, 376 E 83 n.p.; 12 avril 1391 et 2 mai 1391.

locataires de maisons. Ces individus viennent au jour par l'intermédiaire de ventes de revenus, de baisse de cens, etc. Dans ces actes divers, les possesseurs de maisons situées dans la Juiverie dominent encore: en effet, trois Juifs qui n'avaient pas encore été mentionnés jusque-là dans les autres documents traitant de transactions immobilières, apparaissent comme propriétaires de maisons dans la Juiverie. Mentionnons d'abord Mel Duranti de Lambesc qui avait jadis habité Salon: celui-ci possédait deux maisons dans la Juiverie qu'il conservait sans doute en vue d'un retour prochain à Salon.[18] Abramet Maymoni y avait également une maison dont il obtint l'affranchissement des lods et trezains dus aux nobles Louis Isnardi et Audoard Scarpini de Salon.[19] Le dernier des propriétaires de la Juiverie révélés par ces actes divers est Massip Davini qui possédait en outre une maison au quartier Bastonenc.[20] En dehors de la Juiverie, Boniac Petiti, Juif influent à l'origine d'une famille puissante de la communauté,[21] avait une maison au Puy-Engenier.[22] Cette documentation éparse nous révèle également les noms de deux autres Juifs de Salon: Mayronnette, épouse d'Abramet Massipi, occupait une maison dans la Juiverie en raison d'une concession en acapt perpétuel et Abramet Cregudi tenait également en acapt une maison dont la localisation est illisible.[23]

Ces transactions immobilières suffisent donc pour permettre de distinguer certaines tendances des Juifs de Salon face au marché des maisons. Quand ils le pouvaient, les Juifs salonais devenaient propriétaires d'une maison située dans la Juiverie. S'ils acquéraient accidentellement une deuxième demeure, ils la gardaient et la louaient ou la revendaient presque toujours à un Chrétien si elle était située dans un autre quartier. Les Juifs salonais ne semblaient pas hésiter à louer aux Chrétiens les maisons de la Juiverie, mais ils hésitaient à leur en vendre. Les transactions disent peu sur les Juifs salonais locataires: un seul prit en location une boutique. Mais ceux-ci durent avoir été plus nombreux, car il serait utopique de les imaginer tous propriétaires. D'ailleurs, ils bénéficiaient également de concessions en acapt.

Certains éléments de la documentation donnent l'impression que les prêteurs et les commerçants juifs obtenaient des maisons en remboursement des dettes contractées. On ne constate alors chez ceux-ci aucun désir de

---

[18] *Ibid.*, Étienne Constantin, 376 E 88 n.p.; 23 avril 1398 et 376 E 89 n.p.; 26 août 1399.
[19] *Ibid.*, Jacques Amaury, 376 E 93 n.p.; 25 janvier 1404 n.s.
[20] *Ibid.*, Étienne Constantin, 376 E 83 n.p.; 9 mai 1391 et Jacques Franc, 376 E 108 n.p.; 6 octobre 1391.
[21] Voir première partie, chapitre 1, tableau 3, p. 29.
[22] Arch. dép. des Bouches-du-Rhône, Barthélémy Rognac, 376 E 108 n.p.; 6 octobre 1391.
[23] *Ibid.*, Jean Astier, 376 E 66 n.p.; 17 août 1399 et Jacques Amaury, 376 E 93 n.p.; 4 janvier 1404 n.s.

conserver ces maisons et de développer leurs investissements immobiliers par des locations en dehors de la Juiverie. Leurs intérêts se centraient sur leur quartier uniquement. Mais là, ils étaient bien installés et propriétaires de nombreuses maisons.

B. *Les vignes*

Si la propriété urbaine formait l'élément principal de la fortune foncière des Juifs provençaux, elle n'était pas le seul. Les historiens qui se sont intéressés de plus ou moins près aux juiveries provençales médiévales ont constaté l'intérêt des Juifs pour les vignes, intérêt nettement plus important que pour les autres types de biens fonciers, maisons exclues. C'est un élément qui ressort des études sur Tarascon, où A. Drouard souligne la primauté des vignes dans les faibles espaces des propriétés rurales.[24] Dans sa thèse sur Tarascon à la fin du XIV$^e$ siècle, M. Hébert met en évidence le même phénomène et ajoute que les vignes des Juifs de la ville étaient concentrées sur certains côteaux et sur le plan dit «*am lo ranc Juzieu.*»[25] F. Menkès constate qu'à Trets également la plupart des biens fonciers acquis par les Juifs avant 1360 étaient consacrés à la vigne. Par la suite, il semble que la communauté ait procédé à une certaine diversification de ses achats de biens ruraux.[26] Comme dans les autres juiveries provençales, les transactions sur les vignes à Salon-de-Provence de 1391 à 1405 furent relativement importantes par rapport à celles sur d'autres biens fonciers: on en compte quatorze contre sept sur les jardins potagers, par exemple.

Des transactions sur les vignes relatées dans les registres notariaux de la période, toutes n'étaient pas des acquisitions: cinq ventes y figurent d'abord. Certaines s'expliquent par la conjoncture. Ainsi Astrug Salomon qui habitait Salon, avait déménagé à Mazan. Aussi s'était-il défait, par l'intermédiaire de Josse Vidas, de sa maison située au quartier Bastonenc.[27] De même, quelques mois plus tard, il vendit à Josse Vidas une vigne qu'il possédait en franc-alleu avec son fils Bonet de Carpentras au lieu dit *a la Bressa* à Salon.[28] Les

---

[24] Alain Drouard, *op. cit.*, p. 17.

[25] Michel Hébert, *op. cit.*, p. 63. Cette référence est la seule que nous ayons trouvée attestant la concentration des biens ruraux des Juifs.

[26] Fred Menkès, «Une communauté juive en Provence au XIV$^e$ siècle: étude d'un groupe social,» *Le Moyen Âge* 77, 4$^e$ serie, 26, (1971), n$^{os}$ 3-4, p. 442.

[27] Arch. dép. des Bouches-du-Rhône, Étienne Pachon, 376 E 105 n.p.; 17 mars 1400. Cf. annexe 5.

[28] *Ibid.*, Jean Astier, 376 E 66 n.p.; 21 décembre 1400. Le nom de l'acheteur était écrit Josse Vide et il est dit de Lambesc, alors que lors de la transaction sur la maison d'Astrug Salomon, on le désignait comme originaire de Salon. Il s'agit bien du même individu qui est le fils de maître Videt Salves, médecin de Salon. Dans un autre document, il est dit de Cavaillon (Étienne Pachon, 376 E 105 n.p.; 17 mars 1399). Si son lieu d'origine n'est pas

transactions étaient la suite logique du départ de Salon de la famille d'Astrug Salomon.

La conjoncture explique également la vente d'une seconde vigne, celle que feu Vital Abrae alias Atar possédait au lieu dit *ad Bressonum*.[29] La transaction fut effectuée au nom du fils et héritier de Vital, Sancet, et par l'intermédiaire de son tuteur Massip Boniaqui de Carcassonne. Elle suivit certainement de près la mort de Vital Abrae, car elle se situa à la même période qu'une série d'actes qui modifièrent la vie de Sancet. Ainsi le 9 novembre 1403, jour précédant la vente de ladite vigne, des proches de la famille de Sancet (qui portait cette fois le nom de Bonenfant) décidèrent d'annuler le mariage que son père avait préparé pour lui avec une jeune fille de Marseille. Massip de Carcassonne rendit la dot et avec des amis de la famille négocia un nouveau mariage pour Bonenfant avec sa propre fille, Saure.[30] Nul doute, donc, que la vente de cette vigne se soit située dans le grand remaniement des affaires de feu Vital Abrae, effectué au moment du partage des biens, pendant la minorité de Sancet.

En outre, trois autres Juifs vendirent des vignes d'inégales valeurs sises dans le terroir salonais. Vidalet Abraam se défit d'une vigne de trois quarterées pour laquelle il reçut quarante-six florins.[31] Cette vigne semble la

---

clair, son nom est certainement celui qui subit le plus de modifications dans notre documentation. Il est présenté sous les formes successives de Josep Vidas, Josse Vidas (Barthélémy Rognac, 376 E 108 n.p.; 28 juillet 1391), Josse Vide (Jean Astier, 376 E 66 n.p.; 21 décembre 1400), Jusset Vidas (Étienne Constantin, 376 E 89 n.p.; 11 novembre 1399) et même maître Josse Vice (Gauillaume Capardi, 375 E 13 f. 31 v. et ss.; 17 juin 1425; 375 E 14 f. 49 v. et ss.; 13 janvier 1427 n.s.; 375 E 19 f. 104 v. et ss.; 30 janvier 1431 n.s.; 375 E 20 f. 3 r. et ss.; 27 mars 1431). L'évolution onomastique de Josep à Josse et Jusset et celle de Vidas à Vide est facile à retracer. Mais celle de Vide à Vice l'est plus. Pourtant, l'apparition du nom Vice correspond avec précision à la disparition des formes Vidas et Vide. Cet élément constitue un indice sérieux pour croire qu'il s'agit du même individu. La forme «Bices» que l'on trouve dans un article de Jean Régné («Catalogue des Actes de Jaïme I, Pedro III et Alfonso III, rois d'Aragon concernant les Juifs [1213-1291],» *Revue des études juives* 65 [1913], 67, n° 1056) désigne un certain Bices Sur de Luna. Le même nom est lu «Bites» par F. Baer, dans *Die Juden in Christlichen Spanien* 1: 138, art. 125. Le nom complet tel que Baer le lit est Bites Suri de Luna. Or dans un autre document du même travail, le même personnage est appelé en hébreu Haim bar Itzhak zuri Dewna. Haim signifiant «vie,» le passage à la forme latine «Vidas» s'est fait sans peine par traduction. La présence du «B» au lieu du «V» en Espagne s'explique par la prononciation identique de ces mêmes consonnes en espagnol.

[29] Arch. dép. des Bouches-du-Rhône, Barthélémy Rognac, 376 E 112 n.p.; 14 novembre 1403. Le nom «Atar» (ou «Athar») désigne en arabe le métier d'épicier. Il était fréquent chez les Juifs d'Espagne et du sud de la France. Cf. Henri Gross, *Gallia Judaïca. Dictionnaire géographique de la France d'après les sources rabbiniques*, avec un supplément de Simon Schwarzfuch (Amsterdam: Philo Press, 1969), p. 89.

[30] *Ibid.*, Étienne Pachon, 376 E 106 n.p.; 7 novembre 1403 et trois actes du même registre datés du 9 novembre 1403. Cf. appendice 1.

[31] *Ibid.*, Jacques Franc, 376 E 31 n.p.; 23 avril 1394.

plus importante échangée par un Juif salonais. Salomon Bonaffocii vendit une vigne qu'il possédait en franc-alleu au prix de six florins[32] et Davinet Josse liquida sa vigne erme pour la somme de vingt *solidi*.[33] Si les raisons du désintérêt de Vidalet Abraam et Salomon Bonaffocii pour leurs vignes restent obscures, le travail et les investissements nécessaires à la remise en exploitation d'une vigne erme expliquent bien que Davinet Josse ait préféré se débarrasser de la sienne.

Les sept vignes acquises par des Juifs salonais de 1391 à 1405 nous révèlent davantage sur le type et les tendances d'acquisitions des propriétés vinicoles. Trois individus acquirent plus d'une vigne au cours de la période. D'abord Vital Cregudi, dans deux transactions effectuées à un mois d'intervalle, acheta d'une part la vigne mise en vente par le tuteur de Sancet, Massip Boniaqui de Carcassonne, et d'autre part, une autre enrichie de quelques oliviers qui appartenait à Sancie, veuve du noble seigneur Bertrand de Lamanon.[34] Cette dernière propriété, d'une valeur minime (huit *solidi*) fut sans doute livrée en remboursement d'une dette ou apportée en règlement d'une transaction autre effectuée entre les deux parties. En effet, même la vigne erme vendue par Davinet Josse, le fut à un prix considérablement supérieur (vingt *solidi*). Ensuite, Vital Abraam, dans une même transaction, se procura en emphytéose deux vignes d'une quarterée et demie chacune.[35] Enfin, un dernier Salonais apparaît dans deux contrats: dans le premier, Josse Vide ou Jusset Vidas se porta acquéreur, seul, de la vigne vendue par Astrug Salomon de Mazan; dans le second, il acheta avec ses parents, maître Vidas Salves et Borguésie, une propriété vinicole de cinq quarterées située dans le terroir salonais.[36] En outre, Salomon Vital Cohen, un autre Juif salonais actif dans le petit commerce, se procura une vigne d'une quarterée située dans le val de «*Cugio.*»[37] Ces vignes étaient en général modestes: elles mesuraient une quarterée ou une quarterée et demie. L'achat d'une propriété vinicole de cinq quarterées comme celle acquise par maître Vidas Salves et sa famille étonne. De même les prix payés pour ces propriétés vinicoles variaient considérablement: ils oscillaient de trois florins (l'une des vignes acquises par Vital Abraam) à vingt florins (celle achetée par Vital Cregudi de Massip Boniaqui de Carcassonne, au nom de Sancet). Les différences entre les vignes vendues

---

[32] *Ibid.*, Étienne Constantin, 376 E 88 n.p.; 23 janvier 1399.

[33] *Ibid.*, Barthélémy Rognac, 376 E 114 n.p.; 24 septembre 1405. La liste des transactions sur les vignes est comprise en annexe 6.

[34] *Ibid.*, Barthélémy Rognac, 376 E 112 n.p.; 14 novembre et 14 décembre 1403.

[35] *Ibid.*, Étienne Constantin, 376 E 89 n.p.; 2 février 1400 n.s.

[36] *Ibid.*, Jean Astier, 376 E 66 n.p.; 21 décembre 1400; Barthélémy Rognac, 376 E 113 n.p.; 19 février 1405 n.s.

[37] *Ibid.*, Etienne Constantin, 376 E 88 n.p.; 28 novembre 1398.

frappent: ainsi cette dernière vigne de feu Vital Abrae mesurait une quarterée et coûtait vingt florins alors que celle de cinq quarterées acquise par la famille de maître Vidas Salves coûtait dix-sept florins. Ces chiffres expriment-ils des différences de qualité ou une plus ou moins grande proximité des propriétés vendues de la ville? Mais peut-être le prix mentionné dans l'acte notarié ne correspond-il pas à la valeur réelle du bien vendu, mais plutôt au montant de la dette que la vente de la vigne vient éponger.

De plus, la documentation révèle que certains Juifs salonais possédaient d'autres propriétés vinicoles qui n'apparaissent pas dans les registres en raison d'un achat. Ainsi avant d'acquérir deux vignes en 1403, Vital Cregudi possédait déjà (au moins depuis 1397) une vigne avec quelques amandiers, située au lieu dit *ad Bressonum*.[38] Il tenait en outre en emphytéose perpétuelle une autre vigne d'une quarterée sise *ad Gardiam*.[39] Une partie au moins de ces vignes étaient données à facherie: ainsi Creyson Astrugii de Salon qui habitait désormais Avignon, concéda en facherie à un Chrétien une vigne et le verger d'oliviers attenant au tiers de fruits, pour une période indéterminée.[40] La précision que le métayer était dispensé de payer la part prévue durant les trois premières récoltes incline à penser que le bien avait été laissé à l'abandon durant plusieurs années. En outre, Vidalet Abraam concéda à facherie en 1392 une vigne avec quelques oliviers. Le contrat était prévu pour quatre ans et le preneur devait verser à Vidalet le tiers de la récolte.[41]

Cette analyse des transactions sur les vignes nous amène à poser le problème du type d'intérêt porté aux propriétés vinicoles. Un seul individu, Vital Cregudi, semble avoir été intéressé à accroître ses vignes. Alors même qu'il en possédait deux, il en acheta une au prix de vingt florins et en acquit une autre plus modeste. Ces quelques actes ne suffisent pas pour conclure à l'exploitation viticole, mais cela le suggère d'autant plus qu'une des vignes possédées par Vital était située *ad Bressonum* et que celle achetée de Sancet l'était aussi. Vital Cregudi est le seul individu qui semble tenter la concentration géographique de ses propriétés vinicoles. L'attitude de Vidalet Abraam, qui participa également à quatre contrats, était tout autre. S'il acheta deux vignes pour la modeste somme de douze florins et garda la propriété d'une troisième tout en concédant en facherie l'exploitation directe, il vendit néanmoins une vigne de trois quarterées au prix de quarante-six florins, révélant ainsi son peu d'intérêt pour l'exploitation vinicole à grande échelle. Cette attitude était en général celle des Juifs salonais: ils acquéraient une ou

---

[38] *Ibid.*, Étienne Constantin, 376 E 87 n.p.; 16 mars 1397.
[39] *Ibid.*, Étienne Pachon, 376 E 106 n.p.; 5 novembre 1403.
[40] *Ibid.*, Étienne Constantin, 376 E 89 n.p.; 15 août 1399.
[41] *Ibid.*, Étienne Constantin, 376 E 84 n.p.; 17 septembre 1392.

deux petites vignes qu'ils gardaient, mais s'il arrivait qu'ils obtiennent indirectement une ou plusieurs propriétés à la suite d'une transaction, ils cherchaient à s'en défaire le plus tôt possible.

Comment peut-on expliquer ce type d'intérêt pour les vignes des Juifs provençaux en général et des Juifs salonais en particulier? Les revenus provenant de ces biens n'égalaient pas ceux du commerce, comme l'affirmait une vigneronne de la région de Troyes, dans un document antérieur certes (XI$^e$ siècle), mais très explicite et applicable à la Provence des siècles postérieurs. En effet, dans un *Responsum* cité par I. A. Agus, celle-ci se plaignait d'être trop fortement imposée pour les taxes communautaires, car les vignes rapportaient peu en raison de l'importance du travail et des investissements financiers nécessaires, des prestations dues au seigneur et des calamités naturelles.[42] Les profits tirés du commerce l'emportaient bien, prétendait-elle. Qu'est-ce qui justifiait donc ce désir des Juifs salonais de posséder une ou deux petites vignes, si ce n'était le profit à tirer de leur exploitation?

Les raisons invoquées par les historiens pour justifier l'importance relative des possessions viticoles des Juifs sont d'abord d'ordre cultuel. D. Iancu-Agou, dans son article sur la topographie des quartiers juifs de Provence, commente la préférence accordée à la vigne dans les propriétés foncières des Juifs et l'explique en partie par des raisons d'orthodoxie. Le vin qui sert à la célébration du «*quiddūs*» et qui est dit «*casher*» («*de lege*»), ne doit être fabriqué, ni manipulé par des non-Juifs. C'est pourquoi, conclut l'auteur, les Juifs préféraient posséder leurs vignes. Parfois, ils les faisaient cultiver par des Chrétiens.[43] De même B. Blumenkranz, dans son *Histoire des Juifs en France*, attribue l'intérêt pour les propriétés vinicoles à la satisfaction des besoins cultuels.[44]

Mais dans quelle mesure la possession de vignes était-elle vraiment indispensable aux Juifs provençaux dans l'exercice de leur culte? Lorsqu'il décrit les interdictions de la loi juive dans la manipulation du jus de raisin ou du vin *casher*, I. Agus souligne que le traitement du raisin devait être strictement surveillé de son versement dans les paniers des vendangeurs jusqu'au moment où il était consommé. Ainsi précise-t-il que les Chrétiens pouvaient ramasser les grappes et les transporter dans des paniers ou des

---

[42] Irving A. Agus, *The Heroic Age of Franco-German Jewry. The Jews of Germany and France of the Tenth and Eleventh Centuries, The Pioneers and Builders of Town-Life, Town-Government and Institutions* (New York: Yeshiva University Press, 1969), p. 118.

[43] Danièle Iancu-Agou, «Topographie des quartiers juifs en Provence médiévale,» *Revue des études juives*, 133, fasc. 1-2 (janvier-juin 1974), p. 21.

[44] Bernard Blumenkranz, *Histoire des Juifs en France*, Collection Franco-Judaïca (Toulouse: Privat, 1972), p. 53.

chariots, mais ne devaient en aucun cas les verser dans la cuve.[45] Dans ce cas, la possession de vignes ne s'imposait pas car les Juifs pouvaient acheter le raisin nécessaire à la fabrication du vin *casher* à la vigne même, au moment des vendanges et les préceptes de la loi juive eussent été respectés. D'ailleurs, certains documents donnent à croire que cela était fait. Ainsi F. Menkès trouva dans les registres notariaux des années 1360 à Trets de nombreux achats par des Juifs de petites quantités de raisin (deux saumées en général). Il en conclut que ces fruits étaient destinés à la vinification rituelle et non au commerce.[46] De même, un document fort postérieur, mais beaucoup plus explicite, prévoyait l'achat de raisin qui serait consacré à la fabrication de vin *casher*. Il s'agit de la convention du 8 juillet 1605 entre l'évêque de Carpentras et certains Juifs de la communauté qui assurait l'évêque de l'achat annuel de quarante quintaux de raisin destinés à l'usage précité. Ceux-ci pouvaient être revendus «en menu» aux Juifs, mais non aux Chrétiens.[47]

Cela n'implique pas qu'aucune raison d'ordre rituel n'ait joué dans l'acquisition de vignes par les Juifs provençaux, mais plutôt que l'application de l'orthodoxie ne contraignait pas ceux-ci à acheter des propriétés viticoles. Néanmoins, leur intérêt pour ce type de biens fonciers s'explique «en partie,» comme le souligne D. Iancu-Agou,[48] par le désir de s'assurer annuellement qu'une certaine quantité de raisin pût être vendangée et transformée en vin sans risque d'être grevée soudainement d'une taxe spéciale peut-être exorbitante.

Mais si les raisons d'orthodoxie n'expliquent qu'en partie la fréquence des possessions vinicoles juives, quels peuvent être les autres éléments ayant contribué à ce phénomène? L'analyse des documents ne suggère aucun facteur déterminant. Mais un bref aperçu de l'attitude des Chrétiens envers les vignes est éloquent. En effet, M. Zerner, dans son étude sur les cadastres du Comtat Venaissin (1414), souligne l'intérêt des propriétaires fonciers de Valréas et Visan, par exemple, pour ce type de biens. Dans ces villages, la

---

[45] Irving A. Agus, *op. cit.*, p. 117: «According to the Jewish Law any grape juice or wine that a non-Jew put his finger in, shook up, or poured from vessel to vessel, even without actually touching it became 'forbidden wine' and thus unfit for consumption by a Jew. Accordingly Jews could not drink wine unless its manufacture and handling were strictly supervised from the moment the grapes were poured out of the baskets of the pickers, until the time of drinking.» Cf. Irving A. Agus, *Urban Civilization in Pre-Crusade Europe*, 2 vols. (New York, 1965), 2: 781: «Therefore, the Christians who bring the grapes in baskets or in wheeled barrels, should not be permitted to throw [the grapes] into the tank of wine. The Jew must take the grapes and throw them into the tank.»

[46] Fred Menkès, *op. cit.*, p. 442.

[47] Isidore Loëb, «Les Juifs de Carpentras sous le gouvernement pontifical,» *Revue des études juives* 12 (1886) 58.

[48] Danièle Iancu-Agou, *op. cit.*, p. 21.

vigne primait les autres biens fonciers acquis et la plupart des propriétaires, aussi modeste qu'ait été l'étendue de leur bien-fonds, possédaient une vigne. À Valréas, aussi bien qu'à Visan, plus la propriété était petite, plus la vigne y tenait une place importante. Aussi les gros propriétaires détenaient des propriétés vinicoles qui étaient relativement petites par rapport à l'ensemble de leurs biens.[49] Il semble donc que le facteur principal à la base de l'acquisition des vignes ait été, non le désir de se glisser dans l'économie de marché par la vente du vin, mais plutôt l'attitude d'économie de subsistance, d'autosuffisance. On aimait posséder sa vigne, produire son raisin et son vin, répondre d'abord et avant tout aux besoins de sa maison. La tendance des Juifs à Salon à posséder une ou deux petites vignes ne différait donc pas tellement de celle des Chrétiens de Valréas et Visan, et sans doute de Salon également. L'aspiration à l'autosuffisance jouait de concert avec les raisons d'orthodoxie.

Les transactions sur les vignes révèlent donc l'intérêt des Juifs de Salon pour ce type de bien-fonds. Mais cette tendance se résumait en général à l'acquisition d'une ou deux petites propriétés. L'achat constituait certainement le moyen le plus courant de se procurer des vignes. Toutefois certains achats pouvaient camoufler des remboursements de dettes. Dans ce cas, les Juifs revendaient les vignes acquises en trop. Ils se contentaient de petites propriétés viticoles capables de leur fournir le vin *casher* servant au culte et le vin alimentant leur famille et leur domesticité.

C. *Les oliveraies*

Les registres notariaux révèlent que les Juifs salonais opéraient des transactions sur des vergers. Pourtant les divers types de vergers que l'on retrouve dans la documentation provençale à l'époque médiévale ne sont pas tous représentés dans les contrats conclus par les Juifs. Il a été démontré précédemment que les vignes jouissaient d'une certaine faveur. De même, les oliveraies étaient-elles l'objet de transactions relativement fréquentes par rapport à celles portant sur d'autres biens immobiliers. Les amandaies, par contre, ne figurent à aucun moment comme unique objet d'actes notariés qui impliquent les Juifs de Salon à l'époque de notre étude. À peine trouve-t-on quelques mentions de transactions conclues sur des vignes complantées de quelques amandiers.[50]

---

[49] Monique Zerner, «Le terroir de Valréas au début du XV$^e$ siècle,» *Provence historique* 20, fasc. 79 (janvier-mars 1970) 53.

[50] Arch. dép. des Bouches-du-Rhône, Étienne Constantin, 376 E 87 n.p.; 16 mars 1397 n.s.: «*cum arboribus amicdalarum;*» Barthélémy Rognac, 376 E 112 n.p.; 14 décembre 1403.

Entre 1391 et 1405, treize transactions sur des oliveraies ont été négociées par des Juifs salonais. Toutefois, ce chiffre tend à exagérer l'importance réelle des vergers d'oliviers dans la documentation. En effet, un transaction sur trois plantations a entraîné deux autres contrats sur celles-ci.[51] Malgré ce cas, les actes concernant des oliveraies suffisent à faire croire, au premier abord, à l'intérêt de certains membres de la communauté juive de Salon pour ce genre de bien-fonds. Les documents se divisent comme suit: dans cinq cas, des Juifs acquéraient des oliveraies; dans quatre cas, ils s'en défaisaient et dans quatre autres cas, ils en abandonnaient l'exploitation directe par arrentement ou contrat de facherie.[52]

Pourtant une étude attentive de ces actes notariés infirme totalement l'impression première que les documents nous donnent et démontre que c'était en dépit de leur indifférence pour les oliveraies, que les Juifs de Salon se voyaient obligés d'en recevoir en paiement ou d'en «acheter». Nous avons précédemment suggéré à quelques reprises que certains achats de biens immobiliers par des Juifs salonais représentaient des remboursements camouflés de dettes ou des achats réels, mais à bas prix puisque le montant payé tenait compte d'une dette à rembourser. Les oliveraies échangées à Salon entre 1391 et 1405 entre un Juif et un Chrétien illustrent admirablement ce phénomène. Dans deux cas, l'abandon par le Chrétien de la plantation est clairement indiqué comme étant occasionné par une dette. D'une part, Jacobe, la veuve de Jean Aurioli, a donné une oliveraie d'une valeur de neuf florins à Profac Boniaqui en remboursement partiel d'une dette de dix-neuf florins qu'elle avait contractée envers Boniac Petiti, le père de celui-ci.[53] D'autre part, Bermunde, veuve également, a remboursé sa dette envers Salomon Vitalis Cohent en lui donnant un verger d'oliviers qu'elle avait reçu en dot.[54] Dans un troisième cas, trois transactions sur des plantations camouflent certainement le même phénomène. Ainsi Vidalet Cregudi a acquis d'un couple, le 23 octobre 1393, trois oliveraies en terrasses totalisant deux quarterées et demie, pour la somme de dix florins. Le même jour, Vidalet concédait ces vergers pour un an, à partir de Noël 1393, au couple dont il venait de les recevoir, à la condition expresse qu'ils assument toutes les dépenses encourues: lods et trezains, frais de notaire et affranchissement de deux émines de froment de cens. Environ un an plus tard, le 25 février 1395, Vidalet vendait ces mêmes oliveraies situées au lieu-dit «*Talagarno*» à Raymond Girardi, maréchal-ferrant de Salon, au prix de vingt-deux

---

[51] *Ibid.*, Jacques Franc, 376 E 31 n.p.: deux actes du 23 octobre et du 25 février 1395.
[52] Voir annexe 7.
[53] Arch. dép. des Bouches-du-Rhône, Étienne Constantin, 376 E 85 n.p.; 10 avril 1393.
[54] *Ibid.*, Jacques Franc, 376 E 31 n.p.; 6 avril 1394.

florins.[55] Ces trois actes révèlent, on ne peut plus clairement, une situation qui se retrouve moins limpide dans d'autres documents. D'abord, le fait que le couple Gernaysii ait repris l'exploitation directe de leurs biens prouve sans conteste que ce n'était pas le désir de s'en défaire qui le leur avait fait vendre. L'abandon de ces oliveraies avait plutôt été provoqué par une dette importante qu'il fallait éponger au plus tôt. De plus, Vidalet acquit les plantations, les concéda pour une courte période, le temps de chercher un acheteur, puis s'en défit aussitôt après l'avoir trouvé, montrant ainsi son indifférence vis-à-vis des biens en sa possession. Un troisième élément mérite d'être souligné dans ces transactions: la différence entre le prix d'achat des oliveraies, dix florins, et leur prix de vente, vingt-deux florins, doit-elle être considérée comme un pur profit tiré par Vidalet? C'est fort peu probable étant donné son importance. Le prix d'achat des vergers a sans doute été fixé très bas puisqu'il n'était constitué que de la différence entre le montant de la dette et la valeur des biens échangés.

En somme, si trois des cinq acquisitions d'oliveraies de la documentation étaient involontaires, il n'en reste plus que deux qui aient pu être motivées par le désir de posséder des biens immobiliers. Encore peut-on se demander si ces quelques cas ne camouflaient pas également des remboursements de dette? Mais un arrentement et deux contrats de facherie donnent au contraire l'impression que certains membres de la communauté juive n'ont pas hésité à concéder l'exploitation directe de leurs plantations pour de longues périodes. En effet, à l'opposé de Vidalet Cregudi qui concéda ses trois vergers d'oliviers pour une période d'un an seulement, maître Josse Bondia Cohen, médecin salonais, conclut un contrat de facherie sur une oliveraie pour une période de dix ans,[56] tandis que Cregud Aym le faisait pour douze ans.[57] De même, Profac Boniaqui mit à rente en tant que procureur de Boniaqui de Borrian une plantation d'oliviers pour une période de dix ans.[58] Bref, dans ces opérations il n'y a pas d'indication certaine que les Juifs salonais se soient intéressés à la possession de vergers d'oliviers. Enfin les quatre documents qui signalent que des Juifs salonais ont vendu des oliveraies confirment les éléments réunis précédemment sur leur indifférence vis-à-vis les biens immobiliers.

---

[55] *Ibid.*, Jacques Franc, 376 E 31 n.p.: deux actes du 23 octobre 1393. L'affranchissement des deux émines de froment de cens n'était pas complète. Le cens passait à deux deniers et pour une période de six ans seulement. Le coût de l'opération était de six florins. Voir aussi Jacques Franc, 376 E 31 n.p.; 25 février 1395 n.s.
[56] *Ibid.*, Jacques Franc, 376 E 31 n.p.; 2 février 1395 n.s.
[57] *Ibid.*, Étienne Constantin, 376 E 89 n.p.; 1er mai 1399.
[58] *Ibid.*, Étienne Constantin, 376 E 89 n.p.; 11 août 1399.

D'ailleurs, les quelques Juifs qui apparaissent dans plusieurs transactions sur ce type de biens (Vidalet Cregudi: trois fois; Cregud Aym: trois fois; Profac Boniaqui: trois fois dont deux au nom d'autres personnes) étaient des marchands et des prêteurs importants bien implantés dans les activités économiques.[59]

Ainsi dans le cas des oliveraies, comme dans celui des vignes ou des maisons, la documentation notariée ne fournit pas d'éléments qui indiquent que les Juifs de la ville aient été intéressés à l'acquisition et au rassemblement systématique de biens-fonds. Il ne semble pas non plus qu'individuellement, aucun Juif n'ait voulu posséder plusieurs plantations d'oliviers et les rassembler en vue d'une exploitation à un certain niveau. Au contraire, tous les indices concordent à nous les montrer écoulant les oliveraies acquises involontairement.

D. *Les autres biens immobiliers*

Les jardins et dans une moindre mesure les terres faisaient également l'objet de transactions des Juifs salonais.[60] La documentation comprend sept actes par lesquels des Juifs acquièrent ou abandonnent la possession ou l'exploitation directe des jardins («*ortus*»). Quatre actes relatent des acquisitions, un acte rapporte un abandon, l'un, un arrentement et un dernier, une possession. Dans une transaction, la prise en acapt de deux demi-jardins d'une valeur de vingt-cinq florins par Cregud Aym, il est expressément mentionné que l'échange de biens était nécessité par un remboursement de dette.[61] Un autre cas permet de soupçonner le même phénomène. En effet, six mois après avoir acheté un jardin d'un Chrétien pour la somme de six florins, Crescas Calli le revendait à Cregud Aym.[62] Le peu d'intérêt de Crescas pour sa nouvelle acquisition suggère qu'elle n'avait pas été voulue.

---

[59] Notons en passant que les registres notariaux de la période contiennent trois autres actes où des Juifs salonais sont mentionnés comme possédant ou ayant possédé des vergers. Mais ces actes ne mentionnent pas de quel type de plantation il s'agit. Dans deux de ces actes il est question de dommages importants qui ont été portés à ces vergers par le feu dans un cas et les troupeaux de moutons dans l'autre. Il est donc possible que l'absence de précision sur le type de vergers ne soit pas le résultat d'un oubli, mais bien du fait que les dommages aient entraîné un certain abandon de l'exploitation et qu'ainsi le type de verger soit devenu incertain. Toutefois les actes ne mentionnent en aucun cas le mot «erme.» Arch. dép. des Bouches-du-Rhône, Barthélémy Rognac, 376 E 108 n.p.; 9 novembre 1391 et 14 novembre 1391; Étienne Constantin, 376 E 87 n.p.; 19 décembre 1396 (deux actes); 376 E 88 n.p.; 18 mars 1399 n.s.

[60] Voir annexe 8.

[61] Arch. dép. des Bouches-du-Rhône, Étienne Constantin, 376 E 89 n.p.; 28 janvier 1400 n.s.

[62] *Ibid.*, Barthélémy Rognac, 376 E 113 n.p.; 14 janvier 1405 et 376 E 114 n.p.; 8 juillet 1405.

Mais on ne peut procéder à une généralisation et déduire que la plupart des jardins qui passaient aux mains des Juifs de Salon, étaient donnés en remboursement de dettes. En effet, les confronts des jardins échangés révèlent que d'autres Juifs possédaient également les parcelles entourant celle qui faisait l'objet d'une transaction. Or ces parcelles étaient également des jardins.[63] S'il arrivait donc que ce type de biens tombe aux mains des Juifs à la suite d'une opération de crédit, ce genre de biens intéressait également ceux-ci. L'explication de ce phénomène réside sans doute, comme dans le cas des vignes, dans la recherche de l'autosuffisance. Le jardin participait à l'indépendance alimentaire de la cellule familiale.

En outre, des biens désignés sous les noms de «*curtes*» ont fait l'objet de transaction pendant la période étudiée.[64] Ils appartenaient à Astrug Salomon de Mazan qui avait quitté Salon et qui les vendait par l'intermédiaire de Josse Vidas comme il l'avait fait pour ses autres biens. Un Chrétien se porta acquéreur de ces deux «*curtes*.»[65]

Le peu d'intérêt porté par les Juifs salonais aux terres est révélé par le petit nombre de terres faisant l'objet de transactions (trois). On note une seule acquisition sous la forme d'une prise en acapt perpétuel par Cregud Aym d'une terre d'une quarterée.[66] Les deux autres actes attestent respectivement une mise en facherie au tiers de fruits de deux terres appartenant à Davinet Josse et un arrentement pour quatre ans d'une terre administrée par Vidalet Abraam et Vidalet Cregudi. L'acte ne mentionne pas si cette terre appartenait à la communauté ou à un mineur dont ces deux individus auraient été les tuteurs.[67]

Les quelques dizaines d'actes de registres notariaux qui relatent des transactions des Juifs de Salon sur des biens immobiliers présentent une certaine homogénéité. Ils révèlent d'abord que ceux-ci possédaient des maisons, des vignes, des oliveraies, des jardins, etc. Mais il ne semble pas qu'ils aient tenté d'accroître leurs biens-fonds. Leurs transactions sur les maisons montrent qu'ils étaient intéressés à conserver celles qu'ils avaient acquises dans la Juiverie sans étendre leurs possessions en dehors de celle-ci.

---

[63] *Ibid.*, Étienne Constantin, 376 E 85 n.p.; 22 mai 1393; Barthélémy Rognac, 376 E 113 n.p.; 14 janvier 1405 n.s. et 13 novembre 1405 n.s.

[64] *Ibid.*, Barthélémy Rognac, 376 E 109 n.p.; 1er février 1402 et 29 février 1402.

[65] Le prix des «*curtes*» vendus ou achetés n'est pas toujours mentionné dans les actes, mais il oscille entre six et vingt-cinq florins dans les cas où il est mentionné. La signification exacte du mot «*curtes*» n'est pas claire. Maigne d'Arnis donne comme traduction «cour de maison;» Du Cange et Niermeyer, l'espace de clôture d'un jardin ou d'une cour, l'espace clôturé attenant à la maison.

[66] Arch. dép. des Bouches-du-Rhône, Jacques Franc, 376 E 31 n.p.; 27 mai 1393.

[67] *Ibid.*, Jean Astier, 376 E 66 n.p.; 26 janvier 1401 n.s.; Étienne Constantin, 376 E 86 n.p.; 29 octobre 1394.

Ils possédaient en général une ou deux petites vignes pour leurs besoins cultuels et pour leur subsistance, mais ils ne cherchaient pas à rassembler de grandes propriétés vinicoles. Leur intérêt pour les oliveraies, les jardins potagers et les terres était maigre et ne dépassait pas les besoins de l'autosuffisance. Plusieurs actes mentionnent expressément que les biens-fonds qui passaient entre leurs mains le faisaient en remboursement de dettes. Ainsi si l'on exclut Astrug Salomon de Mazan[68] que son départ de Salon force à vendre de nombreux biens, les Juifs qui apparaissent le plus souvent dans des transactions sur des biens immobiliers sont des prêteurs et des marchands actifs comme Vital Cregudi, Vital Abraam, Cregud Aym. Des documents étudiés, il ne semble pas que ce soit de la terre que les Juifs de Salon aient tiré leur subsistance et aient acquis les richesses dont nous avons parlé précédemment.

Ces conclusions concordent d'ailleurs entièrement avec celles tirées de certaines études traitant des fortunes juives dans d'autres communautés à la même époque. Ainsi, L. Stouff constate qu'à Arles, les Juifs possédaient en général une ou deux maisons et une ou deux vignes de petites dimensions. Alors qu'ils représentaient environ 7 p. cent de la population, ils possédaient environ 1 p. cent du terroir encadastré.[69]

## 2. Les activités autres que le crédit

Nous avons déjà mentionné précédemment que quelques Juifs salonais étaient désignés dans les documents comme exerçant des métiers ou des professions. Ils étaient au nombre de sept au cours de la période de 1391-1405: Cregud Abraam de Berre et son fils Abramet Cregudi étaient sartres; Josse Bondia Cohen, Bonet Davini de Lattes et Salomon Bonaffocii de Draguignan étaient désignés tantôt comme médecins, tantôt comme chirurgiens et Videt Salves la plupart du temps comme médecin et occasionnellement comme marchand. D'autres métiers étaient certainement pratiqués par les Juifs de la ville bien qu'ils ne soient pas mentionnés dans les documents. Les réglementations sur la viande nécessitaient l'existence d'un

---

[68] Voir annexe 9.

[69] Voir Louis Stouff, *La ville d'Arles à la fin du moyen-âge*, thèse multigraphiée, 4 vols., Université de Provence, thèse en vue de l'obtention du doctorat ès lettres préparée sous la direction de monsieur Georges Duby, professeur au Collège de France (Aix, 1979), 2: 469-470 et du même auteur, «Activités et professions dans une communauté juive de Provence au bas moyen-âge. ‹La juiverie d'Arles› 1400-1450,» *Minorités, techniques et métiers*, Actes de la table ronde du Groupement d'Intérêt Scientifique Sciences Humaines sur l'Aire Méditerranéenne, Abbaye de Sénanque, octobre 1978, Institut de Recherches Méditerranéennes, Université de Provence (Aix-en-Provence, 1980), p. 60.

boucher juif par ville, mais les registres notariaux salonais ne signalent pas ce personnage.

D'autre part, certains actes suggèrent que deux Juifs salonais possédaient quelques têtes de bétail et les faisaient exploiter. Ainsi en février 1399, Profachet Boniaqui confiait à un Chrétien de Lançon l'exploitation de dix-neuf brebis, douze moutons et onze *anoges* pour une période de deux ans. En novembre de la même année, Profachet donnait à un Chrétien salonais la garde de seize brebis, dont quatorze étaient gravides, et de deux *anoges*, pour une période de près d'un an.[70] Par contre, Dieulosal Bendich possédait des têtes de bovins. Dans trois actes de 1401, celui-ci fournissait deux bœufs à des Chrétiens. Dans deux cas, ces bœufs étaient investis dans une association de labourage à laquelle Dieulosal se joignait.[71] Ces quelques actes ne dépeignent certes pas les Juifs de Salon fortement impliqués dans l'élevage de la région, mais ils témoignent tout au moins qu'ils ne négligeaient pas totalement ce type d'investissement important dans la vie économique de l'époque.

Un autre type d'entreprise auquel s'intéressaient occasionnellement certains Juifs de Salon était l'achat de revenus de taxes et impositions diverses. Ainsi le 9 janvier 1400, Vidalet Cregudi achetait à l'encan, au prix de 168 florins, la rève de l'huile pour une année.[72] Par contre, d'autres Juifs, ne pouvant se permettre l'achat de revenus si chers, se contentaient d'en assumer la perception. Ainsi Vital Abrae et Vital Vitalis Cohen s'engageaient en 1402 à percevoir pour Guimet Gaudini de Salon la lesde, les péages et diverses autres taxes pour un salaire de huit florins. Ils devaient rendre compte de leurs activités toutes les semaines.[73] Cependant et en dépit de ces activités, le crédit restait le domaine de prédilection des Juifs de Salon.

### 3. Le crédit

#### A. *Formes et importance*

Les registres notariaux salonais de 1391 à 1405 contiennent d'innombrables actes dans lesquels les Juifs de Salon sont impliqués comme pourvoyeurs ou demandeurs de crédit. La nécessité de laisser des traces de toute opération financière impliquant une dette sous-tend cette masse documen-

---

[70] Arch. dép. des Bouches-du-Rhône, Étienne Constantin, 376 E 88 n.p.; 26 février 1399 et 376 E 89 n.p.; 17 novembre 1399.

[71] *Ibid.*, Barthélémy Rognac, 376 E 110 n.p.; 25 avril et 20 novembre 1401; 376 E 109 n.p.; 3 novembre 1401.

[72] *Ibid.*, Étienne Constantin, 376 E 89 n.p.; 9 janvier 1400 n.s.

[73] *Ibid.*, Barthélémy Rognac, 376 E 109 n.p.; 27 février 1402 n.s.

taire. Ainsi alors que nous n'avons trouvé dans les minutes des mêmes années que quelques actes concernant la vie familiale (testaments, contrats de mariage) et la vie communautaire des Juifs de Salon, les actes se rapportant de près ou de loin au crédit s'élèvent à plus de 2.900. Et pourtant, les documents conservés ne représentent qu'une partie infime de ceux qui ont dû exister à l'époque. Il n'existe aucun moyen sérieux pour calculer le nombre initial des actes de crédit pris en note dans cette ville au cours de la période étudiée, mais un coup d'œil rapide sur le nombre annuel des actes conservés montre que le hasard documentaire a exécuté des coupures radicales certaines années.

Tableau 19

NOMBRE D'ACTES CONSERVÉS PAR ANNÉE

| Année | Nombre d'actes | Année | Nombre d'actes |
|-------|----------------|-------|----------------|
| 1391 | 325 | 1399 | 449 |
| 1392 | 117 | 1400 | 98 |
| 1393 | 193 | 1401 | 171 |
| 1394 | 274 | 1402 | 40 |
| 1395 | 70 | 1403 | 318 |
| 1396 | 167 | 1404 | 136 |
| 1397 | 122 | 1405 | 177 |
| 1398 | 271 | | |

L'inégalité flagrante du nombre d'actes conservés par année n'exprime certes pas uniquement une différence dans la conjoncture économique qui suscitait un appel plus ou moins grand au crédit selon les années. Une explication plus banale réside dans le fait que certains registres de notaires plus prolifiques aient été préservés pour certaines années. De 1399, on possède un registre et une partie d'un autre du très actif Étienne Constantin.[74] De là vient le grand nombre d'actes de crédit conservés pour cette année. Par contre, 1402 est faiblement représenté par une partie d'un registre de Pierre de Rivo qui instrumentait pour Saint-Chamas, Cornillon et Miramas et dans les cahiers duquel ne se trouvent qu'occasionnellement des actes concernant les Juifs de Salon.[75]

Au cours des pages qui suivent, sera menée une analyse du crédit dans lequel étaient si fortement impliqués les Juifs de Salon. Soulignons en passant qu'il se révèle, à première vue aussi bien qu'après plus ample étude, très

---

[74] *Ibid.*, Étienne Constantin, 376 E 88 et 89.
[75] *Ibid.*, Pierre de Rivo, 376 E 143.

différent de celui que pratiquaient les Juifs de Perpignan au XIII$^e$ siècle.[76] Alors que ceux-ci exerçaient essentiellement, d'après les registres notariaux, le métier de prêteur et que les sommes qui leur étaient dues l'étaient par le prêt à intérêt presque uniquement, les Juifs de Salon à la fin du XIV$^e$ siècle et au début du XV$^e$ siècle étaient commerçants et prêteurs et le crédit auquel ils s'adonnaient résultait dans une très large mesure du commerce. En cela, leurs activités se rapprochaient beaucoup plus de celles des Juifs de Carpentras au début du XV$^e$ siècle, telles que les a analysées C. Castellani.[77]

C'est ainsi par l'intermédiaire du crédit que transparaît le rôle des Juifs dans le commerce d'une ville provençale au Moyen Âge, car le commerce au comptant laisse peu de traces dans les documents. Il n'est en effet pas besoin de prendre note de telles transactions.[78]

La répartition des divers actes liés d'une manière ou l'autre au crédit s'opère comme suit:

Tableau 20

NOMBRE D'OPÉRATIONS PAR TYPE

| Types d'opérations | Nombre | % |
|---|---|---|
| Prêts | 1.385 | 47,30 |
| Achats à terme | 699 | 23,88 |
| Ventes à crédit | 414 | 14,13 |
| Apurements de comptes | 222 | 7,58 |
| Quittances | 105 | 3,59 |
| Transferts de créances | 53 | 1,81 |
| Constitutions de procureurs | 21 | 0,71 |
| Divers | 29 | 1,00 |
| TOTAUX | 2.928 | 100,00 |

Comme l'indique ce tableau, le prêt à intérêt dominait les activités des Juifs de Salon. Près de la moitié des actes de la documentation y est consacrée. Les prêts ne se contractaient pas exclusivement en numéraire, mais aussi en

---

[76] Cf. Richard W. Emery, *The Jews of Perpignan in the Thirteenth Century; An Economic Study Based on Notarial Records* (New York: Columbia University Press, 1959), 202 p.

[77] Christian Castellani, *Recherches sur le rôle économique de la communauté juive de Carpentras 1396-1420*, présenté à l'École Nationale des Chartes en janvier 1970 pour l'obtention du diplôme, dactylographié, 8 p. xi, 237 p. et «Le rôle économique de la communauté juive de Carpentras au début du XV$^e$ siècle,» *Annales. Économies. Sociétés. Civilisations* 27, n° 3 (mai-juin 1972) 583-611.

[78] Du moins en règle générale, car treize transactions au comptant impliquant des Juifs salonais figurent dans la documentation étudiée. Elles portent sur des sommes peu importantes et ne présentent aucun caractère particulier qui doive retenir l'attention.

grande partie en denrées diverses: grains, huile, etc. Les achats à terme ou achats de récolte sur pied suivent d'assez loin (23,88 p. cent). Ils impliquaient de la part du créancier un prêt en numéraire et prévoyait le remboursement par l'emprunteur en une denrée à récolter dans un avenir plus ou moins rapproché. Pour ce type d'actes également, les denrées privilégiées des pourvoyeurs de crédit salonais étaient les grains et l'huile. Les ventes à crédit (14,13 p. cent) illustrent toute la part du commerce qui ne se traitait pas au comptant. Les denrées fournies couvraient un éventail très large que nous analyserons plus loin. Bien que la majorité des remboursements pour ce type d'actes ait été prévue en numéraire, il arrivait assez fréquemment qu'on ait recours au troc pour éteindre sa dette. Les apurements de comptes, qui couvrent 7,58 p. cent de la documentation, constituaient des reprises d'engagements de crédit. En effet, lorsqu'un débiteur s'avérait incapable de payer ses dettes dans des délais raisonnables et qu'il avait laissé courir les intérêts assez longtemps, le créancier réclamait qu'il se réengage vis-à-vis de lui à payer la somme due et les intérêts dans un nouveau délai. Ce deuxième acte exécutait les rajustements nécessaires, réunissant des dettes séparées, soustrayant la partie déjà payée, ajoutant des intérêts composés. Les sommes dues pour ce type d'opérations étaient stipulées dans les mêmes denrées que les reconnaissances de dettes originales.

La documentation comprend, à un degré moindre, des actes qui bien que liés au crédit, ne constituent pas des reconnaissances de dettes. Ainsi les quittances, représentant 3,59 p. cent du total des opérations, expriment le phénomène du remboursement en lui-même, comme les «*cancellata ut soluta*» consignées au bas des reconnaissances de dettes. Dans les transferts de créances un individu en rembourse un autre par la remise d'une créance sur un débiteur. Celle-ci correspondait, en effet, à une valeur échangée à toutes occasions, dans le commerce au comptant aussi bien que dans les constitutions de dot. Ce type de documents est assez peu représenté dans les registres salonais avec 1,81 p. cent des actes. Par les constitutions de procureurs (0,71 p. cent), les Juifs salonais nommaient des intermédiaires qui géraient pour eux un capital et l'investissaient dans le prêt ou le commerce. Nous avons enfin groupé dans la catégorie «Divers» une série d'actes liés au crédit, comme des engagements à titre de répondant, par exemple.

De ces 2.928 opérations,[79] quelle est donc la part représentée par les dettes réellement en cours? Pour la connaître, il suffit de compter les reconnaissances de dettes:

---

[79] Dix-neuf actes ont été éliminés de cette partie de l'étude, car ils cumulaient deux types d'opérations différents et ainsi ils gênaient la clarté de l'analyse.

Tableau 21

RECONNAISSANCES DE DETTES

| Types d'opérations | Nombre | % |
|---|---|---|
| Prêts | 1.385 | 50,64 |
| Achats à terme | 699 | 25,56 |
| Ventes à crédit | 414 | 15,14 |
| Apurements de comptes | 222 | 8,11 |
| Divers | 15 | 0,55 |
| TOTAUX | 2.735 | 100,00 |

Les reconnaissances de dettes de notre documentation prennent la forme suivante: un individu s'engage à verser une certaine somme d'argent ou une certaine quantité de denrées à un autre individu à l'intérieur d'un certain délai sans que la somme prêtée ou le taux d'intérêt imposé ne soit nullement mentionné. Quinze des actes classifiés dans la catégorie «Divers» ont cette forme; c'est pourquoi ils ont été classés avec les autres reconnaissances de dettes.

Au nombre de 2.735, ces documents représentent 93,40 p. cent des actes relatifs au crédit. Ce pourcentage suffit à lui seul à démontrer l'importance de l'endettement à Salon-de-Provence.

Les transactions enregistrées dans cette ville comparées à celles de Carpentras à la fin du XIV$^e$ siècle et au début du XV$^e$ siècle présentent des différences essentielles qui prouvent que le crédit s'organisait de façon originale dans chaque ville en tenant compte des besoins locaux. Les prêts s'élevaient à Carpentras à 55,4 p. cent des opérations contre 50,64 p. cent à Salon. Les ventes à crédit arrivaient en second avec 27 p. cent des actes alors qu'ils ne tiennent que la troisième position à Salon. Par contre, les achats à terme, en seconde place dans notre ville et représentés par le quart des transactions, ne recueillaient que 13,3 p. cent des opérations à Carpentras.[80] L'inversion de l'importance des achats à terme et des ventes à crédit révèle bien les vocations différentes de ces deux villes à l'époque. Carpentras était une ville déjà fortement commerciale où les échanges au comptant et à crédit abondaient. Salon-de-Provence montrait encore une vocation de centre local desservant une région rurale où le crédit se percevait encore en grande partie en nature.

---

[80] Christian Castellani, *Recherches sur le rôle économique de la communauté juive de Carpentras. 1396-1420*, p. 50. Des sondages effectués dans la documentation aixoise du début du XV$^e$ siècle révèlent que les prêts atteignaient environ 80% des contrats de crédit. Cf. Noël Coulet, *Aix-en-Provence. Espace et relations d'une capitale (milieu XIV$^e$ s. – milieu XV$^e$ s.)*, 1: 507; 2: 412, note 49.

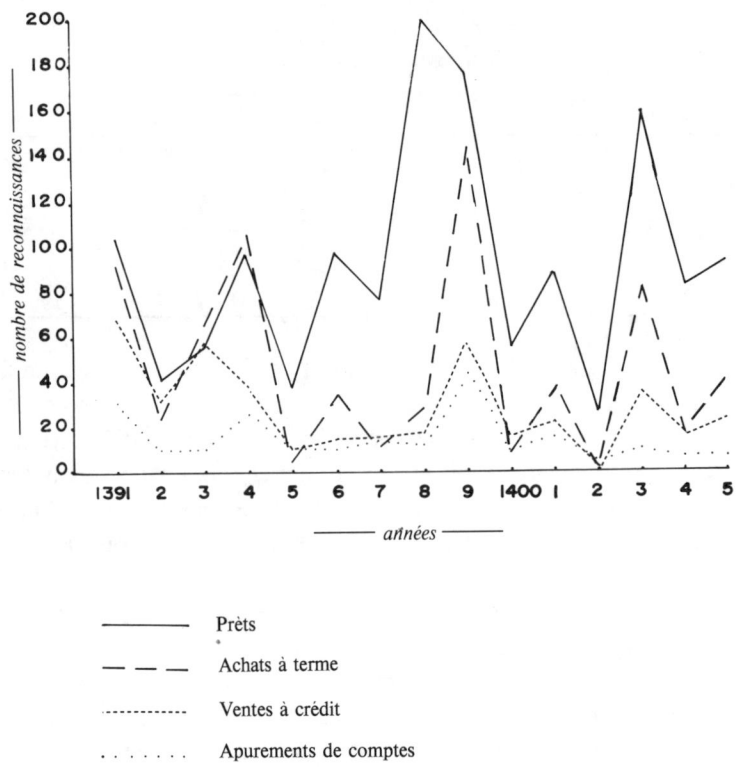

Figure 7. Reconnaissances de dettes par année

Si le tableau des reconnaissances de dettes dans toute la documentation indique que les opérations les plus nombreuses de 1391 à 1405 consistaient en des prêts, les achats à terme venant en deuxième, les ventes à crédit en troisième, suivis des apurements de comptes (Tableau 21), le graphique des reconnaissances de dettes par année illustre bien que cette tendance générale ne s'appliquait pas uniformément à toutes les années. Les quatre courbes ne se suivent pas nécessairement l'une au-dessous de l'autre dans cet ordre mais, au contraire, se coupent et se recoupent à plusieurs occasions.

Si les prêts dominaient pour la plupart des années, au cours de certaines époques, ils le faisaient très nettement: en 1395-1398, par exemple, et dans une moindre mesure, en 1401-1403. En effet, la part que représentaient les prêts dans l'ensemble des créances variait considérablement d'une année à l'autre:

Tableau 22

IMPORTANCE DES PRÊTS DANS L'ENSEMBLE DES CRÉANCES

| Année | % | Année | % |
|---|---|---|---|
| 1391 | 35,25 | 1399 | 41,38 |
| 1392 | 39,04 | 1400 | 61,11 |
| 1393 | 31,28 | 1401 | 53,65 |
| 1394 | 36,74 | 1402 | 77,14 |
| 1395 | 58,73 | 1403 | 55,01 |
| 1396 | 62,58 | 1404 | 66,12 |
| 1397 | 65,51 | 1405 | 56,02 |
| 1398 | 77,82 | | |

Elle oscillait donc entre 31,28 p. cent des opérations en 1393 et 77,82 p. cent en 1398. Les années 1398 et 1402 ont conservé toutes deux des taux très élevés de prêts (respectivement 77,82 p. cent et 77,14 p. cent). Ce phénomène mérite d'être retenu pour l'année 1398 où la documentation foisonne et dans une moindre mesure pour l'année 1402, année atypique, basée sur un nombre d'opérations infime pour ne pas dire insignifiant.

Les causes de la forte demande de crédit de la fin du XIV$^e$ et du début du XV$^e$ siècle peuvent résider dans la conjoncture politique, économique et militaire. Au cours des années 1395 à 1398, les troupes de Raymond Roger de Beaufort, vicomte de Turenne, ravageaient la campagne provençale du sud-ouest et ce phénomène provoquait sans doute un certain endettement. En outre, les États de Provence, pour lutter contre celui-ci, autorisèrent successivement la levée de plusieurs contributions. La pression fiscale qui s'ensuivit fut sûrement à la base d'un accroissement de la demande de crédit. De même, entre 1401 et 1405, le vice-roi Charles de Tarente imposa sans doute encore la population locale pour pouvoir acheter le départ des compagnies des deux camps.[81] Sont-ce ces événements que la documentation notariée reflète?

La courbe des achats à terme suit parfois fidèlement celle des prêts comme pour les années 1399, 1401 et 1403, mais elle la dépasse occasionnellement comme en 1394. (Voir aussi Tableau 23.)

Comment peut-on expliquer les mouvements de ces deux courbes, celle des prêts et celle des achats à terme, l'une par rapport à l'autre? La conjoncture économique peut sous-tendre leur évolution. L'absence d'étude approfondie de cette conjoncture en Provence à l'époque qui nous concerne

---

[81] Raoul Busquet, *Histoire de Provence des origines à la Révolution française* (Monaco: Éditions de l'Imprimerie nationale, 1954), pp. 205-206.

Tableau 23

RECONNAISSANCES DE DETTES PAR ANNÉE

| Type d'opérations | 1391 | 1392 | 1393 | 1394 | 1395 | 1396 | 1397 | 1398 | 1399 | 1400 | 1401 | 1402 | 1403 | 1404 | 1405 |
|---|---|---|---|---|---|---|---|---|---|---|---|---|---|---|---|
| Prêts | 104 | 41 | 56 | 97 | 37 | 97 | 76 | 200 | 173 | 55 | 88 | 27 | 159 | 82 | 93 |
| Achats à terme | 92 | 23 | 65 | 105 | 4 | 34 | 11 | 28 | 144 | 9 | 39 | 1 | 84 | 18 | 42 |
| Ventes à crédit | 68 | 31 | 48 | 37 | 10 | 14 | 15 | 17 | 57 | 16 | 22 | 2 | 36 | 17 | 24 |
| Apurements de comptes | 31 | 10 | 10 | 25 | 12 | 10 | 14 | 12 | 44 | 10 | 15 | 5 | 10 | 7 | 7 |
| TOTAUX | 295 | 105 | 179 | 264 | 63 | 155 | 116 | 257 | 418 | 90 | 164 | 35 | 289 | 124 | 166 |

Tableau 24

OPÉRATIONS PAR MOIS

| Types d'opérations | Avril | Mai | Juin | Juil. | Août | Sep. | Oct. | Nov. | Dec. | Janv. | Fev. | Mars | TOTAUX |
|---|---|---|---|---|---|---|---|---|---|---|---|---|---|
| Prêts | 161 | 100 | 58 | 28 | 102 | 70 | 204 | 176 | 113 | 134 | 118 | 121 | 1.385 |
| Achats à terme | 82 | 115 | 59 | 43 | 86 | 33 | 129 | 61 | 22 | 19 | 18 | 32 | 699 |
| Ventes à crédit | 75 | 59 | 14 | 6 | 19 | 25 | 38 | 41 | 23 | 25 | 37 | 52 | 414 |
| Apurements de comptes | 24 | 13 | 7 | 5 | 17 | 7 | 29 | 27 | 19 | 17 | 33 | 24 | 222 |
| TOTAUX | 342 | 287 | 138 | 82 | 224 | 135 | 400 | 305 | 177 | 195 | 206 | 229 | 2.720 |

incite à réduire nos hypothèses à des notions rudimentaires. Ainsi la spéculation à court et à moyen terme a pu favoriser les achats à terme pendant les périodes où les prix montaient. Un apport de numéraire en une période de prix bas remboursé par des denrées alimentaires en période de prix élevés représente une transaction plus rentable. Par contre, ce schème a pu également favoriser les prêts en denrées alimentaires dans la mesure où le prêt a été consenti à une période de prix bas et remboursé à une periode de prix élevés. Or, comme nous aurons l'occasion de le souligner plus loin, les prêts en denrées alimentaires étaient très importants à Salon-de-Provence, si bien que la spéculation à court et à moyen terme ne peut pas expliquer entièrement l'évolution de ces deux courbes.

Le nombre des ventes à crédit suit en général la richesse de la documentation (Tableau 23). Aux années où celle-ci est grande comme en 1399 ou en 1403, les ventes à crédit s'accroissent. Elles dépassent assez souvent, bien que légèrement, les achats à terme (1396, 1397, 1400). Elles présentent une grande régularité aux années 1395-1398. Seule 1393, avec son nombre important de ventes à crédit en une année de petite documentation, présente un problème. Mais ici également la spéculation à court ou à moyen terme a pu jouer. En une période de prix élevés, les créanciers ont pu chercher à stimuler les ventes à crédit dont le paiement était stipulé le plus souvent en numéraire. En effet, un fournisseur de blé en une période de prix élevés ne prenait pas le risque d'être remboursé en blé lorsque les prix pouvaient baisser. Il préférait consentir une vente à crédit plutôt qu'un prêt en denrées.

La courbe des apurements de comptes présente une grande stabilité n'oscillant qu'au rythme de la documentation. Elle dépasse parfois d'autres courbes (1395, 1402), mais de bien peu.

Le graphique des reconnaissances de dettes par année retient donc l'attention puisqu'il exprime la complexité du mouvement des créances contractées à Salon-de-Provence à la fin du XIV$^e$ siècle et au début du XV$^e$ siècle. Les explications apportées à l'évolution de ces opérations de crédit aident parfois, mais elles ne satisfont pas toujours pleinement.

Une analyse des fluctuations mensuelles des divers types d'opérations relevées dans les registres salonais peut également contribuer à la compréhension des mécanismes du crédit dans les villes provençales. Le graphique des opérations par mois illustre certaines tendances explicables. (Voir Figure 8 et Tableau 24.)

Les maxima se situaient en gros à la fin du printemps, aux mois d'avril et mai et à l'automne, en octobre et novembre. Les opérations étaient nombreuses également en août, mais moindres toutefois qu'aux deux périodes de maxima précitées. Les prêts abondaient pendant tout l'hiver alors que les achats à terme végétaient et que les ventes à crédit se maintenaient.

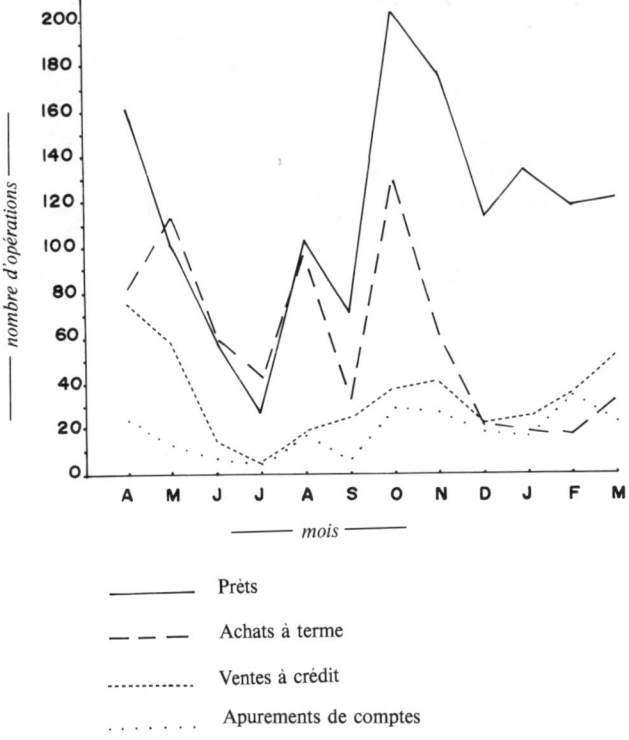

Figure 8. Opérations par mois 1391-1405

Plusieurs justifications peuvent être apportées à l'évolution de ces courbes. La soudure qui commençait à se faire sentir à la fin du printemps explique les maxima de cette époque de l'année. Les paysans empruntaient des grains et du numéraire et hypothéquaient leur récolte de blé. Au printemps les courbes étaient donc toutes à la hausse et le crédit était stimulé à la fois par une demande importante et par un espoir de remboursement prochain à l'occasion des récoltes de l'été. Les maxima de l'automne peuvent être justifiés par les semailles de blés d'hiver et par la nécessité de faire des réserves pour la saison froide. En effet, l'accroissement des ventes à crédit en octobre et novembre illustre le besoin de textiles à cette époque de l'année. Les remboursements étaient prévus en numéraire (ventes à crédit) ou en huile (achats à terme) dont la récolte s'annonçait. La hausse des courbes des prêts et des achats à terme en août ne s'explique que par la demande de numéraire liée au paiement des cens et redevances diverses. À Salon, la fête de saint Laurent (10 août) constituait une date de prédilection comme terme des redevances autant en numéraire qu'en nature. Ce graphique permet également de constater qu'au cours des mois d'hiver (décembre, janvier, février et même mars), le type d'opérations préféré était le prêt. Les achats à terme stagnaient au cours de cette période. La raison s'impose: la récolte des olives terminée, aucune autre récolte n'était prévue dans un avenir rapproché. Les pourvoyeurs de crédit ne pouvaient donc stipuler un remboursement en une denrée quelconque. Ils préféraient contracter des transactions de prêt en numéraire, en partie justifiées par le besoin d'acheter l'avoine nécessaire aux semailles de fin d'hiver.

C. Castellani, dans son analyse du crédit à Carpentras à la même époque, a également mis en graphique les fluctuations mensuelles des opérations.[82] Or des différences sensibles existent entre l'évolution des transactions à Salon-de-Provence et à Carpentras. Ainsi dans cette dernière ville, le maximum du printemps s'amorçait en mars, c'est-à-dire un mois plus tôt qu'à Salon. De plus, le mois d'août à Carpentras accusait une baisse considérable de tous les types d'opérations excepté des prêts, alors qu'à Salon le minimum de septembre est plus sensible. En outre, le mois de juin, des plus calmes à Salon, était fertile en transactions de tous genres à Carpentras.

Malgré ces différences, la comparaison de ces deux graphiques souligne en gros les mêmes tendances du crédit dans ces deux villes méridionales à la fin du XIVe et au début du XVe siècle: les maxima se situaient à la fin du printemps et en automne. Il y a tout lieu de croire que l'étude des fluctuations mensuelles des transactions dans d'autres villes provençales d'une importance comparable confirmerait ces résultats.[83]

Le nombre de reconnaissances de dettes dans les registres salonais révèle certes l'importance du crédit dans cette ville à l'époque. Il existe néanmoins différentes façons de mesurer cette importance. L'une d'elles passe par le dénombrement des quantités de numéraire et de denrées rapportées dans les diverses opérations.

Les actes prévoient souvent des remboursements en numéraire ou en une seule denrée. Dans ce cas, le compte du nombre d'actes impliquant des quantités de numéraire ou de ces denrées s'effectue facilement. Par contre, les opérations mixtes étaient comptabilisées à la fois en numéraire et en

---

[82] Christian Castellani, «Le rôle économique de la communauté juive de Carpentras au début du XVe siècle,» *Annales. Économies. Sociétés. Civilisations* 27, n° 3 (mai-juin 1972) 600-601.

[83] À Aix-en-Provence, au début du XVe siècle, la courbe des prêts ne marque qu'un maximum très sensible en octobre et novembre. Toutefois, un maximum secondaire se perçoit en juin. Par contre, contrairement à celle du crédit à Salon-de-Provence, la courbe accuse un creux très net en août. Voir Noël Coulet, *Aix-en-Provence. Espace et relations d'une capitale (milieu XIVe s. – milieu XVe s.)*, thèse (Aix-en-Provence, 1979) 1: 511-512. À Arles comme à Salon, les maxima du printemps (avril, mai, juin) et d'automne (octobre, novembre) sont très sensibles. Voir Louis Stouff, *La ville d'Arles à la fin du moyen-âge*, thèse multigraphiée (Aix-en-Provence, 1979), 2: 401.

Tableau 25

Quantités mentionnées

| Types d'opérations | Denrées | Nombre de mentions | Quantités |
|---|---|---|---|
| Prêts | Espèces | 972 | 4.862 fl. 14 s. |
| | Grains | 543 | 877 sau. 1 ém. |
| | Huile | 40 | 1.712 cartals |
| | Fèves | 5 | 4 sau. 5 ém. |
| | Amandes | 2 | 3 ém. |
| | Animaux | 4 | 4 agneaux |
| | Bois | 1 | |
| Achats à terme | Espèces | 19 | 57 fl. 1 s. |
| | Grains | 204 | 432 sau. |
| | Huile | 485 | 21.182 cartals |
| | Raisins | 7 | 13 sau. 6 ém. |
| | Amandes | 3 | 1 sau. 4 ém. |
| | Laine | 21 | 37,1 quintaux |
| | Animaux | 2 | 2 agneaux |
| | Travail | 1 | 1 journée |
| | Bois | 1 | |
| Ventes à crédit | Espèces | 373 | 2.471 fl. 2 s. |
| | Grains | 27 | 41 sau. 1 ém. |
| | Huile | 29 | 660 cartals |
| | Raisins | 1 | 8 sau. |
| | Fèves | 1 | 1 ém. |
| | Amandes | 1 | 1 ém. |
| Apurements de comptes | Espèces | 181 | 2.071 fl. 8 s. |
| | Grains | 36 | 76 sau. 6 ém. |
| | Huile | 43 | 1.821 cartals |
| | Fèves | 2 | 6 ém. |
| Quittances | Espèces | 60 | 936 fl. 15 s. |
| | Grains | 11 | 28 sau. 6 ém. |
| | Huile | 3 | 955 cartals |
| | Vêtements | 1 | |
| | Livres | 1 | |
| Transferts de créances | Espèces | 47 | 754 fl. 11 s. |
| | Grains | 9 | 23 sau. 5 ém. |
| Divers | Espèces | 11 | 42 fl. 12 s. |
| | Grains | 9 | 25 sau. 2 ém. |
| | Huile | 7 | 132 cartals |
| | Amandes | 1 | |
| | Peaux | 1 | |
| | Livres | 1 | |

plusieurs denrées diverses. Le calcul en est complexe. Pour pallier cette difficulté, nous avons compté les quantités mentionnées par nombre de mentions de ces denrées ou de numéraire plutôt que par nombre d'actes. Par exemple, plutôt que de dénombrer dix opérations de prêt à rembourser à la fois en numéraire, grains et huile, le tableau des quantités compte des prêts prévoyant dix mentions de remboursement en numéraire, huit en grains et six en huile. Les prêts sont toujours au nombre de dix, mais le remboursement y est prévu à la fois en numéraire et en denrées diverses.[84]

Les quantités variaient d'un type d'opérations à l'autre. Ainsi les prêts prévoyaient des remboursements aussi bien en numéraire qu'en grains, les achats à terme, en grains aussi bien qu'en huile. D'ailleurs si les reconnaissances de dettes (prêts, achats à terme, ventes à crédit, apurements de comptes) impliquaient des quantités à rembourser, les quittances supposaient des denrées déjà remboursées, les transferts de créances des biens apportés en remboursement par un individu sur la dette d'un autre individu. Les quantités mentionnées dans les actes n'exprimaient pas toutes le même aspect du crédit.

Ce tableau, fournissant comme données à la fois les quantités de chaque denrée pour chaque type d'opérations et le nombre de mentions de ces denrées, rend possible l'établissement de moyennes. Or il importe de pouvoir les évaluer comme la documentation conservée ne représente qu'une infime partie des opérations originellement contractées et par conséquent, la somme des quantités rapportées ici ne correspond qu'à une parcelle des quantités qui étaient réellement à rembourser à l'origine. Les moyennes rétablissent alors l'équilibre et permettent de concrétiser la valeur d'une opération à crédit.

La somme des quantités à rembourser à la suite des opérations de prêt souligne la portée de cette forme de crédit. Totalisant la plus haute somme en numéraire (4.862 florins), la plus grande quantité de grains (877 saumées) de toutes les opérations de la documentation, elle témoigne que cette activité de crédit rapportait le plus aux créanciers juifs salonais. La somme en espèces à récupérer par les prêts était le double de celle du commerce à crédit. (Il est vrai que nous ne possédons aucun indice des montants fournis par le commerce au comptant.) Les quantités à recouvrer des prêts en grains équivalaient également à deux fois celles achetées à terme. Parmi ces grains, le froment dominait: il totalisait 86,55 p. cent des mentions de grains avec 82,66 p. cent des quantités (Tableau 26). L'avoine suivait de très loin avec 8,47 p. cent des mentions contre 13 p. cent des quantités. La moyenne des

---

[84] Dans ce tableau, nous avons également inclus les dix-neuf actes de la documentation dits «multiples» qui comprenaient deux opérations différentes dans un même acte. Alors qu'il était difficile de les intégrer au dénombrement des types d'opérations, ici ils s'intègrent parfaitement.

Tableau 26

QUANTITÉS DE GRAINS DIVERS MENTIONNÉS

| Types d'opérations | Grains | Nombre de mentions | Quantités |
|---|---|---|---|
| Prêts | Blé | 2 | 2 sau. 2 ém. |
| | Froment | 470 | 725 sau. |
| | Orge | 2 | 7 sau. 7 ém. |
| | Avoine | 46 | 114 sau. 1 ém. |
| | Seigle | 23 | 27 sau. 7 ém. |
| Achats à terme | Blé | 1 | 4 sau. 4 ém. |
| | Froment | 156 | 317 sau. 3 ém. |
| | Avoine | 42 | 96 sau. 3 ém. |
| | Seigle | 5 | 13 sau. 6 ém. |
| Ventes à crédit | Froment | 23 | 35 sau. 5 ém. |
| | Avoine | 4 | 6 sau. 4 ém. |
| Apurements de comptes | Froment | 31 | 67 sau. 2 ém. |
| | Avoine | 3 | 8 sau. 2 ém. |
| | Seigle | 2 | 1 sau. 2 ém. |
| Quittances | Froment | 11 | 25 sau. 4 ém. |
| | Avoine | 1 | 3 sau. |
| | Seigle | 1 | 2 ém. |
| Transferts de créances | Froment | 9 | 23 sau. 5 ém. |
| Divers | Froment | 7 | 19 sau. 5 ém. |
| | Orge | 1 | 2 sau. 5 ém. |
| | Seigle | 1 | 3 sau. |

transactions de prêt en numéraire s'élevait à cinq florins, en grains à une saumée cinq émines, en huile à quarante-deux cartals.

À titre comparatif, nous avons aussi relevé dans les registres notariaux salonais de 1391 à 1405 toutes les opérations de prêt n'impliquant que des Chrétiens. Elles étaient au nombre de 141. Contre les 1.385 prêts où des Juifs étaient concernés, le prêt entre Chrétiens ne représente que 9,24 p. cent de l'ensemble des actes de prêt. Malgré le petit nombre de ces opérations et compte tenu du fait qu'il constitue tout le prêt entre Chrétiens, nous avons comparé les moyennes des opérations impliquant des Juifs et celles entre Chrétiens.

Tableau 27

QUANTITÉS PRÊTÉES ENTRE CHRÉTIENS

| Denrées | Nombre de mentions | Quantités | Moyennes |
|---|---|---|---|
| Espèces | 113 | 916 fl. 6 s. | 8 fl. 1 s. |
| Grains | 20 | 44 sau. 3 ém. | 2 sau. 2 ém. |
| Huile | 8 | 692 cartals | 86 cartals |

Les moyennes des prêts en espèces et en grains dépassent légèrement celles des opérations auxquelles des Juifs participèrent. On peut supposer que les prêteurs chrétiens prenaient moins de risques que les Juifs et prêtaient de plus fortes sommes, certes, mais à des individus ayant un meilleur crédit. Quant à la moyenne des prêts en huile, elle ne peut nullement être comparée (quarante-deux cartals contre quatre-vingt-six) et l'on doit, pour l'expliquer, avoir recours à l'idée du prêt d'investissement. L'étude en détail des huit prêts en huile montre que plusieurs stipulaient de fortes quantités et qu'une seule opération n'a pas causé cette moyenne élevée.

Les grandes tendances du prêt à Salon-de-Provence se retrouvaient, parfois avec quelques divergences, dans les autres villes provençales. Ainsi, la présence de prêts en nature est attestée également à Arles et à Aix-en-Provence à la fin du XIV$^e$ siècle et au cours de la première moitié du XV$^e$ siècle, mais à un niveau inférieur: à Arles, 30 p. cent entre 1436 et 1440; à Aix-en-Provence, 20 p. cent en 1390-1399, 13 p. cent en 1412-1413 et 6 p. cent en 1430-1435 contre 38 p. cent entre 1391 et 1405 à Salon-de-Provence. La prépondérance des Juifs de cette dernière ville dans ce domaine du crédit, où ils opéraient 96 p. cent des transactions, était sensiblement atténuée à Aix-en-Provence avec 70 p. cent des contrats de ce type et à Arles avec 57 p. cent de ceux-ci. Enfin, si les Juifs de Salon prêtaient une somme quatre fois supérieure à celle investie par les Chrétiens de la ville dans le prêt en espèces et contrôlaient ainsi 80 p. cent de cette activité, les Juifs d'Arles ne prêtaient que 74 p. cent du numéraire et ceux d'Aix 59,50 p. cent. Dans les trois localités, les Juifs s'adonnaient dans une plus grande mesure aux petits prêts et au crédit de consommation, alors que les Chrétiens consentaient un pourcentage de prêts élevés comparable à Aix et supérieur à Arles et à Salon-de-Provence.[85]

Les achats à terme prévoyaient le paiement de fortes quantités de denrées (Tableau 25). Mais cette catégorie d'opérations comprend d'abord dix-neuf mentions de versements de numéraire qui devaient totaliser cinquante-sept florins. La présence de sommes à payer dans des achats à terme s'explique difficilement. Sont-ce là des erreurs et s'agissait-il réellement de prêts de numéraire? Cela se peut, mais dix-neuf erreurs représentent un taux très

---

[85] Voir Noël Coulet, *Aix-en-Provence. Espace et relations d'une capitale (milieu XIV$^e$ s. - milieu XV$^e$ s.)*, thèse (Aix-en-Provence, 1979), 1: 506-526 et «Autour d'un quinzain des métiers de la communauté juive d'Aix en 1437,» *Minorités, techniques et métiers*, Actes de la table ronde du Groupement d'Intérêt Scientifique Sciences Humaines sur l'Aire Méditerranéenne, Abbaye de Sénanque, octobre 1978 (Aix-en-Provence, 1979), pp. 93-95. Tiré du même volume, de Louis Stouff, «Activités et professions dans une communauté juive de Provence au bas moyen-âge. La juiverie d'Arles, 1400-1450,» pp. 61-66. Du même auteur, *La ville d'Arles à la fin du moyen-âge*, thèse multigraphiée, 2: 400-408.

élevé. Le montant n'est toutefois pas suffisamment élevé pour qu'on s'y attarde. La quantité de grains à rembourser dans ce type d'actes (432 saumées) mérite d'être soulignée. La part du froment y est encore très élevée, quoique moindre que dans les prêts: 76,47 p. cent des mentions de grains contre 73,37 p. cent des quantités. L'avoine constitue une partie importante du total: 20,58 p. cent des mentions contre 22,22 p. cent des quantités. Mais l'originalité des achats à terme réside plutôt dans la priorité accordée aux versements en huile. Quatre cent quatre-vingt-cinq remboursements ont été prévus totalisant plus de 20.000 cartals. Quelques achats de laine ont également été conclus (vingt et un), mais cette denrée ne représentait pas un élément essentiel des achats à terme au même titre que l'huile ou les grains. Les moyennes se comparent en tous points à celle des prêts: deux saumées pour les paiements prévus en grains et quarante-quatre cartals pour ceux prévus en huile.

La somme prévue en remboursement des ventes à crédit (près de 2.500 florins), les 373 mentions de dettes à rembourser en espèces et la moyenne des opérations légèrement supérieure à celle des prêts (six florins huit sous) témoignent de la grande vitalité du commerce à crédit à Salon. Les quelques occurrences de versements de grains (vingt-sept) ou d'huile prévus (vingt-neuf) manifestent la présence du troc. En effet, les denrées de première utilité comme le froment et l'huile servaient encore de monnaie d'échange. Les ventes à crédit comptent cinquante-neuf mentions de troc sur un total de 432 mentions, ce qui équivaut à un taux de 13,66 p. cent.

Mais quels étaient les biens vendus à crédit? Ceux-ci sont mentionnés dans 389 cas. Les produits alimentaires prenaient la première place avec 269 ventes à crédit (69,15 p. cent), suivis de loin par les produits textiles avec quatre-vingt-douze (23,65 p. cent). Les produits alimentaires les plus en demande étaient les grains avec 235 ventes (60,41 p. cent). Mais il est malaisé de savoir quels grains étaient les plus achetés car dans 158 cas, la documentation ne fait que mentionner «pour achat de blé» sans spécifier de quel type de blé il s'agissait. Toutefois, le froment domine les soixante-dix-sept ventes où le type de blé vendu est indiqué, avec soixante-six ventes contre sept d'avoine. L'huile faisait l'objet de vingt-trois transactions. Les Juifs de Salon s'adonnaient également au commerce des produits textiles. Soixante-douze opérations témoignent de ventes à crédit de draps sans donner plus de précision, alors que douze mentionnent des transactions sur des toiles et sept sur des serges.[86] La documentation ne contient qu'une seule

---

[86] Le commerce des Juifs variait considérablement d'une ville à l'autre. Ainsi, si ceux de Salon et d'Aix pratiquaient le commerce des grains et de l'huile dans une mesure qui semble comparable en tenant compte de la population des deux villes, les Juifs d'Aix contrôlaient le commerce des amandes alors que nous n'avons trouvé aucune vente d'amandes à crédit à

transaction de ce type impliquant des vêtements. Treize ventes à crédit d'animaux ont été contractées: dans cinq d'entre elles, l'animal échangé était la mule; dans quatre, l'âne; dans deux, le bœuf et le cheval. Des biens immobiliers ont aussi été vendus à crédit dans huit cas: il s'agissait de terres dans quatre, de vignes et vergers d'oliviers dans quatre autres cas. Ainsi les biens les plus courants étaient vendus à crédit et étaient remboursés en numéraire la plupart du temps et occasionnellement, par le troc, en denrées le plus facilement négociables, les grains et l'huile.

Les apurements de comptes prévoyaient des remboursements en numéraire surtout. Le total des espèces à rembourser dans ce type d'échanges (2.071 florins) égalait presque celui des ventes à crédit (2.471 florins) (Tableau 25). Or le nombre de mentions de ces deux types était du simple au double. La moyenne des apurements de comptes remboursés en espèces était donc de onze florins quatre sous, moyenne largement supérieure aux prêts en numéraire et aux ventes à crédit faites en espèces. Cette importance du numéraire montre que lorsqu'un débiteur récalcitrant se voyait obligé de reprendre un engagement, il voyait souvent son rembousement se transformer en numéraire même s'il ne l'avait pas été à l'origine. En effet, la transaction qui avait été prévue pour le court terme se transformait souvent en une période de moyen terme. Il était de plus en plus difficile de prévoir la conjoncture et un retournement de celle-ci pouvait provoquer une perte pour le créancier dans toutes les transactions impliquant des remboursements en denrées. Le créancier préférait donc convertir la créance en numéraire. L'importance de la moyenne des apurements de comptes en espèces accuse l'accumulation des intérêts. Ces transactions touchaient à l'origine de petites sommes qui par le biais de ceux-ci s'accrurent. La reprise d'engagement amena les intérêts composés et ainsi le montant se gonfla progressivement. Si les versements d'apurements de comptes prévus en grains ne s'élevaient pas à une forte somme, ceux en huile (1.821 cartals) n'étaient pas négligeables. Ils dépassaient les versements prévus en huile dans les prêts. Or dans l'ensemble de la documentation, les apurements de comptes ne peuvent nullement être comparés aux prêts par le nombre des transactions (200 contre 1.385). L'importance des apurements de comptes remboursés en huile en est accrue.

---

Salon. De même les Juifs des deux villes étaient impliqués dans le commerce des draps, mais si ceux d'Aix étaient actifs dans la vente des laines, ceux de Salon ne semblent pas s'y être intéressés. Cf. Noël Coulet, «Autour d'un quinzain des métiers de la communauté juive d'Aix en 1437,» *Minorités, techniques et métiers*, Actes de la table ronde du Groupement d'Intérêt Scientifique Sciences Humaines sur l'Aire Méditerranéenne, Abbaye de Sénanque, octobre 1978 (Aix-en-Provence, 1979), pp. 79-104.

Les quittances et les transferts de créances représentent tous deux le phénomène du remboursement et ne contituent ni l'un, ni l'autre une grande part de la documentation (Tableau 25). On constate toutefois que les versements en numéraire dominaient largement ces deux types de transactions, les quittances avec 936 florins et les transferts de créances avec 754 florins. Les moyennes de ces remboursements en espèces (quinze florins huit sous pour les quittances et seize florins pour les transferts de créances) devancent toutes celles relevées jusqu'ici. Ces transactions se rapprochaient plus du crédit d'investissement que de celui de consommation illustré dans les prêts, les achats à terme ou les ventes à crédit. Ces deux types d'opérations illustrent le phénomène des petits commerçants ou des modestes hommes d'affaires réglant leurs comptes. L'insignifiance des remboursements en grains (respectivement vingt-huit saumées et vingt-trois saumées) confirme cette orientation vers l'investissement des quittances et des transferts de créances.

Le cumul de tous ces remboursements prévus et effectués donne une idée des sommes investies dans le crédit et des mouvements de denrées et d'espèces que celui-ci impliquait. Le total des espèces à rembourser s'élevait, durant la période 1391 à 1405, à 9.505 florins, la somme des grains à 1.452 saumées dont 1.163 saumées de froment (80 p. cent) et celle d'huile à 26.690 cartals. Ces sommes considérables ne représentaient pourtant qu'une partie restreinte des quantités qui changeaient réellement de main. De plus, les actes exprimant des paiements totalisaient 1.691 florins et cinquante-deux saumées de grains.

Ces extraordinaires sommes de numéraire récupérées étaient réinvesties dans le prêt d'espèces et les achats à terme. Les quantités de grains et d'huile étaient soit prêtées, soit vendues au comptant ou à crédit. Ainsi les créanciers exerçaient un rôle bien supérieur à celui de prêteurs: ils remettaient leurs grains en circulation dans les circuits économiques. Ils constituaient, plus que des pourvoyeurs de crédit, des redistributeurs de biens.

B. *Les créanciers*

Dans toute opération de crédit, il y a un créancier, un débiteur et une somme faisant l'objet de la transaction. Nous avons eu l'occasion de nous pencher précédemment sur les diverses opérations pratiquées à Salon à la fin du XIV$^e$ et au début du XV$^e$ siècle, sur les sommes en espèces et les quantités de denrées à rembourser. Notre attention se portera maintenant sur les créanciers, leurs associés et leurs intermédiaires.

Comme il est question ici d'étudier la communauté juive de Salon, nous n'avons relevé que les actes impliquant des Juifs de Salon. Mais dans les nombreuses transactions traitées, les Juifs de Salon n'apparaissaient pas toujours comme créanciers; ils pouvaient être occasionnellement les débiteurs de Chrétiens ou leurs procureurs. Toutefois, les opérations où aucun Juif salonais n'exerçait de rôle n'ont pas été relevées, excepté dans le cas des prêts, où l'on a voulu procéder à la comparaison entre le prêt juif et chrétien. Ces 141 actes de prêt entre Chrétiens ne font pas partie du traitement général. Ils ont été traités manuellement alors que les 2.928 transactions impliquant des Juifs ont été traitées par ordinateur. Pour l'analyse des créanciers, on a soustrait de ces 2.928 actes les transferts de créances (cinquante-trois) et les constitutions de procureurs (vingt et une) qui ne pouvaient être comptés avec les autres puisque les uns donnaient deux créanciers successifs et les autres aucun. Les quittances ont été intégrées au volume des actes, bien qu'elles aient manifesté des dettes déjà remboursées, car elles indiquaient un créancier et un débiteur et ainsi leur forme s'apparentait à celles des reconnaissances de dettes. Le compte des créanciers juifs et chrétiens, salonais ou non salonais peut donc s'opérer sur la base de 2.854 opérations.[87]

Tableau 28

RÉPARTITION DES CRÉANCIERS SELON LA RELIGION

| Créanciers | Nombre d'opérations | |
|---|---|---|
| | Ch. abs | % |
| Un Juif salonais | 2.663 | 93,30 |
| Un Chrétien | 114 | 4,00 |
| Plusieurs Juifs salonais | 39 | 1,36 |
| Un Juif non salonais | 29 | 1,02 |
| Plusieurs Chrétiens | 9 | 0,32 |
| TOTAUX | 2.854 | 100,00 |

À la vue de ce tableau, l'absence totale de créanciers juifs et chrétiens opérant ensemble est frappante. Alors qu'ils auraient pu s'associer pour contracter ensemble, à titre de créanciers, des transactions de crédit, il n'y a eu aucun exemple de ce type d'association à Salon pendant les quinze années étudiées. Ceci mérite certes d'être souligné. Les créanciers juifs opéraient en majeure partie seuls (93,30 p. cent) et en très mineure partie à deux ou plusieurs (1,36 p. cent). Ces habitudes de travail s'expliquent par le fait que les sommes de numéraire ou les quantités de denrées à pourvoir ne s'élevaient pas à de très fortes sommes et les Juifs salonais y parvenaient sans s'associer. Dans un petit nombre de transactions toutefois, ils devaient s'associer pour

---

[87] Les dix-neuf actes multiples ont été éliminés. Ces opérations avaient toutes été contractées envers un créancier juif salonais.

répondre à une demande excédant les possibilités financières d'un prêteur ou pour partager des risques devenus plus importants. L'existence d'opérations de crédit où les créanciers étaient chrétiens ou juifs non salonais, et qui totalisent 5,34 p. cent des actes, révèle que les Juifs salonais agissaient dans une certaine mesure comme procureurs des Chrétiens et des Juifs non salonais et dans une certaine mesure comme débiteurs de ceux-ci. Ainsi que l'indique le pourcentage mentionné, ce taux était toutefois très bas.

Pour un type d'opérations, le prêt, tous les actes ont été relevés et il est possible de comparer avec précision et exactitude la part des créanciers juifs et celle des créanciers chrétiens. La documentation traitée par ordinateur révèle d'une part 1.373 opérations de prêt avec créanciers juifs et d'autre part, douze avec créanciers chrétiens.

Tableau 29

RÉPARTITION DES PRÊTS PAR DES CHRÉTIENS ET DES JUIFS
EN NOMBRE D'OPÉRATIONS

| Année | Prêts par des Chrétiens Ch. abs. | % | Prêts par des Juifs Ch. abs. | % | Totaux Ch. abs. |
|---|---|---|---|---|---|
| 1391 | 23 | 18,25 | 103 | 81,75 | 126 |
| 1392 | 15 | 26,78 | 41 | 73,22 | 56 |
| 1393 | 11 | 16,92 | 54 | 83,08 | 65 |
| 1394 | 20 | 17,22 | 96 | 82,75 | 116 |
| 1395 | 2 | 5,12 | 37 | 94,88 | 39 |
| 1396 | 7 | 6,73 | 97 | 93,27 | 104 |
| 1397 | 7 | 8,43 | 76 | 91,57 | 83 |
| 1398 | 11 | 5,21 | 200 | 94,79 | 211 |
| 1399 | 16 | 8,46 | 173 | 91,54 | 189 |
| 1400 | 3 | 5,17 | 55 | 94,83 | 58 |
| 1401 | 11 | 11,57 | 84 | 88,43 | 95 |
| 1402 | 5 | 16,12 | 26 | 83,88 | 31 |
| 1403 | 7 | 4,24 | 158 | 95,76 | 165 |
| 1404 | 5 | 5,81 | 81 | 94,19 | 86 |
| 1405 | 10 | 9,70 | 92 | 90,29 | 103 |
| TOTAUX | 153 | | 1.373 | | 1.526 |

Les prêts entre Chrétiens dont le traitement a été effectué de façon manuelle comptent 141 opérations. Il reste donc dans les registres notariaux salonais, de 1391 à 1405, 1.373 prêts à prêteurs juifs et 153 à prêteurs chrétiens. La part du prêt juif (89,98 p. cent) dans le prêt en général comptait grandement si l'on en juge par le nombre des actes. Le tableau de la répartition des prêteurs chrétiens et juifs en nombre d'opérations donne en outre le détail des transactions par année. On constate que le prêt juif oscillait de 73,22 p. cent du prêt en général en 1392 à 95,76 p. cent en 1403 et que le prêt chrétien variait donc inversement. Si la moyenne pour les quinze années se rapproche de 90 p. cent, durant certaines années le prêt juif représentait moins des trois quarts de l'ensemble des transactions de ce type.

Les pourcentages obtenus à Salon-de-Provence dépassent en général ceux d'Arles où, en 1436-1440, les Juifs prêtaient 74,28 p. cent du numéraire et 57 p. cent des denrées dans 74,92 p. cent des actes de ce type. À Aix-en-Provence, en 1430-1435, ils prêtaient 59,50 p. cent du numéraire et consentaient en outre 70 p. cent des prêts en nature et 87,50 p. cent des prêts mixtes.[88]

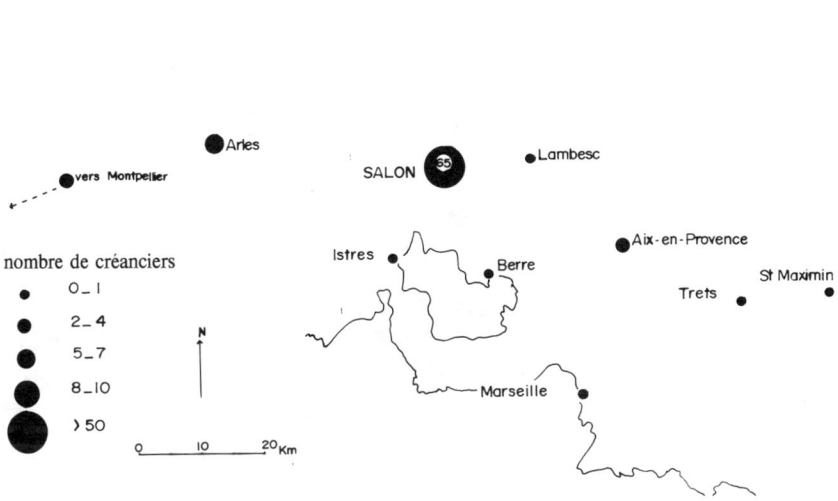

Figure 9. LIEUX D'ORIGINE DES CRÉANCIERS JUIFS (1391-1405)

D'où venaient les créanciers? La documentation rapporte 205 créanciers différents ayant opéré à Salon entre 1391 et 1405 et dont il reste des traces dans les registres notariaux de la ville. Ce chiffre se divise en 119 créanciers chrétiens et quatre-vingt-six créanciers juifs. De ces derniers, soixante-cinq (soit 75,58 p. cent) habitaient Salon-de-Provence. Comme l'étude est

---

[88] Voir Louis Stouff, *La ville d'Arles à la fin du moyen-âge*, thèse multigraphiée, 2: 400-402; Noël Coulet, *Aix-en-Provence. Espace et relations d'une capitale (milieu XIV$^e$ s. - milieu XV$^e$ s.)*, thèse, 1: 515-518; et du même auteur «Autour d'un quinzain des métiers de la communauté juive d'Aix en 1437,» *Minorités, techniques et métiers*, Actes de la table ronde du Groupement d'Intérêt Scientifique Sciences Humaines sur l'Aire Méditerranéenne, Abbaye de Sénanque, octobre 1978 (Aix-en-Provence, 1979), pp. 92-93.

128  LE RÔLE ÉCONOMIQUE

consacrée aux Juifs salonais et que seuls les actes où ils paraissent ont été retenus, on ne s'étonnera guère de les voir dominer les statistiques. En effet, tous les Juifs non salonais et tous les Chrétiens salonais ou non, mentionnés ici comme créanciers, n'y figurent que parce qu'ils ont traité avec des Juifs salonais qui leur devaient ou leur servaient de procureurs. Il faut quand même noter que soixante-cinq Juifs non salonais qui ont exercé occasionnellement la fonction de créancier des Juifs salonais ou qui les ont sollicités comme procureurs venaient soit de villes plus importantes (Arles, sept ou 8,14 p. cent; Aix-en-Provence, quatre; Montpellier et Avignon, deux; Marseille et Saint-Maximin, un), soit de localités de la région immédiate (Lambesc, Trets, Istres et Berre, un). Quoi qu'il en soit, les Juifs salonais n'avaient pas recours aux coreligionnaires des régions plus éloignées: leur recrutement de

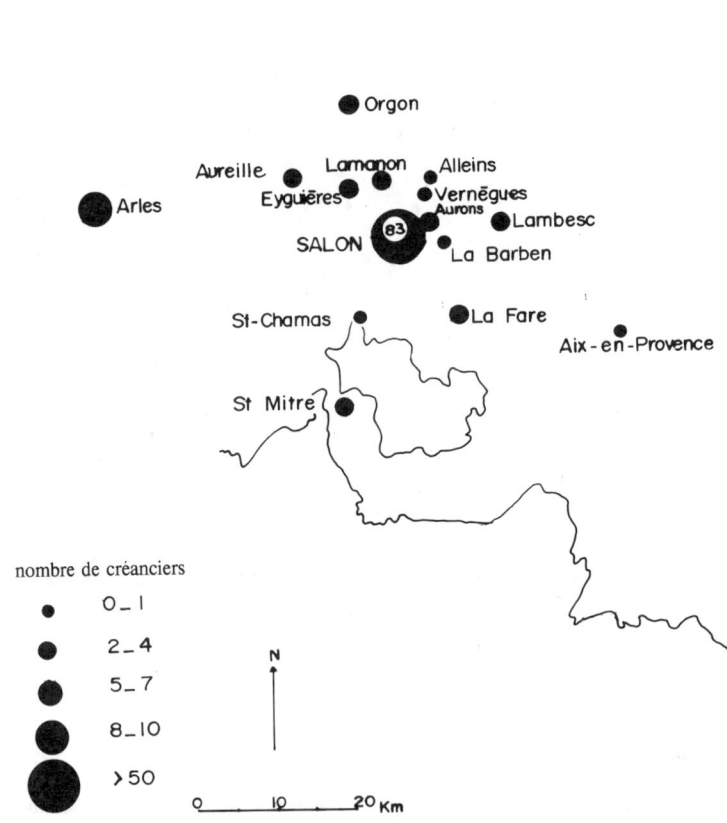

Figure 10. LIEUX D'ORIGINE DES CRÉANCIERS CHRÉTIENS AYANT TRAITÉ AVEC DES JUIFS SALONAIS (1391-1405)

créanciers et leur engagement comme procureurs se résumaient à la région géographique comprise entre Avignon, Saint-Maximin, Marseille et Montpellier. Le même phénomène se remarque pour les créanciers chrétiens: ils venaient de Salon-de-Provence dans quatre-vingt-trois cas (soit 69,75 p. cent), de villes plus importantes que Salon dans une proportion moindre que pour les Juifs non salonais ayant opéré avec des Juifs salonais (Arles, neuf ou 7,56 p. cent; Avignon, quatre; Aix-en-Provence, un) et surtout de localités environnantes.[89] L'aire géographique où le recrutement des créanciers chrétiens se faisait correspondait sensiblement à celle des créanciers juifs.

Si l'on compare ces données avec les 141 opérations de prêteurs chrétiens ayant transigé avec des coreligionnaires, on constate à la fois des points communs et des différences sensibles. Le taux de prêteurs salonais de cette documentation restreinte (74,46 p. cent) se rapproche des taux de Juifs salonais et de Chrétiens salonais impliqués comme créanciers dans l'ensemble des actes (respectivement 75,58 p. cent et 69,75 p. cent). L'importance des villages avoisinants comme lieux d'origine des prêteurs chrétiens perce comme dans les transactions mises sur ordinateur. Par contre, les villes plus importantes que Salon-de-Provence étaient faiblement représentées dans le prêt entre Chrétiens (Arles, deux; Digne, un) et l'aire géographique d'origine des prêteurs chrétiens s'élargit légèrement vers l'est à cause de l'inclusion de la ville de Digne, lieu d'origine d'un prêteur chrétien.[90]

Si le lieu d'origine des créanciers chrétiens ayant traité avec des Juifs est toujours mentionné, leur catégorie socio-professionnelle ne l'est que quelquefois. L'intérêt de cet élément est considérable: la mention du métier ou de la profession d'un créancier chrétien permet d'établir auprès de qui les Juifs salonais se procuraient les sommes de numéraire ou les quantités de denrées qui leur manquaient.

La documentation notariée impliquant des Juifs rapporte la catégorie socio-professionnelle de cinquante-trois créanciers chrétiens seulement sur un total de 123 (43,08 p. cent). Parmi ceux dont l'origine sociale, l'état, le

---

[89] Les lieux d'origine des créanciers chrétiens ayant traité avec des Juifs salonais durant la période 1391 à 1405 sont les suivants: Salon-de-Provence, 83; Arles, 9; Avignon, 4; Aureille, Aurons, Eyguières, Saint-Mitre, Orgon, La Fare, Lamanon et Lambesc, 2; Vernègues, La Barben, Alleins, Saint-Chamas et Aix-en-Provence, 1; illisibles, 2. Les transactions opérées entre les Juifs de Salon et ceux de Montpellier dont atteste la documentation, datent des années 1391 à 1394, celles immédiatement antérieures à l'expulsion. Voir Salomon Kahn, «Documents inédits sur les Juifs de Montpellier au Moyen Âge,» *Revue des études juives* 22 (1891) 271.

[90] Les lieux d'origine des créanciers chrétiens ayant prêté à des coreligionnaires entre 1391 et 1405 sont les suivants: Salon-de-Provence 105; Pélissanne, 8; Lançon et Vernègues, 4; Aurons et Roquemartine, 3; Grans et Arles, 2; Eyguières, Saint-Chamas, La Barben, Lamanon, Lambesc, Pertuis, Berre et Digne, 1; illisibles, 2.

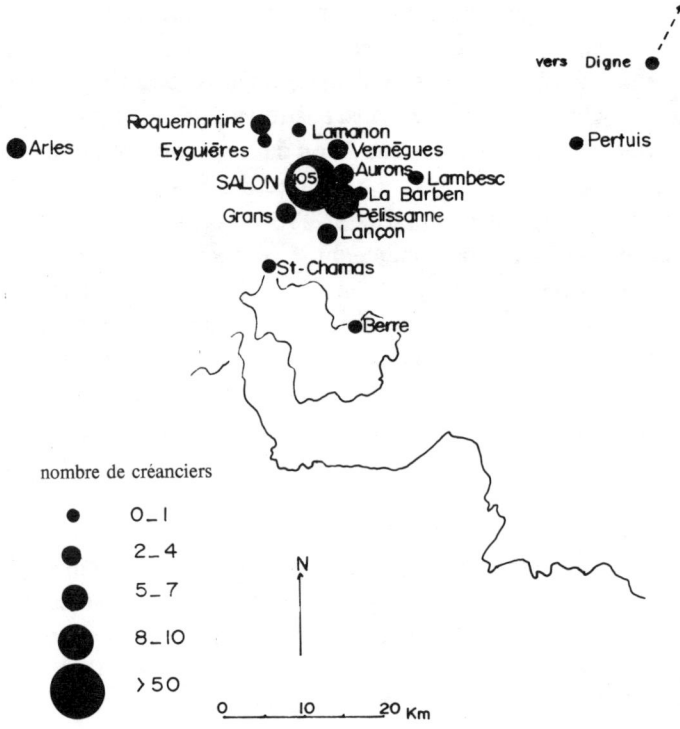

Figure 11. Lieux d'origine des Chrétiens
ayant prêté à des coreligionnaires (1391-1405)

métier ou la profession sont connus, les nobles traitaient le plus souvent avec les Juifs. On en relève vingt cas, soit un taux de 37,73 p. cent. Puis venaient les commerçants avec onze transactions (20,76 p. cent). Ceux-ci regroupaient des marchands (sept), des maceliers (deux), un drapier[91] et un apothicaire. Des ecclésiastiques, au nombre de sept (13,20 p. cent), transigeaient également avec des Juifs salonais. Des notaires ou juges opéraient de même avec ceux-ci et dans la même proportion. Cinq officiers locaux (9,44 p. cent), bailes, viguiers ou clavaires, ont traité avec des Juifs de la ville. Étaient-ils également des hommes de loi? Trois artisans (5,67 p. cent), deux forgerons et un tisserand firent de même.

Au premier abord, ce relevé indique que les Juifs de Salon qui recherchaient du crédit sollicitaient, quand ils n'avaient pas recours à des coreligionnaires étrangers, des Chrétiens bien situés dans l'échelle sociale, des

---

[91] Des drapiers figurent également sous le métier de marchand.

nobles surtout, mais aussi des commerçants, des ecclésiastiques, des juristes, etc. Il n'est guère étonnant de constater que les individus bien pourvus fournissent les fonds. Toutefois cette conclusion peut être atténuée en partie par le fait que les notaires ont probablement tenu à noter les états ou les professions les plus prestigieuses en omettant celles de moindre prestige. En effet, toutes les occupations des individus n'apparaissent pas dans les registres salonais. Et il est intéressant de noter la petite part prise par les artisans créanciers et même l'absence (ou l'omission) totale des créanciers détenteurs d'occupations agricoles. Il faut en effet émettre l'hypothèse qu'un certain nombre des sans profession aient été des travailleurs de la terre.

À titre comparatif, nous avons préparé un graphique des 141 prêteurs chrétiens fournisseurs de crédit à des coreligionnaires. Constatons d'abord que la documentation compte plus d'éléments: quatre-vingt-un états ou métiers sur un total de 141 transactions sont mentionnés, soit un taux de 57,44 p. cent contre 43,08 p. cent pour les Chrétiens ayant traité avec des Juifs. Si la quantité de données crée une certaine distortion qui accroît la difficulté de comparer les deux graphiques, l'intérêt de mettre en rapport l'ordre d'importance des diverses professions demeure.

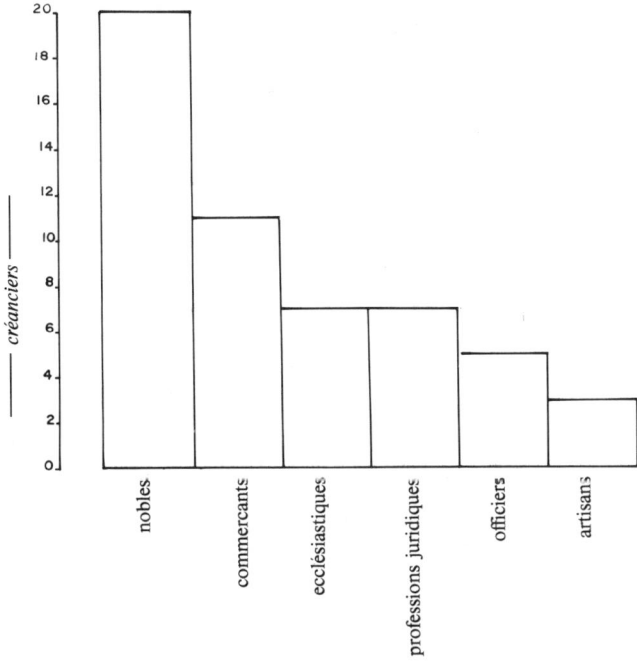

Figure 12. CATÉGORIES SOCIO-PROFESSIONNELLES DES CRÉANCIERS CHRÉTIENS (1391-1405).

Chez les Chrétiens ayant prêté à des Chrétiens, les ecclésiastiques dominaient avec vingt-neuf transactions (35,80 p. cent). Les commerçants arrivaient encore en seconde place avec vingt-quatre mentions, soit 29,62 p. cent, taux légèrement supérieur à celui des opérations avec les Juifs (20,76 p. cent). Les nobles qui dominaient les transactions avec les Juifs n'occupaient plus que la troisième place dans les prêts avec leurs coreligionnaires avec dix actes (12,34 p. cent), suivis de près par les juristes et les artisans (11,12 p. cent).

Les différences entre ces deux graphiques ne sont pas minces; notons d'abord l'importance des ecclésiastiques dans les prêts aux Chrétiens (35,80 p. cent des opérations) par rapport à leur faible part dans le crédit aux Juifs (13,20 p. cent), ensuite l'importance des nobles, très minime dans un cas

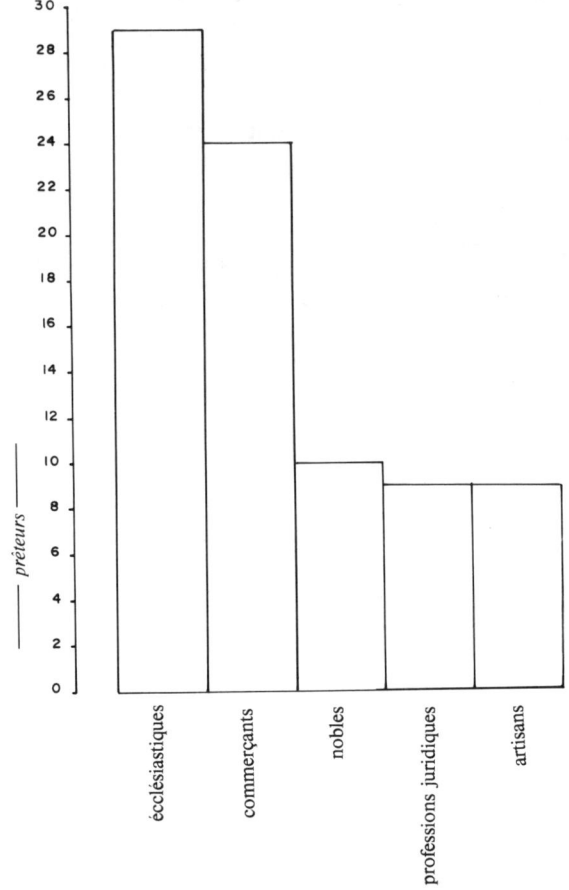

Figure 13. Catégories socio-professionnelles
des prêteurs chrétiens (1391-1405)
(dans les prêts entre Chrétiens)

(12,34 p. cent) et primordiale dans l'autre (37,73 p. cent), celle des artisans dans les actes conclus avec des Juifs (5,67 p. cent) et dans les prêts aux Chrétiens (12,34 p. cent). Mais, en gros, les catégories socio-professionnelles impliquées dans le crédit aux Juifs et aux Chrétiens correspondaient et on constate la même absence des travailleurs agricoles dans les deux cas.

Quoique les prêteurs chrétiens qui figurent dans la documentation arlésienne présentent un éventail plus vaste de professions (trente-deux), certaines tendances se retrouvent dans les deux villes, comme l'importance des nobles, des commerçants et des juristes dans le crédit. Des différences doivent en outre être soulignées: des ecclésiastiques et des artisans étaient impliqués dans l'usure à Salon, alors qu'ils l'étaient très peu à Arles et les métiers liés à l'exploitation du territoire (laboureurs, pêcheurs, éleveurs) fournissaient des prêteurs à Arles et non à Salon. À Aix-en-Provence, les prêteurs chrétiens venaient de toutes les couches de la société, mais à des degrés divers: 27,47 p. cent étaient des marchands, 19,78 p. cent des hommes de loi, 24,73 p. cent exerçaient des métiers ruraux, 20,33 p. cent étaient artisans et 7,69 p. cent ecclésiastiques.[92]

Mais cette attention portée aux Chrétiens fournisseurs de crédit ne doit pas camoufler que les principaux créanciers de la documentation étaient des Juifs salonais. Certains prêtaient occasionnellement, d'autres apparaissent régulièrement comme créanciers dans les divers types d'opérations liées au crédit et l'on constate ainsi qu'ils se consacraient vraiment à cette occupation. Quelle est la part de chaque individu dans le crédit juif de la ville?

Il était inutile de poser cette question à l'ensemble de la documentation. La période étudiée étant relativement courte, il y a tout lieu de croire que les résultats ne varieraient pas considérablement de 1391 à 1405. Par conséquent, nous nous sommes concentrée sur l'année la plus riche, 1399. Cette année suffit largement à prouver que le crédit juif salonais était aux mains d'un petit nombre d'individus (Tableau 30). Ainsi sur vingt-trois prêteurs juifs salonais, dix (soit 43,47 p. cent) concluaient en 1399 85,22 p. cent des prêts. À l'échéance de ceux-ci, ils prévoyaient recevoir 88,84 p. cent du numéraire, 83,60 p. cent des grains et 97 p. cent de l'huile que pouvait espérer l'ensemble des prêteurs juifs salonais. Cinq individus sur dix-huit (22,77 p. cent) contractaient 63,85 p. cent des achats à terme. Aux récoltes, ils pouvaient espérer 44,44 p. cent des grains remboursés, à l'olivaison ils devaient recevoir 74,16 p. cent de l'huile. En outre, les ventes à crédit révèlent le même phénomène: six Juifs salonais sur dix-sept (35,29 p. cent)

---

[92] Voir Louis Stouff, *La ville d'Arles à la fin du moyen-âge*, thèse multigraphiée, 2: 403-404 et Noël Coulet, *Aix-en-Provence. Espace et relations d'une capitale (milieu XIV$^e$ s. - milieu XV$^e$ s.)*, thèse, 1: 519-520.

avaient conclu 68,42 p. cent des opérations. Les débiteurs leur devaient 77,36 p. cent du total du commerce à crédit de l'année. Six Juifs salonais sur seize qui concédaient des reprises d'engagements (37,5 p. cent) agissaient comme créanciers dans 62,04 p. cent des opérations de ce type. Ils devaient recevoir 71,18 p. cent du numéraire dû à l'ensemble de la communauté juive salonaise et 78,55 p. cent de l'huile. Soulignons enfin que les transactions impliquant des quantités d'huile étaient spécialement concentrées entre les mains de quelques individus: dix Juifs contrôlaient 97 p. cent des prêts en huile, cinq rassemblaient 74,16 p. cent des achats à terme de cette denrée et

Tableau 30

CLASSIFICATION DES CRÉANCIERS JUIFS SALONAIS (1399)

| A. Prêts | Nombre d'actes | Numéraire | Grains | Huile |
|---|---|---|---|---|
| 1. Vital Cregudi | 31 | 110 fl. | 17 sau. | 384 cart. |
| 2. Davin Josse | 24 | 53 fl. | 18 sau. | |
| 3. Profachet Boniaqui | 19 | 54 fl. | 10 sau. | |
| 4. Maître Josse Bondia Cohen, médecin | 16 | 61 fl. | 2 sau. | |
| 5. Cregud Aym | 16 | 28 fl. | 13 sau. | 55 cart. |
| 6. Vital Abraam alias Altar | 15 | 30 fl. | 11 sau. | |
| 7. Salomon Vitalis Cohen | 11 | 43 fl. | 17 sau. | |
| 8. Salves Caracause | 7 | 9 fl. | 14 sau. | |
| 9. Bonan Boniaqui | 6 | 17 fl. | | |
| 10. Abramet Maymoni | 5 | 9 fl. | 5 ém. | 210 cart. |
| 11. Mosse Maymoni | 5 | 3 fl. | 4 sau. | 20 cart. |
| 12. Aymet Boniaqui | 4 | 5 fl. | | |
| 13. Dieulosal Bendich | 4 | 3 fl. | 6 sau. | |
| 14. Maître Videt Salves, médecin | 3 | | 8 sau. | |
| 15. Mandine, veuve de Crescon Mosse | 2 | 2 fl. | 1 sau. | |
| 16. Abramet Cregudi | 1 | 1 fl. | | |
| 17. Astrug Samielis Cohen | 1 | | 3 ém. | |
| 18. Salomon Bonaffocii | 1 | 1 fl. | | |
| 19. Morette, veuve de Boniac Petiti | 1 | 3 fl. | | |
| 20. Régniette, épouse de Vital Cregudi | 1 | 28 fl. | | |
| 21. Astruguette, épouse de Profachet Boniaqui | 1 | | 6 ém. | |
| 22. Pinhane, veuve de Bonan Bellanti | 1 | 4 fl. | | |
| 23. Mayronne, épouse de Abramet Macipi | 1 | 2 fl. | | |
| TOTAUX | 176 | 466 fl. | 122 sau. 6 ém. | 669 cart. |

Tableau 30 (suite)

| B. Achats à terme | Nombre d'actes | Numéraire | Grains | Huile |
|---|---|---|---|---|
| 1. Vital Cregudi | 34 | | 10 sau. | 1.342 cart. |
| 2. Profachet Boniaqui | 15 | | | 735 cart. |
| 3. Cregud Aym | 14 | | | 291 cart. |
| 4. Salomon Vitalis Cohen | 13 | | 2 sau. | 480 cart. |
| 5. Maître Josse Bondia Cohen, médecin | 12 | | | 591 cart. |
| 6. Davin Josse | 11 | | 8 sau. | 105 cart. |
| 7. Aymet Boniaqui | 8 | | 2 sau. | 287 cart. |
| 8. Bonan Boniaqui | 8 | | | 271 cart. |
| 9. Mandine, veuve de Crescon Mosse | 6 | | 2 sau. | 47 cart. |
| 10. Mosse Maymoni | 4 | | 2 sau. | 112 cart. |
| 11. Vital Abraam alias Atar | 4 | | | 124 cart. |
| 12. Bonet Maymoni | 2 | | | 65 cart. |
| 13. Vital Vitalis Cohen | 2 | | | 62 cart. |
| 14. Maître Videt Salves, médecin | 2 | | | 45 cart. |
| 15. Salves Caracause | 2 | | | 25 cart. |
| 16. Astrug Samielis Cohen | 1 | | | 35 cart. |
| 17. David Maymoni | 1 | | 1 sau. | |
| 18. Morette, veuve de Boniac Petiti | 1 | | | 20 cart. |
| Totaux | 140 | | 27 sau. | 4.637 cart. |

| C. Ventes à crédit | Nombre d'actes | Numéraire | Grains | Huile |
|---|---|---|---|---|
| 1. Mosse Maymoni | 12 | 61 fl. | | |
| 2. Vital Cregudi | 8 | 38 fl. | | 30 cart. |
| 3. Salves Caracause | 6 | 10 fl. | 1 sau. | |
| 4. Profachet Boniaqui | 5 | 31 fl. | | |
| 5. Maître Josse Bondia Cohen, médecin | 4 | 21 fl. | | |
| 6. Bonan Boniaqui | 4 | 27 fl. | | |
| 7. Davin Josse | 4 | 4 fl. | 1 sau. | |
| 8. Vital Abraam alias Atar | 3 | 16 fl. | | |
| 9. Abramet Maymoni | 2 | 8 fl. | | |
| 10. Astrug Samielis Cohen | 2 | 1 fl. | | |
| 11. Aymet Boniaqui | 1 | 2 fl. | | |
| 12. David Maymoni | 1 | 8 fl. | | |
| 13. Dieulosal Bendich | 1 | 4 fl. | | |
| 14. Salomon Bonaffocii | 1 | 6 fl. | | |
| 15. Salomon Vitalis Cohen | 1 | 6 fl. | | |
| 16. Vital Vitalis Cohen | 1 | | | 21 cart. |
| 17. Gudette, épouse de Salves Caracause | 1 | | 4 ém. | |
| Totaux | 57 | 243 fl. | 2 sau. 4 ém. | 51 cart. |

Tableau 30 (suite)

| D. Apurements de comptes | Nombre d'actes | Numéraire | Grains | Huile |
|---|---|---|---|---|
| 1. Vital Cregudi | 10 | 74 fl. | 1 sau. 4 ém. | 286 cart. |
| 2. Vital Abraam alias Atar | 6 | 50 fl. | 1 sau. | |
| 3. Profachet Boniaqui | 4 | 43 fl. | 2 ém. | |
| 4. Maître Videt Salves, médecin | 3 | 6 fl. 8 s. | | 60 cart. |
| 5. Davin Josse | 3 | 12 fl. | | 13 cart. |
| 6. Maître Josse Bondia Cohen, médecin | 3 | 25 fl. | 6 ém. | |
| 7. Salomon Vitalis Cohen | 3 | 16 fl. 7 s. | | 33 cart. |
| 8. Cregud Aym | 2 | 4 fl. | | 55 cart. |
| 9. Abramet Massipi | 1 | 8 fl. | | |
| 10. Abramet Maymoni | 1 | 20 fl. | | |
| 11. Bonan Boniaqui | 1 | | 1 sau. | |
| 12. Dieulosal Bendich | 1 | | 1 sau. | |
| 13. Mosse Maymoni | 1 | 10 fl. | | 10 cart. |
| 14. Salomon Bonaffocii | 1 | 8 fl. 4 s. | | |
| 15. Reine, veuve de Bellant Bonanni | 1 | 4 fl. | | |
| 16. Pinhane, veuve de Bonan Bellanti | 1 | 14 fl. | | |
| TOTAUX | 42 | 295 fl. 3 s. | 5 sau. | 457 cart. |

six reprenaient des engagements touchant 78,55 p. cent des quantités à rembourser en apurements de comptes de cette denrée. Ainsi donc un nombre réduit de Juifs salonais contrôlait la majeure partie du crédit concédé par la communauté.

À l'autre extrémité de l'échelle des créanciers se situait un groupe d'individus, qui bien qu'assez considérable, ne concluait qu'une faible part du crédit concédé par la communauté juive salonaise: il s'agit des femmes. En 1399, six d'entre elles, soit 26,08 p. cent des créanciers, prêtaient 8,36 p. cent du numéraire dans 3,97 p. cent des opérations de ce type. Leur participation aux prêts de grains était insignifiante et celle aux prêts d'huile tout à fait nulle. Deux Juives (11,11 p. cent) contractaient 5 p. cent des achats à terme prévoyant des remboursements de 7,40 p. cent des grains dus à l'ensemble des Juifs salonais et de 1,44 p. cent de l'huile. Au cours de l'année, une Juive conclut une vente à crédit: cette opération ne suffit pas à suggérer que les femmes de la communauté étaient impliquées dans le commerce à crédit. Enfin 12,5 p. cent des créanciers figurant dans les apurements de comptes étaient de sexe féminin: ils apparaissaient dans 4,76 p. cent des opérations de ce type et comptaient sur des remboursements en numéraire de 6,10 p. cent du total des reprises d'engagements. Le rôle des femmes juives dans le crédit salonais était donc relativement modeste.[93] Dans la plupart des cas, les femmes concernées étaient mariées ou veuves. Elles faisaient donc fructifier leurs économies, leur dot ou leur héritage, ce qui explique en partie leur peu d'intérêt pour les prêts en denrées ou le commerce à crédit.

Le pourcentage des femmes impliquées dans le prêt à intérêt à Salon (26,08 p. cent) se rapproche de celui d'Aix (28 p. cent) et d'Arles (25,58 p. cent), mais les sommes transigées par elles dans ces localités semblent avoir été plus considérables.[94] Soulignons que les archives ne révèlent aucune Chrétienne de Salon qui se livrait à cette activité, alors qu'à Aix et à Arles, quelques-unes la pratiquaient (5 p. cent à Aix, 4,76 p. cent à Arles).

Comme le montre la classification des créanciers juifs salonais de 1399, la plupart des individus diversifiaient leurs activités de crédit et, par conséquent, ils apparaissent comme créanciers dans les quatre types d'opérations. Ils prenaient même souvent un rang comparable dans chacune de celles-ci. Ainsi Vital Cregudi, le principal créancier de l'année 1399 dans les prêts, les achats à terme et les apurements de comptes, se classait deuxième dans les ventes à crédit. Profachet Boniaqui oscillait de la deuxième place dans les achats à terme à la quatrième dans les ventes à crédit. De même le médecin Josse Bondia Cohen était quatrième dans l'échelle des prêts et sixième dans celle des apurements de comptes. Mais ce n'était pas toujours le cas: Vital Abraam alias Atar tenait la deuxième place dans les apurements de comptes et la onzième dans les achats à terme. Cregud Aym et le médecin Videt Salves, absents des ventes à crédit, occupaient néanmoins des rangs très enviables dans les autres types de crédit. Cette classification permet en outre de constater que les médecins juifs ne se consacraient pas tous au crédit dans la même mesure: maître Josse Bondia Cohen était très présent dans ce type d'activités; maître Videt Salves l'était beaucoup moins.

De plus ce tableau infirme les conclusions tirées précédemment d'autres documents. Ainsi dans ses quatre testaments datant de 1425 à 1431, Vital Cregudi en léguant des sommes allant de 1.400 à 2.800 florins révélait sa

---

[93] Il semble bien inférieur à celui que trouve W. C. Jordan au XIIIe siècle en Vermandois (environ 50 p. cent des actes). Cf. William Chester Jordan, «Jews on Top: Women and the Availability of Consumption Loans in Northern France in the Mid-Thirteenth Century,» *Journal of Jewish Studies* 29, n° 1 (1978) 53.

[94] Voir Noël Coulet, *Aix-en-Provence. Espace et relations d'une capitale (milieu XIVe s. - milieu XVe s.)*, thèse, 1: 521 et Louis Stouff, «Activités et professions dans une communauté juive de Provence au bas Moyen-Âge. La juiverie d'Arles. 1400-1450,» dans *Minorités, techniques et métiers*, Actes de la table ronde du Groupement d'Intérêt Scientifique Sciences Humaines sur l'Aire Méditerrannéenne, Abbaye de Sénanque, octobre 1978 (Aix-en-Provence, 1979), p. 66.

grande richesse.[95] La classification des créanciers juifs salonais de 1399 suggère qu'il était déjà en solide situation financière au tournant du siècle. De même Profach Boniaqui, qui pouvait disposer de 1.260 florins dans son testament de 1419,[96] occupait en 1399 l'un des quatre premiers rangs pour les quatre types d'opérations. Par contre, Salomon Vitalis Cohen n'était pas en si bonne posture à la fin du siècle et il dut améliorer considérablement sa situation pour pouvoir léguer 1.460 florins dans son testament de 1429.[97]

Au début de ce chapitre, au cours de l'analyse des transferts de biens immobiliers, nous avons supposé que les achats de biens-fonds par les Juifs salonais devaient souvent camoufler des acquisitions en rembousement de dettes. De même les quelques ventes par les Juifs pouvaient s'expliquer par des acquisitions non désirées. La classification des créanciers juifs salonais de 1399 confirme cette hypothèse. En effet, si l'on exclut les transactions des Juifs qui ont visiblement quitté la ville comme Astrug Salomon de Mazan et Cregud Jacob de Saint-Maximin, toutes les ventes et tous les achats de biens immobiliers contractés par des Juifs le furent par des créanciers figurant dans la liste de 1399.[98]

Nous avons voulu en outre constater, par l'intermédiaire de cette liste, dans quelle mesure les prêteurs et commerçants juifs les plus dynamiques servaient comme représentants de la communauté. Malheureusement nous ne connaissons pas les baylons de 1399. Toutefois, comme la période étudiée est relativement courte, nous avons comparé la liste des créanciers de 1399 avec les noms des représentants de la communauté connus pour la période de 1391 à 1406. La documentation renseigne sur les baylons de la communauté, les procureurs, recteurs ou consuls d'aumônes pour quatre années différentes: 1391, 1395, 1404 et 1406.[99] La plupart des représentants de la communauté de ces années étaient des prêteurs et des commerçants importants. Ainsi maître Josse Bondia Cohen apparaît comme baylon à deux reprises (1391, 1404) et consul de l'aumône *sedaca* en 1406. Cregud Aym fut baylon en 1391 et recteur de l'aumône des Juifs en 1395. Profachet Boniaqui et Vital Abraam alias Atar exerçaient cette tâche avec lui en 1391. Mais il arrivait que des créanciers mineurs servent également la communauté.

---

[95] Arch. dép. des Bouches-du-Rhône, Guillaume Capardi, 375 E 13 f. 79 v.; 11 décembre 1425; 375 E 17 f. 43 r. – 46 r.; 6 décembre 1428; 375 E 19 f. 130 r.; 21 mars 1431 et 375 E 20 f. 75 v.; 9 novembre 1431.
[96] *Ibid.*, Guillaume Capardi, 375 E 9 f. 26 r.; 15 octobre 1419.
[97] *Ibid.*, Guillaume Capardi, 375 E 13 f. 52 r.; 9 novembre 1429.
[98] Voir les annexes 5 à 8.
[99] Arch. dép. des Bouches-du-Rhône, Étienne Constantin, 376 E 83 n.p.; 10 mars 1391; 376 E 86 n.p.; 10 janvier 1395 n.s.; Barthélémy Rognac, 376 E 112 n.p.; 11 février 1404 n.s.; Jacques Amaury, 376 E 94 n.p.; 28 mars 1406.

Ainsi Abraam Maymoni et Dieulosal Bendich furent consuls de l'aumône *sedaca* en 1406, maître Videt Salves recteur de l'aumône des Juifs en 1395. Soulignons également que si nous n'avons pas de preuve que Vital Cregudi, le principal créancier de 1399, ait exercé un rôle communautaire au cours de la période 1391 à 1406, il servit en revanche ses coreligionnaires comme représentant de la communauté à treize reprises entre 1414 et 1435. Donc, s'il n'était pas indispensable d'être solidement impliqué dans le crédit pour exercer des charges communautaires, c'était fort opportun.

Les créanciers salonais, juifs ou chrétiens, n'agissaient pas toujours seuls. Ils fournissaient le crédit aux demandeurs, parfois seuls, parfois à deux ou à plusieurs. Le tableau suivant permet d'évaluer si la pratique de l'association des créanciers était courante:

Tableau 31

NOMBRE D'ASSOCIÉS PAR TYPE D'OPÉRATIONS

| Types d'opérations | sans associé | un associé | deux associés | trois associés | Totaux |
|---|---|---|---|---|---|
| Prêts | 1.372 | 13 | 0 | 0 | 1.385 |
| Achats à terme | 695 | 4 | 0 | 0 | 699 |
| Ventes à crédit | 407 | 6 | 1 | 0 | 414 |
| Apurements de comptes | 209 | 11 | 1 | 1 | 222 |
| Divers | 12 | 3 | 0 | 0 | 15 |
| TOTAUX | 2.695 | 37 | 2 | 1 | 2.735 |
| % | 98,54 | 1,36 | 0,07 | 0,03 | 100,00 |

L'impression que laisse la manipulation des registres notariaux d'un grand nombre de contrats conclus par plusieurs créanciers associés est largement démentie par ce tableau qui montre, qu'au cours des quinze années étudiées, la grande majorité des opérations de crédit (98,54 p. cent) a été conclue par un seul créancier. Il reste que dans un petit nombre de cas (1,46 p. cent), les créanciers salonais sentaient le besoin de s'associer par deux, trois ou quatre, pour prêter, vendre ou acheter.

Si l'on met en parallèle la fréquence des transactions contractées par des créanciers en association par type d'opérations et la fréquence de ces types d'opérations dans l'ensemble de la documentation, on constate que certaines transactions suscitaient plus souvent que d'autres des associations de créanciers.

Tableau 32

FRÉQUENCE DES OPÉRATIONS
DANS LA DOCUMENTATION ET AVEC ASSOCIATIONS

| Types d'opérations | Dans la documentation | Avec associations |
|---|---|---|
| Prêts | 50,64 | 32,50 |
| Achats à terme | 25,55 | 10,00 |
| Ventes à crédit | 15,14 | 17,50 |
| Apurements de comptes | 8,12 | 32,50 |
| Divers | 0,55 | 7,50 |
| TOTAUX | 100,00 | 100,00 |

Les deux séries de pourcentages ne concordent que pour les ventes à crédit. Les prêts et les achats à terme se concluaient plutôt par un seul individu-créancier. Les apurements de comptes, par contre, qui représentent un taux modeste de la documentation (8,12 p. cent), ont été contractés, dans une proportion raisonnable (32,50 p. cent), par des créanciers associés. Ce phénomène s'explique bien: pour ces dettes qui n'avaient pu être remboursées une première fois, le créancier risquait d'avoir des difficultés à récupérer son bien. Il préférait donc s'associer pour pouvoir exercer une force plus grande sur le débiteur et augmenter ainsi ses chances de remboursement.

Les associations de créanciers pouvaient donc être occasionnelles. On voit ici que pour certains types de transactions, le créancier originel recrutait un ou plusieurs associés. Mais existaient certainement des cas d'associations de longue durée ou permanentes où deux créanciers s'entendaient pour investir d'un commun accord et à bénéfices égaux une somme de numéraire. Bien que la documentation n'ait fourni aucun acte où ce genre d'entente était stipulé, on peut supposer que celles-ci aient existé dans une certaine mesure. Ce type d'association aurait pu être négocié, par exemple, entre deux membres d'une même famille. La parenté pouvait amener le degré de confiance nécessaire à la mise en commun d'un capital pour l'investir. C'est pourquoi nous avons cru bon de chercher les liens de parenté unissant les créanciers associés et de mesurer leur importance dans les associations.

Dans une communauté juive de la taille de celle de Salon-de-Provence où se concluaient fréquemment des mariages entre membres de la même communauté, tous les Juifs furent plus ou moins parents à un degré ou à un autre. C'est pourquoi, dans notre étude, nous nous sommes concentrée sur les liens les plus étroits entre les individus, c'est-à-dire ceux créés par le mariage, la relation de parent à enfant et celle de frère à sœur, de frère à frère, de sœur à sœur. De plus, nous n'avons relevé que les actes où le degré de parenté ou le mariage était, soit expressément mentionné, soit connu de façon certaine. Pour faciliter la compilation, lorsque l'opération a été conclue par plusieurs associés, seul le degré de parenté avec le dernier associé a été retenu. Comme ces cas n'abondaient pas (trois sur quarante), la distortion qui en résulte n'est pas trop grave (7,5 p. cent).

Le tableau du degré de parenté entre créanciers associés révèle que les associations se tissaient surtout entre créanciers sans parenté l'un avec l'autre ou avec un degré de parenté éloigné que la documentation ne signale à aucun moment (85 p. cent). Dans trois cas, les pourvoyeurs de crédit qui se sont unis pour une transaction étaient très proches, puisqu'ils étaient conjoints et dans trois autres cas, ils étaient liés par le degré de parenté de parent à enfant. Le nombre d'opérations impliqué ici est si mince qu'il ne permet pas de conclure avec certitude à des associations de longue durée ou permanentes entre deux ou plusieurs membres d'une même famille. Mais il n'est pas exclu que ce type d'association ait existé entre créanciers sans lien de parenté. Comme ces associés demeurent en plus grand nombre, cette possibilité peut être admise. Mais il faut admettre que, parmi les associés sans lien de parenté apparent, il y a certainement eu des cas de parenté difficilement reconnaissables, comme des demi-frères du côté maternel, des gendres, des beaux-frères, etc.

Tableau 33

Degré de parenté entre créanciers associés

| Types d'opérations | Pas d'associé | Associé non parent ou parent éloigné | Epoux-épouse | Parent-enfant | Frère-sœur | Totaux |
|---|---|---|---|---|---|---|
| Prêts | 1.372 | 13 | 0 | 0 | 0 | 1.385 |
| Achats à terme | 695 | 4 | 0 | 0 | 0 | 699 |
| Ventes à crédit | 407 | 5 | 1 | 1 | 0 | 414 |
| Apurements de comptes | 209 | 11 | 0 | 2 | 0 | 222 |
| Divers | 12 | 1 | 2 | 0 | 0 | 15 |
| Totaux | 2.695 | 34 | 3 | 3 | 0 | 2.735 |

Un autre aspect du crédit sur lequel les archives notariales salonaises donnent une foule d'indices consiste en l'usage d'intermédiaires, de procureurs. En effet, au cours de la période étudiée, dans 154 des 2.735 reconnaissances de dettes impliquant des Juifs, le créancier agissait par l'intermédiaire d'un procureur. Ce taux non négligeable (5,63 p. cent) incite à se pencher sur ce rôle d'individus mêlés étroitement aux activités de crédit.

Qui étaient au juste les procureurs? C. Castellani, dans son étude sur les Juifs de Carpentras, les décrit comme étant un nombre limité de personnes qui recevaient un capital à gérer pour un mandataire. Ils administraient ce capital, l'investissaient dans le crédit, le faisaient fructifier et recevaient une commission ou un salaire. L'auteur note également qu'à Carpentras les individus qui pratiquaient cette activité commerciale n'étaient pas dénués de fonds eux-mêmes, ni n'étaient parmi les prêteurs et commerçants les plus actifs.[100] Certains de ces éléments se retrouvent à Salon, d'autres pas.

L'usage de procureurs dans des transactions de crédit peut susciter certaines questions, étant donné les législations sévères régissant ces activités. Ainsi l'appel à des procureurs juifs n'était-il pas un moyen des créanciers chrétiens de contourner les lois leur interdisant de toucher de l'intérêt? Un calcul des combinaisons possibles de procureurs et de créanciers permet de répondre à cette question.

Tabelau 34

COMBINAISONS DE PROCUREURS ET CRÉANCIERS

| Catégories | Nombre d'opérations | |
|---|---|---|
| | Ch. abs. | % |
| Procureur et créancier juifs | 115 | 82,14 |
| Procureur juif, créancier chrétien | 15 | 10,71 |
| Procureur chrétien, créancier juif | 10 | 7,15 |
| TOTAUX[101] | 140 | 100,00 |

Dans la grande majorité des opérations, les créanciers juifs faisaient donc appel à leurs coreligionnaires comme intermédiaires. Il est vrai cependant que le pourcentage des créanciers chrétiens recrutant les services de procureurs juifs pour leurs transactions (10,71 p. cent) domine celui de la combinaison opposée (7,15 p. cent), mais insuffisamment pour qu'on puisse affirmer que les Juifs travaillaient pour les Chrétiens. Du reste, les Chrétiens pouvaient échapper d'autres façons aux législations touchant l'intérêt puisque les actes notariés mentionnaient uniquement la somme à rembourser sans jamais spécifier la somme prêtée.

[100] Christian Castellani, *Recherches sur le rôle économique de la communauté juive de Carpentras*, p. 192. L'auteur fait une distinction très nette entre les activités des courtiers et celles des procureurs. Par contre, Noël Coulet constate une certaine confusion entre les deux professions à Aix et nous sommes tentée d'adhérer à son point de vue. Toutefois, comme le terme «procureur» est le seul utilisé dans les documents salonais pour désigner les intermédiaires, nous n'avons pas cru bon d'insister sur cet élément. Cf. Noël Coulet, «Autour d'un quinzain des métiers de la communauté juive d'Aix en 1437,» *Minorités, techniques et métiers*, Actes de la table ronde du Groupement d'Intérêt Scientifique Sciences Humaines sur l'Aire Méditerranéenne, Abbaye de Sénanque, octobre 1978 (Aix-en-Provence, 1979) pp. 86-87.

[101] Les quatorze autres procurations contenues dans la documentation n'apparaissent pas dans ce tableau parce que, à la fois, le procureur et le créancier étaient chrétiens. Ils ont été retenus dans le compte total parce que le débiteur était juif (quatorze sur 154, soit 9,09 p. cent).

Le procureur constituait-il un intermédiaire nécessaire pour des raisons géographiques, c'est-à-dire l'éloignement du créancier du lieu de ses affaires, ou pratiquait-il ses activités dans la même ville que le créancier? Pour répondre à cette question, il faut calculer le nombre de créanciers non salonais utilisant les services de procureurs salonais. Notons d'abord que sur les 154 procureurs de la documentation, 147 habitaient Salon (95,45 p. cent) et sept seulement venaient de l'extérieur (5,55 p. cent). Si tous les créanciers avaient habité Salon, ce taux de procureurs servant d'intermédiaires géographiques aurait été négligeable. C'est pourquoi nous avons procédé au compte des créanciers non salonais, mais en ne retenant cette fois que ceux qui utilisaient les services de procureurs juifs salonais.[102] Ceci a permis de constater que trente-deux créanciers sur 127 n'étaient pas de Salon-de-Provence. Ce taux de 25,20 p. cent mérite d'être souligné. En effet, dans plus du quart des transactions impliquant un procureur juif salonais, le créancier n'habitait pas la ville où la transaction avait été conclue. Dans un nombre important de cas, il était donc un mandataire non salonais qui confiait à un procureur juif salonais une somme à investir sur le marché local. Aussi le capital étranger devait-il venir concurrencer à Salon le capital local.

Il importe donc de situer les lieux d'origine des créanciers qui alimentaient le crédit salonais par l'intermédiaire des procureurs juifs de la ville.[103] Ils venaient soit des grandes villes qui opéraient des affaires régulières avec Salon-de-Provence comme Avignon, Aix-en-Provence, Marseille et Arles, soit des villes plus éloignées dont les relations avec Salon étaient discontinues telles Saint-Maximin et Montpellier, soit enfin des localités qui environnaient Salon et qui en dépendaient grandement sur le plan commercial et du crédit, comme Eyguières, Berre, Trets, Lambesc, Pélissanne et Saint-Chamas.

Mais la grande majorité des créanciers qui avait recours à l'aide de procureurs juifs salonais habitait la ville (74,80 p. cent). Ils pouvaient traiter leurs affaires, mais ils préféraient déléguer une partie de leur capital et se libérer de l'investissement et de l'administration de ces sommes.

La liste des procureurs et des créanciers juifs salonais et la fréquence des mentions de ceux-ci dans les transactions comportant à la fois un créancier et un procureur permet de comprendre certains aspects du fonctionnement du crédit à l'intérieur de la communauté juive de la ville.

Le Tableau 35 comporte vingt-neuf procureurs juifs salonais, mais seulement vingt-cinq créanciers ayant ces caractéristiques. Une analyse attentive

---

[102] Trois cas ont été éliminés car les trois noms des procureurs juifs étaient illisibles.
[103] Les lieux d'origine des créanciers étrangers qui ont fait appel à des procureurs juifs salonais étaient les suivants. Avignon, 8 cas; Aix-en-Provence, 6; Marseille et Arles, 4; Eyguières et Berre, 2; Trets, Saint-Maximin, Lambesc, Pélissanne, Saint-Chamas et Montpellier, 1.

Tableau 35

COMPARAISON ENTRE LA FRÉQUENCE D'APPARITION DES JUIFS SALONAIS
EN TANT QUE PROCUREURS ET CRÉANCIERS DANS LES OPÉRATIONS
OÙ CES DEUX ÉLÉMENTS SE RETROUVENT (1391-1405)

| Noms | Procureurs | Créanciers |
|---|---|---|
| 1. Vital Abraam | 18 | 5 |
| 2. Vital Cregudi | 15 | 13 |
| 3. Vital Vitalis Cohen | 11 | 0 |
| 4. Mosse Maymoni | 8 | 2 |
| 5. Crescas Cregudi | 8 | 0 |
| 6. Salomon Vitalis Cohen | 7 | 7 |
| 7. Abramet Maymoni | 6 | 1 |
| 8. Astrug Samielis Cohen | 6 | 2 |
| 9. Bonan Boniaqui alias Calaton | 5 | 2 |
| 10. Profachet Boniaqui | 5 | 1 |
| 11. Reine, veuve de Bellant Bonnani | 5 | 2 |
| 12. Salomon Bonaffocii | 4 | 1 |
| 13. Bonanet Bellanti | 3 | 0 |
| 14. Dieulosal Bendich | 3 | 0 |
| 15. Salves Caracause | 3 | 3 |
| 16. Jusson de Tournon | 3 | 0 |
| 17. Abramet Boneti | 3 | 0 |
| 18. Bonet Maymoni | 2 | 0 |
| 19. Donde, veuve de Cregud Bendich | 2 | 0 |
| 20. Mandine, veuve de Crescas Mosse | 1 | 0 |
| 21. Vidal Crescas | 1 | 0 |
| 22. Reine, épouse de Vital Cregudi | 1 | 0 |
| 23. Drude, épouse de Mosse Abraam | 1 | 0 |
| 24. Aymet Boniaqui | 1 | 1 |
| 25. Josse Bondia Cohen | 1 | 8 |
| 26. Domiette, épouse de Bonan Boniaqui | 1 | 0 |
| 27. Boniaquet Bonaffossi de Borrian | 1 | 0 |
| 28. Ysaquet Abraam de Perpignan | 1 | 0 |
| 29. Perpignane, veuve de Bonanet Bellanti | 1 | 0 |
| 30. Bonet Davini de Lattes | 0 | 10 |
| 31. Boniac Petiti | 0 | 8 |
| 32. Davinet Maymoni | 0 | 6 |
| 33. Mosse Abraam | 0 | 3 |
| 34. Davinet Josse | 0 | 2 |
| 35. Morette, épouse de Boniac Petiti | 0 | 2 |
| 36. Crescas Calli | 0 | 2 |
| 37. Les enfants de Vital Abrae alias Atar | 0 | 2 |
| 38. Vidas Salves | 0 | 2 |
| 39. Vidalet de Tournon | 0 | 1 |
| 40. Abramet Cregudi | 0 | 1 |
| 41. Les enfants de Bonan Bellanti | 0 | 1 |

de cette pièce permet de contater que peu de Juifs n'agissaient que comme procureurs. Vital Vitalis Cohen et Crescas Cregudi, respectivement procureurs à onze et huit reprises, ne sont jamais apparus comme créanciers véritables dans des actes où figuraient des procureurs. (Mais ils ont été occasionnellement créanciers autonomes dans des transactions sans procureur.) Toutefois, ces deux individus représentaient une minorité et la plupart des Juifs salonais qui agissaient souvent comme procureurs, étaient impliqués également à titre de créanciers dans ce type d'opérations à procuration, moins souvent toutefois que comme procureurs. Ainsi Vital Abraam fut dix-huit fois procureur et cinq fois seulement créancier. Il arrivait que des Juifs pratiquent de façon aussi intense les activités de procureur et de créancier. Vital Cregudi, commerçant très important à Salon, agit quinze fois comme procureur et treize fois à titre de créancier faisant appel à un procureur. Salomon Vitalis Cohen apparaît quatorze fois dans des opérations à procuration, comme procureur à sept reprises. On constate enfin que certains Juifs, s'ils avaient fréquemment recours à des procureurs, n'exerçaient jamais cette activité eux-mêmes. Bonet Davini de Lattes et Boniac Petiti, respectivement créanciers dans des transactions à procureur dix fois et huit fois, ne sont jamais apparus comme procureurs. Ils représentaient cette catégorie d'individus qui possédaient du capital à investir et à faire investir par d'autres.

Ces quelques observations témoignent que les caractéristiques de procureurs qu'observe C. Castellani à Carpentras se retrouvaient très peu à Salon.[104] Ainsi il mentionne que ces activités étaient limitées à un nombre restreint de personnes. Or elles touchaient à Salon vingt-neuf individus, c'est-à-dire une partie importante de la communauté. Si, comme à Carpentras, les procureurs n'étaient pas dénués de capital (ceux qui apparaissent ici comme procureurs seulement étaient d'autre part créanciers dans des opérations sans procureur), les créanciers très riches et très actifs pratiquaient occasionnellement, voire même souvent, les activités de procureur. Le meilleur exemple est Vital Cregudi, homme d'affaires très important à Salon, qui a été impliqué comme procureur dans quinze transactions conservées. L'explication de ce phénomène tient probablement à la taille de Salon, plus restreinte que Carpentras, et qui ne permet pas autant une spécialisation des activités de crédit.

Comme pour les associations, il convient maintenant pour les procurations de se demander si les créanciers ne favorisaient pas le départ économique de membres de leur famille en les utilisant comme procureurs. Un individu ayant du capital à investir, préférait sans doute le confier à un proche

---

[104] Christian Castellani, *op. cit.*, p. 192.

pour le faire fructifier. Pour vérifier cette hypothèse, nous avons procédé au dénombrement des relations de parenté entre créanciers et procureurs.

Les cas où le créancier et le procureur étaient unis par un lien de parenté quelconque (21,43 p. cent) sont plus nombreux que ceux où les créanciers associés avaient la même relation (15 p. cent). Si les créanciers principaux avaient peu tendance à déléguer leur capital à leur conjoint(e) (1,95 p. cent), ils le faisaient volontiers en faveur de leurs enfants (11,69 p. cent) et à un degré moindre, de leurs frères ou de leurs sœurs (7,79 p. cent). Bien que la majorité des créanciers ait eu recours à des individus sans lien de parenté apparent (78,57 p. cent), la documentation semble en effet suggérer une tendance vers l'appel à des parents comme procureurs. Et il faut admettre pour les procureurs, comme nous l'avons fait pour les associés, que certains cas de parenté existante nous échappent (demi-frères du côté maternel, gendres, beaux-frères, etc.) qui seraient susceptibles d'accroître les pourcentages de procureurs parents. Mais comme les Juifs voyageaient beaucoup, des procureurs devaient être nommés rapidement pour remplacer le créancier principal, pendant ses absences pour affaires ou autres. Il n'est guère étonnant, dans ces circonstances, qu'ils aient souvent dû faire appel à des procureurs sans lien de parenté avec eux.

Tableau 36

Degré de parenté entre créancier et procureur

| Degré de parenté | Nombre d'opérations | |
|---|---|---|
| | Ch. abs. | % |
| Aucun ou éloigné | 121 | 78,57 |
| Époux-épouse | 3 | 1,95 |
| Parent-enfant | 18 | 11,69 |
| Sœur-frère | 12 | 7,79 |
| Totaux | 154 | 100,00 |

Avec procureurs ou avec associés, les Juifs de Salon constituaient les principaux créanciers de la ville tant par le nombre des opérations qu'ils contractaient que par l'importance des sommes en numéraire et en denrées impliquées. Ils traitaient avec les Chrétiens issus des meilleures catégories sociales et professionnelles. Parfois, comme les créanciers chrétiens, ils s'associaient ou déléguaient leur capital à des individus qui l'investissaient à leur tour. D'eux dépendait la majeure partie du crédit salonais.

C. *Les débiteurs*

Les quelques pages précédentes ont permis de situer les créanciers salonais et de déterminer certaines de leurs caractéristiques. Il est non moins important de s'intéresser à la clientèle de ces créanciers, à ses lieux d'origine, à sa situation dans l'échelle socio-professionnelle, à sa façon de chercher à emprunter, seul ou à plusieurs, et à ses intermédiaires.

Bien que la période 1391 à 1405 ne soit pas la meilleure pour mesurer le rayonnement du crédit salonais en raison des troubles qui agitèrent le Sud-Ouest de la Provence à cette époque, nous avons tout de même tenté de le faire et pour ce, nous avons relevé les lieux d'origine de tous les débiteurs mentionnés dans les reconnaissances de dettes de la documentation.[105] La majorité de ceux-ci venait de Salon (1.968, soit 57,49 p. cent). Mais une part très importante (1.455, soit 42,51 p. cent) habitait à l'extérieur de cette ville. Parmi la clientèle extérieure à Salon, il faut distinguer les villages environnants qui s'alimentaient couramment en crédit chez les créanciers salonais, des localités plus éloignées qui n'avaient recours qu'occasionnellement au crédit de la ville. La première catégorie est représentée par des villages comme Pélissanne, Lançon, Vernègues et Lambesc, tous situés à moins de

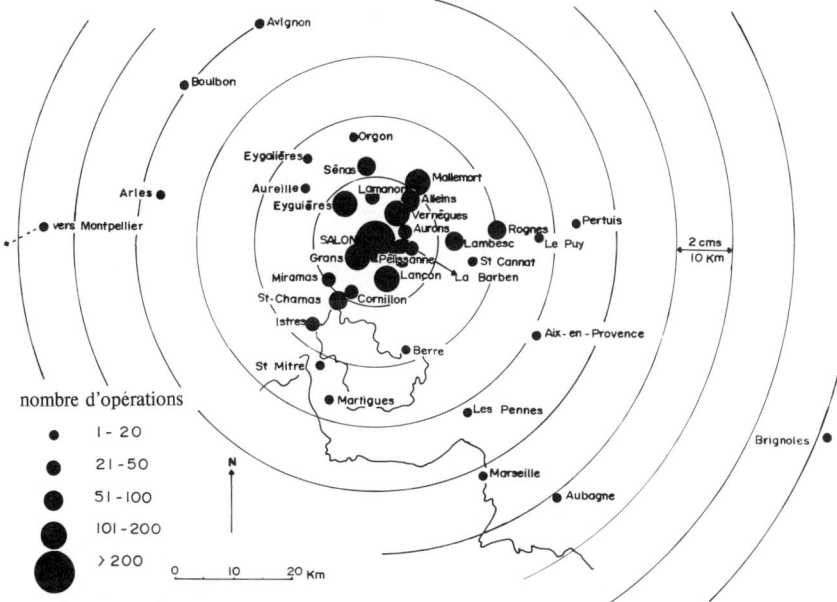

Figure 14. ZONE D'INFLUENCE DU CRÉDIT SALONAIS (1391-1405)

[105] La répartition de leurs lieux d'origine se classe comme suit: Salon-de-Provence, 1.968; Pélissanne, 174; Vernègues, 145; Mallemort, 137; Lançon, 135; Grans, 113; Eyguières, 101; Lambesc, 82; Alleins, 69; Rognes, 67; Saint-Chamas, 61; Sénas, 59; Miramas et Cornillon, 43; La Barben, 42; Lamanon et Aurons, 34; Istres, 31; Arles, 12; Orgon et Saint Cannat, 9; Aureille et Aix-en-Provence, 7; Avignon et Aubagne, 6; Les Pennes, Martigues et Saint-Mitre, 4; Marseille, Pertuis et l'Italie, 3; Montpellier et Boulbon, 2; Eygalières, Berre l'Étang, Puy Sainte-Réparade et Brignoles, 1.

quinze kilomètres de Salon et qui fournirent à la ville un nombre important de reconnaissances de dettes. Des villages et villes comme Istres, Berre, Saint-Mître, Aix-en-Provence et Avignon illustrent la deuxième catégorie. D'après cette analyse des lieux d'origine des débiteurs, il faut conclure à la petitesse de l'aire d'influence du crédit salonais à l'époque. Celui-ci était exclusivement local. Il répondait aux besoins de la ville elle-même comme le montre le fort pourcentage des débiteurs salonais, et à ceux des villages environnants. La participation des localités plus éloignées ne suffisait pas à étendre sa zone d'influence. D'ailleurs le crédit salonais subissait la concurrence des créanciers aixois, marseillais et avignonais à la périphérie de cette zone. En outre la conjoncture a sûrement contribué à en restreindre le rayonnement.

Cette taille réduite de l'aire d'influence du crédit salonais n'étonne guère puisque Carpentras, localité considérablement plus importante, ne possédait pas une zone d'influence beaucoup plus vaste. En effet, les clients des Juifs de Carpentras habitaient en général à l'intérieur d'une limite de vingt kilomètres entourant la ville sauf vers le nord où cette frontière était dépassée.[106]

À Aix-en-Provence, on constate également que la clientèle était très locale et qu'elle formait une zone d'influence concentrique. À Arles, la grande majorité des emprunts était contractée par les habitants de la ville et le rôle joué dans le crédit arlésien par les villages environnants était négligeable.[107]

À titre comparatif, nous avons relevé les lieux d'origine des 141 emprunteurs chrétiens qui ont eu recours à des prêts de Chrétiens pendant la période de 1391 à 1405. La documentation fournit quatre-vingt-un emprunteurs salonais, soit un taux de 57,45 p. cent et soixante emprunteurs de l'extérieur de Salon (42,55 p. cent). La proportion se rapproche de celle des opérations de crédit impliquant des Juifs. Ceci indique bien que la tendance définie précédemment était générale et qu'elle s'appliquait aussi bien aux emprunts envers des Chrétiens qu'à toutes les formes de créances réunies. Les débiteurs chrétiens de la ville ne privilégiaient donc pas un certain type de créancier. Les lieux d'origine des emprunteurs chrétiens ne différaient pas considérablement de ceux des débiteurs en général.[108]

---

[106] Christian Castellani, «Le rôle économique de la communauté juive de Carpentras au début du XV$^e$ siècle,» *Annales. Économies. Sociétés. Civilisations* 27, n° 3 (mai-juin 1972) 608, carte n° 1.

[107] Voir Louis Stouff, «Activités et professions dans une communauté juive de Provence au Bas Moyen-Âge. ‹La juiverie d'Arles› 1400-1450,» *Minorités, techniques et métiers*, Actes de la table-ronde du Groupement d'Intérêt Scientifique Sciences Humaines sur l'Aire Méditerranéenne, Abbaye de Sénanque, octobre 1978 (1979), p. 65 et *La ville d'Arles à la fin du moyen-âge*, 4 vols. thèse multigraphiée, 2: 415.

[108] Ce sont les suivants: Salon-de-Provence, 81; Pélissanne, 15; Berre, Grans, Rognes et

Mais si l'on s'attache à l'analyse des lieux d'origine des débiteurs juifs, on arrive à des résultats très différents. En effet, sur soixante-deux transactions de crédit où le débiteur était juif, dans quarante-trois, il habitait Salon (près de 70 p. cent des cas), alors que dans dix-neuf seulement il venait de l'extérieur (30,65 p. cent). L'importance de Salon-de-Provence comme ville d'origine des débiteurs juifs est accentuée du fait qu'on a précédemment retenu les Juifs salonais apparaissant soit comme débiteurs, soit comme créanciers, soit comme procureurs, alors que l'on n'a fait aucun effort pour retenir ceux des autres villes ou villages s'ils n'avaient pas traité avec des Juifs salonais. Mais le résultat final aurait peu varié, en eût-il été autrement, puisque les registres salonais tendent évidemment à noter les opérations où l'un des contractants habitait Salon. Si le pourcentage de Salonais variait considérablement entre débiteurs en général et débiteurs juifs, les lieux d'origine extérieurs à Salon différaient de même. On note chez les Juifs une proportion beaucoup plus forte d'endettés venant des villes importantes (Arles, sept; Aix-en-Provence, trois; Avignon, deux) avec une petite représentation des localités environnantes.[109] Ce phénomène s'explique évidemment par le fait que les Juifs provençaux habitaient les villes de préférence aux campagnes d'où ils n'étaient toutefois pas complètement absents. Cette proportion de débiteurs juifs venant des grandes villes plus éloignées diminue la part des débiteurs chrétiens originaires de ces mêmes villes. Ainsi des douze débiteurs arlésiens, il n'y avait que cinq Chrétiens; des sept Aixois, quatre seulement étaient chrétiens, etc. Ceci accentue la tendance locale du crédit salonais, basée surtout sur la ville de Salon elle-même et sur les villages environnants.

Si l'on peut mener assez facilement une étude de la zone d'influence du crédit salonais puisque les lieux d'origine des débiteurs sont généralement indiqués, il devient plus difficile de procéder à l'analyse de la classification socio-professionnelle de ces mêmes débiteurs. En effet, sur 3,423 d'entre eux, le groupe social dont ils étaient issus ou la profession qu'ils exerçaient n'est indiqué que pour 236 (6,89 p. cent). Des débiteurs dont on connaît la catégorie professionnelle, les artisans semblent avoir été les emprunteurs les plus fréquents. La documentation en mentionne soixante-deux, soit un taux de 26,27 p. cent. Ils exerçaient tous les métiers.[110] Les nobles et les

---

Vernègues, 4; Aurons, Cornillon, Lambesc et Lançon, 3; Aureille, La Barben et Miramas, 2; Mallemort, Istres, Orgon, Ventabren, Valence, Arles et Aix-en-Provence, 1; illisibles, 4.

[109] La répartition se fait comme suit: Salon-de-Provence, 43; Arles, 7; Aix-en-Provence, 3; Avignon, La Barben et Istres, 2; Berre, Boulbon et Saint-Chamas, 1.

[110] La répartition par métier est la suivante: savetiers, 13; tisserands, 13; fustiers, 11; forgerons, 10; barbiers, 4; corroyeurs, fourniers, orfèvres et sartres, 2; parcheminier, cuiratier et pélissier, 1.

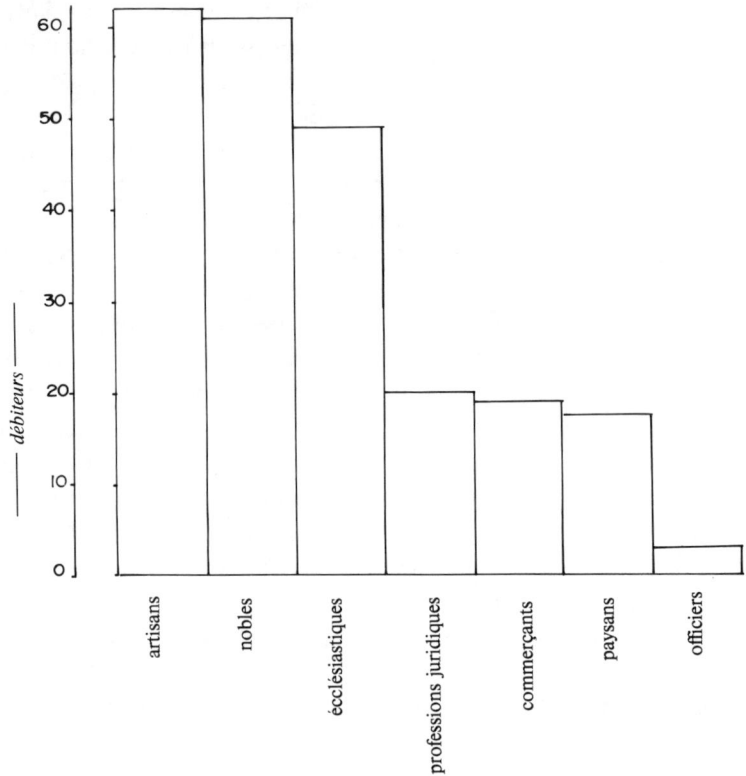

Figure 15. Catégories socio-professionnelles des débiteurs (1391-1405)

ecclésiastiques venaient ensuite avec respectivement soixante et une et quarante-neuf apparitions, soit des taux de 25,84 p. cent et 20,76 p. cent. C'étaient là les trois catégories sociales ou professionnelles qui recherchaient le plus souvent le crédit salonais. À un degré moindre, les juristes et les commerçants y faisaient aussi appel. La documentation compte vingt reconnaissances de dettes de juristes (8,47 p. cent) et dix-neuf de commerçants (8,05 p. cent).[111] Les paysans suivaient de près avec dix-huit transactions.[112] Enfin trois officiers sont aussi mentionnés comme débiteurs dans des actes. Mais peut-être étaient-ils également des juristes. La documentation est muette à ce sujet.

---

[111] La catégorie des commerçants compte dix bouchers, trois marchands, trois drapiers et trois apothicaires.

[112] Quatre transactions conclues avec des pasteurs ont été incluses dans ce groupe.

Cette répartition est-elle fidèle à la réalité? L'importance de la participation des artisans à la demande de crédit est certes conforme à ce qui existait dans les faits. Ceux-ci ne disposaient pas de moyens financiers considérables et ils devaient avoir recours régulièrement au crédit juif. C. Castellani le constate également à Carpentras.[113] Ces débiteurs-artisans venaient sans doute de la ville de Salon-de-Provence elle-même qui fournissait une part importante des endettés, ainsi que des villages périphériques qui comptaient tous quelques artisans. Par contre, les nobles et les ecclésiastiques sont sûrement «surreprésentés» du fait que leur appartenance à un groupe social ou religieux a été régulièrement prise en note dans les documents alors que pour d'autres catégories professionnelles on a souvent omis de le faire. Ainsi les opérations où les débiteurs sont expressément mentionnés comme laboureurs ou brassiers n'abondent pas (quatorze) par rapport à celles où le notaire a omis de noter la condition paysanne. En effet, plus de mille débiteurs venaient de la campagne entourant Salon et il est impossible que cette région n'ait pas fourni plus de quatorze débiteurs d'origine paysanne. Du reste, Salon-de-Provence lui-même était encore très pénétré de vie rurale et il y existait encore des individus se consacrant à des occupations campagnardes.

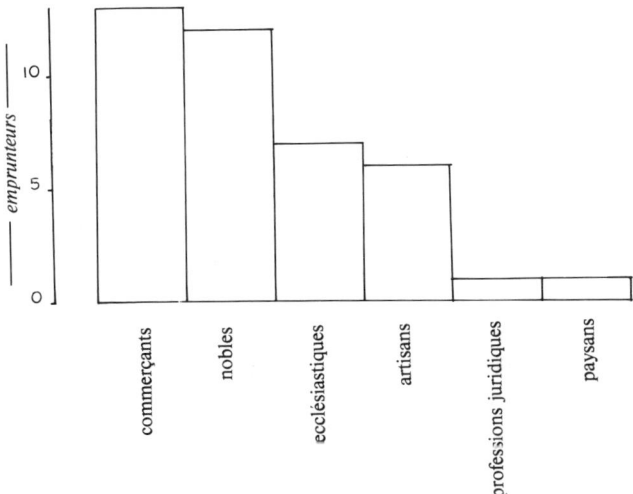

Figure 16. CATÉGORIES SOCIO-PROFESSIONNELLES
DES EMPRUNTEURS CHRÉTIENS (1391-1405)
(DANS LES PRÊTS ENTRE CHRÉTIENS)

[113] Christian Castellani, *loc. cit.*, pp. 606-607.

À titre de comparaison, notons qu'à Arles, aussi bien qu'à Aix-en-Provence, les emprunteurs étaient de fortunes très différentes, mais que les gens de condition moyenne et les pauvres figuraient de façon plus constante comme débiteurs. P. Wolff note également à Toulouse ce recours général au crédit où nobles, ecclésiastiques, bourgeois, artisans et paysans s'endettaient, soit en empruntant, soit en achetant à crédit.[114]

Comme la plupart de ces reconnaissances de dettes avaient été contractées envers des créanciers juifs, nous avons voulu comparer leur clientèle avec celle des créanciers chrétiens. Nous avons donc relevé les catégories socio-professionnelles des emprunteurs chrétiens ayant eu recours à des prêts de Chrétiens durant la période de 1391 à 1405. Le groupe social ou l'occupation de ces débiteurs était indiqué dans quarante cas sur 141 (23,36 p. cent), c'est-à-dire dans une proportion beaucoup plus forte que celle de l'ensemble de la documentation. Contrairement à ce qu'indique le graphique précédent, les principaux débiteurs étaient recrutés dans ce cas-ci parmi les commerçants. Treize opérations en témoignent, soit un taux de 32,5 p. cent.[115] Les nobles et les ecclésiastiques venaient ensuite dans le même ordre que pour l'ensemble de la documentation et avec des taux comparables, respectivement 30 p. cent et 17,5 p. cent (douze et sept opérations). Mais les artisans n'avaient que la quatrième place avec six transactions, soit 15 p. cent du total, taux bien inférieur à celui rapporté précédemment pour cette catégorie professionnelle.[116] Les deux derniers emprunteurs étaient l'un juriste et l'autre paysan.

Soulignons la place respective des commerçants et des artisans débiteurs par rapport à celle qu'ils détenaient dans l'ensemble de la documentation. Les commerçants qui ne constituaient pas des clients de première importance des créanciers en général, le devenaient pour les prêteurs chrétiens. Les artisans par contre, principaux débiteurs des Juifs, empruntaient peu des Chrétiens. On peut supposer que les Juifs aient été des investisseurs plus hardis et qu'ils aient fourni du crédit plus facilement aux catégories socio-professionnelles qui n'en obtenaient pas des Chrétiens. Mais la documentation sur les prêts entre Chrétiens ne suffit pas pour pousser très loin cette hypothèse.

Dans les registres notariaux salonais, les débiteurs contractaient souvent des dettes individuelles. Cependant, ils préféraient parfois s'associer à

---

[114] Voir Louis Stouff, *La ville d'Arles à la fin du moyen-âge*, thèse multigraphiée, 2: 409-414; Noël Coulet, *Aix-en-Provence Espace et relations d'une capitale (milieu XIV$^e$ s. - milieu XV$^e$ s.)*, thèse, 1: 522; et Philippe Wolff, *Commerces et marchands de Toulouse (vers 1350 - vers 1450)* (Paris: Librairie Plon, 1954), pp. 391-396.

[115] Ils étaient marchands, macelliers et apothicaires.

[116] Trois artisans étaient forgerons, l'un était sartre, un autre savetier et le dernier fustier.

plusieurs pour s'endetter tout comme procédaient occasionnellement les créanciers pour concéder du crédit. Ce phénomène variait toutefois d'intensité chez les deux groupes d'individus. Ainsi sur 2.735 reconnaissances de dettes, quarante seulement impliquaient des créanciers associés, soit un taux de 1,46 p. cent, alors que 608 liaient des débiteurs associés, soit un taux de 22,23 p. cent. Si donc la majorité des débiteurs (77,77 p. cent) s'engageaient seuls dans les demandes de crédit, une importante minorité ne s'y risquait qu'à plusieurs.

Quels étaient les motifs à la base de ces associations de débiteurs? Ils n'apparaissent jamais très clairement dans la documentation. Mais on peut supposer que les débiteurs associés remplaçaient les fidéjusseurs. En effet, lorsqu'une transaction paraissait risquée à un créancier, celui-ci exigeait souvent que le débiteur trouve un fidéjusseur qui en réponde, qui s'engage à le rembourser si le débiteur en devenait incapable ou refusait de le faire. Or dans les minutes salonaises, les prises en main de dettes par des fidéjusseurs sont très rares. Les créanciers préféraient sans doute que les débiteurs principaux contractent leurs engagements en association avec un proche, qui ainsi prenait tous les risques des fidéjusseurs. En cas de défaut, tous les biens du débiteur associé servaient, au même titre que ceux du débiteur principal, à rembourser la dette. Les endettés qui étaient mentionnés dans un contrat ne bénéficiaient probablement pas à parts égales de la somme acquise. Mais, par contre, certaines associations de débiteurs devaient être réelles avec partage du crédit, sans constituer de fausses *fidéjussiones*. Ces vraies associations n'abondaient pas, car il eut été alors aussi facile pour les associés de contracter leurs dettes séparément.

Pour découvrir comment se combinaient les associations de débiteurs, nous avons réparti les reconnaissances de dettes des registres selon la religion de l'endetté:

Tableau 37

RÉPARTITION DES DÉBITEURS SELON LA RELIGION

| Débiteurs | Nombre d'opérations | |
|---|---|---|
| | Ch. abs. | % |
| Un Chrétien | 2.068 | 75,61 |
| Plusieurs Chrétiens | 571 | 20,89 |
| Un Juif salonais | 55 | 2,01 |
| Plusieurs Juifs salonais | 30 | 1,10 |
| Un Juif non salonais | 7 | 0,25 |
| Plusieurs Juifs non salonais | 2 | 0,07 |
| Juifs salonais et non salonais | 2 | 0,07 |
| TOTAUX | 2.735 | 100,00 |

Le tableau ci-dessus montre qu'aucun Chrétien n'a contracté de dette au cours de la période en association avec un Juif. Nul individu ne prenait pour associé autre qu'un coreligionnaire. Si la grande majorité des débiteurs étaient chrétiens (96,5 p. cent), dans 20,89 p. cent des opérations, ils agissaient en association. Les Juifs salonais, qui étaient impliqués dans 3,11 p. cent des contrats, opéraient également en association dans 1,10 p. cent des actes.[117] Même les Juifs non salonais, qui ne paraissent pourtant pas souvent comme débiteurs dans les registres salonais, s'associaient occasionnellement pour s'endetter.

Le tableau des combinaisons des débiteurs par type d'opérations permet de déceler à la fois si certaines catégories de débiteurs affectionnaient certains types d'endettement et si les associations étaient plus fréquentes pour certains types d'opérations.

Tableau 38

COMBINAISONS DE DÉBITEURS PAR TYPE D'OPÉRATIONS

| Types d'opérations | un Chrétien | plusieurs Chrétiens | un Juif salonais | plusieurs Juifs salonais | un Juif non salonais | plusieurs Juifs non salonais | Juifs salonais et non salonais | Totaux |
|---|---|---|---|---|---|---|---|---|
| Prêts | 1.100 | 270 | 9 | 4 | 1 | 1 | 0 | 1.385 |
| Achats à terme | 536 | 137 | 20 | 5 | 1 | 0 | 0 | 699 |
| Ventes à crédit | 270 | 100 | 21 | 18 | 3 | 0 | 2 | 414 |
| Apurements de comptes | 150 | 64 | 2 | 3 | 2 | 1 | 0 | 222 |
| Divers | 12 | 0 | 3 | 0 | 0 | 0 | 0 | 15 |
| TOTAUX | 2.068 | 571 | 55 | 30 | 7 | 2 | 2 | 2.735 |

Ainsi le tableau révèle que les Juifs salonais s'engageaient dans une plus grande mesure dans des ventes à terme (vingt) et des achats à crédit (vingt et un) que dans des emprunts (neuf) et des apurements de comptes (deux) et qu'ils contractaient assez fréquemment des achats à crédit en association avec d'autres Juifs salonais (dix-huit). Les chiffres qui illustrent ce phénomène ne paraissent pas à première vue très imposants, mais ils le sont comparés aux seules quatre-vingt-sept reconnaissances de dettes impliquant

---

[117] À Arles de même, les Juifs s'endettaient peu. Voir Louis Stouff, *La ville d'Arles à la fin du moyen-âge*, thèse multigraphiée, 2: 409. À Aix-en-Provence, 5,28% des emprunts contractés entre 1430 et 1435 l'étaient par des Juifs. Voir Noël Coulet, *Aix-en-Provence. Espace et relations d'une capitale (milieu XIV$^e$ s. - milieu XV$^e$ s.)*, thèse, 1: 522.

des Juifs salonais comme débiteurs. On constate également que les individus tendaient plus à s'associer pour contracter des achats à crédit et des apurements de comptes que pour des emprunts et des ventes à terme. Ainsi dans 28,22 p. cent des apurements de comptes et dans 24,15 p. cent des achats à crédit, les débiteurs chrétiens s'associaient contre seulement 19,50 p. cent des emprunts et 19,59 p. cent des ventes à terme. De plus, les Juifs salonais procédaient à plusieurs pour contracter 4,34 p. cent des achats à crédit. L'usage répandu des associations pour les achats à crédit s'explique difficilement, mais pour les apurements de comptes, il confirme l'hypothèse que nous avons émise précédemment qu'elles étaient des *fidejussiones* camouflées. En effet, dans ces reprises d'engagements où les débiteurs avaient déjà manifesté du mal à payer, les créanciers exigeaient d'autres assurances et les débiteurs joignaient le nom d'un répondant à leurs transactions précédentes.

Les débiteurs associés qui s'endettaient d'une façon ou d'une autre procédaient-ils à deux ou à plusieurs? Le tableau suivant permet de mesurer l'ampleur du phénomène des associations de débiteurs.

Tableau 39

NOMBRE D'ASSOCIÉS DU DÉBITEUR PAR TYPE D'OPÉRATIONS

| Types d'opérations | Un | Deux | Trois | Quatre | Cinq | Totaux Ch. abs. | % |
|---|---|---|---|---|---|---|---|
| Prêts | 241 | 26 | 6 | 1 | 1 | 275 | 45,23 |
| Achats à terme | 126 | 14 | 1 | 1 | 0 | 142 | 23,35 |
| Ventes à crédit | 110 | 10 | 0 | 0 | 0 | 120 | 19,74 |
| Apurements de comptes | 61 | 7 | 0 | 0 | 0 | 68 | 11,18 |
| Divers | 3 | 0 | 0 | 0 | 0 | 3 | 0,50 |
| TOTAUX | 541 | 57 | 7 | 2 | 1 | 608 | 100,00 |

77,77 p. cent des acquisitions de crédit étaient conclues par un seul individu. Mais parmi les 608 restantes, la grande majorité, soit 88,98 p. cent, n'impliquait qu'un seul associé. 9,37 p. cent des opérations étaient transigées par trois débiteurs associés alors que quelques actes mentionnaient trois, quatre ou cinq associés. Il semble donc que dans la plupart des cas, un répondant ait suffi pour convaincre le créancier de pourvoir le crédit. Toutefois, dans certains cas, le premier associé n'étant pas suffisamment à l'aise pour répondre seul de la dette, on lui adjoignait d'autres répondants.

On ne s'étonnera guère que les demandeurs de crédit aient recruté leurs associés parmi leurs proches. Le tableau du degré de parenté entre débiteurs associés montre la relation qui unissait ces individus. Ainsi dans les 608 opérations impliquant des débiteurs associés, 209 seulement (34,37 p. cent) avaient été contractées par des associés sans lien de parenté entre eux ou avec un lien éloigné. Dans 65,63 p. cent des transactions avec associations de débiteurs, ces derniers étaient effectivement des époux ou des proches parents. Ils étaient conjoints dans 184 actes, c'est-à-dire 30,27 p. cent des cas alors qu'ils étaient liés par une relation de parent à enfant dans 28,29 p. cent des opérations et par un lien de frère à sœur ou frère à frère ou sœur à sœur dans 7,07 p. cent de celles-ci. Ces taux de débiteurs associés parents ne sont nullement comparables au taux des créanciers associés liés par un lien de parenté ou conjoints qui ne s'élevait qu'à 15 p. cent. Ils confirment l'hypothèse du rôle de répondant des associés. Ainsi, si les époux tendaient dans une proportion élevée des cas à joindre leur épouse à leurs reconnaissances de dettes, ils agissaient ainsi pour engager également la dot de leur femme, dont cette dernière gardait la propriété même après le mariage. Que les parents (père, mère aussi bien que frères et sœurs) aient été souvent associés à l'acte suggère qu'il était plus facile de recruter l'aide d'un proche dans un endettement que celle d'un non-parent. Le parent acceptait plus volontiers que ses biens servent à répondre de la dette d'un membre de sa famille.

Tableau 40

Degré de parenté entre débiteurs associés

| Types d'opérations | Pas d'associé | Associé non parent ou parent éloigné | Époux-épouse | Parent-enfant | Frère-sœur | Totaux |
|---|---|---|---|---|---|---|
| Prêts | 1.110 | 111 | 76 | 72 | 16 | 1.385 |
| Achats à terme | 557 | 50 | 40 | 42 | 10 | 699 |
| Ventes à crédit | 294 | 39 | 37 | 34 | 10 | 414 |
| Apurements de comptes | 154 | 8 | 31 | 22 | 7 | 222 |
| Divers | 12 | 1 | 0 | 2 | 0 | 15 |
| Totaux | 2.127 | 209 | 184 | 172 | 43 | 2.735 |

Si les débiteurs de la documentation s'associaient dans une grande partie des cas (22,23 p. cent), ils faisaient aussi parfois appel à un procureur comme intermédiaire entre le créancier et eux-mêmes. Toutefois, ce système de procuration était beaucoup moins répandu pour les débiteurs que pour les créanciers. Ainsi, alors que ces derniers utilisaient des procureurs dans 5,63 p. cent des reconnaissances de dettes, les débiteurs n'avaient recours à des intermédiaires que dans trente-trois opérations, c'est-à-dire un taux de 1,2 p. cent des mêmes documents.

Parmi ces trente-trois opérations, y a-t-il des exemples de débiteurs ayant fait appel à l'aide de procureurs qui n'étaient pas leurs coreligionnaires? Si la grande majorité des débiteurs (Tableau 41) utilisait des coreligionnaires dans leurs transactions (87,88 p. cent), quelques Chrétiens avaient recours à des procureurs juifs (12,12 p. cent), mais aucun demandeur de crédit juif n'a fait appel à un procureur chrétien au cours de la période 1391 à 1405 à Salon-de-Provence.

Tableau 41

COMBINAISONS DE PROCUREURS ET DÉBITEURS

| Catégories | Nombre d'opérations | |
|---|---|---|
| | Ch. abs. | % |
| Procureur juif, débiteur juif | 14 | 42,42 |
| Procureur juif, débiteur chrétien | 4 | 12,12 |
| Procureur chrétien, débiteur juif | 0 | 0 |
| Procureur chrétien, débiteur chrétien | 15 | 45,46 |
| TOTAUX | 33 | 100,00 |

Nous avons vu précédemment que les procureurs des créanciers consistaient en intermédiaires à qui était prêté un capital pour qu'ils l'administrent eux-mêmes et l'investissent. Qui étaient alors les procureurs des débiteurs? Une étude du lieu d'origine des procureurs peut sans doute donner un indice à ce propos. Sur les trente-trois procureurs de la documentation, vingt-neuf habitaient Salon (87,88 p. cent) et quatre seulement venaient de l'extérieur de cette ville (12,12 p. cent). Si l'on se rappelle que les débiteurs venaient de Salon dans 57,49 p. cent des cas et de l'extérieur dans 42,51 p. cent de ceux-ci, on constate que les pourcentages ne concordent pas beaucoup. Plusieurs procureurs devaient donc être des intermédiaires salonais dont les débiteurs étrangers avaient besoin. Quant aux quatre procureurs non salonais, ils étaient probablement en contact avec des pourvoyeurs de crédit de la ville. Ainsi ces procureurs devaient être des individus ayant facilement accès au crédit salonais et c'est pourquoi les demandeurs sollicitaient leur intermédiaire dans les transactions.

L'étude du lien de parenté entre procureur et débiteur confirme cette hypothèse (Tableau 42). En effet, dans la plupart des cas (75,75 p. cent) il n'y avait aucun lien de parenté connu entre le procureur et le débiteur. Dans 24,25 p. cent des opérations à procureur, les deux individus étaient liés par la parenté. Ils étaient surtout parent et enfant. Les épouses, si utiles dans les associations, ne semblent pas avoir eu leur place dans les opérations à procuration. Si, pour répondre d'une dette, il valait mieux un proche, pour chercher du crédit, il suffisait d'un étranger. Les procureurs des débiteurs semblent donc avoir exercé la profession de courtier.

Tableau 42

Degré de parenté entre débiteur et procureur

| Degré de parenté | Nombre d'opérations | |
|---|---|---|
| | Ch. abs. | % |
| Aucun ou éloigné | 25 | 75,75 |
| Époux-épouse | 0 | 0 |
| Parent-enfant | 7 | 21,21 |
| Frère-sœur | 1 | 3,04 |
| Totaux | 33 | 100,00 |

La clientèle des créanciers salonais était donc formée en majeure partie d'habitants de la ville elle-même et en mineure partie de villageois des environs. Des individus de toutes les classes sociales et catégories professionnelles faisaient appel au crédit salonais, mais parmi les débiteurs dont la profession était expressément mentionnée, les artisans, les nobles et les ecclésiastiques se montraient les plus friands de crédit. Très fréquemment, ceux-ci s'associaient avec des proches ou obtenaient l'aide de procureurs pour contracter leurs dettes. Mais dans la plupart des cas, les débiteurs venaient seuls chercher le crédit des créanciers juifs et chrétiens de la ville.

D. *Le délai de crédit*

S'il a été possible, à partir des archives notariales, d'analyser certaines attitudes des créanciers et des débiteurs dans leurs contacts avec le crédit, on peut également calculer dans une certaine mesure le délai de crédit négocié entre le pourvoyeur et le demandeur.

En effet, dans les opérations prises en note par les notaires salonais, le moment pour lequel le remboursement de la dette était prévu est toujours indiqué. Il peut correspondre à une date fixe comme une fête de saint ou à une date plus floue comme «*ad primam requisitionem.*» Les remboursements étaient en général prévus soit pour des fêtes importantes du calendrier liturgique comme Pâques, la Pentecôte, la Saint-Michel (29 septembre), la Saint-Laurent (10 août), la Saint-Martin (11 novembre), la Sainte-Marie-Madeleine (22 juillet) et la Saint-Hilaire (13 janvier), soit pour des moments essentiels de la vie économique comme les moissons, les vendanges, les olivaisons et les foires.[118] Certaines dates de remboursement semblent avoir

---

[118] Quatre foires annuelles avaient lieu à Salon, l'une le quatrième lundi de Pâques, les autres à la Saint-Laurent, à la Saint-Michel et à la Saint-Martin d'hiver. Cf. Robert Brun *La ville de Salon au Moyen-Âge. La vie économique, le régime seigneurial, le régime municipal*, Publications de la Société d'études provençales, 6 (Aix-en-Provence: Imprimerie universitaire de Provence, 1924), p. 51. Un sondage effectué sur cent reconnaissances de dettes de 1398 révèle

été purement arbitraires comme à la fin d'un mois ou à la première demande, mais elles étaient en général liées à une période de relative abondance pendant laquelle le débiteur était plus à même de pouvoir rembourser sa dette. Même les fêtes du calendrier liturgique utilisées étaient liées aux périodes d'abondance. Ainsi la Sainte-Marie-Madeleine et la Saint-Laurent se situaient après les moissons et la Saint-Michel au moment des vendanges. Ces liens avec le calendrier agricole ne touchaient pas uniquement les opérations dont le remboursement était prévu en denrées comme les achats de récoltes sur pied, mais également celles dont le remboursement était réclamé en numéraire. Le créancier prévoyait évidemment qu'à la vente de ses récoltes le débiteur aurait quelques pièces en surplus.

Pour calculer le délai de crédit, il suffit donc de soustraire la date de l'opération de la date prévue pour le remboursement de la dette. Dans les cas où le jour exact de celui-ci n'est pas indiqué, mais où il peut être situé approximativement, comme «aux prochaines moissons» ou «aux prochaines vendanges,» nous avons choisi une date arbitraire pour pouvoir effectuer le calcul sur un nombre plus grand d'opérations. Le jour choisi pour les moissons a été le 31 juillet et celui pour les vendanges le 30 septembre. Ce procédé a pu occasionnellement créer une distorsion dans les résultats de l'ordre d'environ deux semaines. Mais cette méthode vaut bien d'être utilisée puisqu'elle permet d'inclure un nombre de reconnaissances de dettes beaucoup plus considérable. Dans les cas de transactions devant être réglées «à la première demande,» il a été impossible de situer plus exactement l'échéance et c'est pourquoi ces opérations ont dû être abandonnées. L'étude a pu être poursuivie sur 2.650 des 2.720 opérations, soit sur 97,42 p. cent d'entre elles.

Les délais de crédit possibles ont été répartis en six périodes et les endettements ont été logés dans l'une ou l'autre de celles-ci en fonction du temps prévu pour le remboursement (Tableau 43). Bien que ces périodes soient de durées inégales, la distribution des actes par période montre bien qu'elles correspondent dans une certaine mesure à la réalité. Même si la documentation comporte très peu d'opérations dont le remboursement est prévu en moins d'un mois (près de 4 p. cent seulement), le crédit à court

---

comme date d'échéance les moissons (51 p. cent), la Saint-Laurent (16 p. cent), la Saint-Michel et Pâques (7 p. cent), Noël et le Carême (5 p. cent), la Saint-Martin, la Pentecôte et les prochaines foires franches (2 p. cent), le dimanche des Rameaux, la mi-Carême, la Toussaint (1 p. cent). Ce sondage ne révèle aucun remboursement à la première réquisition, aux vendanges ou à l'olivaison, mais six à la fin du mois ou de l'année. Les moments préférés de remboursement à Arles étaient au mois d'août ou à la Saint-Pierre-aux-Liens. Voir Louis Stouff, *La ville d'Arles à la fin du moyen-âge*, 4 vols., thèse multigraphiée, 2: 396.

160    LE RÔLE ÉCONOMIQUE

Tableau 43

Délais de crédit (1391-1405)

| Périodes | Nombre d'opérations Ch. abs. | % |
|---|---|---|
| Moins d'un mois | 105 | 3,96 |
| 1 m. 1 j. - 3 mois | 603 | 22,77 |
| 3 m. 1 j. - 6 mois | 853 | 32,20 |
| 6 m. 1 j. - 1 an | 952 | 35,90 |
| 1 an 1 j. - 2 ans | 102 | 3,85 |
| Plus de 2 ans | 35 | 1,32 |
| Totaux | 2.650 | 100,00 |

terme dominait tout de même à Salon. En effet, 26,73 p. cent des dettes devaient être remboursées en moins de trois mois, 58,93 p. cent en moins de six mois et 94,83 p. cent en moins d'un an.[119] Seulement 5,17 p. cent des actes prévoyaient des échéances à plus d'un an de la date de rédaction du contrat.

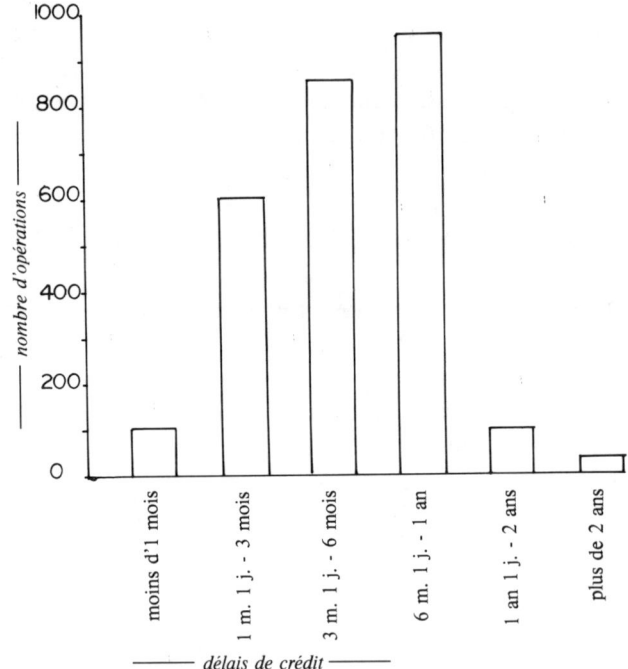

Figure 17. Délais de crédit (1391-1405)

[119] C. Castellani constate le même phénomène à Carpentras ou 97 p. cent des actes avaient un délai stipulé qui ne dépassait pas un an. Cf. *op. cit.*, p. 65.

Le tableau et le graphique des délais de crédit par type d'opérations (Tableau 44 et Figure 18) montrent des différences sensibles entre les diverses catégories de reconnaissances de dettes. Certaines prévoyaient des échéances plus tardives. Ainsi les délais de crédit imposés dans les actes de prêt et dans les apurements de comptes étaient sensiblement plus longs que ceux prévus pour les achats à terme et les ventes à crédit. Les créanciers se consacrant aux achats à terme affectionnaient particulièrement les délais courts. Ainsi 45,12 p. cent de ces opérations devaient être remboursées en moins de trois mois (contre 19,06 p. cent seulement pour les prêts et 31,92 p. cent pour les ventes à crédit); 78,84 p. cent devaient l'être en moins de six mois (contre 49,47 p. cent pour les prêts et 77,77 p. cent pour les ventes à crédit).[120] Ces actes étaient conclus peu avant la récolte et hypothéquaient la moisson, la vendange ou l'olivaison à venir, ce qui explique la brièveté des délais de crédit. Ils semblent donc avoir suivi la vie agricole de plus près que les prêts ou les ventes à crédit. Les apurements de comptes représentent par contre la tendance inverse: à ceux qui avaient éprouvé des difficultés à rencontrer leurs obligations et reprenaient de nouveaux engagements pour de vieilles dettes, les créanciers accordaient des délais plus longs. 30,04 p. cent

Tableau 44

Délais de crédit par type d'opérations

| Périodes | Prêts Ch. abs. | % | Achats à terme Ch. abs. | % | Ventes à crédit Ch. abs. | % | Apurements de comptes Ch. abs. | % |
|---|---|---|---|---|---|---|---|---|
| Moins d'un mois | 63 | 4,67 | 24 | 3,51 | 11 | 2,72 | 5 | 2,35 |
| 1 m. 1 j. - 3 mois | 194 | 14,39 | 285 | 41,61 | 118 | 29,20 | 15 | 7,07 |
| 3 m. 1 j. - 6 mois | 410 | 30,41 | 231 | 33,72 | 165 | 40,85 | 42 | 19,72 |
| 6 m. 1 j. - 1 an | 627 | 46,52 | 137 | 20,00 | 101 | 25,00 | 87 | 40,84 |
| 1 an 1 j. - 2 ans | 45 | 3,34 | 8 | 1,16 | 5 | 1,24 | 44 | 20,66 |
| Plus de 2 ans | 9 | 0,67 | 0 | 0 | 4 | 0,99 | 20 | 9,38 |
| Totaux | 1.348 | 100,00 | 685 | 100,00 | 404 | 100,00 | 213 | 100,00 |

[120] Les délais de crédit pratiqués pour les prêts dans les autres localités variaient. À Aix, au cours des trois périodes étudiées, 1400-1404, 1412-1413 et 1430-1435, ils étaient très comparables à ceux de Salon-de-Provence. Il en était de même dans la ville d'Arles, entre 1400 et 1450. À Toulouse, par contre, la documentation révèle une durée des prêts encore plus courte et de nombreuses dettes qui devaient être remboursées *de die in diem*. Cf. Noël Coulet, *Aix-en-Provence. Espace et relations d'une capitale (milieu XIV$^e$ s. - milieux XV$^e$ s.)*, thèse, 1: 513, Louis Stouff, «Activités et professions dans une communauté juive de Provence au bas Moyen Âge. ‹La juiverie d'Arles› 1400-1450,» *Minorités, techniques et métiers*, Actes de la table ronde du Groupement d'Intérêt Scientifique Sciences Humaines sur l'Aire Méditerrannéenne, Abbaye de Sénanque, octobre 1978, p. 64 et Philippe Wolff, *Commerces et marchands de Toulouse (vers 1350 - vers 1450)* (Paris: Librairie Plon, 1954), p. 364.

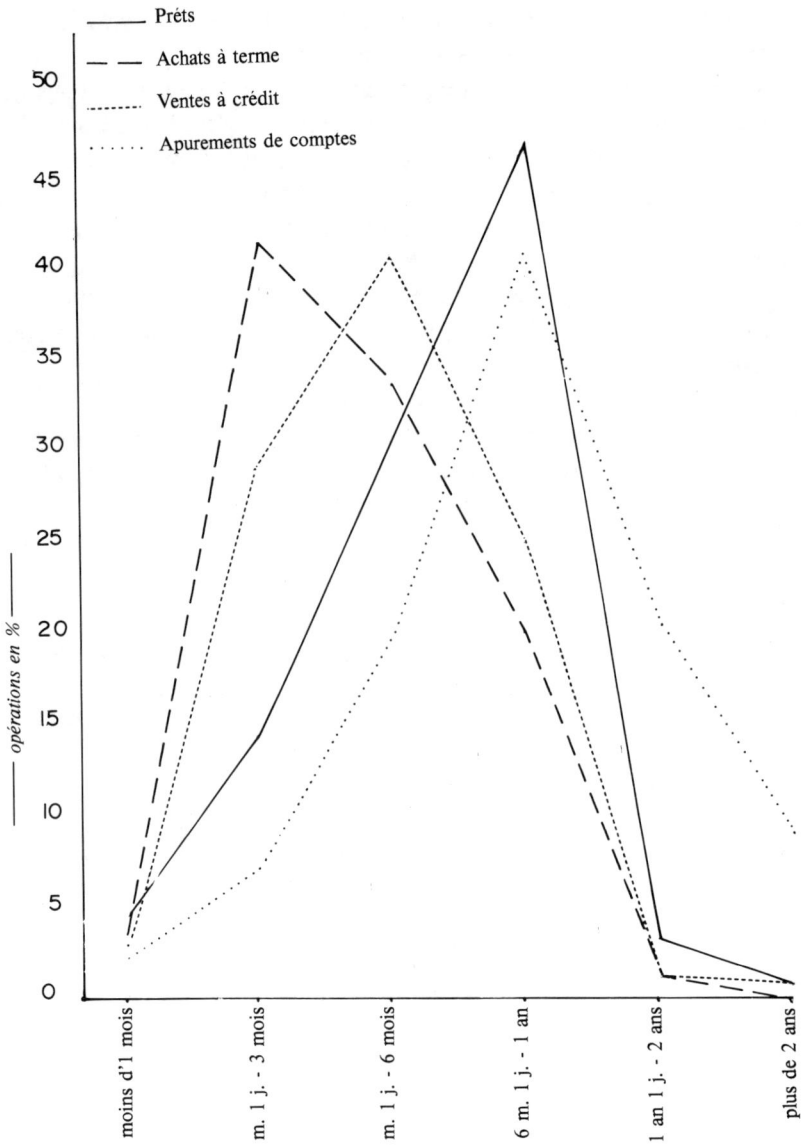

Figure 18. Délais de crédit par type d'opérations (1391-1405)

de ces opérations prévoyaient des rembousements en plus d'un an contre 1,16 p. cent seulement pour les achats à terme, 2,23 p. cent pour les ventes à crédit et 4,01 p. cent pour les prêts.

Les délais de crédit différaient-ils sensiblement selon que le créancier était juif ou chrétien? Sur les 141 emprunts effectués par des Chrétiens envers des coreligionnaires, vingt et un mentionnaient un remboursement «à la première demande,» ce qui équivaut à un taux de 14,90 p. cent, taux sensiblement supérieur à celui rencontré pour le même phénomène dans l'ensemble des reconnaissances de dettes (2,58 p. cent). De plus, le tableau suivant permet de constater certaines différences.

Tableau 45

Délais de crédit dans les prêts entre Chrétiens

| Périodes | Nombre d'opérations | |
|---|---|---|
| | Ch. abs. | % |
| Moins d'un mois | 12 | 10,00 |
| 1 m. 1 j. - 3 mois | 29 | 24,17 |
| 3 m. 1 j. - 6 mois | 35 | 29,17 |
| 6 m. 1 j. - 1 an | 38 | 31,66 |
| 1 an 1 j. - 2 ans | 6 | 5,00 |
| Plus de 2 ans | 0 | 0 |
| Totaux | 120 | 100,00 |

Le délai de crédit apparaît donc beaucoup plus court chez les prêteurs chrétiens. En effet, 10 p. cent des prêts devaient être remboursés en moins d'un mois (contre 4,67 p. cent dans l'ensemble de la documentation presque uniquement formée de prêteurs juifs), 34,17 p. cent en moins de trois mois (contre 19,06 p. cent) et 63,34 p. cent en moins de six mois (contre 49,47 p. cent). Le prêteur chrétien se révélait donc soucieux d'éviter les risques, en réclamant souvent le remboursement à la première demande et en prêtant à échéance la plus brève possible.

Un certain nombre de reconnaissances de dettes portent à leur fin la mention «*cancellata ut soluta*» qui indique qu'elles ont été remboursées et à quelle date. Cinq cent quatre-vingt-dix-neuf des 2.720 opérations ont ainsi été annulées (22,02 p. cent). Toutefois, un examen rapide de ces cas permet de constater que les annulations ne semblent pas avoir été notées systématiquement par tous les notaires. Ainsi elles foisonnent chez certains notaires, mais sont rares chez d'autres. Malgré le fait qu'elles n'apparaissent pas méthodiquement, elles permettent de constater que les dettes étaient souvent remboursées avec du retard.[121] Les registres notariaux comportent même quelques exemples de créanciers ayant attendu que le débiteur vende une terre ou meure pour récupérer leur capital initial et les intérêts qui s'y étaient ajoutés. Il reste que dans la grande majorité des opérations (77,98 p. cent), aucune indication que la dette a été remboursée n'existe. Pourtant il est impossible que les créanciers aient pu continuer leurs activités avec un tel taux de pertes et il faut admettre une certaine négligence dans le travail des notaires.

Malgré ces imperfections de la documentation, il nous a semblé intéressant de connaître les délais de retard les plus fréquents. Voici les résultats d'un sondage effectué sur une centaine de cas comprenant des cancellations:

Tableau 46

REMBOURSEMENT DES DETTES

| Remboursement | % |
|---|---|
| À terme ou avant-terme | 12 |
| Retards: - moins de 3 mois | 38 |
| - 3 m. 1 j. - 6 mois | 13 |
| - 6 m. 1 j. - 1 an | 11 |
| - 1 an 1 j. - 2 ans | 10 |
| - 2 an 1 j. - 5 ans | 3 |
| - 5 ans 1 j. - 10 ans | 1 |
| - plus de 10 ans | 12 |
| TOTAL | 100 |

Comme le révèle ce tableau, une forte proportion des dettes étaient remboursées à l'intérieur d'un délai de six mois après la date prévue à l'origine pour le rembousement (63 p. cent). En outre, 21 p. cent des contrats étaient annulés avec un retard oscillant entre six mois et deux ans. Peu de dettes étaient remboursées avec un retard de deux à dix ans, mais la proportion de très longs retards est importante. En effet, 12 p. cent des dettes étaient annulées avec plus de dix ans de retard, le maximum enregistré étant de vingt-neuf ans. Notons que les retards considérables n'étaient pas typiques du crédit salonais. R. W. Emery constate également qu'ils étaient fréquents à

---

[121] Le même phénomène apparaît dans la documentation notariale arlésienne, et à Aix, le taux de prêts remboursés à temps s'élevait à 12%. Cf. Louis Stouff, «Activités et professions dans une communauté juive de Provence au bas moyen-âge. ‹La juiverie d'Arles› 1400-1450,» *Minorités, techniques et métiers*, p. 64 et Noël Coulet, *Aix-en-Provence. Espace et relations d'une capitale (milieu XIV$^e$ s. - milieu XV$^e$ s.)*, thèse, 1: 513-514.

Perpignan.¹²² Il en était de même à Aix-en-Provence et à Arles. Visiblement les créanciers ne cherchaient pas à les éliminer totalement. Sans doute les toléraient-ils pour les débiteurs possédant des garanties suffisantes.

Le délai de crédit à Salon était donc en général inférieur à un an et il variait selon les types d'opérations. Les dettes étaient souvent remboursées avec un retard certain auquel les créanciers juifs étaient habitués.

---

[122] Richard W. Emery, «Le prêt d'argent juif en Languedoc et Roussillon,» *Juifs et judaïsme de Languedoc, Cahiers de Fanjeaux* 12 (1977) 90. Louis Stouff constate le même phénomène à Arles pour le crédit en général. Voir *La ville d'Arles à la fin du moyen-âge*, 4 vols., thèse multigraphiée, 4: 123. Le taux des retards de remboursement de plus de dix ans était de 7,15% à Aix. Voir Noël Coulet, *Aix-en-Provence. Espace et relations d'une capitale (milieu XIV$^e$ s. - milieu XV$^e$ s.)*, thèse, 1979, 1: 514.

# 4

# Les activités de crédit de Bonan Boniaqui (1392-1399)

Parmi les nombreux registres notariaux salonais de la période étudiée, l'un diffère considérablement des autres puisqu'il se rapporte aux affaires d'un seul individu, le Juif Bonan Boniaqui. Ce registre du notaire Jacques Franc qui couvre la période 1392 à 1399[1] est inventorié aux archives départementales des Bouches-du-Rhône à Marseille avec la mention suivante: «Liquidation des dettes et créances de Bonami Bonsac.» Cette formule, reprise dans l'inventaire des sources de l'histoire économique et sociale du Moyen Âge,[2] comprend quelques incorrections. D'abord le fait que seules 121 des 229 reconnaissances de dettes du protocole aient été annulées amène à douter que ce registre ait été consacré à la liquidation des opérations financières de Bonan. De plus, des 229 reconnaissances de dettes, aucune ne rapporte un endettement du Juif. Ce protocole a servi à noter les créances seules de Bonan Boniaqui et en aucun cas ses dettes. Enfin l'orthographe du nom juif varie. Le premier nom que nous avons traduit par Bonan apparaît sous les formes suivantes: «*Bonanus*» et «*Bonannus*». Quant au patronyme, il ne contient pas de «s» mais bien un «i» et nous avons conservé la forme «Boniaqui» telle qu'elle apparaît dans les documents.

Bien que les protocoles consacrés à un seul individu ne foisonnent pas dans les archives notariales médiévales, celui de Bonan Boniaqui n'est pas unique. En effet, R. W. Emery, dans son étude sur les activités économiques des Juifs de Perpignan, en a également trouvé un qui rapporte fidèlement les transactions d'Arnauld de Codalet de Rivesaltes, entrepreneur chrétien qui

---

[1] Arch. dép. des Bouches-du-Rhône, Jacques Franc, 376 E 32; 1392-1399.
[2] Robert-Henri Bautier et Janine Sornay, *Les sources de l'histoire économique et sociale du Moyen Âge, Provence, Comtat Venaissin, Dauphiné, États de la maison de Savoie*, 2: *Archives ecclésiastiques, communales et notariales, archives des marchands et des particuliers*, Éditions du Centre National de la Recherche Scientifique (Paris, 1971) p. 1236.

fit appel au crédit des Juifs de Perpignan de 1276 à 1287.[3] À Salon, la chance a permis de trouver un registre se rapportant précisément aux activités d'un des Juifs de la communauté et heureusement au cours de la période étudiée. Cette double chance permettra de comparer les transactions de Bonan, Juif appelé à devenir plus tard un membre important de l'«*universitas Judeorum,*» avec celles de l'ensemble des Juifs de la ville, étudiées plus tôt.

Dans ce registre assez particulier, Bonan Boniaqui opère seul comme créancier, sans associé ni procureur, dans 229 opérations. Celles-ci se répartissent en 225 actes simples, c'est-à-dire justifiés par une seule transaction, et en quatre actes où des prêts se combinent à des achats à terme ou à des ventes à crédit. Ces 229 opérations s'échelonnaient irrégulièrement sur une période de huit ans, comme le prouve le tableau suivant:

Tableau 47

Nombre des actes du registre par année

| Années | Opérations simples | Opérations multiples | % |
| --- | --- | --- | --- |
| 1392 | 8 | – | 3,49 |
| 1393 | 53 | 1 | 23,59 |
| 1394 | 51 | 1 | 22,70 |
| 1395 | 47 | 1 | 20,96 |
| 1396 | 21 | – | 9,18 |
| 1397 | 25 | 1 | 11,35 |
| 1398 | 15 | – | 6,55 |
| 1399 | 5 | – | 2,18 |
| Totaux | 225 | 4 | 100,00 |

Les opérations sont distribuées de la façon suivante: peu nombreuses au cours de la première année d'usage du registre, elles augmentent considérablement au cours des trois années subséquentes, puis elles décroissent de nouveau au cours des quatre dernières années couvertes par le protocole. Ce schème reflète-il l'évolution de l'ensemble des activités de Bonan ou ne manifeste-t-il que l'utilisation faite d'un registre? Soulignons d'abord que les autres registres notariaux salonais contiennent également des reconnaissances de dettes contractées envers Bonan. Mais les quelques éléments biographiques rassemblés sur lui donnent à penser qu'il n'a pu débuter ses activités financières bien avant 1392. Ainsi la date de sa mort se situe entre le 19 avril 1434, jour où il a testé et le 25 août de la même année, date à laquelle une

---

[3] Richard W. Emery, *The Jews of Perpignan in the Thirteenth Century; An Economic Study Based on Notarial Records*, Appendix 1: «Arnauldus de Codaleto of Rivesaltes: an entrepreneur of the thirteenth century,» pp. 109-127.

transaction a été conclue par ses héritiers.[4] Ceci lui donnerait une vie professionnelle d'au moins quarante-deux ans, phénomène rare sinon extraordinaire pour l'époque. Ainsi donc, si les activités économiques de Bonan n'ont pu commencer bien avant 1392, elles étaient déjà suffisamment solides à cette date pour justifier l'ouverture d'un registre consacré uniquement aux créances de ce personnage. Ainsi le petit nombre d'opérations de 1392 ne peut refléter entièrement l'état des activités de Bonan. De même la baisse du nombre des actes du registre de 1396 à 1399 correspond à l'abandon progressif du registre et non à la chute des activités professionnelles de Bonan, car, après 1399, les autres registres notariaux salonais comportent encore des créances de Bonan.[5]

Quels types de transactions contractait Bonan Boniaqui?

Tableau 48

NOMBRE D'OPÉRATIONS PAR TYPE[6]

| Types d'opérations | Nombre d'opérations | |
|---|---|---|
| | Ch. abs. | % |
| Prêts | 115 | 51,11 |
| Achats à terme | 92 | 40,89 |
| Ventes à crédit | 14 | 6,22 |
| Apurements de comptes | 3 | 1,33 |
| Quittances | 1 | 0,45 |
| TOTAUX | 225 | 100,00 |

Si l'on exclut une quittance, toutes les opérations de ce registre sont des créances. Or Bonan semble avoir privilégié les prêts et les achats à terme qui totalisent 92 p. cent des opérations contre 71,18 p. cent dans les autres protocoles de la documentation. (Voir aussi Tableau 20.) Soulignons surtout que les achats à terme ou achats de récoltes sur pied qui ne représentaient que 23,88 p. cent des opérations de l'ensemble des Juifs de Salon, s'élèvent ici à plus de 40 p. cent des actes du registre. Par contre, Bonan semble avoir concédé moins de ventes à crédit que ses coreligionnaires de la ville: cette part du registre (6,22 p. cent) n'atteint même pas la moitié de la proportion de ce type d'opération dans les autres protocoles (14,13 p. cent). De même ne concédait-il pas facilement des reprises d'engagements: ce type d'acte ne représente que 1,33 p. cent des transactions du registre contre 7,58 p. cent par l'ensemble des Juifs salonais. De plus, dans ce protocole, Bonan ne

[4] Arch. dép. des Bouches-du-Rhône, Guillaume Capardi, 375 E 23 f. 9; 19 avril 1434 et Mourgues Alfant, 375 E 120 n.p.; 25 août 1434.

[5] *Ibid.*, Barthélémy Rognac, 376 E 109 n.p.; 7 avril 1401 et Jacques Amaury, 376 E 93 n.p.; 10 décembre 1403.

[6] Nous avons éliminé les quatre actes multiples.

commerce aucune créance, ni ne nomme de procureur. En somme, ce registre du notaire Jacques Franc est essentiellement consacré aux reconnaissances de dettes conclues envers Bonan. Et si ce dernier exerçait des activités similaires et des transactions analogues à celles des autres Juifs de la ville, il ne le faisait pas dans la même mesure que ceux-ci.

L'établissement d'un graphique représentant les fluctuations mensuelles des opérations dans le registre permet de vérifier si la périodicité des transactions de Bonan Boniaqui se rapprochait de celles des autres créanciers juifs salonais et si elle reflétait aussi fidèlement les événements de la vie rurale. La comparaison des courbes n'est pas facile (voir Figures 8 et 19). Fondée sur un plus grand nombre de documents, celle des opérations par mois de l'ensemble des créanciers juifs salonais est plus sûre. Celle des transactions prises en note par Jacques Franc ne rapportant qu'une partie des opérations d'un seul individu est aléatoire. Et pourtant elle complète la première. Au premier abord, les courbes diffèrent considérablement. Alors que dans l'ensemble des documents, le nombre des prêts et des achats à terme par mois suivait les mêmes tendances, le mouvement des créances de Bonan s'organisait différemment. D'avril à août les achats à terme dominaient largement les prêts pour être dépassés à leur tour par ces derniers pendant la période de septembre à mars. Alors que les ventes à crédit étaient présentes tout au cours de l'année dans l'ensemble de la documentation, elles disparaissent d'avril à août dans le registre de Jacques Franc. De même les apurements de comptes trop peu nombreux dans le protocole de ce notaire, ne permettent même pas la formation d'une courbe continue.

Mais les mêmes maxima du printemps et de l'automne apparaissent dans les deux graphiques. Décelable dès le mois de mars dans les transactions de Bonan, le maximum de la fin de l'hiver et du début du printemps (mars, avril, mai) manifeste les préparatifs aux semailles de blés de printemps et la soudure. Celui d'automne, sensible dès septembre dans ce graphique, révèle les semailles de blés d'hiver et la constitution de réserves pour la période froide (septembre, octobre, novembre). Les deux graphiques nous représentent les mois d'hiver (décembre, janvier et février) comme une saison presque morte pour les activités de crédit. En effet, si quelques prêts persistent au cours de ce trimestre, les achats à terme végètent.

Si les courbes qui illustrent les transactions mensuelles de Bonan ont quelques similitudes avec celles de l'ensemble de la documentation salonaise, elles se rapprochent encore plus de celles qui décrivent les activités de crédit des Juifs de Carpentras réparties par mois également.[7] Ainsi, à

---

[7] Christian Castellani, «Le rôle de la communauté juive de Carpentras au début du XV$^e$ siècle,» *Annales. Économies. Sociétés. Civilisations* 27, n° 3 (mai-juin 1972) 601.

Carpentras comme à Salon dans le registre de Jacques Franc, les maxima de printemps et d'automne s'amorcent respectivement en mars et en septembre, c'est-à-dire plus tôt que dans les protocoles salonais en général. De même la pointe qui illustre une augmentation des activités en août à Salon et que nous avons expliqué par les demandes de crédit dues au paiement de cens et de redevances, ne se manifeste que pour les achats à terme dans le registre des créances de Bonan. Or ce soudain accroissement d'août n'existait pas à Carpentras. Ainsi donc si les mécanismes de crédit s'accordaient en général aux grands mouvements de la vie rurale, des divergences sensibles pouvaient apparaître entre les registres de notaires et les créanciers, si bien que les activités de crédit d'un individu pouvaient se rapprocher plus de celles des Juifs d'une autre ville que de celles de la sienne propre.

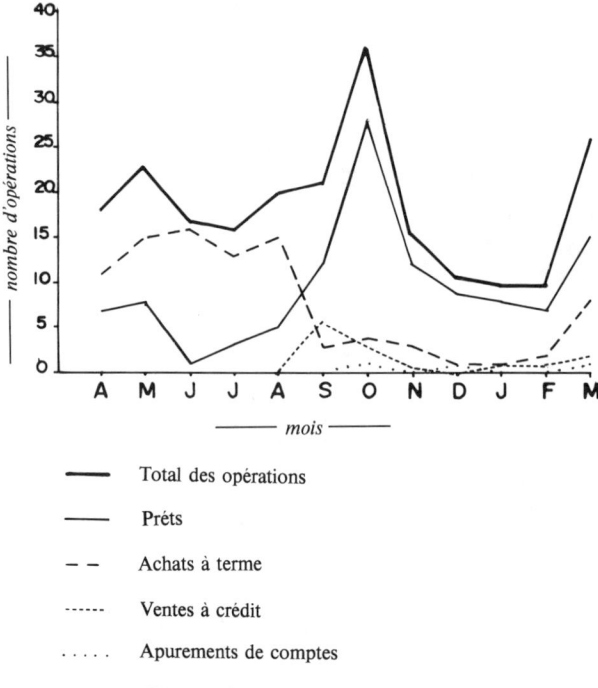

Figure 19. Opérations par mois

Les opérations de Bonan, aussi bien par leurs types que par leurs fluctuations mensuelles peuvent donc être comparées à celle des Juifs de Salon en général à la même époque, sans toutefois les refléter tout à fait. Les quantités d'espèces et de denrées à rembourser à Bonan représentent-elles une proportion considérable de celles impliquées dans le crédit des Juifs salonais? Dans l'analyse de cette comparaison il faut tenir compte du fait que les quantités rapportées au chapitre précédent étaient réparties sur une

Tableau 49

OPÉRATIONS PAR MOIS

| Types d'opérations | Avril | Mai | Juin | Juil. | Août | Sep. | Oct. | Nov. | Déc. | Janv. | Fév. | Mars | Totaux |
|---|---|---|---|---|---|---|---|---|---|---|---|---|---|
| Prêts | 7 | 8 | 1 | 3 | 5 | 12 | 28 | 12 | 9 | 8 | 7 | 15 | 115 |
| Achats à terme | 11 | 15 | 16 | 13 | 15 | 3 | 4 | 3 | 1 | 1 | 2 | 8 | 92 |
| Ventes à crédit | 0 | 0 | 0 | 0 | 0 | 6 | 3 | 1 | 0 | 1 | 1 | 2 | 14 |
| Apurements de comptes | 0 | 0 | 0 | 0 | 0 | 0 | 1 | 0 | 1 | 0 | 0 | 1 | 3 |
| TOTAUX | 18 | 23 | 17 | 16 | 20 | 21 | 36 | 16 | 11 | 10 | 10 | 26 | 224 |

période de quinze années alors que le registre de Jacques Franc décrit les activités de Bonan pour huit ans seulement. (Voir Tableaux 25 et 26.)

Comme pour les Juifs salonais, les plus grosses quantités à rembourser à Bonan l'étaient par le biais du prêt. D'après ce protocole, ce créancier prévoyait de récupérer 243 florins et quatre-vingt-treize saumées de grains, dont soixante-neuf (soit 74,19 p. cent) de froment par ce type d'opération. Une petite quantité d'huile (111 cartals) devait également lui parvenir par suite de prêts. Cette forte proportion d'espèces et de denrées n'étonne guère puisque les prêts représentent 51,11 p. cent des actes pris en note. Toutefois, alors que 40,89 p. cent des opérations de celui-ci étaient constituées d'achats à terme, les quantités prévues en remboursement dans ce type d'acte sont relativement petites. Le total des grains à rembourser est de vingt et une saumées seulement. Les quantités considérables de raisins (vingt saumées) et d'huile (2.111 cartals) que doit récupérer Bonan relèvent la moyenne.

Tableau 50

QUANTITÉS À REMBOURSER

| Types d'opérations | Denrées | Nombre de mentions | Quantités |
|---|---|---|---|
| Prêts | Espèces | 74 | 243 fl. 7 s. |
|  | Grains | 64 | 93 sau. 2 ém. |
|  | Huile | 5 | 111 cartals |
| Achats à terme | Espèces | 2 | 4 fl. 14 s. |
|  | Grains | 19 | 21 sau. 7 ém. |
|  | Raisins | 9 | 20 sau. |
|  | Huile | 68 | 2.111 cartals |
| Ventes à crédit | Espèces | 13 | 95 fl. 13 s. |
|  | Grains | 2 | 1 sau. 2 ém. |
|  | Huile | 1 | 10 cartals |
| Quittances | Espèces | 1 | 4 fl. |
| Apurements de comptes | Espèces | 3 | 13 fl. 11 s. |
|  | Grains | 3 | 1 sau. 3 ém. |

Tableau 51

QUANTITÉS DE GRAINS DIVERS À REMBOURSER

| Types d'opérations | Grains | Nombre de mentions | Quantités |
|---|---|---|---|
| Prêts | Froment | 44 | 69 sau. |
| | Avoine | 3 | 7 sau. |
| | Seigle | 17 | 17 sau. 2 ém. |
| Achats à terme | Blé | 1 | 1 sau. |
| | Froment | 15 | 18 sau. |
| | Avoine | 1 | 1 sau. |
| | Seigle | 2 | 1 sau. 7 ém. |
| Ventes à crédit | Froment | 1 | 1 sau. 1 ém. |
| | Seigle | 1 | 1 ém. |
| Apurements de comptes | Froment | 1 | 5 ém. |
| | Seigle | 2 | 6 ém. |

Dans les ventes à crédit, qui ne représentent qu'une faible proportion des opérations du registre (6,22 p. cent), Bonan peut espérer une somme de quatre-vingt-quinze florins, plus du tiers du montant en espèces prévu pour les prêts. Ceci suggère que cet individu était un marchand important. Enfin, les apurements de comptes n'occupent pas une place importante: ils constituent 1,33 p. cent du nombre des opérations et ne doivent rapporter au Juif que 13 florins et une saumée de grains. Au total, Bonan peut espérer 357 florins, 117 saumées de grains dont quatre-vingt-huit de froment (75,21 p. cent) et 2.230 cartals d'huile. Selon ces chiffres, comment les activités de Bonan se comparent-elles à celles de la communauté juive salonaise dans son ensemble?

Le total des espèces prêtées par ce Juif semble très limité par rapport aux fortes sommes investies par les autres créanciers. Ainsi Bonan doit recevoir un total en espèces qui équivaut à moins de 4 p. cent de celui réservé aux autres Juifs réunis. En revanche, les totaux de denrées qui lui étaient promis étaient importants si l'on considère que ce registre ne s'étend que sur une période de huit ans alors que les activités des créanciers étudiés au chapitre précédent s'échelonnent sur quinze années. Ainsi les grains et l'huile totalisent plus de 8% des quantités prévues en remboursement pour l'ensemble des créanciers. De plus, les vingt saumées de raisins que devait recevoir Bonan atteignent presque le total de la même denrée promis à toute la communauté (vingt et une saumées).

Cette collecte de denrées (grains, huile et raisins) qu'effectuait Bonan confirme son rôle de marchand. En effet, si certaines quantités de ces biens étaient prêtées à nouveau, une grande partie de celles-ci devaient être vendues au comptant ou à crédit. Les ventes à crédit du registre de Jacques Franc renseignent sur le type de denrées que Bonan commerçait. Sur quatorze d'entre elles, douze mentionnent la denrée qui est à l'origine de la dette. Dans dix cas, Bonan vendait des grains (sept fois du «blé» et trois fois du froment), dans un cas du vin et dans l'autre des vêtements. Ce marchand se livrait donc au commerce des denrées de première nécessité.

Les activités de crédit de Bonan Boniaqui, telles que révélées dans le registre de Jacques Franc, adoptent donc des formes analogues à celles de l'ensemble des créanciers juifs de la ville, bien que dans des proportions sensiblement différentes. Mais la clientèle de ce Juif a-t-elle été trouvée parmi les individus susceptibles de constituer les débiteurs des autres créanciers ou a-t-elle été différente?

Les lieux d'origine des débiteurs de Bonan révèlent clairement la tendance des affaires de cet individu. Les 225 transactions du registre mentionnent 299 débiteurs dont le lieu d'origine est donné. Dans 290 cas (soit 96,98 p. cent), ceux qui cherchaient du crédit venaient de Salon-de-Provence. Les neuf autres individus habitaient quatre villages situés à moins de quinze kilomètres de Salon (Pélissanne, 4; Vernègues, 3; Miramas et Lambesc, 1). On ne peut donc pas parler d'une zone d'influence du crédit de Bonan puisque visiblement celui-ci concentrait ses opérations à Salon même et qu'il ne contractait des transactions avec des débiteurs des villages environnants qu'à titre tout à fait exceptionnel. Bien que ce phénomène ait dû se rencontrer chez certains autres créanciers juifs, ce n'était pas là l'attitude de l'ensemble de ceux-ci. En effet, 42,51 p. cent des reconnaissances de dettes des registres salonais de 1391 à 1405 mentionnaient des débiteurs habitant à l'extérieur de Salon. (Voir Figure 14.) Comment donc expliquer l'attitude de Bonan? Peut-on supposer qu'il s'agissait là de la décision d'un créancier ayant déjà réussi et pouvant se permettre de choisir sa clientèle? Pourtant Bonan était encore jeune à l'époque du protocole de Jacques Franc, mais peut-être avait-il hérité du capital ou de l'entreprise de son père? Quoi qu'il en soit, Bonan partageait avec les autres créanciers la clientèle salonaise, mais il leur abandonnait presque totalement celle de l'extérieur de la ville. Il eût été intéressant de pouvoir comparer les catégories socio-professionnelles des individus s'adressant à Bonan pour leurs affaires avec celles des débiteurs de l'ensemble des créanciers juifs salonais pour voir si ce Juif privilégiait aussi les individus pratiquant certaines professions, mais Jacques Franc n'indiquait presque jamais le métier des débiteurs de Bonan.

En outre, les demandeurs de crédit de Bonan procédaient souvent à plusieurs comme ils le faisaient lorsqu'ils sollicitaient les autres créanciers. Sur les 224 actes du protocole, soixante et onze (soit 31,70 p. cent) étaient conclus avec plusieurs débiteurs. Ce taux domine sensiblement celui des débiteurs associés s'endettant vis-à-vis de l'ensemble des créanciers salonais de la documentation (22,23 p. cent). (Voir Tableau 39.) Cette différence entre les deux chiffres peint Bonan comme un créancier très prudent qui exigeait souvent que plus d'un individu engage leurs biens dans un emprunt dont un seul bénéficiait probablement.

Autre question: pour s'endetter, ces débiteurs associés s'organisaient-ils en fonction de la religion, du type de crédit demandé ou de la famille?

Tableau 52

RÉPARTITION DES DÉBITEURS SELON LA RELIGION

| Débiteurs | Nombre d'opérations | |
|---|---|---|
| | Ch. abs. | % |
| Un Chrétien | 150 | 66,97 |
| Plusieurs Chrétiens | 70 | 31,25 |
| Un Juif salonais | 3 | 1,33 |
| Plusieurs Juifs salonais | 1 | 0,45 |
| TOTAUX | 224 | 100,00 |

Ce tableau permet de constater qu'ici non plus aucune dette n'a été contractée par un Juif et un Chrétien réunis. Les associations en vue de chercher à emprunter semblaient réservées à Salon aux seuls coreligionnaires. De plus, le protocole ne mentionne aucun Juif non salonais s'étant endetté envers Bonan Boniaqui. En fait, quatre actes seulement (soit moins de 2 p. cent) témoignent du recours des Juifs de Salon à Bonan pour obtenir de l'aide financière. Ces sollicitations étaient le fait de deux Juifs et d'une Juive de la ville: Boniac Bonaffocii de Borrian, Bonanet Bellanti et Reine, veuve de Bellant Bonnani et mère de Bonanet. Ces trois individus étaient eux-mêmes fortement impliqués dans le crédit salonais et leurs dettes révélaient un besoin momentané de numéraire, plus que la pauvreté réelle. Quoi qu'il en soit, 98,22 p. cent des débiteurs de Bonan, c'est-à-dire leur presque totalité, étaient chrétiens. Ces chiffres sont parfaitement comparables à ceux rapportés pour les débiteurs de l'ensemble des créanciers juifs salonais. (Voir Tableau 37.) Si l'on exclut quelques débiteurs juifs non salonais, les autres éléments se retrouvent tous dans les deux tableaux: absence de dette contractée en commun par des individus de religion différente, bas taux de Juifs salonais débiteurs (3,11 p. cent), fort taux de Chrétiens endettés (96,5 p. cent). Sur certains points, donc, le registre de Jacques Franc se rapproche étonnamment de ceux de l'ensemble des notaires de la période.

Les débiteurs préféraient-ils s'associer pour contracter certaines formes de crédit? Il semble — et ceci ne devrait guère nous étonner — que les associations dans les reconnaissances de dettes envers Bonan aient été distribuées

Tableau 53

COMBINAISONS DE DÉBITEURS PAR TYPE D'OPÉRATIONS

| Types d'opérations | Un Chrétien | Plusieurs Chrétiens | Un Juif salonais | Plusieurs Juifs salonais | Totaux |
|---|---|---|---|---|---|
| Prêts | 72 | 43 | 0 | 0 | 115 |
| Achats à terme | 68 | 22 | 1 | 1 | 92 |
| Ventes à crédit | 9 | 3 | 2 | 0 | 14 |
| Apurements de comptes | 1 | 2 | 0 | 0 | 3 |
| TOTAUX | 150 | 70 | 3 | 1 | 224 |

proportionnellement à l'importance numérique du type d'opérations. Cependant, ce tableau permet de constater également que les débiteurs juifs salonais ne contractaient que des ventes à terme et des achats à crédit. Cette préférence des Juifs pour ces types d'opérations avait déjà été constatée dans l'ensemble de la documentation, mais elle apparaît encore plus clairement ici grâce au petit nombre des données. (Voir Tableau 38.)

La fréquence des actes avec association de débiteurs dans le registre des créances de Bonan est-elle comparable avec cette même fréquence dans l'ensemble de la documentation?

Tableau 54

NOMBRE D'ASSOCIÉS DU DÉBITEUR PAR TYPE D'OPÉRATIONS

| Types d'opérations | sans associé | un associé | deux associés | Totaux |
|---|---|---|---|---|
| Prêts | 72 | 40 | 3 | 115 |
| Achats à terme | 69 | 23 | 0 | 92 |
| Ventes à crédit | 11 | 2 | 1 | 14 |
| Apurements de comptes | 1 | 2 | 0 | 3 |
| TOTAUX - Ch. abs. | 153 | 67 | 4 | 224 |
| - % | 68,30 | 29,91 | 1,79 | 100,00 |

Dans 68,30 p. cent des opérations, les débiteurs de Bonan s'endettaient donc seuls. Cette proportion est moindre de près de 10 p. cent de celle des débiteurs agissant sans associé dans l'ensemble de la documentation (77,77 p. cent). (Voir Tableau 39.) Est-ce à dire que Bonan concédait plus souvent du crédit à des gens sans beaucoup de ressources et, par conséquent, il devait exiger qu'un autre individu se joigne à la dette pour engager également ses biens ou n'est-ce pas plutôt qu'il ait été un homme d'affaires très prudent, plus souvent soucieux d'obtenir des garanties supplémentaires? Quoi qu'il en soit, ce tableau montre que Bonan, comme les autres créanciers salonais, se contentait en général d'un seul associé au débiteur principal.

Le tableau du degré de parenté des débiteurs associés montre que les clients de Bonan qui s'associaient pour contracter une dette étaient beaucoup plus souvent parents que ceux des autres créanciers salonais. (Voir Tableaux 40 et 55.) Ainsi alors que 34,37 p. cent des associés n'étaient pas liés par une parenté évidente dans les autres registres, dans celui de Jacques Franc, 12,67 p. cent seulement des associés se regroupent dans cette catégorie. Dans les deux séries d'opérations, ce sont les associations entre époux qui dominent: elles couvraient 30,27 p. cent des actes avec associés dans l'ensemble de la documentation alors qu'elles s'élèvent à 64,78 p. cent dans le protocole des créances de Bonan. Les associations entre parent et enfant suivent de très loin (15,5 p. cent) ainsi que ceux entre frère et sœur (7,05 p. cent). Ces pourcentages manifestent l'habitude établie d'engager les biens d'un proche dans l'endettement d'un membre d'une famille.

L'ensemble de la documentation salonaise notariée de l'époque accusait une faible tendance des débiteurs à procéder par l'intermédiaire d'un procureur. (Voir Tableau 41.) Trente-trois actes de ce type ont été relevés. Ils représentent seulement un pourcentage de 1,2 des documents. Ce recours à un procureur par les individus à la recherche de crédit n'apparaît nullement dans les opérations du registre des créances de Bonan. Tous les individus qui s'adressaient à lui le faisaient directement.

Tableau 55

DEGRÉ DE PARENTÉ ENTRE DÉBITEURS ASSOCIÉS

| Types d'opérations | Pas d'associé | Associé non parent ou parent éloigné | époux-épouse | parent-enfant | frère-sœur | Totaux |
|---|---|---|---|---|---|---|
| Prêts | 72 | 7 | 28 | 5 | 3 | 115 |
| Achats à terme | 69 | 1 | 15 | 6 | 1 | 92 |
| Ventes à crédit | 11 | 1 | 1 | 0 | 1 | 14 |
| Apurements de comptes | 1 | 0 | 2 | 0 | 0 | 3 |
| TOTAUX - Ch. abs. | 153 | 9 | 46 | 11 | 5 | 224 |
| - % | 68,30 | 4,01 | 20,54 | 4,91 | 2,24 | 100,00 |

Comme ces nombreux éléments de l'étude des débiteurs, les délais de crédit mentionnés dans les reconnaissances de dettes du registre de Jacques Franc ont été relevés. Ils ont ensuite été classés en six catégories afin d'être analysés et comparés avec ceux de l'ensemble de la documentation des années 1391 à 1405. Les données sont les suivantes:

Tableau 56

Délais de crédit

| Périodes | Nombre d'opérations | |
|---|---|---|
| | Ch. abs. | % |
| Moins d'un mois | 8 | 3,59 |
| 1 m. 1 j. - 3 mois | 43 | 19,29 |
| 3 m. 1 j. - 6 mois | 63 | 28,25 |
| 6 m. 1 j. - 1 an | 105 | 47,08 |
| 1 an 1 j. - 2 ans | 4 | 1,79 |
| Plus de 2 ans | 0 | 0 |
| Totaux | 223 | 100,00 |

Notons d'abord que les opérations dont le remboursement est prévu «à la première demande» sont très rares dans les créances de Bonan: il en existe une sur un total de 224. Dans l'ensemble, ce tableau diffère peu de celui des délais de crédit étudiés au chapitre précédent (voir Tableau 43). Chez Bonan, comme chez les autres créanciers salonais, le crédit à court terme dominait. Peu de créances parvenaient à échéance avant un mois (3,59 p. cent), mais 22,88 p. cent devaient être remboussées en moins de trois mois (contre 26,93 p. cent dans l'ensemble de la documentation), 51,13 p. cent en moins de six mois (contre 58,93 p. cent) et 98,21 p. cent en moins d'un an (contre 94,83 p. cent). Bonan concédait peu de crédit impliquant un délai de remboursement supérieur à un an (1,79 p. cent) alors que les autres créanciers de la ville le faisaient plus volontiers (5,17 p. cent). En outre, la comparaison des deux graphiques illustrant les délais de crédit manifeste une différence supplémentaire: dans l'ensemble de la documentation, les créances venant à échéance en une période de trois à six mois et de six mois à un an peuvent se comparer (respectivement 32,20 et 35,90 p. cent), mais dans le protocole de Jacques Franc, les reconnaissances de dettes dues à l'intérieur d'une période de six mois à un an dominent nettement (28,25 p. cent et 47,08 p. cent). (Voir Figures 17 et 20.)

La comparaison des graphiques illustrant les délais de crédit par type d'opérations concédés par l'ensemble des créanciers et par Bonan Boniaqui souligne certains points communs et certaines différences. (Voir Figures 18 et 21.) Les deux courbes des prêts concordent à démontrer que les échéances les plus courantes pour ce type d'opérations se situaient entre six mois et un an. De même, les délais adoptés pour les achats à terme étaient moindres que pour les prêts dans les deux graphiques. Ils s'échelonnaient surtout entre trois et six mois dans les actes de Bonan alors qu'ils étaient encore plus courts dans les opérations des autres créanciers. La majorité des ventes à crédit accusaient des délais plus longs dans le registre de Jacques Franc que dans

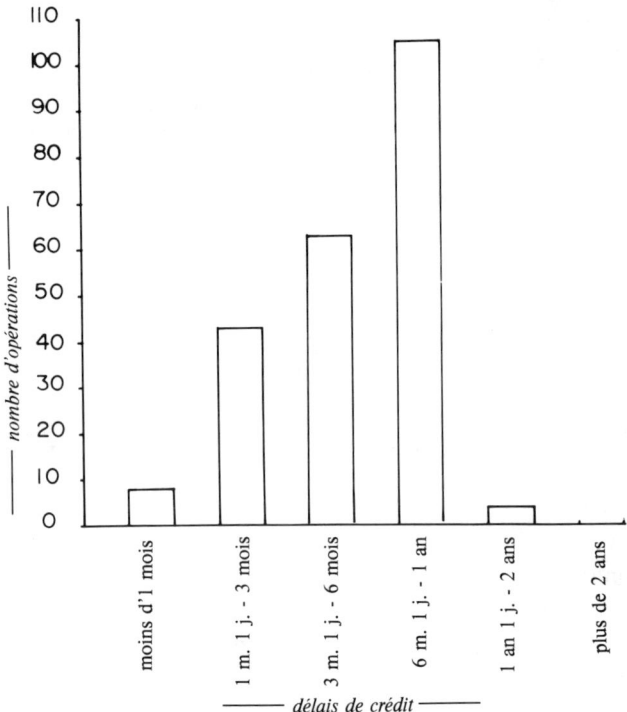

Figure 20. Délais de crédit

les autres protocoles salonais de la période. Mais il est difficile de s'appuyer sur le registre de ce notaire dans ce cas, car il ne contient que quatorze ventes à crédit. Les différences entre les délais de crédit par type d'opérations se manifestaient plus dans l'ensemble de la documentation que dans les actes de Bonan. Celui-ci concédait en général des échéances se situant entre trois mois et un an pour la plupart des créances. Il semblait tenir moins compte du type d'opérations que l'ensemble des créanciers.

Tableau 57

Délais de crédit par type d'opérations

| Délais | Prêts Ch. abs. | % | Achats à terme Ch. abs. | % | Ventes à crédit Ch. abs. | % |
|---|---|---|---|---|---|---|
| Moins d'un mois | 3 | 2,67 | 3 | 3,33 | 1 | 7,14 |
| 1 m. 1 j. - 3 mois | 23 | 20,54 | 17 | 18,89 | 2 | 14,29 |
| 3 m. 1 j. - 6 mois | 21 | 18,76 | 37 | 41,11 | 2 | 14,29 |
| 6 m. 1 j. - 1 an | 62 | 55,36 | 32 | 35,56 | 9 | 64,28 |
| 1 an 1 j. - 2 ans | 3 | 2,67 | 1 | 1,11 | 0 | 0 |
| Plus de 2 ans | 0 | 0 | 0 | 0 | 0 | 0 |
| Totaux | 112 | 100,00 | 90 | 100,00 | 14 | 100,00 |

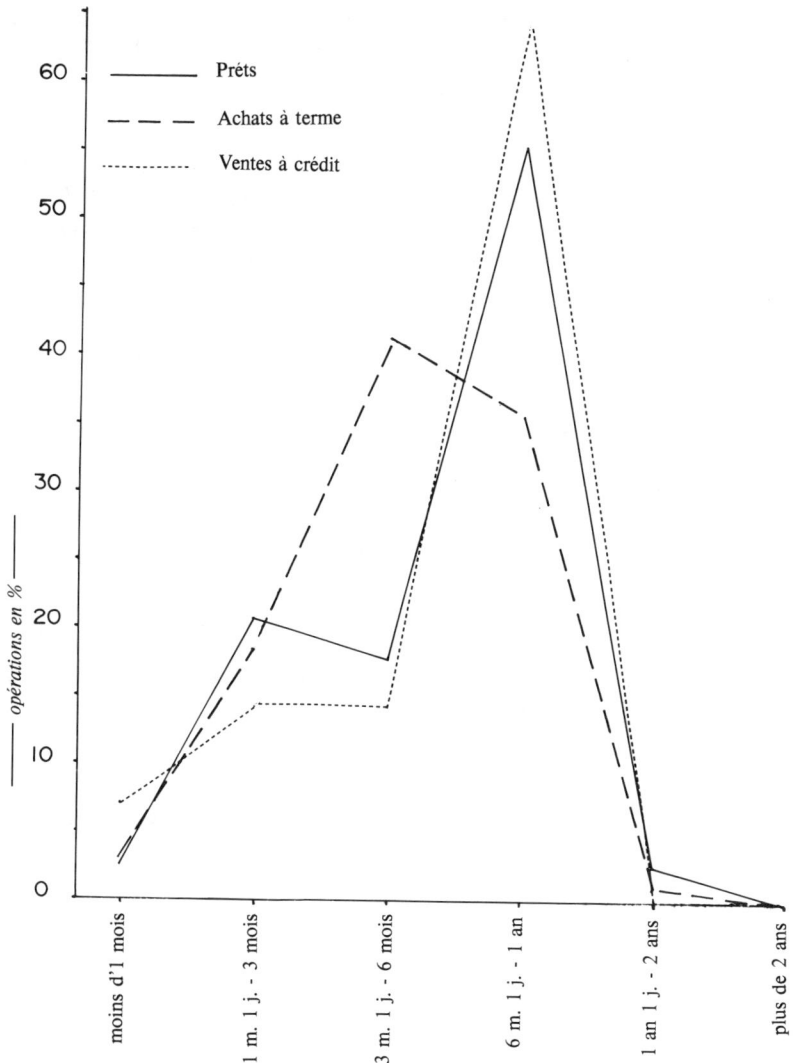

Figure 21. DÉLAIS DE CRÉDIT PAR TYPE D'OPÉRATIONS

Tous ces éléments dépeignent donc le créancier Bonan Boniaqui comme un homme d'affaires déjà bien établi, bien qu'encore jeune au moment où Jacques Franc entreprenait d'ouvrir un registre entièrement consacré à ses transactions. Même si les activités compilées dans ce protocole ne représentent qu'une partie de celles exercées par cet individu, elles révèlent néanmoins son grand dynamisme. Le fait que Bonan pouvait déjà entre 1392 et 1399 choisir sa clientèle parmi les habitants de Salon seulement incite à croire qu'il était déjà parvenu à un certain niveau de prospérité. Ses richesses ne firent qu'augmenter avec les années. En mai 1428, il mariait sa fille Ster avec un Juif salonais et la dotait de trois cents florins, dont deux cents devaient lui être payés au moment du mariage, moitié en numéraire, moitié en vêtements et bijoux.[8] De plus, son fils étant décédé, il dotait en 1431 ses deux petites-filles, Astrugue et Cregudonne, des montants respectifs de 395 et 330 florins.[9] L'importance de ces dots plaçait Bonan parmi les membres les plus prospères de la communauté juive de Salon: en effet, la dot accordée à Astrugue dominait toutes celles octroyées par les Juifs salonais et rapportées dans les registres notariaux de la période étudiée. Dans son premier testament, en 1427, Bonan léguait deux cents florins en legs particuliers à ses deux filles et promettait à sa femme une pension annuelle de quinze florins en plus de l'instituer héritière universelle, de concert avec son fils.[10] Sept ans plus tard, peu avant sa mort, Bonan testait à nouveau.[11] Il répartissait entre ses proches la somme de 424 florins, en léguait quatre aux aumônes de la synagogue et instituait son petit-fils Crescas héritier universel de ses biens. Le même jour, sa femme, Donette disposait également de ses biens, mais son testament ne révèle en rien l'état de sa fortune.[12] Ces éléments témoignent de la prospérité de ce créancier. Ses richesses et ses qualités personnelles avaient dû lui gagner le respect et la considération de la communauté, car en 1432, il en avait été élu baylon ou conseiller.[13]

---

[8] Arch. dép. des Bouches-du-Rhône, Raymond Salomon, 375 E 48 f. 19 r.; 4 mai 1428.
[9] *Ibid.*, Guillaume Capardi, 375 E 19 f. 101 v.; 30 janvier 1431 n.s. et 375 E 20 f. 41 v.; 26 juillet 1431.
[10] *Ibid.*, Raymond Salomon, 375 E 47 f. 13 v.; 25 avril 1427.
[11] *Ibid.*, Guillaume Capardi, 375 E 23 f. 9; 19 avril 1434.
[12] *Ibid.*, Guillaume Capardi, 375 E 23 f. 9; 19 avril 1434.
[13] *Ibid.*, Guillaume Capardi, 375 E 20 f. 105 r.; 19 février 1432 n.s. et f. 111 r.; 6 mars 1432 n.s.

# Conclusion partielle

Les Juifs de Salon se livraient donc à une activité économique, le crédit, qui leur profitait grandement. Plusieurs d'entre eux s'enrichirent même parce que leurs transactions s'adaptaient parfaitement aux besoins de la population locale. Ils servaient Salon, ville ayant encore conservé des aspects ruraux, et les localités avoisinantes. Ainsi le crédit fourni par les Juifs de cette ville était souvent très lié à la vie agricole. Il se manifestait par des prêts de grains, de numéraire pour acquérir des semences, par des ventes à crédit de blé et par des achats de récoltes sur pied. Les denrées de remboursement, grains et huile souvent, révèlent cette union du crédit salonais et de la vie agricole.

Une grande partie des profits que les Juifs tiraient de ces opérations venaient de la spéculation. Ainsi ils acquéraient de grandes quantités de blé après la récolte au moment où les prix étaient particulièrement bas et les écoulaient à la soudure après que les cours avaient considérablement augmenté.

La documentation notariée n'indique pas les taux d'intérêt les plus souvent pratiqués, mais ils devaient être hauts pour compenser les fortes pertes encourues par le crédit à cette époque. Ainsi les nombreux apurements de comptes révèlent le mal qu'avaient certains débiteurs à satisfaire leurs obligations financières. Les fréquents appels des créanciers aux voies d'exécution coûtaient cher. Ils sont illustrés à Salon, pendant la période couverte par cette étude, par quatre registres de la juridiction gracieuse de la cour temporelle de la ville.[1] Les mesures prises par le juge dans ces protocoles s'échelonnaient de l'ordre de remboursement à très bref délai à la prise de gages, la saisie ou la mise à l'encan. Ces actes révèlent donc que le recours à la justice salonaise s'avérait souvent nécessaire pour éviter la perte d'un investissement.

Les difficultés des créanciers juifs à récupérer leurs biens découlaient directement de la pauvreté générale. Le crédit juif concernait surtout une classe très pauvre caractérisée par un endettement constant. Les mêmes individus revenaient régulièrement quérir quelques pièces ou quelques denrées, pour leur consommation immédiate ou pour couvrir d'autres dettes. Dans une moindre mesure, les plus nantis recouraient occasionnellement au crédit juif par manque momentané de numéraire ou pour investir dans une entreprise.

[1] Arch. dép. des Bouches-du-Rhône, Étienne Pachon, 376 E 102, 103, 104 et 107.

# Conclusion

La communauté juive de Salon de taille modeste comparée à celles d'Aix-en-Provence ou de Marseille, était néanmoins fort dynamique. Elle était constituée d'un solide noyau de vieilles familles salonaises qu'on voit se perpétuer à travers la documentation notariale de la fin du XIV$^e$ et du début du XV$^e$ siècle sur quatre ou cinq générations. Le taux de fécondité des couples, de 2,2 enfants par famille selon les testaments de la période, permettait à peine la progression de la communauté sans apport extérieur. C'est donc de l'immigration que la juiverie salonaise tirait une grande part de son dynamisme. Elle bénéficiait largement des mouvements de population qui irriguaient la Basse-Provence. Fort tributaire de cette région, elle n'exerçait toutefois pas sur les régions éloignées (Espagne, Italie) la même force d'attraction que des villes plus importantes (Avignon, Marseille, Aix).

Il est courant d'affirmer que la mobilité juive médiévale dépassait largement la mobilité chrétienne. Nous avons en effet démontré que le recrutement matrimonial des Juifs de la ville couvrait une aire géographique plus vaste que celui des Chrétiens. Ceci n'étonne guère étant donné la petitesse de la communauté juive salonaise et la concentration des Juifs dans les grands centres. Les migrations consécutives au mariage ne constituent cependant qu'un aspect des mouvements migratoires. Il eut été intéressant de comparer sur une échelle plus vaste les migrations juives et chrétiennes qui démarraient ou aboutissaient à Salon telles qu'elles apparaissent dans l'ensemble des actes de la documentation. Malheureusement, un dépouillement exhaustif des minutes salonaises sur une période de trente-cinq ou même de quinze ans eût été trop long. L'étude de l'immigration avait été effectuée sur une quantité restreinte de documents pour les neuf années précédant la Peste Noire.[1] A. Płachcinska avait conclu que l'immigration chrétienne à Salon suivait les mêmes lignes directrices que les mouvements de population juifs, mais était d'une intensité moindre. En était-il de même au début du siècle suivant? La question reste posée.

---

[1] Anna Rutkowska-Płachcinska, *Gospodarka i Zasięg Oddziaływania miasta średniowiecznego. Salon-de-Provence w połonie XIV w.*, (L'économie et l'activité d'une ville du Moyen Âge. Salon-de-Provence au milieu du XIV$^e$ siècle), Varsovie, 1969, p. 121, Mapa 6, Miejscowosci, z których przybyli imigranci do Salon, (Les immigrés à Salon).

## CONCLUSION

Comme dans les autres villes provençales, les Juifs vivaient isolés géographiquement des Chrétiens. En effet, ils habitaient un quartier qui, pour des raisons évidentes, s'appelait la Juiverie. Toutefois à Salon, cet isolement n'était pas total: des Chrétiens habitaient dans la Juiverie et des Juifs en dehors de celle-ci. La documentation semble indiquer que les Juifs, en accaparant les maisons de la Juiverie, recherchaient activement la séparation. On ne connaît aucun document qui manifeste le désir des Chrétiens d'isoler les Juifs. Aucune décision des autorités salonaises ne les forçait à habiter la Juiverie comme c'était le cas à Grasse (1397) et à Carpentras (1461).[2] Pareillement, aucun document ne révèle l'attitude de la population chrétienne de la ville à ce sujet. Toutefois, la présence des Chrétiens dans la Juiverie suggère que ceux-ci ne recherchaient pas systématiquement à isoler les Juifs. Les raisons qui motivaient la volonté d'isolement de la communauté juive peuvent être pressenties: proximité des édifices cultuels, désir de côtoyer des coreligionnaires ayant des intérêts communs.

Par ailleurs, on se demande dans quelle mesure l'insécurité jouait dans cette volonté de se rassembler? La fermeture d'un quartier juif par des portes protégeait dans une certaine mesure sa population quoi qu'il y ait eu des cas où le pogrom et le sac n'en furent pas pour autant empêchés.[3] Mais la Juiverie salonaise n'était pas close comme le furent celles de Malaucène et de Carpentras.[4] Ainsi les Juifs provençaux en général et salonais en particulier se sentaient sans doute psychologiquement en plus grande sécurité lorsqu'ils étaient rassemblés dans un quartier même non fermé. On ignore les moyens de défense que les juiveries provençales utilisèrent lorsqu'elles durent faire face aux attaques de la population chrétienne, mais les résultats prouvent que le rassemblement ne fut pas un élément protecteur en soi. S'il n'y a pas de trace de pogrom dans les protocoles de notaires salonais, cela ne prouve évidemment pas que de telles manifestations antijuives n'aient pas eu lieu. Les attaques et les destructions de communautés furent particulièrement fréquentes au moment de la Peste Noire et de l'expulsion des Juifs de Provence, mais la première partie du quinzième siècle n'en fut pas totalement exempte.[5]

---

[2] Camille Arnaud, *Essai sur la condition des Juifs en Provence au Moyen Âge* (Forcalquier: Imprimerie-librairie Auguste Masson, 1879), p. 41 et Henri Dubled, «Les Juifs de Carpentras à partir du XIIIe siècle,» *Provence historique* 19, fasc. 77 (juillet-septembre 1969) 216.

[3] Ce fut le cas lors du pogrom de Valence, le 19 juillet 1391. Cf. Maurice Kriegel, *Les Juifs à la fin du Moyen Âge dans l'Europe méditerrannéenne* (Paris: Hachette, 1979), p. 210.

[4] Isidore Loëb, «Les Juifs de Malaucène,» *Revue des études juives* 6 (1882) 270; Henri Dubled, *op. cit.*, p. 216.

[5] Noël Coulet, «Juifs et justice en Provence au XVe siècle, un procès et un pogrom à Aix (1425-1430),» *Michaël* (The Diaspora Research Institute), 4, (Tel-Aviv, 1976), pp. 9-25.

# CONCLUSION

L'isolement des Juifs dans la vie salonaise se caractérisait par la possession d'une organisation communautaire propre. En effet, les autorités locales reconnaissant les besoins distinctifs des Juifs de la ville leur avaient cédé, comme aux autres communautés juives provençales, une certaine marge d'autonomie. L'organisation communautaire avantageait les Juifs, les unissait par la religion et la responsabilité partagée. De plus, elle servait les intérêts des autorités, car son autonomie était réduite et étroitement contrôlée. Il n'existe aucun document témoignant de la plus petite révolte d'une communauté juive contre les autorités chrétiennes. À peine trouve-t-on des négociations avec les dirigeants pour de meilleures conditions économiques ou des dégrèvements d'impôts.

L'*universitas Judeorum Sallonis* disposait d'une administration relativement complexe avec des assemblées de chefs de feux et un nombre considérable de représentants élus ou nommés pour régler les affaires courantes. L'autonomie dont disposait la communauté lui permettait de partager selon son propre système le fardeau des tailles, des dons gratuits et des prestations diverses entre ses membres. Les autorités chrétiennes n'intervenaient pas dans ses répartitions. En échange de prestations plus ou moins lourdes, les Juifs salonais possédaient à titre communautaire des édifices cultuels et exploitaient même des biens profanes au profit d'œuvres de charité.

Les dirigeants, l'archevêque d'Arles et le comte de Provence, grevaient lourdement le budget de la communauté juive de Salon par les charges fiscales courantes, les dons gratuits et les emprunts obligatoires. Souvent, pour répondre à ces ponctions considérables, l'endettement s'avérait inévitable. La documentation salonaise renseigne sur la lourdeur des exigences des autorités par quelques actes qui suffisent à suggérer l'importance des sommes totales versées.

Les liens entre Juifs et Chrétiens à Salon semblent donc jusqu'ici avoir été ténus. Les deux groupes de population pratiquaient des religions différentes, se séparaient sur le plan géographique et participaient à des organisations communautaires distinctes. La population chrétienne ne fréquentait pas les Juifs qui formaient un groupe à part. De plus, les liens entre les Juifs et les dirigeants tenaient de la dépendance et de l'exploitation. Isolée dans la ville, la communauté juive de Salon ne l'était pas en Provence. Elle entretenait des liens avec les autres communautés juives de la région avec lesquelles elle devait d'ailleurs négocier la part des charges fiscales à verser au comte de Provence. Elle faisait partie intégrante du réseau des juiveries provençales.

Par contre, dans le domaine économique, les contacts entre Juifs et Chrétiens étaient intenses par suite de l'importance de ceux-là dans le crédit. En effet, à Salon, par exemple, les Juifs n'ont jamais eu un intérêt marqué pour l'acquisition et l'accroissement de possessions immobilières, pour leur exploitation systématique et planifée. Leur rôle dans l'artisanat, sans doute aussi poussé que celui d'autres juiveries provençales, n'apparaît pas dans les documents. On ne peut que déplorer cette lacune et se pencher sur les villes où l'étude des activités artisanales des Juifs se révèle possible.[6] Mais le rôle des Juifs dans le crédit de Salon et de la région environnante était énorme. S'ils ne le monopolisaient pas, ils le dominaient nettement avec environ 90 p. cent des transactions. Leurs activités se partageaient entre le prêt à intérêt et le commerce à crédit et la clientèle dans ces types d'opérations était en majorité chrétienne. Les conclusions de cette étude contredisent donc d'autres travaux affirmant que les Juifs provençaux se consacraient essentiellement au commerce et que leur rôle dans le prêt à intérêt était plus souvent celui d'emprunteur que celui de prêteur.[7] De plus, elles tempèrent les conclusions d'autres études qui soulignent l'importance du prêt à intérêt comme source de revenus des Juifs, faisant de cette activité la seule à laquelle ils se seraient vraiment intéressés.[8] À Salon, les Juifs s'adonnaient à la fois au prêt à intérêt et au commerce et le crédit semble avoir été le point principal de contact entre les tenants des deux confessions. Isolée des Chrétiens dans plusieurs domaines, la juiverie salonaise était constamment sollicitée par ceux qui manquaient de numéraire et de denrées. Or elle semblait capable de satisfaire ces besoins.

Les demandes de crédit de la population étaient occasionnées en grande partie par la pauvreté endémique d'une couche de la population. Les semailles nécessitaient souvent des emprunts de grains; le paiement des prestations seigneuriales quelques pièces. L'achat de vivres et des objets les plus courants était souvent conclu à crédit.[9] La clientèle des Juifs de Salon était donc surtout formée d'artisans et très probablement de paysans. Mais la grande pénurie de numéraire dans l'économie de l'époque a certainement été à l'origine d'innombrables emprunts.[10] En effet, les nobles et les ecclésias-

[6] À ce titre, la publication intitulée *Minorités, techniques et métiers* (Actes de la table ronde du Groupement d'Intérêt Scientifique Sciences Humaines sur l'Aire Méditerranéenne, Abbaye de Sénanque, octobre 1978) comble des lacunes. Deux articles y traitent des métiers des Juifs de certaines localités provençales et un troisième de ceux de la ville d'Orange. Il s'agit de Louis Stouff, «Activités et professions dans une communauté juive de Provence au bas Moyen Âge. ‹La juiverie d'Arles› 1400-1450;» Noël Coulet, «Autour d'un quinzain des métiers de la communauté juive d'Aix en 1437;» et Françoise Gasparri, «Juifs et Italiens à Orange au XIV$^e$ siècle: métiers comparés.»

[7] Bernhard Blumenkranz, *Histoire des Juifs en France* (Toulouse: Édouard Privat, 1972), p. 39.

[8] Richard W. Emery, «Le prêt d'argent juif en Languedoc et Roussillon,» dans *Cahiers de Fanjeaux*, T. 3: *Juifs et Judaïsme de Languedoc* (Toulouse: Édouard Privat, 1977), pp. 85-96.

[9] Rodrigue Lavoie, «Endettement et pauvreté en Provence d'après les listes de la justice comtale XIV$^e$-XV$^e$ s.,» *Provence historique*, 23, fasc. 93-94 (juillet-décembre 1973) 201-216.

[10] Philippe Wolff soulève le rôle du manque de numéraire dans la généralisation du crédit

tiques, qui n'étaient pas tous démunis et qui recueillaient régulièrement des redevances en nature devaient souvent les hypothéquer contre du numéraire que les Juifs leur procuraient. Ils empruntaient de petites sommes dont ils avaient un besoin immédiat et en effectuaient le remboursement à l'aide de cens qui devaient leur parvenir dans un avenir souvent rapproché. Or les Juifs semblent avoir détenu une grosse part du numéraire disponible. Il leur appartenait de le mettre en circulation pour pallier les insuffisances de ressources. Il reste à délimiter dans l'étude du crédit en espèces la part occasionnée par la pauvreté et celle due à la pénurie de numéraire. Des critères distinctifs doivent être dressés avant de classer les opérations dans l'un ou l'autre groupe. Les bases n'étant pas encore fermement établies pour une telle étude, nous n'avons pu nous aventurer sur cet aspect de la question. Une meilleure connaissance des mécanismes économiques de l'époque serait souhaitable.

Malgré la faible part du crédit contrôlée par les Chrétiens (environ 10 p. cent des transactions), il est possible de constater certaines différences entre les activités de crédit des Juifs et celles des Chrétiens de la ville. Ceux-là semblaient prêter de petites sommes de numéraire et conclure des ventes à crédit plutôt modestes. Les Chrétiens, par contre, prêtaient de plus fortes sommes et faisaient couramment des ventes à crédit importantes. Est-ce à dire que les Juifs se spécialisaient dans le crédit à la consommation et les Chrétiens dans celui à l'investissement? La ligne de démarcation entre ces deux types est incertaine et rend l'étude de ce point délicate. En effet, peu d'actes signalent l'usage fait du numéraire ou des denrées empruntées. Si la mention «*pro seminando*» apparaît occasionnellement, c'est la seule explication donnée aux emprunts de la documentation. Soulignons toutefois que les principaux clients des Chrétiens exerçaient le métier de marchand et que les paysans et les artisans les sollicitaient peu, ce qui inclinerait à croire qu'effectivement la haute banque était entre les mains des Chrétiens de la ville. Comme nous nous sommes penchée surtout sur les activités économiques des Juifs, nous n'avons pas approfondi celles des Chrétiens. Les documents consultés suffisent néanmoins à suggérer leur orientation dans le domaine du crédit. Une étude plus poussée de la part respective des prêts d'investissement et des prêts de consommation dans le crédit de plusieurs villes provençales pourrait être réalisée. Elle présenterait toutefois quelques difficultés. En effet, s'il est certain qu'un emprunt de 300 florins a servi à l'investissement, certains cas sont plus douteux. Faut-il donc fixer une limite

---

à l'époque. Voir *Commerces et marchands de toulouse (vers 1350 - vers 1450)* (Paris: Librairie Plon, 1954), p. 402.

arbitraire à partir de laquelle les espèces impliquées ont probablement été utilisées à créer ou à développer une entreprise ou un commerce? Si oui, que doit-elle être? Elle variera d'un village à une ville ou même d'une ville à l'autre puisque la richesse s'accumule surtout dans les grandes villes. Un investissement commercial réclame une somme moindre dans une ville de plus petite envergure. Du reste, c'est l'usage fait de l'emprunt qui crée le prêt d'investissement et non la somme impliquée. Ainsi les transactions «*pro seminando*» qui comportaient en général des montants ou des quantités peu importants révèlent des investissements agraires qui stimulaient la production. Bien que la notion du prêt de consommation et de prêt d'investissement n'ait pas été traitée pour la ville de Salon, on peut avancer que les Juifs se consacraient beaucoup au prêt de consommation, mais concluaient également des transactions dirigées vers l'investissement comme celles nécessitées par les semailles. Qu'il s'agisse de l'une ou de l'autre forme de prêt, les sommes impliquées étaient en général peu élevées.

Une question supplémentaire qui se pose après une recherche sur le crédit juif à Salon est celle de l'usage fait par les créanciers du numéraire et des denrées récupérées par les différentes opérations. Tous les indices recueillis par les historiens concordent à suggérer que les intérêts imposés étaient élevés. La documentation salonaise étant absolument muette sur la question des taux, on ne peut qu'alléguer que ceux-ci ne s'écartaient probablement pas de beaucoup de la tendance générale observée dans d'autres villes provençales. Il s'ensuit que les sommes récupérées devaient être considérables. Les actes témoignent d'imposantes quantités transigées. Certes les créanciers essuyaient des pertes que les registres notariaux attestent également. Les débiteurs pauvres ou récalcitrants ne remboursaient pas facilement et les Juifs devaient accorder des prorogations, des renouvellements ou faire appel aux voies d'exécution. Malgré tout, le prêt à intérêt et le commerce à crédit rapportaient de gros profits et les individus qui y étaient fortement impliqués, comme Bonan Boniaqui et Vital Cregudi, se sont enrichis. Les profits recueillis étaient réinvestis; les denrées récupérées étaient revendues ou prêtées dans la région environnante. Ainsi se tissait un cycle local dans lequel les Juifs jouaient un rôle essentiel même si une partie des surplus devait être exportée de la région salonaise. Les minutes notariales de la ville ne révèlent rien de ce phénomène et quelques incursions dans les registres des grandes villes provençales ne nous ont pas permis de faire la preuve de cette hypothèse somme toute logique que, il faut bien l'avouer, seule une étude systématique des registres pertinents serait en mesure de confirmer. L'influence des Juifs de Salon, redistributeurs locaux, débordait-elle les frontières de la région immédiate pour s'exercer à l'échelle de la Provence?

La relation entre Juifs et Chrétiens que nous transmettent les opérations de crédit en général est celle de pourvoyeurs à demandeurs. Toutefois, elle ne s'arrêtait pas là. Dans le domaine économique, les deux groupes travaillaient souvent de concert. Si les Juifs servaient parfois d'intermédiaires aux Chrétiens dans les transactions, les Chrétiens en faisaient autant pour les Juifs. En effet, contrairement à ce que l'on pourrait croire, les Juifs n'étaient pas les intermédiaires indispensables pour éviter les règlements chrétiens de l'époque sur le prêt à intérêt. Bien d'autres moyens existaient pour atteindre ce résultat. Il faut chercher ailleurs l'explication de cette collaboration qui n'était, tout compte fait, que partielle: les documents ne transmettent aucun cas d'association entre non-coreligionnaires. Des individus de religions différentes pouvaient servir d'intermédiaires les uns aux autres, mais, à Salon, ils ne s'associaient jamais directement.

Si, comme nous nous sommes efforcée de le montrer au cours de ces pages, l'étude des Juifs de Salon-de-Provence à la fin du Moyen Âge révèle beaucoup sur les habitudes de ceux-ci, sur leurs activités et leurs relations avec le groupe dominant, il n'en demeure pas moins que bien des questions doivent rester, au moins provisoirement, en suspens. Espérons que l'avenir apportera des éléments de réponse à ces interrogations du plus haut intérêt pour la connaissance des juiveries provençales.

# Appendice

# Une rupture de promesse de mariage: 1430

Au cours des chapitres précédents, nous avons eu l'occasion de mentionner à plusieurs reprises à titre d'exemples trois actes notariés que nous voudrions maintenant étudier plus attentivement en raison de leur intérêt intrinsèque et de leur rapport les uns avec les autres. Il s'agit d'abord de la constitution de dot d'Astrugue, petite-fille de Bonan Boniaqui, Juif de Salon. Elle devait épouser Isac, fils de Bonafos Samuelis de Manosque.[1] Le deuxième acte est une quittance qui fait mention de la rupture de la promesse de mariage d'Astrugue et d'Isac. Son intérêt réside d'une part dans son originalité (les documents de ce type sont rares dans les archives notariales provençales, tant pour les Juifs que pour les Chrétiens), d'autre part dans sa grande précision et dans le pittoresque des détails qu'il nous fournit.[2] Le troisième acte de cette série complète les précédents. Il témoigne du mariage d'Astrugue à Ysaquet, fils de Josse Duranti d'Istres.[3] Ensemble et accompagnés de deux actes de moindre importance, ces documents relatent un incident qui a dû perturber considérablement la tranquillité d'une des plus riches familles juives salonaises.

Avant de résumer brièvement les trois actes en question, il convient de situer Bonan Boniaqui et sa petite-fille Astrugue en réunissant certains éléments biographiques disséminés dans les pages précédentes. Bonan Boniaqui était déjà d'un âge assez avancé au moment des tractations pour le mariage d'Astrugue, puisqu'il était déjà grand-père, que sa petite-fille était d'âge à se marier et qu'il apparaissait régulièrement dans les documents depuis 1392. Il était un marchand et un prêteur actif comme en témoigne le registre de ses créances au cours des années 1392 à 1399.[4] Sa fortune est sensible dans son testament où il dispose de 424 florins en legs particuliers[5] et surtout dans les trois dots totalisant 1.025 florins qu'il constitue à sa

---

[1] Archives départementales des Bouches-du-Rhône, Guillaume Capardi, 375 E 17 f. 58 r.; 20 janvier 1429 n.s. Voir pièce justificative n° 12.

[2] *Ibid.*, Guillaume Capardi, 375 E 19 f. 85 r.; 12 décembre 1430. Voir pièce justificative n° 13.

[3] *Ibid.*, Guillaume Capardi, 375 E 19 f. 101 v.; 30 janvier 1431 n.s. Voir pièce justificative n° 14.

[4] *Ibid.*, Jacques Franc, 376 E 32; 1392-1399. Ce registre a été étudié au deuxième chapitre de la deuxième partie.

[5] *Ibid.*, Guillaume Capardi 375 E 23 f. 9; 10 avril 1434.

fille et à ses deux petites-filles en l'espace de trois ans. Bien qu'il n'ait pas été question pour lui de payer intégralement ces dots au moment du mariage, l'importance des premiers versements prévus dans les actes (481 florins) présupposent que Bonan a d'excellentes disponibilités financières.[6] En outre, il a occasionnellement fait partie du conseil de la communauté, car il est mentionné à deux reprises en 1432 comme baylon ou conseiller.[7] Les éléments de sa généalogie qui sont connus et que nous avons réunis au Tableau 5,[8] révèlent qu'au moins quatre de ses enfants (trois filles et un fils) sont parvenus à l'âge adulte. Des documents nous renseignent surtout sur deux d'entre eux, une fille, Ster, et un fils, Josse, qui est le père d'Astrugue, la première concernée par les actes que nous étudierons. La carrière de Josse Bonani est beaucoup moins connue que celle de son père parce qu'il a exercé ses activités économiques au cours de la période postérieure à 1405, année à partir de laquelle nous n'avons pas relevé exhaustivement tous les actes impliquant des Juifs. De plus, il est mort relativement jeune en laissant trois enfants (deux filles et un fils) aux soins de son père. Il semble que la mort de Josse ait suivi de près l'exercice de sa charge de baylon du four de la synagogue en 1422.[9] Au cours des années 1429 à 1431, son père Bonan s'est chargé de l'attribution des dots et du mariage de ses deux filles Cregudonne et Astrugue, dont nous reparlerons constamment au cours de ces pages.[10]

Les tractations de Bonan Boniaqui en vue de marier se petite-fille Astrugue sont d'abord révélées dans la constitution de dot de 1429.[11] Comme nous l'avons mentionné précédemment, Astrugue devait épouser Isac, Juif de Manosque. Bien que le document ne l'exprime pas mot à mot, le contrat de mariage était bien «*per verba de futuro,*» car Bonan y promettait expressément de donner sa petite-fille en mariage à Isac à sa première demande et vice-versa Bonafos, père d'Isac, s'engageait à ce que son fils épouse Astrugue lorsque Bonan le réclamerait.[12] Les deux parties convenaient d'une amende de cinquante florins en cas de rupture du contrat. Le grand-père attribuait en dot à la fiancée une somme de 300 florins, dont 200 florins étaient payables le jour du mariage, en partie en vêtements et bijoux et en partie en

---

[6] *Ibid.*, Raymond Salomon, 375 E 48 f. 19 r.; 4 mai 1428; Guillaume Capardi, 375 E 19 f. 101 v.; 30 janvier 1431 n.s. (pièce justificative n° 14) et 375 E 20 f. 41 v.; 26 juillet 1431.

[7] *Ibid.*, Guillaume Capardi, 375 E 20 f. 105 r.; 19 février 1432 n.s. et f. 111 r.; 6 mars 1432 n.s.

[8] Voir chapitre 1, 1ère partie.

[9] Arch. dép. des Bouches-du-Rhône, Barthélémy Rognac, 376 E 128 n.p.; 16 mars 1422 n.s.

[10] *Ibid.*, Guillaume Capardi, 375 E 17 f. 58 r.; 20 janvier 1429, n.s. (pièce justificative n° 12); 375 E 19 f. 101 v.; 30 janvier 1431 n.s. (pièce justificative n° 14) et 375 E 20 f. 41 v.; 26 juillet 1431.

[11] Voir pièce justificative n° 12.

[12] «*Bonanus Boniaqui, Judeus, pater dicti condam Josse et avus paternus dicte Astrugie, per se et suos, promisit et convenit dicto Bonaffocio ut patri dicti Ysaqui presenti etc. dictam Astrugium dare in veram coniugem dicto Ysaquo ad primam et simplicem requisitionem dicti Ysaqui et suorum et eius verso, prefatus Bonaffocius promisit dictum Ysacum dare etc.*»

numéraire. La périodicité des versements ultérieurs devait être décidée le jour du mariage par des amis communs aux deux parties. De plus, Bonafos, père du mari, promettait de nourrir le jeune couple pendant les douze premières années après le mariage dans sa maison ou à l'extérieur de celle-ci.[13] Si Astrugue et Isac ne pouvaient plus cohabiter avec lui après cette période, il s'engageait à rendre à Isac la dot de sa femme, à lui faire don de 300 florins de biens et créances et de legs de parents dont Isac avait bénéficié précédemment. Tous ces éléments révèlent donc que cette constitution de dot impliquait en fait une promesse de mariage et non un mariage proprement dit.[14]

Un peu moins d'un an plus tard, en décembre 1430, maître Guillaume Capardi prenait en note un autre acte concernant les parties engagées dans la constitution de dot de 1429. Intitulé «quittance,» ce document est d'une richesse supérieure à ceux de ce type qu'on trouve en général dans les registres notariaux.[15] Il rappelle d'abord l'entente qui a eu lieu entre Bonan Boniaqui de Salon et Bonafos Samuelis de Manosque de marier Astrugue à Isac. Puis l'acte souligne que, tel que promis en janvier 1429 (n.s.), Bonan Boniaqui avait expédié à Bonafos la somme de cent florins en deux versements, l'un de soixante florins et l'autre de quarante florins, qui constituent la première partie de la dot d'Astrugue.[16] Or, en présence de Guillaume Gaudin, juge de Salon, et siégeant dans son étude, Nathan Mordacaysii, neveu et procureur de Bonafos, réclame que Bonan tienne parole et remplisse les conditions de la constitution de dot susdite. Bonan proteste de la bonne volonté dont il a fait preuve par le versement des cent florins et assure que l'opposition ne vient pas de lui, mais d'Astrugue qui refuse de consentir à épouser Isac. Sur l'ordre du juge, celle-ci est amenée devant lui avec les parties. Elle persiste à refuser d'épouser Isac parce qu'il ne lui plaît pas. À son grand-père qui la presse de consentir, elle déclare

---

[13] «*Si autem dicti Ysacus et Astrugia non possent esse cum dicto Bonaffocio per dictum tempus et esset opus se admisse dispare, promisit dictus Bonaffocius per dictum tempus ex domum suam nutrire suis sumptibus...*»

[14] Si la promesse de consentir au mariage est rapportée en latin dans les contrats «*per verba de futuro*,» il arrive qu'elle le soit également en hébreu dans des contrats de fiançailles. Toutefois, les documents de ce type ont été rarement conservés pour les communautés européennes. Il en existe deux rédigés en Angleterre au XIIIe siècle et un en Dauphiné daté de 1347. Ce dernier prévoit le mariage de Hanan et Rose de Veyne en mai 1348. Le mariage ne dut pas être complété, car les communautés juives du Dauphiné furent détruites au cours des massacres de mai 1348. Ce document contient plusieurs ressemblances avec les contrats «*per verba de futuro*»: la promesse de consentir des deux parties, les précisions sur la dot et les dons offerts aux époux, l'engagement de loger les époux et de louer un maître pour l'instruction du nouveau marié et la mention d'une amende en cas de rupture du contrat sont présents dans les deux types de documents. Cf. Colette Sirat, «Paléographie hébraïque médiévale,» *Annuaire 1972-1973*, École Pratique des Hautes Études, IVe Section. Sciences historiques et philologiques (Paris: Sorbonne, 1973), pp. 393-401.

[15] Voir pièce justificative n° 13.

[16] Les reconnaissances de dot de ces deux versements sont aux registres suivants: Archives départementales des Bouches-du-Rhône, Guillaume Capardi, 375 E 17 f. 79 v.; 14 mars 1429 n.s. et 375 E 18 f. 24 v.; 25 mai 1429.

préférer la mort.[17] Cette réponse détermine un changement total d'attitude des parties qui décident d'un commun accord qu'il serait dangereux de persister dans leur projet de mariage. Elles se libèrent mutuellement de leurs engagements en renonçant à faire appel aux peines qui avaient été prévues dans la constitution de dot, soit cinquante florins. Elles seront désormais libres de chercher des alliances avec d'autres familles. De plus, les biens qui avaient changé de mains par suite du contrat de mariage sont restitués à leur propriétaire original et Bonan donne quittance à Bonafos des cent florins de dot versés qui lui ont été rendus. Enfin, les parties se pardonnent mutuellement les injures dites ou écrites. Est-ce là un indice que ce cas a créé de l'animosité ouverte entre les deux familles ou n'est-ce qu'une formule notariale insérée dans tous les actes de ce type? On sait que les arbitrages comportent souvent des phrases analogues.

Cet acte est donc fort complexe. S'il comporte une quittance, il n'est pas que cela. Qu'est-il au juste? La présence du juge dans cette affaire nous inciterait à penser d'abord que c'est un jugement. Mais le rôle du juge semble effacé: il interroge successivement Bonan et sa petite-fille Astrugue, mais il n'est pas mentionné qu'il prenne une décision. Il ne semble pas jouer le rôle d'arbitre non plus puisque les parties décident d'elles-mêmes de renoncer à l'engagement antérieur. Ce n'est donc pas un arbitrage. Enfin, cet acte ne ressemble pas à un compromis bien que les parties intéressées aient à composer pour régler cette affaire. Sous quelque rubrique que l'on veuille classer ce document, il ne s'y prête pas aisément à cause de son originalité et des multiples éléments de son contenu. En le consignant dans un registre notarial, on a voulu laisser un témoignage du règlement magistral apporté à cette affaire délicate, règlement qui annulait les trois actes antérieurs.

Le troisième acte de cette série est moins intéressant en lui-même, mais nous l'avons inclus parce qu'il nous permet de connaître ce qui advint d'Astrugue après son refus obstiné d'épouser Isac, Juif de Manosque. En effet, cette reconnaissance de dot de janvier 1431 désigne Astrugue comme l'épouse d'Ysaquet Josse, fils de Josse Duranti d'Istres.[18] Le grand-père de celle-ci lui attribue cette fois une dot de 395 florins, soit supérieure de près du quart à celle qui lui avait été donnée deux ans plus tôt lorsqu'il avait négocié son mariage avec Ysac, fils de Bonafos Samuelis de Manosque. Ysaquet, qui a plus de dix-huit ans et moins de vingt-cinq ans, a reçu le versement intégral de la dot de sa femme Astrugue dont une partie, évaluée par des amis communs à 181 florins, était composée de bijoux et de vêtements. Une clause prévoit les modalités de restitution de la dot si cela s'avérait nécessaire.

---

[17] «*Interrogata per dictum dominum judicem sepe et pluribus vicibus si vult habere in virum dictum Ysaquetum.*
*Que respondit quod non.*
*Interrogata quare non vult ipsum.*
*Que respondit quia non placet sibi.*
*Quam etiam Astrugonam dictus Bonanus, avus paternus, et in presencia quorum supra pluribus vicibus requisivit atque rogavit quod vellet dicti matrimonii tractatum complere.*
*Que respondit quod non faceret ymo prediliget mori quam procedere ad ulteriora.*»

[18] Voir pièce justificative n° 14. Ysaquet y dit «*ut maritus dicte Astrugonne.*»

Cette série d'actes constitue un cas assez rare dans les archives notariales provençales. Nous pouvons en suivre relativement clairement les grandes lignes bien que certains points restent assez obscurs. Dans les pages qui suivent nous tenterons de poser et de résoudre les problèmes que soulèvent ces documents tout en rappelant les quelques cas analogues qui ont fait l'objet d'études. De plus, nous essaierons de dégager de ces cas les conceptions des fiançailles, du mariage et de la famille telles qu'elles existaient dans les juiveries provençales.

\* \* \*

La première démarche qui s'impose dans l'étude de ce cas de rupture d'une promesse de mariage par la fiancée est de vérifier si la loi juive prévoit cette situation et quelle est l'attitude adoptée par celle-ci vis-à-vis d'une telle prise de position. Donne-t-elle une importance quelconque à l'opinion d'une jeune fille dans le choix de son époux ou suppose-t-elle que celle-ci doive se soumettre entièrement à la volonté de ses parents?

La Bible ne semble pas prévoir qu'une jeune fille puisse n'être pas d'accord avec le choix de ses parents. Mais le Talmud mentionne clairement que ceux-ci ne doivent pas marier une jeune fille avant sa majorité, c'est-à-dire douze ans et demi, afin qu'elle soit d'âge au moment de son mariage à approuver ou à rejeter l'époux que ses parents lui ont choisi.[19] Cette attitude libérale fut reprise dans certains écrits de Maimonide.[20] Par contre, les *Tosaphot* essaient de justifier le mariage des filles mineures en soulignant l'instabilité de la situation économique des Juifs de la *diaspora* et en concluant qu'il vaut mieux fiancer sa fille quand on a de quoi la doter de peur que plus tard ce ne soit plus possible.[21]

---

[19] Cf. Kiddushim, 41 a.: «*A man may give his daughter in betrothal when a na'arah. Only when a na'arah, but not when a minor: this supports Rab. For Rab Judah said in Rab's name: one may not give his daughter in betrothal when a minor, (but must wait) until she grows up and says, ‹I want so-and-so›.*» Cf. I. Epstein, ed. and trans., *The Babylonian Talmud, Seder Nashim*, vol. 4 (London: Soncino Press, 1961), p. 463.

[20] Cf. Maimonides, *M. T. Hilkot Ishut*, 4, 19. Voir Abraham A. Neuman, *The Jews in Spain. Their Social, Political and Cultural Life during the Middle Ages*, vol. 2: *A Social Cultural Study* (New York: Octagon Books, 1969), p. 21. Moise ben Maimon, dit Maimonide, exerça les activités de talmudiste, de philosophe, d'astronome et de médecin. Il naquit à Cordoue en 1135 et mourut au Caire en 1204. Il fut chassé de Cordoue à l'âge de treize ans par des persécutions, vécut à Fez, puis à Acre, à Jérusalem et au Caire. Il est l'auteur d'œuvres philosophiques dont l'importance est sensible non seulement dans le développement de la pensée rationnelle du judaïsme, mais aussi dans l'histoire de la philosophie du Moyen Âge. Il tenta de réconcilier révélation et réflexion rationnelle sur Dieu et le monde. Il a aussi produit des œuvres théologiques, de la correspondance et des *responsa*. Cf. Isidore Singer, *The Jewish Encyclopedia* (New York: Ktav Publishing House Inc., 1964), vol. 9, col. 74-86.

[21] «*The reason we nowadays are accustomed to (overlook this prohibition, and to) betroth our daughters even while they are minors, is that our life in the Diaspora is daily becoming harsher; (consequently) if a person is now in a financial position to give his daughter an (adequate) dowry, (he is apprehensive) lest after the lapse of some years he will be in no position to do so, and his daughter will remain unwed forever.*» Cf. Irving A. Agus, *The Heroic Age of*

La pratique au Moyen Âge tenait plus compte des principes des *Tosaphot* que de ceux du Talmud à ce sujet. Lorsque les parents devaient choisir un compagnon ou une compagne à leur enfant, ils le faisaient en fonction de considérations financières et sociales, sans demander l'opinion des deux personnes concernées.[22] Dans l'acte de 1430, il est même mentionné que ni Astrugue, ni Isac n'avaient assisté à la rédaction du document du 20 janvier 1429 qui les avait promis l'un à l'autre.[23] En Espagne, ibn Adret conseille même à un père de marier sa fille de moins de douze ans contre sa volonté, plutôt que de rompre un serment.[24]

En général, les jeunes filles acceptaient le fiancé élu par leurs parents. Malgré de longues recherches, nous n'avons trouvé dans les études qu'une seule jeune fille autre qu'Astrugue ayant refusé son futur époux. En effet, A. A. Neuman mentionne, dans son travail sur les Juifs d'Espagne, qu'ibn Adret avait acquitté un homme ayant refusé de payer ce qu'il avait promis en dot à sa petite-fille laquelle avait rejeté l'époux qu'on lui avait choisi. La conclusion d'ibn Adret est éclairante: «Il [le grand-père] n'avait pas pu prévoir le refus de sa petite-fille, puisque toutes les jeunes filles, sauf quelques rares exceptions, se rendent au désir de leurs parents.»[25] Le cas qui nous concerne gagne donc de l'intérêt du fait qu'il décrit une situation excessivement rare dans les documents médiévaux. De plus, les causes du refus d'Astrugue sont

---

*Franco-German Jewry. The Jews of Germany and France of the Tenth and Eleventh Centuries. The Pioneers and Builders of Town-Life, Town-Government and Institutions* (New York: Yeshiva University Press, 1969), p. 281. Les *Tosaphot* sont des gloses critiques et explicatives du Talmud qui furent écrites au XIIIe siècle par les successeurs de Raschi pour compléter les commentaires de celui-ci. La littérature tosaphiste fleurit en France surtout et en Allemange dans une moindre mesure. Elle est illustrée surtout par les deux beaux-fils de Raschi: Samuel de Ramerupt et Judah ben Nathan. Le père des *Tosaphot* en France est Jacob ben Méir Tam et en Allemagne, Isaac ben Asher Ha-Lévi. Cf. Isidore Singer, *op. cit.*, vol. 12, col. 202-207.

[22] Cf. Irving A. Agus, *op. cit.*, p. 284.

[23] «*Post tractatum ipsius de communi concensu dicti Bonaffossii, patris, in absenti dicti Ysaqueti et eius nomine, et Bonanus Boniaqui in absenti dicte Astrugone, felezene sue et eius nomine promisissent...*» Arch. dép. des Bouches-du-Rhône, Guillaume Capardi, 375 E 19 f. 85 r.; 12 décembre 1430.

[24] Solomon ben Abraham ibn Adret, *She'elot u-teshubot*, 4: 174 et Isaac ben Sheshet, *Sefer she'elot u-teshubot*, 198. Cf. Abraham A. Neuman, *op. cit.*, 2: 21-22. Solomon ben Abraham ibn Adret était un illustre rabbin espagnol de Barcelone né en 1235 et mort en 1310. On s'adressait à lui d'Espagne, d'Italie, de France, d'Allemagne et même d'Asie Mineure. Il est l'auteur de 3.000 *responsa* dont la moitié seulement est publiée. Celles-ci révèlent l'intelligence vive et la grande culture d'ibn Adret. Il écrivit également une réfutation des charges portées contre les Juifs par le moine dominicain de Barcelone, Raymond Martini, dans son œuvre *Pugio Fidei*. Cf. Isidore Singer, *op. cit.*, vol. 1, col. 212-214. Isaac ben Sheshet Barfat était un talmudiste espagnol né à Valence en 1326 et mort à Alger en 1408. Il passa sa jeunesse à Barcelone. Il s'adonna au commerce jusqu'à l'âge de cinquante ans après quoi il devint rabbin à Saragosse. Puis il dirigea une école talmudique à Valence. Les persécutions de 1391 l'obligèrent à fuir à Alger où il devint rabbin de la ville. Il est l'auteur de 417 *responsa* qui furent publiées pour la première fois à Constantinople en 1546-1547. Cf. Isidore Singer, *op. cit.*, vol. 6, col. 630-632.

[25] Cf. Abraham A. Neuman, *op. cit.*, 2: 24. Traduction libre de: «*He could not have foreseen the possibility of his grand-daughter's refusal, as all girls, with rare exception, abide by the wishes of their parents or relatives.*»

précisées: elles ne sont pas d'ordre pratique, mais bien purement affectif. Enfin, celle-ci utilise ouvertement un moyen de pression, la menace de suicide, qui prouve qu'elle a une force de caractère considérable.

C'est en effet le refus d'Astrugue plus que la rupture de l'engagement matrimonial qui constitue l'intérêt de ce document, car sur le plan légal, la rupture d'une promesse de mariage ne crée pas de difficultés sérieuses.[26] Le mariage même qui actualisait la promesse par le don de cadeaux du mari à sa femme[27] et par la dation des corps pouvait être rompu par le divorce. Mais les femmes accédaient moins facilement au divorce que les hommes. C'est pourquoi certains penseurs juifs du Moyen Âge, conscients de la position difficile dans laquelle elles se trouvaient, tentèrent de réduire la possibilité des hommes à rompre leurs engagements (mariages et promesses de marige). C'est ainsi que R. Guerschom interdit d'accorder un divorce contre la volonté de la femme.[28] De plus, des restrictions furent imposées

---

[26] *Ibid.*, 2: 29. Solomon ben Abraham ibn Adret, *She'elot u-teshubot*, 1: 550; 2: 89; 3: 96, 210; 4: 267 et Asher ben Yehiel, *She'elot u-teshubot*, 35: 8. Asher ben Yehiel fut un éminent talmudiste né en Allemagne en 1250 et mort à Tolède (Espagne) en 1328. Il vécut un certain temps dans le Midi de la France. Il fut un adversaire de la philosophie et dirigea un moment la cause des opposants à Maimonide et ses disciples. Il transposa en Espagne l'attitude stricte et étroite qui existait en Allemagne envers le Talmud. Il est l'auteur de gloses sur plusieurs traités du Talmud, d'un volume de *responsa* et d'un résumé des lois talmudiques. Cf. Isidore Singer, *op. cit.*, vol. 2, col. 182-184.

[27] Selon Ourliac, c'est l'échange d'un «*assuna*,» c'est-à-dire l'expédition du contrat qui complète le mariage. Le mot «*assuna*» peut venir de «*hassuna*,» déformation de «*hatuna*,» mais il résulte probablement d'une erreur de déchiffrement du mot «*hassuva*,» «*kassuva*» et «*ketuba*» qui veut dire «acte de mariage.» Cf. Paul Ourliac, «Notes sur le mariage à Avignon au XVe siècle,» *Recueil de mémoires et travaux publiés par la société d'histoire du droit et des institutions des anciens pays de droit écrit*, fasc. 1 (Toulouse: F. Boisseau, 1948), p. 57. Il attribue ce sens à la phrase latine suivante: «*Cum facta exhibisset assuna hebrayca inter dictas partes et duplicata et cuilibet dictarum partium una assuna tradita more judeorum in signum matrimonii fiendi inter partes.*» Arch. dép. de Vaucluse, Avignon, Martin 739; 21 septembre 1464. Dans le procès de Samuel ibn Tibbon, c'est, selon le plaignant, le don de cadeaux (*sablonot*) qui a constitué le lien matrimonial définitif. Cf. Isidore Loëb, «Le procès de Samuel ibn Tibbon,» *Revue des études juives* 15 (1887) 72. A. A. Neuman distingue deux phases dans un mariage juif en Espagne. Dans une cérémonie de fiançailles (*erusin*), le jeune homme donnait une bague ou un autre cadeau à la fiancée en lui disant: «Tu m'es promise selon la loi de Moïse et d'Israël.» Cette formule pouvait être transmise par écrit. À cela succédait, après un an, les épousailles (*nissu'in* ou *likuhin*) qui constituaient le stade final du mariage. Les mariés recevaient la bénédiction nuptiale sous un dais symbolisant la chambre des époux. Abraham A. Neuman, *op. cit.*, 2: 31-32. Dans nos documents, les détails concernant le mariage en lui-même sont rares. On insiste surtout sur la consommation du mariage: «*post fuit consumatum juxta legem Moysi*» (Arch. dép. des Bouches-du-Rhone, Barthélémy Rognac, 376 E 121 n.p.; 10 avril 1412) et «*post ipsum tractatum, dictum matrimonium fuit more ebreorum consummatum*» (*Ibid.*, Guillaume Capardi, 375 E 21 f. 109 r.; 25 février 1434 n.s.).

[28] Rabbenou Guerschom ben Juda naquit vers 950 et mourut vers 1028 ou en 1040. Précurseur de Raschi, il donna un nouvel essor aux études talmudiques en Allemagne et en France et exerça une saine influence, par ses «Ordonnances» religieuses, sur la vie sociale de ses coreligionnaires de l'Occident. Il fut surnommé la «Lumière de l'Exil.» Cf. Henri Gross, *Gallia Judaica. Dictionnaire géographique de la France d'après les sources rabbiniques*, avec un supplément par Simon Schwarzfuchs (Amsterdam: Philo Press, 1969), pp. 299-304.

aux ruptures de promesse de mariage. Les parties eurent à déposer en gage des objets de valeur et à promettre sous peine d'anathème («*herem*») de ne pas rompre leur engagement. Selon Raschi, ces mesures visaient à protéger les «filles d'Israel» de toute humiliation.[29]

Mais il reste que toute promesse de mariage pouvait être rompue aisément quand les deux parties le désiraient. Dans un document marseillais du XIIIe siècle, il semble même qu'une promesse de mariage contractée alors que les fiancées étaient enfants ne fut pas suivie d'un mariage lorsqu'ils parvinrent à l'âge adulte, mais que le jeune homme épousa une autre jeune fille que la promise et vice-versa. Cette rupture des engagements matrimoniaux n'entraina pas de poursuite judiciaire immédiate de la part d'aucune des parties. Nous parlons évidemment du procès de Samuel ibn Tibbon qui se déroula à Marseille en 1255.[30] Si nous croyons le témoignage de Samuel, son père Moïse Tibbon[31] l'avait fiancé, lors d'un voyage à Naples, à sa cousine Bienvenue, fille de Bella et de R. Josef Cohen. Quelques années plus tard, Bella et sa fille Bienvenue vinrent s'établir à Marseille (vers 1252). Cette dernière y épousa par procuration Isaac bar Isaac Simson, probablement d'Aix (1254). Or Samuel était déjà marié pendant que Bienvenue habitait toujours Naples. La rupture des fiançailles passa inaperçue et ne fut l'objet d'aucun acte ni d'aucune poursuite avant que Bienvenue ne devienne une riche héritière à la mort de son frère. C'est alors que Samuel s'avisa de contester le mariage de celle-ci avec Isaac en lui rappelant sa promesse de mariage qui, selon lui, avait été complétée par l'envoi de cadeaux (*sablonot*).[32] Il est vrai que le témoignage de Samuel au sujet de la prétendue promesse de mariage de celui-ci à Bienvenue est démentie par cette dernière qui prétend qu'il n'y avait eu entre sa mère, Bella, et Moïse Tibbon que de simples projets auxquels il ne fut pas donné suite.[33] Ceci expliquerait que la rupture n'ait donné lieu à aucun acte. Bref, ce cas est complexe et difficile à interpréter. Il

---

[29] Cf. Irving A. Agus, *op. cit.*, pp. 279-280 et Maurice Aron, *Histoire de l'excommunication juive* (Nimes: Librairie ancienne A. Catélan, 1882), pp. 81-82. Rabbi Schlomo ben Isaac, né à Troyes en 1040 est mort en 1105 dans cette ville. Il est l'auteur d'un double commentaire de la Bible et du Talmud et d'une série imposante de *responsa*. Il fit école aussi bien chez les Chrétiens que chez les Juifs. Cf. Bernhard Blumenkranz, *Histoire des Juifs en France* (Toulouse: Édouard Privat, 1972), pp. 61-63.

[30] Isidore Loëb, *loc. cit.*, *Revue des études juives* 15 (1887) 70-98 et 16 (1888) 124-137.

[31] Moïse ben Samuel ibn Tibbon habita Montpellier dans la seconde moitié du XIIIe siècle. Auteur de commentaires, il se consacra surtout à la traduction de l'arabe à l'hébreu de nombreux livres de médecine, de mathématiques et de philosophie, entre autres, ceux de Maimonide. Henri Gross, *op. cit.*, pp. 327-328.

[32] Isidore Loëb, *loc. cit.*, pp. 327-328.

[33] *Ibid.*, p. 72. Un registre notarial romain de 1472 contient un acte qui atteste de la possibilité de rompre une promesse de mariage entre deux Juifs. Voir Anna Esposito, «Gli Ebrei a Roma nella seconda metà del '400 attraverso i protocolli del notaio Giovanni Angelo Amati,» *Aspetti e problemi della presenza ebraica nell'Italia centro-settentrionale (secoli XIV e XV)*, Quaderni dell'Istituto di Scienze Storiche dell'Università di Roma, n° 2 (Roma, 1983), p. 117.

peut militer en faveur de la théorie de l'annulation facile des promesses de mariage, mais ce n'est pas absolument certain.

\*
\* \*

Quoi qu'il en soit, un autre cas de ce type est fidèlement rapporté dans les registres notariaux de Salon et il témoigne clairement que les Juifs provençaux pouvaient facilement rompre leurs engagements tant que le mariage n'avait pas été célébré. Une série d'actes de 1403 décrit une entente pour marier deux enfants et son annulation après la mort du père du fiancé. En effet, de son vivant, Vital Abrae de Salon avait négocié le mariage de Bonenfant, le fils qu'il avait eu d'une première épouse Rique, avec Salomonette, fille de feu maître Cresquas Rogeti, médecin de Salon, qui habitait Marseille, et sœur de Macipe, la deuxième femme de Vital. C'était la grand-mère et tutrice de Salomonette, Benvengude, veuve de maître Salomon Girondini de Marseille qui avait prévu les arrangements avec Vital Abrae. Elle avait assigné en dot à sa petite-fille 175 florins en numéraire, bijoux, vêtements et grains, ainsi que les quarts d'une maison et de deux vignes. Mais Vital Abrae mourut et les amis de la famille décidèrent d'annuler ce mariage et d'en négocier un autre pour Bonenfant.[34] Le document qui communique ces détails est une quittance par laquelle Benvengude, tutrice de Salomonette, reconnaît avoir reçu de Macip de Carcassonne d'Arles, tuteur de Bonenfant les 175 florins qui avaient été versés pour la dot de Salomonette.[35] Cet acte ne fait nullement mention que l'intervention du juge ait été nécessaire pour dissoudre cette promesse de mariage. Mais dans un autre document du même registre, on constate que lorsque cinq proches de Bonenfant[36] ont contracté pour lui un nouveau mariage avec Saure, fille de Macip Boniaqui de Carcassonne d'Arles, qui deviendra par la suite le tuteur de Bonenfant, ils réclamèrent la permission du seigneur Bernard Marelli, bachelier en lois et juge de la Cour de Salon. Cet appel à une autorité pour permettre ce mariage futur s'explique du fait que le jeune Bonenfant est un orphelin mineur. Macip attribue en dot à sa fille cent francs de vingt sous de Provence[37] et s'engage de plus à nourrir, vêtir et faire instruire Bonenfant pour une période de six ans, à raison de vingt florins par an. Or la constitution de dot de Saure a été consignée deux jours avant la rédaction de la quittance qui mentionne la dissolution de premier mariage. Est-il possible que la décision de rompre le mariage de Salomonette et Bonenfant ait été prise au même moment que celle de marier Saure à Bonenfant et que, bien que non mentionnée

---

[34] Arch. dép. des Bouches-du-Rhône, Étienne Pachon, 376 E 106 n.p.; 9 novembre 1403: «*restitutio dotis habeat locum cum ipsum matrimonium inter Bonenfant et Sulumonctam non pervenerit ad effectum et hoc per mortem dicti condam Vitalis.*»

[35] Cf. l'acte sus-cité et deux autres de la même date et du même registre (Étienne Pachon, 376 E 106 n.p.; 9 novembre 1403).

[36] *Ibid.*, Étienne Pachon, 376 E 106 n.p.; 9 novembre 1403. Il s'agit de maître Josse Bondia Cohent, médecin, Abram Mosse alias Atar, tuteur de Bonenfant, maître Videt Salves, chirurgien, Bonct de Lattes et Abramet Maymoni.

[37] Environ 125 florins.

dans la quittance du 9 novembre 1403, l'autorisation du juge se soit appliquée aux deux décisions? Si cela était, on pourrait déduire que la présence du juge dans les ruptures de promesses de mariage entre Juifs était une constante à Salon-de-Provence puisqu'on la note à la fois dans ce cas et dans celui d'Astrugue en décembre 1430. Cette supposition semble fort logique, néanmoins il reste que, avec ou sans la permission d'un juge, les annulations d'engagements matrimoniaux étaient relativement fréquentes.

Dans son article sur les Juifs de Rome à l'époque qui nous concerne, A. Esposito, s'appuyant sur les recherches de U. Cassuto, mentionne que «la promesse de la dot venait au temps des fiançailles, qui avait un caractère d'engagement définitif révocable seulement pour des motifs graves.» Les données de notre affaire rejoignent en partie seulement les renseignements fournis par cette historienne.[38]

*
* *

À titre de comparaison, nous avons effectué des recherches dans les actes relatifs aux mariages des Chrétiens (constitutions de dot, reconnaissances de dot et contrats de mariage). Nous y avons constaté la même importance des parents dans les tractations précédant cet engagement et cette même tendance à ne donner aux deux personnes principalement concernées qu'un rôle accessoire.[39] Chez les Chrétiens également, les refus de jeunes fiancé(e)s d'obtempérer aux décisions de leurs parents sont rares et les ruptures de promesse de mariage sont aussi fréquentes que chez les Juifs.

Comme la loi juive, le droit canonique opérait une distinction entre le contrat *per verba de futuro* qui ne représentait que la promesse de consentir au mariage et celui *per verba de presenti* qui exprimait le consentement lui-même et qui était accompagné de la dation des corps. Alors que celui-là pouvait être annulé avec autorisation de l'autorité ecclésiastique, celui-ci était indissoluble, le divorce n'étant pas admis par le droit canonique. En fait le contrat *per verba de futuro* était un engagement à valeur juridique renforcée par le don d'arrhes et l'addition de stipulations pénales

---

[38] Anna Esposito, *op. cit.*, p. 49. L'auteur cite Umberto Cassuto, *Gli Ebrei a Firenze nell'età del Rinascimento*, (Pubblicazioni del R. Istituto di studi superiori pratici e di perfezionamento in Firenze, Sezione di filosofia e filologia, 40) (Firenze: Tip. Galleti e Cocci, 1918), p. 220, n.v.

[39] Voir Roger Aubenas, *Cours d'histoire du droit privé. Anciens pays de droit écrit (XIII$^e$ - XIV$^e$ siècle)*, 2: *Aspects du mariage et du droit des gens mariés* (Aix-en-Provence: Librairie de l'université, 1954), pp. 22-30. En fait, le droit canonique avait exigé d'abord le consentement des parties contractantes et avait tenté d'éliminer la nécessité du consentement d'autres personnes que les contractants eux-mêmes. Mais le droit était en avance sur les mœurs et ses principes n'étaient nullement appliqués dans la pratique, si bien que le droit dut opérer un recul pour s'accorder aux mœurs. Ainsi le droit classique admit que le consentement matrimonial pouvait être émis par les parents du moment que les enfants étaient présents et ne le contredisaient pas. Voir Jean Dauvillier, *Le mariage dans le droit classique de l'Église depuis le décret de Gratien (1140) jusqu'à la mort de Clément V (1314)*, (Paris: Librairie du recueil Sirey, 1933), pp. 192-194.

mal vues des canonistes qui voulaient lui ôter toute contrainte jusqu'au moment de l'échange des consentements mutuels et de la *commixtio sexus*.[40] Soulignons que selon la théorie de Pierre Lombard (1152), le mariage devenait indissoluble, soit par l'échange des *verba de presenti* même sans *commixtio sexus*, soit par la *commixtio sexus* ajoutée à un contrat *per verba de futuro*.[41]

Quoi qu'il en soit, ce dernier seul pouvait être annulé relativement facilement comme les fiançailles juives lorsque les deux parties s'accordaient pour le demander. R. Aubenas cite un cas d'annulation d'engagements futurs, après enquête par l'official d'Aix, le 29 octobre 1389. Le fiancé impliqué est de Mereuil et sa fiancée, de Gardanne. Malheureusement, les motifs invoqués pour réclamer l'annulation de la promesse de mariage ne sont pas mentionnés dans l'acte.[42] D'autre part, P. Wolff mentionne un acte de 1451 conservé aux archives de Haute-Garonne où, par consentement mutuel, un homme et une jeune fille décident de ne pas se marier malgré les serments de mariage futur qu'ils avaient échangés plusieurs années auparavant. Cette rupture d'engagement s'explique par la pauvreté de la jeune fille et l'âge avancé du fiancé.[43] Ce document ne mentionne en aucun cas la demande d'autorisation d'un ecclésiastique et il semble bien que le seul consentement mutuel ait suffi à rompre l'engagement pris antérieurement.

Mais la volonté de l'un des fiancés suffisait à dissoudre les promesses de mariage *per verba de futuro*, si elle s'appuyait sur des motifs valables. P. Ourliac rapporte le seul cas que nous ayons trouvé dans les études où l'engagement d'un couple chrétien ait été rompu par le refus de la femme de procéder au mariage prévu. En effet, dans un acte de 1446, une jeune Avignonnaise du nom de Marguerite Barberia refusa d'épouser Mermot Pontosii parce qu'il était fort endetté et qu'il avait de grandes incommodités.[44]

*
* *

---

[40] *Ibid.*, pp. 14-15 et 76.

[41] *Ibid.*, p. 14. Pierre Lombard fut professeur de théologie à Paris, puis évêque de Paris. Il mourut en 1160. Originaire de Lombardie (Novare), il arrive en France vers 1136. Il étudia à Reims et à Paris. Son élection à l'épiscopat de Paris date de 1159. Il est l'auteur du *Commentarius in psalmos davidicos* (autrement dit, les *Glossae continuae*), de *Collectanea in omnes Pauli apostoli epistolas*, de *Sermones* et de *IV Libri sententiarum*. Son très long *Traité sur le mariage* (Livre IV du *Livre des sentences*) met principalement en relief la théorie consensuelle de l'essence du mariage. Cf. J. de Ghellinck, «Pierre Lombard,» dans *Dictionnaire de Théologie catholique*. T. 12, Deuxième partie, col. 1941-2019.

[42] *Ibid.*, pp. 19-20. Acte édité précédemment par le même auteur dans le *Recueil de lettres des officialités de Marseille et d'Aix* (Paris, 1937-1938), 2: 123.

[43] Cf. Philippe Wolff, «Quelques actes notariés concernant famille et mariage (XIVᵉ-XVᵉ siècles),» *Annales du Midi* 78, n° 76 (janvier 1966) 123. La référence de l'acte est la suivante: Arch. not. de Haute-Garonne, registre 176, Pierre et Raimond Andrieu, f. 91; 25 février 1451. Raisons de la rupture: «*actento quod dicta Vitalis erat parva et ipse del Casse erat antiquus.*»

[44] Paul Ourliac, *loc. cit.*, pp. 56-57. Arch. dép. de Vaucluse, Avignon, Martin, 713; 16 mai 1446; «*ex eo quia post dicti matrimonii tractatum et contractum a sui noticiam pervenit quod ipse plus debet quam habeat in valore et omnia bona sua sunt diversis creditoribus obligata et sic posset perdere cum eo dotem suam. Ulterius quia ipse non potest tenere aquam sed immergit in lecto.*»

Cette brève comparaison entre les ruptures d'engagements juifs et chrétiens permet d'aborder le problème de l'écran latin placé devant les trois documents qui nous intéressent et qui obstrue la compréhension des mécanismes réels que ces actes sous-tendent. Ainsi Astrugue et Isac ont été promis l'un à l'autre selon les principes de la loi juive que le notaire salonais, rédacteur de l'acte latin, a voulu exprimer par un *per verba de futuro* qu'il a abrégé en *per verba etc.*[45] Dans les actes latins concernant des mariages entre Juifs, les notaires provençaux n'hésitaient pas à utiliser les formules *per verba de presenti* et *per verba de futuro* avec lesquels ils décrivaient les réalités du mariage chrétien. Cet usage semblait justifié du fait que les constitutions de dot juives pouvaient être prises en note soit bien avant le mariage définitif, soit peu après comme celles des Chrétiens. Mais le notaire salonais soulignait souvent que l'acte qu'il rédigeait avait été précédé par un contrat de mariage en hébreu (*ketoubâh*) qu'il dénommait *quessuba* ou *cassuba* ou encore *instrumentum hebraycum*.[46] Mais ce phénomène n'était pas général. L'acte de 1429 avait-il été précédé d'une *ketoubâh* ou était-il le seul document attestant la promesse de mariage et de dot d'Astrugue à Isac? Ceci est difficile à déterminer.

Un examen attentif des actes concernant les dots juives (constitutions de dot, reconnaissances de dot, griefs et compromis relatifs à des dots) dans l'ensemble de la documentation des années 1391 à 1435 nous a permis de noter une constante dans la référence aux documents en hébreu. Aucune constitution de dot simple, c'est-à-dire non doublée d'une reconnaissance de dot, ne fait mention de *ketoubâh*. C'est lors de la reconnaissance de dot par la partie du fiancé que l'on réfère au document en hébreu, que cette reconnaissance soit au sein de la constitution de dot, ou qu'elle fasse l'objet d'un acte à part. Or l'acte de 1429 est une constitution de dot simple. Il n'est donc pas étonnant que la référence à une *ketoubâh* n'y apparaisse pas. Soulignons toutefois que les deux reconnaissances de versements partiels de la dot ne font nullement mention de document hébreu.[47] L'interprétation de cette absence s'avère délicate. Certes la plupart des reconnaissances de dot juives en latin mentionnent l'existence d'une *ketoubâh*, mais non pas toutes. D'ailleurs, même si l'on distingue une tendance certaine des Juifs salonais à rédiger en hébreu les dispositions relatives à la dot de leur fille ou de leur parente, on ne peut savoir s'ils le faisaient toujours et si l'absence de mention d'une *ketoubâh* dans le document latin révèle une absence dans la réalité ou s'il n'est qu'un oubli devant un phénomène qui était si général qu'il ne valait plus la peine de le mentionner. La reconnaissance par les Juifs eux-mêmes de la valeur juridique d'un document rédigé en latin par un notaire chrétien avait-il éliminé la nécessité de rédiger un acte en hébreu attestant

---

[45] Arch. dép. des Bouches-du-Rhône, Guillaume Capardi, 375 E 17 f. 58 r.; 20 janvier 1429 n.s. Pièce justificative n° 12.

[46] Un exemple de ceci apparaît dans la reconnaissance de dot d'Astrugue par Josse Duranti d'Istres et son fils Ysaquet. Arch. dép. des Bouches-du-Rhône, Guillaume Capardi, 375 E 19 f. 101 v.; 30 janvier 1431 n.s. Pièce justificative n° 14.

[47] *Ibid.*, Guillaume Capardi, 375 E 17 f. 79 v.; 14 mars 1429 n.s. et 375 E 18 f. 24 v.; 25 mai 1429.

un événement aussi dépendant de la loi juive que le mariage et l'attribution d'une dot?

La présence du juge de Salon, Guillaume Gaudini, dans la quittance de 1430 pose également un problème difficile à résoudre.[48] En effet, que les deux parties juives aient fait appel à un juge chrétien dans une affaire de mariage selon la loi juive est problématique. Pourquoi ne se sont-elles pas présentées devant le *bêt din*, le tribunal juif? Ce type de tribunal réglait souvent les conflits touchant les engagements matrimoniaux comme le prouve le procès de Samuel ibn Tibbon en 1255, qui s'était déroulé devant le *bêt din* de Marseille.[49] L'explication de cette différence pourrait résider dans le fait que les Juifs impliqués dans l'affaire salonaise n'aient pas été originaires de la même ville.[50] Par contre, dans le procès de ibn Tibbon, le plaignant était de Marseille et bien que la défenderesse ait été originaire de Naples, elle habitait Marseille à ce moment-là. Il existe en effet un procès en latin de la Cour de Salon qui met aux prises un Juif salonais et un Juif étranger, mais le cas en litige traite d'un conflit purement économique.[51] Quoi qu'il en soit, l'origine différente des parties ne suffit pas à expliquer qu'on ait fait appel aux mécanismes chrétiens pour régler cette affaire. En effet, si l'on craignait la partialité du *bêt din* de Salon,[52] il était toujours possible d'avoir recours à des arbitres salonais et manosquins, ou encore étrangers aux deux villes. L'arbitrage était également un moyen de résoudre les difficultés surgissant à la suite de fiançailles et de mariages. P. Vidal rapporte que des Juifs perpignanais avaient répudié leurs femmes conformément à des sentences arbitrales prononcées par des coreligionnaires.[53] Est-il possible qu'un tribunal juif ou une procédure d'arbitrage juive ait déjà réglé la question et annulé la promesse de mariage selon la loi juive et que la quittance de 1430 n'ait été qu'une officialisation latine d'une décision prise au sein des mécanismes juifs visant à annuler la constitution de dot en latin? Ceci semble très douteux, étant donné la formulation dynamique de l'acte qui ressemble plus à un compte rendu pris sur le vif qu'à une

---

[48] *Ibid.*, Guillaume Capardi, 375 E 19 f. 85 r.; 12 décembre 1430. Pièce justificative n° 13.

[49] Isidore Loëb, *loc. cit.*, p. 88. Dans son article sur les relations entre les cours chrétiennes et juives, Guido Kisch souligne bien que depuis les efforts de Jacob ben Méir Tam (1100-1171) au concile de Troyes, il était interdit sous peine d'excommunication de convoquer un coreligionnaire devant une cour chrétienne à moins d'un accord réciproque sur ce point. Les documents montrent clairement que cette ordonnance était appliquée strictement en Allemagne. En Espagne, toutefois, ce n'était pas le cas à cause de la confusion des juridictions et des pouvoirs extraordinaires des rois. Voir Guido Kisch, «Relations between Jewish and Christian Courts in the Middle Ages,» *Historia Judaïca* 21 (octobre 1959) 82-108.

[50] Astrugue et Bonan Boniaqui étaient de Salon et Isac et Bonafos Samuelis étaient de Manosque.

[51] Arch. dép. des Bouches-du-Rhône, B supplément, 16 bis, registre de 101 folios: procès devant la Cour entre Vinelli Nasci, Juif d'Avignon et Salves Caracausa, Juif de Salon, 1406.

[52] D'ailleurs, y avait-il vraiment un tribunal juif siégeant régulièrement à Salon. Les documents n'en font mention à aucun moment et les Juifs salonais n'hésitaient pas à faire appel à la juridiction gracieuse de Salon. Cf. Arch. dép. des Bouches-du-Rhône, Étienne Pachon, 376 E 102, 103, 104 et 107: Cour temporelle de Salon, ordonnances du juge.

[53] Pierre Vidal, «Les Juifs des anciens comtés de Roussillon et de Cerdagne,» *Revue des études juives* 15 (1887) 44.

répétition ou un résumé d'une scène qui se serait déroulée précédemment. Les excuses de Bonan, l'interrogatoire d'Astrugue par le juge et le revirement des parties semblent témoigner d'une scène tout à fait originale.

Mais l'explication de cet appel aux mécanismes chrétiens ne réside-t-elle pas dans l'absence de *ketoubâh*? En effet, si le seul document qui ait pris note de la promesse de mariage entre Isac et Astrugue était en latin, celui qui l'annulerait devait être en latin également. Malgré cet indice, nous ne pouvons conclure avec certitude que ce fut bien le cas.

*
* *

L'existence de la reconnaissance de dot de 1431,[54] en portant à nos yeux le mariage d'Astrugue avec Ysaquet Josse d'Istres, soulève un autre problème fort intéressant. En effet, lors de cet engagement matrimonial, Bonan Boniaqui accorde à son gendre et au père de celui-ci une dot largement supérieure à celle qu'il avait attribuée lors de la première promesse de mariage d'Astrugue (395 florins au lieu de 300 florins). Au premier abord, ce geste paraît étonnant, car on aurait pu imaginer que pour punir Astrugue de son insubordination, son grand-père, à titre de moyen de pression, eût pu diminuer le montant de sa dot. Superficiellement, un tel geste aurait paru plausible. Mais lorsqu'on se remémore les éléments sociaux qui entrent en ligne de compte dans un mariage juif à l'époque médiévale, l'attitude de Bonan Boniaqui lors de ce second contrat de mariage d'Astrugue, s'explique clairement.

En effet, une jeune fille juive de bonne famille doit se marier, car le célibat est mal vu dans les communautés juives médiévales. De plus, son mari doit être issu du même milieu social qu'elle et les familles des mariés doivent avoir des moyens économiques à peu près identiques. Une fille qui se marierait avec un individu d'une couche sociale ou économique inférieure à la sienne entraînerait non seulement sa déchéance personnelle, mais un déshonneur qui rejaillirait sur toute sa famille. Or Astrugue, en refusant le fiancé qui avait été choisi pour elle, s'est rendue impopulaire. Les époux possibles et leur famille se méfient probablement d'une jeune fille, qui à nouveau sur un coup de tête, peut compromettre l'entente conclue entre deux familles. On hésite à l'épouser. En conséquence, si le mariage avec un jeune homme de son milieu social devient plus difficile à contracter, Astrugue risque de se trouver réduite soit au célibat, soit à une union avec un individu d'une strate sociale inférieure qui serait attiré par le montant de sa dot et l'ascension sociale que procure le mariage avec une jeune fille d'une couche supérieure. Il s'avère donc indispensable que Bonan augmente considérablement la dot de sa petite-fille pour ranimer l'intérêt des époux éventuels et compenser la mauvaise publicité suscitée par le refus de celle-ci. Avec une dot accrue, Astrugue retrouve l'occasion de se marier au sein de sa couche sociale. Et cette fois, elle consent à l'union.

*
* *

[54] Arch. dép. des Bouches-du-Rhône, Guillaume Capardi, 375 E 19 f. 101 v.; 30 janvier 1431 n.s. Pièce justificative n° 14.

Les quelques points relevés au cours de ces pages montrent bien l'intérêt de certains documents notariés pour l'étude des engagements matrimoniaux (promesses de mariage, mariages eux-mêmes) dans les juiveries provençales à l'époque médiévale. On constate l'importance de la famille proche dans la constitution des nouvelles unions.[55] Toutefois, il ressort clairement des documents que, malgré l'emprise familiale, le refus des jeunes fiancées de se soumettre aux mariages prévus pour elles restent possibles. Mais n'exagérons rien, ces insubordinations sont rares! Aussi bien chez les Chrétiens que chez les Juifs, nous n'avons pu compulser que quelques cas. D'ailleurs la précision avec laquelle les documents les prennent en note, prouve bien qu'ils sont peu communs.

---

[55] Les membres de cette famille n'ont pas tous la même importance. En effet, un acte de 1432 montre qu'au cours de toute cette affaire, la mère d'Astrugue, Salamone, fille de feu maître Cresquas Rogeti de Marseille et veuve de Josse Bonani de Salon, était vivante. Pourtant elle n'apparaît à aucun moment dans les cinq actes dont nous avons parlé. Cf. Arch. dép. des Bouches-du-Rhône, Guillaume Capardi, 375 E 22 f. 44; 8 août 1432.

# Annexe 1

### Lieux d'origine de quelques Juifs de Salon

| Nom | Lieu d'origine | Type d'origine |
|---|---|---|
| 1. Astruguet Vidas | Lattes | ancienne |
| 2. Boniaquet Bonafossi | Borrian (Arles) | ancienne |
| 3. Bonan Thoni | Istres | récente |
| 4. Bonet Davini | Lattes | ancienne |
| 5. Bonet Maymoni | Berre | ancienne? |
| 6. Cregut Abraam | Berre | récente |
| 7. Cregut Aym | Trets | récente |
| 8. Crescas Calli | Eyguières | récente |
| 9. Davinet Maymoni | Saint-Chamas | récente |
| 10. Dieulosal Bendich | Eyguières | récente |
| 11. Josse Bondia Cohen | Trets | récente |
| 12. Josse Vidas | Cavaillon | récente |
| 13. Jusson | Tournon | ancienne |
| 14. Mosse Abraam | Arles | récente |
| 15. Salomon Bonaffocii | Draguignan | ancienne |
| 16. Salomon | Narbonne | ancienne |
| 17. Salvat Vitalis | Clermont[1] | ancienne |
| 18. Vital Bondia Cohen | Trets | récente |
| 19. Vital Boniaqui | Borrian (Arles) | ancienne |
| 20. Ysaquet Abraam | Perpignan | ancienne |

[1] Gross mentionne la présence certaine de Juifs à Clermont-Ferrand et probable à Clermont-en-Argonne (Meuse). Aucun document n'atteste leur habitation dans d'autres villes françaises nommées Clermont. Cf. *Gallia Judaïca*, pp. 588-589.

### Liste des Juifs qui ont quitté Salon pour habiter une autre ville entre 1391 et 1405

| Nom | Destination |
|---|---|
| 1. Abraam Massipi | Lambesc |
| 2. Creyson Astrugii | Avignon |
| 3. Salomon Bonaffocii de Draguignan | Avignon |
| 4. Salomon de Narbonne | Saint-Chamas |

# Annexe 2

## LISTES DE JUIFS TROUVÉES DANS LES REGISTRES NOTARIAUX

| | 1425 | 1427 | janvier 1431 | mars 1431 | 1433 |
|---|---|---|---|---|---|
| Vital Creguti | x | | | | x |
| Mr Josse Vice | x | x | | x | x |
| Aymet Boniaqui | x | | | x | |
| Mr Bondavin Comprati | x | x | | x | |
| Salomon Vitalis Cohen | x (ses enfants) | | | x (ses enfants) | x (ses enfants) |
| Abraam Santol | | x | x | x | x |
| Astruguet Gardi | | x | x | x | (Astruguet Creguti Gardi) |
| Mosse Maymoni | | x | x | x | x |
| Maymon Davini | | x | x | x | x |
| Cresquet Calhi | | x | x | x | |
| Compradet Comprati | | x (de Lattes) | x | x | x |
| Mosse Gardi | | x | x | x | x |
| Bellanton Bonnani | | | x | | x |
| Vital Abraam | | x | | x | |
| Cresquet Cregudi | | x | | x | |
| Bonaffos Abraam | | x | | x | |
| Josse Bonaffocii d'Istres | | x | x | x | x |
| Jacob Vitalis | | | | | x |

| Name | | | | |
|---|---|---|---|---|
| Mancip del Cister | | | x | |
| Astrug Cresquas de Bézaudun | | | x | |
| Salves Caracause | | x | x | x |
| Bonan Boniaqui | | x | x | x |
| Léon Comprati | | x | x | x |
| Salvet Cohen | | x | x | x |
| | (Salvet Vitalis Cohen) | | | |
| Abram Bonaffocii | | x | x | (Abram Bonaffossi alias de Insula) |
| | Vital Vitalis Cohen | x (Vital Cohen Senior) | x | x |
| | Salet Bendich | | x | |
| | Mosse Cohen | | x | x (Mosse Astrugii Cohen) |
| | Bonan Thoni | Jacob de Caylario Abram de Carcassonne | x | |
| | | | | x (Abram Macipi de Carcassonne) |
| | | Boniaquet Aym | x | x |
| | | | | Ysaquet de Lattes |
| | | | | Boniorin Abram de Bédarride |
| | | | | Cresquet Nassi |
| TOTAL: 25 | TOTAL: 27 | TOTAL: 20 | TOTAL: 28 | TOTAL: 25 |

# Annexe 3

LISTE DES REPRÉSENTANTS DE LA COMMUNAUTÉ JUIVE

1391 : (Etienne Constantin, 376 E 83 n.p.; 10 mars 1391 n.s.)
Cregud Aym,
Maître Josse Bondia Cohen, baylons.
1395 : (Etienne Constantin, 376 E 86 n.p.; 10 janvier 1395 n.s.)
Profachet Boniaqui,
Maître Videt Salves,
Cregud Aym,
Vidalet Abraam, procureurs et recteurs de l'aumône des Juifs.
1404 : (Barthélémy Rognac, 376 E 112 n.p.; 11 février 1404 n.s.)
Josse Bondia Cohen, baylon.
1406 : (Jacques Amaury, 376 E 94 n.p.; 28 mars 1406)
Maître Josse Bondia Cohen,
Dieulosal Bendich,
Abraam Maymoni, consuls de l'aumône, appelés «*bururims de seaca*».
1412 : (Jacques Amaury, 376 E 97 n.p.; 25 février 1412)
Josse Vidas,
Salomon Cohen, baylons du luminaire de la synagogue des Juifs.
1414 : (Jacques Amaury, 376 E 99 n.p.; 7 mai 1414)
Vital Creguti,
Profachet Boniaqui, au nom de l'aumône, appelés «*bururims de seaqua*».
1415 : ( ? , 376 E 177 n.p.; 9 décembre 1415)
Vital Creguti,
Josse Vidas, au nom du luminaire de la synagogue des Juifs.
1420 : (Barthélémy Rognac, 376 E 127 n.p.; 1$^{er}$ septembre 1420)
Vital Creguti,
Léon Comprati, baylons de l'aumône nommée «*hedes.*»
1421 : (Barthélémy Rognac, 376 E 128 n.p.; 8 décembre 1421)
Josse Vidas,
Jusset Bonafocii, baylons, recteurs et gouverneurs du luminaire de la synagogue.
1422 : (Barthélémy Rognac, 376 E 128 n.p.; 16 mars 1422 n.s.)
Josse Bonani,
Boniac Aym, baylons du four de la synagogue des Juifs.
1423 : (Guillaume Capardi, 375 E 11 f. 35 r.; 12 octobre 1423)
Vital Creguti,

Aymet Boniaqui, baylons;
Maître Josse Vice,
Léon Comprati, receveurs et auditeurs des comptes;
Salves Caracause,
Salomon Vitalis Cohen,
Astrug Gardi, conseillers.

1424: (Barthélémy Rognac, 376 E 132 n.p.; 10 janvier 1424 n.s.)
Vital Creguti, au nom de la communauté des Juifs.

1427: (Barthélémy Rognac, 376 E 134 n.p.; 20 mai 1427)
Vital Creguti,
Salvet Vitalis Cohen, au nom de la communauté juive.

1428: (Barthélémy Rognac, 376 E 135 n.p.; 31 mars 1428)
Salvet Cohen,
Maymonet Davini, au nom de la communauté juive.

1429: (Isoard Guinier. 375 E 73 f. 91 v.; 31 octobre 1429)
Vital Creguti, baylon.

1430: (Guillaume Capardi, 375 E 19 f. 97 v.; 20 décembre 1430)
Vital Creguti,
Maître Bondavin Comprati,
Léon Comprati de Lattes, au nom de la communauté des Juifs.
(Raymond Salomon, 375 E 50 f. 20 v.; 10 mai 1430)
Josse Vidas,
Léon Comprati, baylons ou recteurs du luminaire de la synagogue.

1431: (Raymond Salomon, 375 E 50 f. 122 r.; 14 février 1431 n.s.)
Josse Vidas,
Léon Comprati de Lattes,
Salvet Vitalis Cohen, baylons ou recteurs du luminaire de la synagogue des Juifs appelé «*mahor.*»

1432: (Guillaume Capardi, 375 E 20 f. 105 r.; 19 février 1432 n.s.)
Vital Cregudi,
Bonan Boniaqui,
Salves Caracause,
Abram Santo,
Maymon Davini, baylons et conseillers.
(Guillaume Capardi, 375 E 22 f. 75 r.; 5 octobre 1432)
Vital Creguti,
Maître Bondavin Comprati,
Léon Comprati, baylons;

1433: (Raymond Salomon, 375 E 53; 29 avril 1433)
Vital Creguti,
Léon Comprati, baylons.

1434: (Barthélémy Rognac, 375 E 138 n.p.; 26 février 1434 n.s.)
Vital Creguti,
Maître Bondavin Comprati,

Léon Comprati, baylons.
(Mourgues Alfant, 375 E 120 f. 75 r.; 23 août 1434)
Léon Comprati, baylon.
1435: (Mourgues Alfant, 375 E 120 f. 205 r.; 10 février 1435)
Astruguet de Vinariis,
Vital Creguti,
Bondavin Comprati, baylons.
(Mourgues Alfant, 375 E 120 f. 232 v.; 23 février 1435 n.s.)
Vital Creguti, baylon.

# Annexe 4

### Liens entre le testateur et les héritiers universels

| Héritiers universels | Nombre de testaments |
|---|---|
| Conjoint | 7 |
| Conjoint et 2 fils | 1 |
| Conjoint et cousins | 1 |
| Conjoint et oncle paternel | 1 |
| 1 fils | 5 |
| 1 fils et 1 fille | 1 |
| 2 fils, 1 fille et le ventre de leur mère | 1 |
| 1 fille | 2 |
| 1 fille et 1 petit-fils | 1 |
| 1 petit-fils | 1 |
| Frères | 1 |
| 1 frère et 1 neveu | 1 |
| Cousins | 2 |
| Neveux | 3 |
| Personnes dont la parenté avec le testateur n'est pas précisée | 1 |
| Aucun héritier universel prévu | 1 |
| TOTAL | 30 |

# Annexe 5

### Transactions des Juifs de Salon-de-Provence sur les maisons (1391-1405)

1. *Ventes et achats*

| | |
|---|---|
| Jaconet Mosse | Vend une maison située au quartier Arlatan.<br>Prix: non mentionné.<br>Trezain: 9 florins.<br>(Etienne Constantin, 376 E 83 n.p.; 9 juin 1391). |
| Cregud Aym | Vend une maison située au quartier Bastonenc.<br>Prix: 24 florins.<br>(Jacques Franc, 376 E 31 n.p.; 3 juillet 1393). |
| Cregud Jacob de Saint-Maximin | Vend à Salves Caracause une maison située dans la Juiverie dont il a hérité.<br>Prix: 50 florins.<br>(Jean Astier, 376 E 66; 17 avril 1399). |
| Cregud Aym | Vend une maison située au Puy-Engenier.<br>Prix: 30 florins.<br>(Etienne Constantin, 376 E 89 n.p.; 6 janvier 1400 n.s.). |
| Astrug Salomon de Mazan jadis de Salon | Vend une maison située au quartier Bastonenc.<br>Prix: 40 florins.<br>Transaction effectuée par l'intermédiaire de Josse Vidas de Salon.<br>(Etienne Pachon, 376 E 105 n.p.; 17 mars 1400). |
| Vital Cregudi | Vend une maison située au Puy-Engenier.<br>Prix: 6 florins.<br>(Jean Astier, 376 E 66 n.p.; 8 mars 1401). |

2. *Locations*

| | |
|---|---|
| Vidalet Cregudi | Loue une maison dans la Juiverie.<br>Prix: 4 florins par an.<br>(Etienne Constantin, 376 E 83 n.p.; 12 avril 1391). |
| Vidalet Abraam | Loue une maison dans la Juiverie.<br>Prix: 4 florins par an.<br>(Etienne Constantin, 376 E 83 n.p.; 2 mai 1391). |

| | |
|---|---|
| Jusson de Tournon | Loue une maison au Bourgneuf.<br>Prix: 5 florins par an.<br>(Etienne Constantin, 376 E 83 n.p.; 17 mai 1391). |
| Jaconet Mosse | Loue une maison dans la Juiverie.<br>Prix: 2 francs d'or par an.<br>(Etienne Constantin, 376 E 84 n.p.; 12 juillet 1392). |
| Davinet Josse | Loue une maison dans la Juiverie.<br>Prix: 4 florins par an.<br>(Etienne Constantin, 376 E 85 n.p.; 24 avril 1393). |
| Davinet Josse | Prend en location une boutique située dans la Juiverie et appartenant à un Chrétien.<br>Prix: 5 florins par an.<br>(Etienne Pachon, 376 E 105 n.p.; 16 mars 1399). |

3. *Actes révélant la possession ou la location de maisons par des Juifs*

| | |
|---|---|
| Massip Davini | Possède une maison dans la Juiverie.<br>(Etienne Constantin, 376 E 83 n.p.; 9 mai 1391). |
| Massip Davini | Possède une autre maison dans le quartier Bastonenc.<br>(Jacques Franc, 376 E 29 n.p.; 7 août 1391). |
| Boniac Petiti | Possède une maison au Puy-Engenier.<br>(Barthélémy Rognac, 376 E 108 n.p.; 6 octobre 1391). |
| Mel Duranti de Lambesc jadis de Salon | Possède une maison dans la Juiverie.<br>(Etienne Constantin, 376 E 88 n.p.; 23 avril 1398). |
| Mayronette, épouse d'Abramet Massipi | Occupe par suite d'une concession en acapt perpétuel une maison dans la Juiverie.<br>(Jean Astier, 376 E 66 n.p.; 17 août 1399). |
| Mel Duranti de Lambesc jadis de Salon | Possède une maison dans la Juiverie.<br>(Etienne Constantin, 376 E 89 n.p.; 26 août 1399). |
| Abramet Cregudi | Occupe une maison dont la localisation est impossible (mot illisible).<br>(Jacques Amaury, 376 E 93 n.p.; 4 janvier 1404 n.s.). |
| Abramet Maymoni | Possède une maison dans la Juiverie.<br>(Jacques Amaury, 376 E 93 n.p.; 25 janvier 1404 n.s.). |

# Annexe 6

### Transactions des Juifs de Salon-de-Provence sur les vignes (1391-1405)

1. *Ventes*

| | |
|---|---|
| Vidalet Abraam | Vend à un Chrétien une vigne sise «au clos du chanoine.» <br> Dimension: 3 quarterées. <br> Prix: 46 florins. <br> (Jacques Franc, 376 E 31 n.p.; 23 avril 1394). |
| Salomon Bonaffocii | Vend à un Chrétien une vigne qu'il tient en franc-alleu au puits du cloître de Mallemort. <br> Prix: 6 florins. <br> (Etienne Constantin, 376 E 88 n.p.; 23 janvier 1399). |
| Astrug Salamonis de Mazan et son fils Bonet de Carpentras | Vendent à Josse Vide de Lambesc, fils de maître Vide Salves de Salon une vigne possédée en franc-alleu au lieu-dit «*a la Bressa*» à Salon. <br> Prix: 15 florins. <br> (Jean Astier, 376 E 66 n.p.; 21 décembre 1400). |
| Massip Boniaqui de Carcassonne, tuteur de Sancet, orphelin, fils de Vital Abrae alias Athar de Salon | Vend à Vital Cregudi une vigne d'une quarterée située «*ad Bressonum.*» <br> Prix: 20 florins. <br> (Barthélémy Rognac, 376 E 112 n.p.; 14 novembre 1403). |
| Davinet Josse | Vend une vigne erme située au lieu-dit «*ad Anhanam.*» <br> Prix: 20 *solidi*. <br> (Barthélémy Rognac, 376 E 114 n.p.; 24 septembre 1405). |

2. *Achats*

| | |
|---|---|
| Salomon Vitalis Cohen | Achète d'un Chrétien une vigne d'une quarterée dans le val de «*Cugio.*» <br> Prix: 10 florins. <br> (Etienne Constantin, 376 E 88 n.p.; 28 novembre 1398). |

| | |
|---|---|
| Vital Abraam | Se procure en emphytéose d'un Chrétien deux vignes d'une demie quarterée chacune, situées «*ad Planterias.*»<br>Prix: 3 florins, 9 florins.<br>(Etienne Constantin, 376 E 89 n.p.; 2 février 1400 n.s.). |
| Josse Vide de Lambesc, fils de maître Vide Salves de Salon | Achète d'Astrug Salomon de Mazan et de son fils Bonet, médecin de Carpentras, une vigne possédée en franc-alleu au lieu-dit «*a la Bressa*» à Salon.<br>Prix: 15 florins.<br>(Jean Astier, 376 E 66 n.p.; 21 décembre 1400). |
| Vital Cregudi | Achète de Massip Boniaqui de Carcassonne, tuteur de Sancet, orphelin, fils de Vital Abrae alias Athar de Salon, une vigne d'une quarterée située «*ad Bressonum.*»<br>Prix: 20 florins.<br>(Barthélémy Rognac, 376 E 112 n.p.; 14 décembre 1403). |
| Vital Cregudi | Achète de Sancie, veuve du noble seigneur Bertrand de Lamanon, une vigne de quelques oliviers.<br>Dimension: une quarterée et demie.<br>Prix: 8 *solidi.*<br>(Barthélémy Rognac, 376 E 112 n.p.; 14 décembre 1403). |
| Maître Vidas Salves, Borguésie son épouse et Jusset Vidas | Achètent d'un Chrétien une vigne sise «*ad Lobaressam.*»<br>Dimension: 5 quarterées.<br>Prix: 17 florins.<br>(Barthélémy Rognac, 376 E 113 n.p.; 19 février 1405 n.s.). |

3. *Possessions*

| | |
|---|---|
| Vidalet Cregudi | Possède une vigne avec quelques amandiers située «*ad Bressonum.*»<br>Dimension: une quarterée et demie.<br>(Etienne Constantin, 376 E 87 n.p.; 16 mars 1397). |
| Vital Cregudi | Possède en emphytéose perpétuelle une vigne d'une quarterée située «*ad Gardiam.*»<br>(Etienne Pachon, 376 E 106 n.p.; 5 novembre 1403). |

4. *Concessions en facherie*

| | |
|---|---|
| Vidalet Abraam | Concède en facherie à un Chrétien une vigne avec quelques oliviers située «*ad Maneriam*» (pour quatre récoltes au tiers de fruits).<br>(Etienne Constantin, 376 E 84 n.p.; 17 septembre 1392). |
| Creyson Astrugii de Salon qui habite Avignon | Concède en facherie une vigne et le verger d'oliviers attenant situés au lieu-dit «*in gresso itineris Avinione.*»<br>(Concession à un Chrétien au tiers de fruits moins les trois premières récoltes).<br>(Etienne Constantin, 376 E 89 n.p.; 15 août 1399). |

# Annexe 7

TRANSACTIONS DES JUIFS DE SALON-DE-PROVENCE
SUR LES VERGERS D'OLIVERS (1391-1405)

1. *Acquisitions*

| | |
|---|---|
| Profac Boniaqui au nom de Boniac Petiti | Reçoit en remboursement d'une dette un verger d'oliviers d'une quarterée et demie situé «*ad Coderias.*» <br> Prix: 8 florins. <br> (Etienne Constantin, 376 E 85 n.p.; 10 avril 1393). |
| Vidalet Cregudi | Achète d'un Chrétien trois petites oliveraies totalisant deux quarterées et demie qu'il concède de nouveau au vendeur. <br> Prix total: 10 florins. <br> (Jacques Franc, 376 E 31 n.p.; deux actes du 23 octobre 1393). |
| Salomon Vitalis Cohen | Reçoit en remboursement d'une dette de quatorze florins le verger d'oliviers situé «*ad Coderias*» qu'une veuve a reçu en dot. <br> (Jacques Franc, 376 E 31 n.p.; 6 avril 1394). |
| Vidalet Cregudi | Prend en acapt une oliveraie située «*ad Garigua.*» <br> Acapt: 10 florins. <br> (Etienne Constantin, 376 E 86 n.p.; 12 février 1395 n.s.). |
| Profac Boniaqui | Achète une oliveraie d'une demi-quarterée sise «*ad Barreriam.*» <br> Prix: 2 florins. <br> (Etienne Constantin, 376 E 86 n.p.; 25 février 1395 n.s.). |

2. *Abandons*

| | |
|---|---|
| Vidalet Cregudi | Vend les trois petites oliveraies achetées précédemment et sises «*ad Talagarno.*» <br> Prix: 24 florins. <br> (Jacques Franc, 376 E 31 n.p.; 25 février 1395 n.s.). |

| | |
|---|---|
| Vidalet Abraam | Cède en acapt un verger d'oliviers situé «au clos du chanoine».<br>Prix: 5 florins.<br>(Etienne Constantin, 376 E 86 n.p.; 3 novembre 1394). |
| Bonanet Bellanti et Reyna, sa mère | Vendent à un Chrétien une oliveraie de deux quarterées sise «*ad Peolhoram.*»<br>Prix: 10 florins.<br>(Etienne Constantin, 376 E 86 n.p.; 16 avril 1394). |
| Cregud Aym | Vend un verger d'oliviers d'une quarterée situé «*ad Barreriam.*»<br>Prix: 11 florins.<br>(Etienne Pachon, 376 E 106 n.p.; 25 septembre 1403). |

3. *Arrentements et facheries*

| | |
|---|---|
| Cregud Aym | A concédé par le passé en facherie une oliveraie «*ad Vallano.*»<br>(Jacques Franc, 376 E 31 n.p.; 4 octobre 1394). |
| Maître Josse Bondia Cohen | Concède en facherie pour dix ans une oliveraie de trois quarterées située «*ad Planterias.*»<br>(Jacques Franc, 376 E 31 n.p.; 2 février 1395 n.s.). |
| Profachet Boniaqui au nom de Boniaquet de Borrian | Arrente pour dix ans un verger d'oliviers situé «*ad Perolhosam.*»<br>(Etienne Constantin, 376 E 89 n.p.; 11 août 1399). |
| Cregud Aym | Concède en facherie une oliveraie située «*ad Quintinium*» au tiers de fruits pour douze récoltes.<br>(Etienne Constantin, 376 E 89 n.p.; 1$^{er}$ mai 1399). |

# Annexe 8

TRANSACTIONS DES JUIFS DE SALON-DE-PROVENCE
SUR LES JARDINS, LES «CURTES» ET LES TERRES
(1391-1405)

1. «*Ortus*»

| | |
|---|---|
| Cregud Aym | Prend en acapt d'une veuve et de son second mari deux demi-jardins d'une valeur totale de 25 florins, en remboursement d'une dette du premier mari.<br>(Etienne Constantin, 376 E 89 n.p.; 28 janvier 1400 n.s.). |
| Crescas Calli | Achète un jardin au lieu-dit «*ad Stagnum*» dont l'archevêque d'Arles a le «*dominium.*»<br>Prix: 6 florins.<br>(Barthélémy Rognac, 376 E 113 n.p.; 14 janvier 1405). |
| Crescas Calli | Vend à Cregud Aym ce jardin d'un tiers de quarterée pour six florins.<br>(Barthélémy Rognac, 376 E 114 n.p., 8 juillet 1405). |
| Astruguet Gart | Prend en acapt un jardin situé près de la nouvelle route.<br>(Barthélémy Rognac, 376 E 114 n.p.; 13 novembre 1405). |
| Vidalet Abraam | Abandonne au noble Ludovic Isnardi pour deux saumées de froment un jardin qui est situé au faubourg.<br>(Etienne Constantin, 376 E 85 n.p.; 14 avril 1397). |
| Boniaquet de Borrian | Met à rente pour quatre ans un jardin qu'il possède au lieu-dit «à l'Etang.»<br>(Etienne Constantin, 376 E 85 n.p.; 22 mai 1393). |
| Cregud Aym | Reconnaît tenir d'Antoine Broquerii un jardin avec quelques oliviers et quelques souches.<br>(Etienne Constantin, 376 E 83 n.p.; 20 juin 1391). |

2. «*Curtes*»

Josep Vidas au nom d'Astrug Salomon de Mazan
Vend un «*curtis*» situé au quartier de Bastonenc. Prix: 15 florins.
(Barthélémy Rognac, 376 E 109 n.p.; 1$^{er}$ février 1402).

Josep Vidas au nom d'Astrug Salomon de Mazan
Vend un autre «*curtis*» voisin du précédent au même individu.
(Barthélémy Rognac, 376 E 109 n.p.; 29 février 1402 n.s.).

3. *Terres*

Cregud Aym
Prend en acapt perpétuel une terre d'une quarterée, située au lieu-dit «*ad Quintinium*» dans laquelle il y a un clapier.
(Jacques Franc, 376 E 31 n.p.; 27 mai 1393).

Davinet Josse
Concède en facherie au tiers de fruits deux terres situées sur la route d'Avignon pour une période de deux ans.
(Jean Astier, 376 E 66 n.p.; 26 janvier 1401 n.s.).

Vidalet Abraam et Vidalet Cregudi
Donnent à rente pour quatre ans une terre située au quartier Arlatan qu'ils administrent.
(Etienne Constantin, 376 E 86 n.p.; 29 octobre 1394).

# Annexe 9

### Transactions ayant suivi le départ de Salon-de-Provence d'Astrug Salomon de Mazan

1. Vente d'une maison située au quartier Bastonenc. Prix: 40 florins. Transaction effectuée par l'intermédiaire de Josse Vidas de Salon.
   (Etienne Pachon, 376 E 105 n.p.; 17 mars 1400).
2. Avec son fils Bonet de Carpentras:
   Vente à Josse Vide de Lambesc, fils de maître Vide Salves de Salon, d'une vigne possédée en franc-alleu au lieu-dit «*a la Bressa*» à Salon. Prix: 15 florins.
   (Jean Astier, 376 E 66 n.p.; 21 décembre 1400).
3. Vente d'un «*curtis*» situé au quartier Bastonenc. Prix: 15 florins. Transaction effectuée par l'intermédiaire de Josep Vidas.
   (Barthélémy Rognac, 376 E 109 n.p.; 1er février 1402).
4. Vente d'un autre «*curtis*» voisin du précédent au même individu. Transaction effectuée par l'intermédiaire de Josep Vidas.
   (Barthélémy Rognac, 376 E 109 n.p.; 29 février 1402 n.s.).

# Annexe 10

### Liste des Juifs de Salon-de-Provence (1391-1405)

Abramet Boneti, fils de Filhette, veuve de Bonet Maymoni.
Abramet Creguti, fils de Cregud Abraam de Berre.
Abramet Massipi de Salon, habitant de Lambesc (et vice-versa), fils de Massip Davini.
Abramet Maymoni.
Astrug Samielis Cohen.
Astrugue, épouse de Macip Davini.
Astruguet Garr (Gart).
Astruguet Josse.
Astruguet Vidas de Lattes.
Astruguette, épouse de Jaconet Mosse.
Astruguette, épouse de Josse (Jusset) Vidas.
Astruguette, épouse de Profachet Boniaqui.
Aymet Boniaqui, originaire de Trets.

Bonan Boniaqui alias Calaton.
Bonanet Bellanti, fils de Bellant Bonnani.
Bonenfant, fils de Vital Abrae.
Bonet Davini de Lattes, habitant de Salon, fils de Davin de Lattes, Juif de Montélimar (*Monte-Almari*).
Bonet Maymoni de Berre, habitant de Salon.
Boniac Petiti.
Boniaquet Bonafossii alias de Borrian, de Salon, clavaire de Lançon pour le seigneur Charles, prince de Lançon et de toute la baronie de Berre.[1]
Bonnan Thoni d'Istres, habitant de Salon.
Borguésie, épouse de Vidas Salves.

Comprate, épouse de Boniaquet de Borrian.
Cregud Abraam de Berre.
Cregud Aym de Trets, habitant de Salon.
Crescas Calli (Calhi), habitant d'Eyguières (1401), habitant de Salon (1403).

---

[1] Il s'agit de Charles de Tarente, frère de Louis II. Il fut lieutenant-général et vice-roi de janvier 1401 à avril 1405. Cf. Raoul Busquet, *Histoire de Provence* (Monaco: Éditions de l'Imprimerie Nationale, 1954), p. 206.

Crescas Creguti, fils de Cregud Abraam.
Creyson Astrugii de Salon, d'Avignon (1399).

Davin (Davinet) Josse.
Davinet Maymoni alias de Saint-Chamas.
Dieulocrescas Salamonis.
Dieulosal Bendich (Salet Bendichi?) de Salon, habitant d'Eyguières (1401), habitant de Salon (1403).
Donde, veuve de Cregud Bendich.
Donette, épouse de Crescas Calhi.
Donnette (Domiette, Donette, Bonedine), épouse de Bonan Boniaqui.
Drude, épouse de Mosse Abraam.
Dulcie, fille de Bonet Maymoni.
Dulcie, veuve de Boniac Davini.
Durante, épouse de Gardonet Cresquas.
Durante, veuve de Salomon Bondia Cohent de Trets.
Durette, veuve de maître Salomon Vitalis Cohent.

Fauronet, fils de Vital Abraam.
Filhette Maymone, veuve de Bonet Maymoni.

Gardonet Cresquas.
Garsente, mère de Gardonet Cresquas.
Gudette, épouse de Salves Caracause.
Gudette, veuve de Falquinier Salves.

Jacob (Jacop) Abraam.
Jacob (Jaconet) Davini, fils de Davin Josse.
Jaconet Mosse.
Maître Josep (Josse) Bondia Cohen de Trets, habitant de Salon.
Josep Vidas (Josse, Jusset Vide) de Cavaillon, de Lambesc, habitant de Salon, fils de Videt Salves de Cavaillon.
Josse Salomonis de Clermont.
Jusson de Tournon.

Macip Davini.
Macipe, veuve de Vital Abrae alias Atar, fille de maître Cresquas Rogeti, médecin de Salon, habitant de Marseille.
Mandine, veuve de Crescas (Crescon) Mosse et de Mosse Gart.
Mayronne, épouse d'Abramet Macipi.
Mel Duranti de Lambesc.
Morette, épouse de Boniac Petiti.
Mosse Abraam.
Mosse Maymoni.

Nasqueson Davini, fils de Davin Nasqueti.

Perpignane, veuve de Bonanet Bellanti.
Profachet Boniaqui.
Provinciale, fille de Cregud Abraam.

Rebolle, épouse de Boniastrug Bondie.
Reine (Regniette), épouse de Vital Cregudi.
Reine, veuve de Bellant Bonnani.
Riquette, épouse d'Aymet Boniaqui.

Saconet, petit-fils de Vital Abraam.
Salomon Bonaffocii de Draguignan (1391), de Salon (1393), habitant d'Avignon.
Salomon de Narbonne, habitant de Salon (1394), de Saint-Chamas (1401).
Salomon Vithalis Cohen.
Salvat Vithalis de Clermont de Salon.
Salves Caracause.
Steronne, fille d'Abraam Maymoni.
Stes, fille de Vithal Bonnefantis de Berre, de Salon.

Tolsane, veuve de Bonnan Macipi de Tarascon, habitant de Salon.

Maître Vidas (Videt) Salves.
Vital (Vidalet) Abraam (Abraham, Abrae) alias Atar (Athar, Athari), fils d'Abraam
    Creguti.
Vital Bondie Cohen de Trets, habitant de Salon.
Vital Boniaqui de Borrian, fils de Boniac Bonaffocii de Borrian.
Vital (Vidalet) Cregudi, fils de Cregud Bendich.
Vital Crescas.
Vital Salomonis.
Vital Vitalis Cohen.

Ysaquet Abraam de Perpignan, habitant de Salon.

# Annexe 11

### Liste des Juifs non salonais (1391-1405)

Abraam Mosse de Marseille.
Astrug Compradi de Clermont, habitant d'Avignon.
Astrug Vidas de Lattes d'Aix.
Astrugue, épouse de Gerson Bonnani de Montpellier.
Astruguet de Sisteron d'Aix.

Benvengude, veuve de maître Salomon Girondini de Marseille.
Bonaffos Brunelli d'Apt.
Bonenfant de Tournon d'Arles.
Bonet Dieulocrescas d'Arles.
Boniac Vitalis d'Aix.
Bonifasse Calhi d'Arles.
Bonnias Salamonis de Tarascon.
Bonsenhor Astruc d'Aix.

Comprat d'Anduze d'Avignon.
Crescas Bonifilii d'Istres.
Crescas Crescas de Montelhs d'Aix.
Crescas Natan d'Arles.

Davin Bellome de «*Roderio*» (Rodez?) d'Arles.

Fosset Duranti d'Istres.

Gardon Bonifilii d'Istres.
Girone, fille de Massip de Lunel de Marseille.
Grosse Bonaffocii d'Istres.
Guerson Bonaffocii d'Arles.
Guerson Bonnani de Montpellier.

Josse de Cavaillon d'Arles.
Josse Salamonis de Clermont.
Jusset Salamonis Jerondini de Berre.
Jusson de Clermont d'Arles.

Léon de Lunel d'Arles.

Massip Boniaqui de Carcassonne d'Arles.
Montellet Josep de Clermont d'Avignon.

Salamonet Boneti de Marseille.
Salamonette, fille de maître Cresquas Rogeti de Salon, habitant de Marseille.
Maître Salomon Bondia Cohen de Trets.
Salomon Profachi de Saint-Maximin.
Salves Yac (Ysac?) de Saint-Gervais d'Arles.
Saura, fille de Massip Boniaqui de Carcassonne, habitant d'Arles.

Valensette, veuve d'Astrug de Bourgneuf, habitant de «*Loci Novaris*» (?) diocèse d'Avignon.
Vidalet de Carcassonne, habitant d'Avignon.
Vidalet de Tournon, habitant de «*Insule*» (Isle-de-Martigues ou Isle-sur-la-Sorgue?).
Vital de «*Guardia*» d'Aix.

# Annexe 12

### LISTE DES JUIFS DE SALON-DE-PROVENCE (1406-1435)

Abraam Astrugi, fils d'Astrug Creyssoni.
Abraam Cregudi.
Abraam Macipi de Carcassonne.
Abraam Maymoni.
Abraam Santol.
Abram Bonaffocii alias de «*Insula*» (Isle-de Martigues ou Isle-sur-la-Sorgue?).
Arpilhe, épouse de Vital Abraam.
Astrug Cresquas de Bézaudun.
Astrug Creysonni.
Astrugonne, fille d'Abraam Creguti.
Astrugonne, fille d'Astruguet Gart.
Astrugonne, fille de Bonan Boniaqui.
Astrugue, épouse de maître Josse Vice.
Astrugue, épouse de Profachet Boniaqui.
Astrugue, fille d'Astrug Cohen alias Grospias.
Astrugue, fille de Josse Bonani.
Astruguet Creguti Gardi.
Astruguet de «*Vinariis,*» fils de Salomon de «*Vinariis.*»
Astruguet Josse.
Aymet Boniaqui, fils de Boniac Petiti.

Bellant (Bellanton) Bonnani, fils de Bonan Thoni.
Benastrugue, fille d'Astruguet Cohen.
Benvengude (Gudette), épouse de Salves Caracause.
Blanquette, épouse de Cresquet Cregudi.
Blanquette, fille de Léon Comprati.
Bonaffos Abraam.
Bonan Boniaqui, fils de Boniac Davini d'Avignon.
Bonan Thoni d'Istres.
Maître Bondavin Comprati.
Bonedine (Donette, Donnette, Domiette), épouse de Bonan Boniaqui.
Bonedine, épouse de Cresquet Calhi.
Boniaquet Aym, fils d'Aymet Boniaqui.
Maître Bonines Nathan de Tarascon, habitant de Salon.
Bonines Ysac Cohen de Marseille, habitant de Salon.
Boniorin Abram de Bédarride.

Bonjues Cohen.
Bonoze, veuve d'Astrug Jacob d'Avignon, habitant de Salon.
Borguésie, épouse de maître Vidas Salves.

Catherine, fille de Jacob Davini.
Clarette, épouse de Léon Comprati.
Claronne, fille de Davinet Josse.
Compradet Comprati de Lattes.
Comprat Duranti alias Joni, fils de Durant Toniani d'Istres.
Conette, épouse de maître Josse Bondia Cohen.
Cregud Aym.
Cregudette, épouse de Mosse Cohen.
Cregudonne, fille de Josse Bonani.
Crescas Josse, fils de Josse Bonani.
Cresquet Calhi.
Cresquet Cregudi.
Cresquet Nassi.

Davinet Josse.
Davinet Maymoni.
Dayette, fille de Salomon de Narbonne.
Donette, épouse d'Abram Santol.
Donette, épouse de Bonan Boniaqui.
Dulcie, épouse de Salvet Vitalis.
Dulciette (Dulsone), épouse de maître Bondavin Comprati de Tarascon.
Dulciette, fille d'Aymet Boniaqui.
Durette, épouse de Cresquas Calhi.

Estes alias Donde, veuve de Cregud (Ferrare) Bendich.

Fossone, fille de Josse Bonafossii.
Franquette, épouse de Josse Bonafossii.

Gabriel Boneti de Valence-la-Grande (Catalogne), habitant de Salon.
Gentale, fille de maître Josse Vidas.
Gudette, épouse de Salves Caracause, veuve de Falcon Salves.

Jacob Davini, fils de Davin Josse.
Jacob de «*Caylario.*»
Jacob Josse.
Jacob Vitalis, fils de Vitalis Abraam.
Jassiel Davinantis, fils de David de Moustiers, habitant d'Aix.
Josse (Jusset) Bonaffocii d'Istres.
Josse Bonani.

Maître Josse Bondia Cohen.
Maître Josse Vidas (Vice), fils de maître Vidas Salves.

Léon Comprati de Lattes.

Macipe, fille de Dieulosal Bendich d'Uzès.
Mancip «*del cister*,» ou Massip de «*Sesterio*» de Montpellier.
Mandine, fille de Jacob Davini.
Manrette, fille de Salomon de Narbonne.
Maymon Davini.
Mayrone, épouse d'Abraam Mancipi.
Mayrone, épouse d'Astruguet Josse.
Mayrone, épouse de Salomon Vitalis Cohen.
Mel Dieulosal, fils de Dieulosal Bendich.
Maître Mordacays Thauros Natan, fils de maître Thauros Natan.
Mosse Abram.
Mosse Astrugii Cohen.
Mosse Gardi d'Aix, habitant de Salon.
Mosse Maymoni.
Mosse Salamonis Cohen.

Profachet Boniaqui.
Provinciale, fille d'Astrug Cohen de Salon.

Rachel, épouse de Jacob Davin.
Regniette, épouse d'Aymet Boniaqui.
Reine, épouse de Bonnan Thoni.
Reine, épouse de Salomon Vitalis Cohen.
Reine, épouse de Vital Cregudi.
Reine, fille de Jacop Abraam.

Salet (Dieulosal) Bendich.
Salomon, fils de maître Bondavin Comprati.
Salomon, fils de Léon Comprati.
Salomon Vitalis Cohen, fils de Vital Bondia Cohen de Trets.
Salomone, veuve de Josse Bonani.
Salves Caracause, fils de Salves Caracause d'Arles.
Salvet Salves de Saint-Gervais.
Salvet Vitalis Cohen.
Salvette, épouse de Vital Vitalis Cohen.
Santo Abram, fils d'Abram Santo.
Sare, épouse d'Astrug Gart.
Sarone, fille de Jacob Josse.
Simette, fille de Mosse Bondia Cohen.

Sorette, fille de Cresquet Cregudi.
Ster, épouse d'Astrug Cresquas de Bézaudun.
Sterette, épouse de Boniaquet Aym.
Sterette, fille de Bonan Boniaqui.
Sterette, fille de Juffet (*sic*) Bonafocii d'Istres de Salon.
Stes, fille de Maymon Davini.
Symette, fille de maître Salomon Bondia Cohen.
Symette, fille de Salomon Vitalis Cohen.
Symette, fille de Vital Vitalis Cohen.

Vidalet Boniaqui de Borrian.
Maître Vidas Salves.
Vidon, fils de Bellant Bonnani.
Vital Abraam.
Vital Cregudi, fils de Cregud Bendich.
Vital de Carcassonne.
Vital Salamonis Cohen.
Vital Vitalis Cohen.

Ysac Josse, fils de Josse Bonaffocii.
Ysaquet de Lattes.

# Annexe 13

### Liste des Juifs non salonais (1406-1435)

Abram Dieulosal de Mornas.
Abram Isaqui de Carpentras.
Maître Abramet Salamonis Nemausi de Saint-Maximin.
Astrug Bonines de Mornas.
Astrug Cohen d'Aix.
Astrug de «*Lestella*» (de la «*Rocha*») de Carpentras.
Astrug Samuelis de L'Argentière, habitant d'Arles.
Astrug Urgerii d'Aix.
Astrug Ysaqui de Valabrègues d'Orange.
Astrugonne, épouse de Jacob Josse, habitant de «*Insula Venaycini*» (Isle-sur-la-Sorgue?).
Astrugue, fille de Vinas Creyssen Rogeti d'Avignon.
Astruguelle, fille de Boniac Samuelis de Salon, habitant d'Avignon.
Astruguet Creysonni de Salon, habitant d'Avignon.
Astruguet, fils de Davin Astrugii de Clermont.
Astruguette, fille d'Astrug Urgerii d'Aix.
Astruguette, fille de Vidon Boneti d'Aix.

Maître Bellant Bellanti de Tarascon.
Bellette, épouse de Gordon Abrae de Bédarride, habitant de Marseille.
Bellette, épouse de maître Durant Mosse de Cavaillon, habitant de Marseille.
Bellette, fille de Bonafos Dayes de Marseille.
Benastrugue, fille d'Astrug Ysaqui de Valabrègues.
Maître Beton Comprati de Meyrargues.
Blanquette, épouse de Durant Natan de Tarascon.
Blanquette, fille de Salamias Salves d'Apt.
Bonaffos Samuelis de Manosque.
Bondavin Astrugii de L'Argentière, habitant d'Aix.
Bondavin Bondavini Avicxor d'Aix.
Bonenfant, fils de Salomon Boniinfantis d'Aix.
Boniac Astrugii de Clermont.
Boninas Salamonis de Tarascon.
Maître Bonines Thauros Natan de Tarascon.
Bonines (Bonnisa) Urgerii d'Aix.
Bonjuzas Astruc de «*Portali,*» fils d'Astrug de «*Portali*» de Caromb.
Bonosenhor Abram, habitant d'Avignon.

Maître Comprat Asser de Tarascon.

Davin Astrugii de Clermont.
Davin Bonsenhor, fils de maître Bonsenhor Vitalis d'Aix.
Dieulosal Abram de Narbonne, habitant de Mornas.
Dulcie, fille de maître Mosse Beton d'Aix.
Dulciette, fille d'Astrug de L'Argentière, habitant de Tarascon.
Dulciette, fille de maître Abram Salamonis de Saint-Maximin.
Dulciette, fille de Salomon Urgerii d'Aix.
Durante, veuve de maître Salomon Bondia Cohent de Trets.

Ester, épouse de Salomon Urgerii d'Aix.

Fille de Gardonet Cresquas de Salon, habitant d'Avignon.
Fille de maître Asser Bonines d'Avignon.
Franquette, épouse de Josse Duranti d'Istres.

Gentillette, fille de Salomon Vitalis de Valabrègues, habitant de Pernes.

Isac Bonaffocii de Manosque.

Jacob Astrugii d'Aix.
Jacob, fils de Jacob Josse de «*Insula Venaycini*» (Isle-sur-la-Sorgue?).
Jaconet Mosse de Salon, habitant d'Avignon.
Josse Abraam d'Avignon, fils d'Abraam Mancipi de Salon.
Josse Duranti d'Istres.
Josse Jacob d'Aix.
Josse Jacop de Saint-Maximin.
Josse Vitalis Avicdor, habitant de Carpentras.

Macip Duranti, fils de Durant Abram d'Avignon.
Mayr Comprati de Tarascon.
Mayronne, épouse de maître Vidas Samielli de Tarascon.
Mosse Astrugii Cohen d'Aix.
Maître Mosse Marnani Marnan de Marseille.

Provinciale, fille de Ferrare Cohen d'Avignon.

Rebolle, fille d'Erbin Banastrugii d'Aix.
Reine, épouse d'Astruc de «*Lestella*» de Carpentras.
Reine, épouse de Salomon Vitalis de Valabrègues, habitant de Pernes.
Reine, fille de maître Mosse Marnani Marnan de Marseille.
Reine, fille d'Ysac Natan d'Arles.
Rosselle, fille d'Abram Isaqui de Carpentras.

Salamias Astruc, fils d'Astruc de «*Lestella*» de Carpentras.
Salamias Salves d'Apt.
Salamias Salves de Tarascon.
Salomon Astrugii Urgerii d'Aix.
Salves Astrugii Cassini d'Arles.
Salves Vitalis Manelli d'Avignon.
Samuel Bonsenhor de L'Argentière, habitant d'Arles.
Sarrette, fille de Jacob Josse de «*Insula Venaycini*» (Isle-sur-la-Sorgue?).
Sterette, épouse de Salomon Astrugii Urgerii d'Aix.
Stes, veuve de Salomon Boniinfantis d'Aix.
Symette, épouse de Samuel Bonsenhor de L'Argentière, habitant d'Arles.

Tolzane, fille de Salomon Boniinfantis d'Aix.

Valansette, épouse de Dieulosal Astrugi de L'Argentière.
Valence, épouse d'Astrug Ysaqui de Valabrègues.
Vidalet Abraam de Carcassonne d'Avignon.
Maître Vidas Samielli de Tarascon.
Vinas Creyssen Rogeti d'Avignon.
Vital Avicdor, habitant de Carpentras.
Vital de «*Gardia*» d'Aix.
Vital Salamonis d'Apt.
Vital Urgerii, fils d'Astrug Urgerii d'Aix.
Vital Vitalis Cohen de Carpentras.

Maître Ysac Salves Manelli d'Avignon.
Ysaquet Josse d'Istres.

# Pièces justificatives

**1.** Archives départementales des Bouches-du-Rhône, protocole de Mourgues Alfant, 375 E 120 f. 232 v.; 25 février 1435 n.s.

[Noble Honorat Raynaudi d'Arles donne quittance à Vital Creguti, baylon de la communauté juive de Salon et au nom de cette dernière, de trois florins de trezains que celle-ci lui devait pour sa boucherie et une terre dont il était le seigneur.]

Anno et die quibus supra. Notum sit etc. quod cum communitas Judeorum castri Sallonis habeat, teneat et possideat sub maiori directo dominio et senhoria nobilis Honorati Raynaudi de civitate Arelatensis ad certum censu [sic] seu servicium annis singulis eidem nobili Honorato et suis prestandum videlicet domum macelli Judeorum et quandam terram scitam in territorio Sallonis loco dicto ad Quintinum et cum dicte possessiones sunt in manibus mortuis et sit consuetum in presenti loco quod dicta communitas Judeorum tenetur de certo in certum tempus ipsas possessiones atrezenare et trezenum eidem nobili Honorato vel suis solvere. Hinc est quod dictus nobilis Honoratus bona fide etc. per se et suos confessus fuit etc. Vitali Creguti, Judeo de Sallone, baylono dicte communitatis et pro eadem communitate et per manus dicti Vitalis habuisse et recepisse in presencia mei notarii et testium subscriptorum pro trezeno dictarum possessionum videlicet tres flor. currentes quos habuit in quaternis etc.

De quibusquidem tribus flor. idem nobilis Honoratus se tenuit pro contento etc. Ipsam ideo communitatem Judeorum etc. De eisdem necnon de omnibus aliis trezenis in quibus eadem communitas eidem nobili Honorato de toto tempore preterito usque nunc teneri posset et de omnibus arrayragiis censuum usque ad tempus arrendamenti per eumdem nobilem Honoratum facti de omnibus bonis que possidet in presenti loco Sallonis, quitavit. Liberavit perpetuo penitus et absolvit cum pacto de ulterius et eo petendo. Sub omnibus etc.

De quibus etc.
Obligans bona sua etc.
Renuncians etc.
Jurans etc.

Actum Sallonis in domo dicti Vitalis Creguti.

Testes: Isnardus Gronhi, macellarius, habitator Sallonis et Anthonius Catarini.

**2.** Archives départementales des Bouches-du-Rhône, protocole de Barthélémy Rognac, 376 E 128 n.p.; 16 mars 1422.

[Les baylons du four juif concluent une entente avec Jean Hostagerii de Salon. Ce dernier s'engage à fournir du bois, d'une part pour allumer le four, d'autre part pour l'éclairer pendant l'année en cours. Son salaire s'élève à deux francs, qu'il doit recevoir au terme de ce travail.]

Pro baylonis furni Judeorum Sallonis et Johanne Hostagerii.

Anno quo supra et die XVI mensis marcii, noverint universi quod Johannes Hostagerii de Sallone pactum fecit cum Josse Bonani, Judeo dicti loci, tam nomine suo proprio quam Boniaqui Aym, socri sui, baylonis furni scole Judeorum Sallonis de providendo dictum furnum de fornilha et candelis ligni ad faciendum lumen dicto furno. Et hoc tantum quantum durabit tempus istius anni faciendi eorum candolas et dictam fornilham ponere in eorum scola ante dictum furnum. Pro quo provisione dicte fornilhe facienda, dicti bayloni eidem Johanni dare et solvere promiserunt in fine temporis dum dicte candole erunt facte videlicet duos francos, qui Johannes Hostagerii promisit dictum furnum bene et decenter durante termino predicto providere de dicta fornilha, et dictus Josse Bonani nomine predicte dicto Johanni dictos duos francos in pace et sine litigie solvere. Obligantes se ambe partes viribus curiis Sallonis, camere rationum Aquensis et alterius curie etc.

Renunciantes etc.

Juraverunt etc.

De quibus etc.

Actum Sallone in operatorio mei notarii.

Presentibus Audeberto Chabassii, lapicide, et nobili Egidio Raynaudi habitatore Sallonis.

Anno domini MCCCCXXII et die nona mensis aprilis, de voluntate partium predictarum fuit nota predicta cancellata ut soluta et nulla in presencia Johannis de Chos de Sallone et Bertrandi Chaberti de Laneis, conreratoris [sic], in Sallone.

**3.** Archives départementales des Bouches-du-Rhône, protocole de Barthélémy Rognac, 376 E 128 n.p.; 8 décembre 1421.

[Les baylons du luminaire de la synagogue arrentent pour une période de quatorze ans un verger d'oliviers légué par un Juif de la communauté, Cregud

Aym. Les deux preneurs, Etienne Pellegrini et Guillaume Lialis, s'engagent à payer une rente de quarante cartals d'huile au luminaire, à entretenir ce bien comme il se doit sans y couper de bons arbres et à laisser les Juifs de la communauté cueillir des figues à volonté.]

Pro Stephano Pellegrini et Guillelmo Lialis et bayloni Judeorum, arrendam.

Anno et die quibus supra, noverint universi quod Magister Josse Vidas, Judeus surgicus, et Jussetus Bonafocii, Judeus de Sallone, ambo simul et bayloni, rectores et gubernatores luminarie sinagogue Judeorum Sallonis, bona fide, deberunt, tradiderunt et concesserunt dictis Stephano Pellegrini et Guillelmo Lialis de Sallone ibidem presentibus et recipientibus pro se et suis, ad arrendam, quoddam viridarium olivariorum dicte luminarie in territorio Sallonis scituatum ad iter Avinionensis nominatum «ad turrim Guillelmi Chaberti condam», per Cregudus Aym alias Lo Picat condam Judeum, dicte luminarie legatum, videlicet ad XIIII annos completos et revolutos, incipiendo a festo Nativitatis Domini proxime venienti inantea computando, precio cuiuslibet anni quadraginta cartalium olei boni et receptorum annuatim exsolvendorum infra scola Judeorum et dicti Judei tenentur dictum oleum recipere incontinenti quo erit deffectum. Hoc acto habito et convento inter dictas partes quod illo anno quo in dicto viridario non essent olive, quod anno ex post sequenti, dicti arrendatores teneantur solvere oleum ambarum rendarum et sic per consequens finito tempore de hiis que remanerent ad solvendum anno quolibet.

Si vero etc. Dantes etc. Promittentes etc. Et pro eviction obligaverunt omnia bona dicte luminarie presencia et futura viribus curiarum Sallonis, Arelatensis, camere rationum Aquensis et alterius curie, etc.

Et viceversa dicti arrendatores dictum viridarium recipientes et acceptantes, promiserunt illud bene et decenter manutenere, laborare et cultivare scilicet anno quolibet laborare bis cum aratro et est consuetum, et fodere pedes, et dicta quadraginta cartalia olei anno quolibet ut supradictum est, in pace et sine litigio solvere, cum omnibus dampnis et expensis etc. Obligantes se et omnia eorum bona presencia et futura viribus curiarum superius designatarum etc.

Et fuit de pacto inter partes quo dicti arrendatores non debeant nec teneantur ulla ligna facere in dicto viridario nisi esset tantum modo que deffacerent olivas et hoc de arboribus pravis et que non essent bone.

Item plus fuit de pacto inter partes quod omnes Judei Sallonis possint ire comedere de ficubus in dicto viridario de figueriis in eodem exeuntibus ad eorum libitum voluntatem.

Et renunciaverunt ambe partes etc.

Juraverunt etc.
De quibus etc.

Actum Sallone et supra.
Presentibus Bertrando Manenti de Lambisco et Raymundo Cambonis, habitatore Sallonis.

**4.** Archives départementales des Bouches-du-Rhône, protocole de Guillaume Capardi, 375 E 11 f. 35 r.; 12 octobre 1423.

[Les représentants de la communauté juive de Salon nomment Bondavin Bondavini Avicxor, Juif d'Aix, procureur chargé d'emprunter une somme de mille florins pour le roi, et un léger supplément pour les dépenses faites en rapport avec cette transaction.]

Pro universitate Judeorum Sallonis, procuratorium.
Anno quo supra et die duodecima mensis octobris, noverint universi quod existentes et personaliter constituti, in presencia etc. Vitalis Creguti et Aymetus Boniaqui, bayloni, Magistri Josse Vice, surgicus et Leonus Comprati, receptores et computorum auditores, Salves Caracause, Salamonus Vitalis Cohen et Astrugius Gardi, Judei et consiliarii universitatis Judeorum dicti castri Sallonis, omnes septem etc. nominibus eorum et cuiuslibet eorum propriis ac baylinorie, recceptorie ac consiliaris nomine et vice ac nomine dicte universitatis et singularum personarum etc. Considerantes dictam universitatem nec non et ceteris comitatuum Provincie etc. bona ipsorum fide quibus supra nominibus, citra in revocationem quorumcumque suorum etc. fecerunt, constituerunt etc. verum, certum et indubitatum procuratorem, syndicum, yconomum etc. videlicet Bondavinum Bondavini Avixor, Judeum habitatorem civitatis Aquensis ibidem presentem et omnis procurationis in se gratis sussipientem silicet [sic] ad manulevandum et mutuo suscipiendum nominibus predictis et quibuscumque personis et summa mille florenorum auri de rege etc. quod ultra moderate pro expensibus factis et fiendis ratione huiusdem mutui etc. et ad illos suscipiendos etc. et habuisse et recepisse confitendum exceptioni non habitatoribus remorandi etc. et de termino seu terminis conveniendi etc. cum omnibus universis sumptibus interesse et expensis etc. cum pena vel summe pena etc. quam etc. pacta et conventiones etc. et pro solvendis etc. obligandis dictos constituentes quibus supra nominibus et eorum quemlibet insolidum viribus, carceribus curiarum spiritualis et temporalis Sallonis camere rationum civitatis Aquensis, curie parvi sigille Monte Pesullani, curie Capreoli et Sancti Marcellini etc. et ad hostagiam etc. et expresse ad constituendum procuratores ad constituendum

debitum omnes et singulos procuratores, clavarios etc. quorum nomina et cognoscencia etc. ad adsummendum omnes mandamenta etc. Promiserunt illos non revocare etc. et judicio esisti et judicatum solvi et sub omni et qualibet jure ac facti revocatione juraverunt jure ebrayco etc.

De quibus etc.

Quem possit reffici etc.

Actum Sallone in quadam camera sinagoge ubi erant consiliariter congregati.

Presentibus Bertrando Cavalhionis et Jacobo Duranti de Garanbodio, agricultoribus de Sallone habitatoribus.

**5.** Archives départementales des Bouches-du-Rhône, protocole de Guillaume Capardi, 375 E 19 f. 104 v.; 30 janvier 1431 n.s.

[La communauté juive de Salon nomme neuf procureurs habilités à emprunter une somme de deux cents florins devant servir au rachat d'une pension de trente florins due à feu noble Arnaud Carpini et à noble Catherine, sa veuve et son héritière. Cette dernière avait assigné cette pension au révérend Jean Verdache, recteur d'une chapellenie fondée par elle.]

Procuratorium pro universitate Judeorum Sallonis.

Anno et die predictis, noverint universi quod Magister Josse Vice, surgicus, Mosse Maymonis, Vitalis Cohen Senior, Josse Bonaffocii, Cresquetus Calhi, Bellantus Bonani, Jacob de Caylario, Abram de Carcassona, Mosse Gardi, Compradetus Comprati de Latis et Maymonetus Davini, Judey universitatis dicti castri Sallonis, omnes unanimiter etc. dicentes quod valde utile eisdem erit si reddimant pentionem triginta florenorum quam servebant nobili Arnaudo Carpini, quam pentionem nobilis Catherina, filia discreti viri Petri Bonihominis, uxor nobilis Guillelmi de Ponteves, domini de Lambisco, heres dicti nobilis Arnaudi primi mariti sui, assignavit venerabili viro domino Johanni Verdache ut rectori cuiusdam cappellanie per ipsam nobilem hiis diebus fundatam et dotatam...[1] quia dicta universitas non habet nunc nummos pro dicto affranquimento fiendo, bona eorum fide etc., constituerunt eorum et dicte universitatis syndicos, procuratores etc. videlicet Salves Caracause, Magister Bondavinum Comprati, fizicum, Leonum Comprati, Abram Santo, Astruguetum Gardi, Bonanum Boniaqui, Salvetum Vitalis Cohen, Abram Bonaffossii et Boniaquetum Aym, Judeos eiusdem universitatis ibidem presentes et omnes etc. omnes insimul et quemlibet insolidum videlicet ad manulevandum nomine dicte universitatis, ab una vel pluribus personis

---

[1] Mot illisible.

extraneis aut privatis, ducentos florenos monete currentis paulo plus vel minus et pro redimendo dictam assignatam pentionem et non pro alliis negociis, et pro dictis ducentis florenis sic mutuo suscipiendis cum omni restitutione etc. In termino seu terminis statuendis obligandi omnia bona dicte universitatis nec non personas et bona propria dictorum constituencium et eorum successorum una cum personis et bonis propriis ipsorum constitutorum cum pacto aut sive pactis et pro hiis submittenda omnibus curiis quibus ipsi constituti futuris creditoribus se submitterent cum omnibus obligationibus, submissionibus, renunciationibus in talibus necessariis et juramentis, promittentes rem ratam haberi etc. judicio esisti et judicatum etc.

Relevantes etc.
Fide jubent etc.
Sub obligatione etc.
Sub omni etc.
Promiserunt non revocare etc.
Ita juraverunt etc.
De quibus etc.
Actum Sallone in magna platea synagogue Judeorum Sallonis.
Presentibus Ysnardo Gronhi, macellario, et Jacobo Duranti, precone Sallonis, testibus ad premissa vocatis, etc.
Capardi.

**6.** Archives départementales des Bouches-du-Rhône, protocole de Guillaume Capardi, 375 E 20 f. 111 r.; 6 mars 1432 n.s.

[Ysac Nathan, Juif d'Arles donne quittance à six Juifs de Salon d'une somme qui lui était due en tant que cessionnaire de créances de l'ensemble des communautés juives de Provence sur celle d'Arles.]

Pro universitate Judeorum Sallonis, quittanciam factam per Ysacum Nathan.

Anno predicto et die sexta mensis marcii, noverint universi quod Ysacus Nathan, Judeus de Arelate, bona sua fide ex sua certa sciencia, ut cessionarius et cessionario nomine certe summe peccunie hiis diebus cesse per Judeos universalium universitatum Judeorum Provincie, eidem Ysaco recipiente vice et pro parte universitatis Judeorum dicte civitatis Arelate, in qua summa universitas Judeorum Sallonis tenebatur predictis Judeys universalium etc. et hoc ratione et cause reste certarum expensum factarum per dictas universitates a tempore finite transactionis olim inter eosdem habite seu a quatuor annis citra usque in hunc diem presentem. Prout de dicta cessione constare dicitur instrumento inde sumpto per Magistrum Johannem Dieulofes, notarium publicum civitatis Aquensis, sub anno sub anno [sic] predicto et die vicesima octava mensis febroarii. Hinc finaliter fuit quod dictus Ysacus Nathan recognovit Vitali Creguti baylono, Salves Caracause, Leono Comprati, Salveto Vitalis Cohen, Magistro Bondavino Comprati et Astrugueto Gardi Judeys universitatis dicti castri ibidem presentibus ac michi notario etc. se habuisse et re vera recepisse ab ipsis integram solutionem et pagam dicte summe sive dicte expense et omnium ac singularum expensarum in quibus dicitur Judei dicte universitatis Sallonis teneri possent dictis Judeys universalium universitatum Provincie usque in hunc diem presentem sic et prout in dicta cessione continetur. De quibus dictus Ysacus se tenuit pro contento etc. Promittentes ipsos Judeos [sic] et dictam universitatem de ipsis expensis indempnes servare [sic] a dictis Judeys universitatis Arelate et per eam universitatem facere ratifficari etc. Nec non ipsam universitatem Sallonis ab omnibus aliis universitatibus Provincie reservare indempnem etc. Sub obligatione omnium bonorum suorum presentem et futurorum ac restitutione omnium dampnorum etc. Pro quibus omnibus universis dictus Ysacus submisit se ipsum et omnia sua bona curie camere rationum et omnibus aliis curiis in comitatibus Provincie, Forcalquerii et Venayssini constitutis etc.

Renuncians etc.
Creavit etc.
Et juravit etc.
De quibus etc.
Juravit etc.
De quibus etc. [sic]
Actum Sallone in domo dicti Salves Caracause.
Presentibus Hugueto Emerici, sabbaterio, dicti castri Sallonis et Anthonio Bernardi, piscatore, Sancti Amancii etc.
Capardi.

**7.** Archives départementales des Bouches-du-Rhône, protocole de Guillaume Capardi, 375 E 22 f. 75 r.; 5 octobre 1432.

[Moise de Villeneuve, procureur de la communauté juive d'Arles et d'Ysac Nathan, reconnaît avoir reçu quatre-vingt-sept des 177 florins qui lui étaient dus par la communauté juive de Salon.]

Pro universitate Judeorum Sallonis, recognitio solutionis LXXXVII fl.
Anno predicto et die quinta mensis octobris Mosse de Villanova, Judeus de Arelate, ut procurator et nomine procuratorio Ysaqui Nathan, Judei de Arelate, et etiam procuratorio nomine universitatis Judeorum dicte civitatis Arelatensis, hiis speciale mandatum ad infrascriptam peragendam constante

publico instrumento in notam sumpto per Magistrum Anthonium Olivarii notarii Arelate sub anno domini MCCCCXXXII et die vicesima sexta mensis augusti publice confessus et in veritate sollempniter recognovit Vitali Creguti, Magistro Bondavino Comprati et Leono Comprati Judeys baylonis universitatis Judeorum dicti castri Sallonis presentibus, stipulantibus, et michi notario etc. se dictus Mosse de Villanova habuisse et realiter recepisse a dictis Judeis Sallonis videlicet octuaginta septem florenos monete currentis in deductione summe centum septuaginta septem fl. dicte monete in quibus universitatem Judeorum Sallonis tenetur dicto Ysaco Nathe et dicte universitati Arelate ex causa contenta in quadam apodixa ebrayca subscripta per dictos baylonos Sallonis et plures alios Judeos dicte universitatis Sallonis sub anno Dominice Incarnationis millesimo quadringentesimo triscesimo primo et die quinta mensis marcii. De quibus autem florenis octuaginta septem, dictus Mosse de Villanova nominibus predictorum se tenuit pro bene etc. Et dictos baylonos et omnes alios etc.

Quitavit etc.

Promittentes nullam facere etc.

Sub expressa ypotheca et obligatione bonorum ipsius Ysaqui Nate propriorum et dicte universitatis Judeorum Arelate communum presentium et futurorum, ac restitutione etc.

Pro quibus submisit bona predicta curie camere Aquensis, curie camere apostolice Avinione etc.

Renunciavit etc.

Juravit etc.

De quibus etc.

Actum Sallonis in domo Salves Caracause judei dicti castri.

Presentibus Bertrando Lessomati, barberio, et Petro Andree aliter Loboyre dicti castri etc.

Capardi.

**8.** Archives départementales des Bouches-du-Rhône, protocole de Barthélémy Rognac, 376 E 132 n.p.; 10 janvier 1424 n.s.

[Le procureur de noble Urbaine d'Agout, épouse de noble François des Baux, seigneur de Marignane, donne quittance aux Juifs de Salon d'une somme de trente-six florins et quatre gros qu'ils lui devaient. Cette dette faisait suite à une assignation à noble Urbaine, par le trésorier de Provence, Jean Porcherii, d'une partie de la *tallia Judeorum* de Provence payée par la communauté juive de Salon.]

Pro communitate Judeorum Sallonis. Quittatio.

Anno et die quibus supra, dominus Anthonius Stephani, presbiter ville Berre, procurator et nomine procuratorio nobilis et honeste mulieris Urbane de Agouto, uxoris nobilis viri Francisci de Baucio, domini de Marnihana [sic], prout de huiusmodi procuratione constat publico instrumento facto, scriptoque et signato ut in eo legitur manu et signo Magistri Honorati Fornerii, notarii publici dicte ville Berre, sub anno predicto et die XVII mensis novembris, habens potestatem ad infrascriptam ut constat in dicta procuratione, bona fide, nomine predicto, confessus fuit publice et in veritate sollempniter recognovit Vitali Creguti, Judeo Sallonis, presenti, stipulanti et recipienti, nomine suo proprio et totius communitatis seu universitatis Judeorum Sallonis, et michi notario etc. se ab eodem Vitali Creguti, nominibus predictis, habuisse et recepisse et hoc vigore cuiusdam assignationis eidem domine de Marinhana facte, ut asseruit ipse dominus Anthonius, nomine dicte domine de Marinhana, per dominum Thesaurarium Provincie et Johannem Porcherii camere denariorum domine nostre Regine, de parte dictos Judeos Sallonis tangente de quadam talhia per Judeos Provincie domini nostri Regis concessa, videlicet tringinta sex florenorum auri valoris quemlibet XVI solidorum Provincialis et quatuor grossos argenti inclusis et computatis in eisdem peccuniis omnibus expensis, intercessis factis occasione premissorum habendis, et pro solutione quam facere debebant per totum mensis aprilis proxime lapsum.

De quibus etc.

Pactumque etc.

Promittens etc.

Et insuper promisit dictus dominus Anthonius ratifficari facere presentem quittanciam per dictam dominam de Marinhana de die in diem ad dictorum Judeorum primam requisitionem etc.

Renuncians etc.

Hanc autem quitationem etc.

Juravit etc.

De quibus etc.

Quod et que possint dictari, corrigi, reffici etc.

Actum Sallone infra scolam Judeorum, presentibus Magistro Honorato Fornerii, notario ville Berre et Laurencio Giraudi de Pelissana.

**9.** Archives départementales des Bouches-du-Rhône, protocole de Guillaume Capardi, 375 E 20 f. 105 r.; 19 février 1432 n.s.

[Les représentants de la communauté juive de Salon nomment trois procureurs habilités à négocier avec l'ensemble des communautés juives de

Provence, une réduction de la partie des dons gratuits due par la communauté de Salon au comte de Provence.]

Pro universitate Judeorum Sallonis, procuratorium.

Anno predicto et die decima nona mensis febroarii Vitalis Creguti, Bonanus Boniaqui, Salves Caracause, Abram Santo, Maymonus Davini tam bayloni quam consiliarii, maiorem et saniorem partem consilii universitatis Judeorum dicti castri Sallonis facientes pro evidente necessitate negociari dicte universitatis etc. citra etc. fecerunt et sollepniter [sic] creaverunt dicte universitatis actores, factores, syndicos et procuratores, etc. videlicet Leonum Comprati, Abram Bonaffocii et Salvetum Vitalis Cohen Judeos dicte universitatis absentes tamquam presentes, omnes insimul aut duos ipsorum insolidum ita quod per duos ipsorum inceptum fuerit per alio duos etc. videlicet ad conveniendum nomine dicte universitatis cum omnibus Judeys habitantibus potestate omnium aliarum universitatum Judeorum Provincie et comittatus Forcalquerii super contributione fienda super donis gratuitibus fiendis per dictas universitates sacre Regie Magestati Ierosolime et Sicilie et in omnibus expensis fiendis occasione ipsorum, ita quod procuratores possint reddicere partem decimam quintam solitam exsolvi per Judeos universitatis Sallonis ad decimam partem solvendam per dictos Judeos Sallonis et pro tantum tempus per quod eisdem procuratoribus videbint [sic] statuendi sub modo et forma transactionis in notam sumpte [sic] per Magistrum Johannem Benedicti notarium publicum procuratorem substitutum Magistri Francisci Borrilhi notarii publici civitatis Aquensis sub anno domini MCCCC decimo nono et die triscesima mensis Januarii. Promittentes se quo supra nomine, habere ratum quicquid in premissis per eosdem fuit actum ipsos non revocare judicio esisti judicatum solvi cum omnibus suis etc. Sub obligatione omnium bonorum suorum tam propriorum quam aliarum personarum dicte universitatis ac ipsius eorum et sub omni et qualibet jura atque facti renunciatione ad hoc etc.

Ita juraverunt de quibus etc.

Actum Sallone in domo dicti Salves.

Presentibus Magistro Bartholomeo Roynhaqui, notario, Perrineto Pelleterii, sartore et Hugueto Salamonis, colono, dicti castri, etc.

Capardi.

**10.** Archives départementales des Bouches-du-Rhône, protocole de Guillaume Capardi, 375 E 21 f. 94 r.; 29 décembre 1433.

[La communauté juive de Salon promet à une Juive d'Arles, Bengues Nathane, de lui rembourser la somme de 800 florins qu'elle lui doit. Bengues a fait parvenir ce montant au nom de la communauté à Guillaume Blanqui, marchand arlésien, pour venir en aide à l'archevêque d'Arles, Louis Alemand. Une quantité de 300 saumées de froment sert de caution à l'archevêque dans cette transaction.]

Pro honesta Judeo Bengues Nathe, Judea de Arelate, debitum octo centorum fl.

Anno quo supra et die vicesima nona mensis desembris personaliter constituti etc. Vitalis Creguti, Magister Josse Vice, Abram Santho, Salvetus Vitalis Cohen tam nomine suo quam tutorio nomine liberorum Salamonis Vitalis Cohen, Vitalis Vitalis Cohen Senior, Mosse Astrugii Cohen, Maymonus Davini, Boniornus Abram de Biturita, Abram Macipi de Carcassona, Astruguetus Creguti Gardi, Mosse Maymonis, Boniaquetus Aym, Josse Bonaffosii, Abram Bonaffossii aliter de Insula, Jacob Vitalis, Cresquetus Nassi, Jacob de Caylario, Mosse Gardi, Ysaquetus de Latis, Bellantus Bonani, Compradetus Comprati de Latis, Leonus Comprati de Latis, omnes insimul unanimiter et concorditer et nemine ipsorum discrepante tam nominibus ipsorum propriis quam dicte eorum universitatis, omnes insimul et quilibet ipsorum insolidum et promisso per eos de faciendo obligari Salves Caracause et Bonanum Boniaqui, nunc in domibus ipsorum infirmati, ad infrascripta complenda prout ipsi supranominati sut [sic] infra obligati, promiserunt dare et solvere et realiter expedire honeste Judee Bengues Nathane, Judee de Arelate, relicte Magistri Cresqueti Nathe Judei condam fizici, videlicet octo centos florenos monete currentis in festo Beati Johannis Baptiste proxime futuro, una cum omnibus dampnis etc. Quos autem octo centos fl. monete predicte dicti Judey eidem Bengues absenti tamquam presenti debere confessi fuerunt ratione et ex causa mutui et ut dicitur realis expeditionis facte per ipsam Bengues et pro dicta universitate ac nomine eiusdem provido viro Guillelmo Blanqui, mercatoris [sic] dicte civitatis Arelate et in relevamentum Reverendi in Christo patris et domini domini Ludovici Sancte Arelatensis ecclesie perpetui administratoris et cardinal et predicta summa dictorum octo centorum flor. in quibus ut fertur dictus dominus Arelatensis dicto Guillelmo Blanqui tenebatur. Cum pacto quod tres cente saumate annonne mensure Sallonis et de blado dicti domini nostri ponende pro cauthela ipsorum potestate remaneant et ipsorum concensu vendantur per duos officiarios dicti domini nostri Arelatensis speciale mandatum ad hoc habentes, et precium ipsarum in solutionem dicti debiti convertantur et non in alios usus nisi soluto prius dicto debito de quo mutuo sive de qua expeditione licet pro dicto domino Arelatensis facta ipsi Judey debitores se tenuerunt pro bene contentis totaliter et pagatis etc. Pro quibus submiserunt se et sua realiter et personaliter vigori, rigori, etc. curie parvi sigilli camere apostolice domini nostri pape; camere rationum Aquensis et omnibus etc.

Renunciaverunt etc. specialiter nove constitutiori diviadriani jurique cedendarum ac dividendarum actionum et generaliter omni etc.

Premissa attendere et complere promiserunt et ad legem Moysi scripturas ebraycas sponte tactas.

Juraverunt de quibus etc.

Dicetur etc.

Actum Sallonis in platea existenti ante synagogam eorumdem Judeorum.

Presentibus Anthonio Gaufridi, Guillelmo Radulphi et Jacobo Duranti, servientibus etc.

Post et incontinenti Bonanus Boniaqui certus de premissis omnibus et requisitus per dictum Vitalem Creguti supraobligatum ac Magistrum Mordacheum Thoro Nathan Judeum procuratorem assertum dicte Bengues promisit dare et solvere summam predictam etc.

Sub etc.

Renunciavit etc.

Juravit etc.

De quibus etc.

Actum Sallonis in domo dicti Bonani. Presentibus dictis testibus.

Finaliter anno et die predictis Salves Caracause Judeus certus de premissis ratificando etc.

Premissa ut supra sub etc.

Pro quibus etc.

Actum Sallonis in domo dicti Salves. Presentibus testibus quibus supra.

Capardi.

Anno domini MCCCCXXXVI et die veneris decima quarta mensis desembris, presens nota de concensu discreti Judey Ysaqui Nathan de Arelate, filii Bengues condam patris et legitimi administratoris liberorum ipsius Ysaqui heredum ipsius condam Bengues ipsorum avie paterne fuit cancellata tamquam realiter soluta inclusis omnibus recognitionibus tam publicis quam privatis, latinis et ebraycis huc [sic] usque factis. Acta lecta et publicata fuerunt in civitate Arelate in domo dicti Ysaqui presentibus Magistro Johanne Piliruffi, sartore, Guillelmo Gundardi, masellario de Arelate, et Anthonio Athoni, apothecario Sallonis, testibus ad premissa vocatis.

Capardi.

**11.** Archives départementales des Bouches-du-Rhône, dépôt annexe d'Aix-en-Provence, protocole de Jacques Monnier, 309 E 130 f. 22; 15 mai 1412.

[Lors du mariage d'un Juive d'Aix et d'un Juif de Salon, le père de la fiancée attribue à sa fille une dot de 283 florins, stipulée en argent, vêtements et bijoux. Il est précisé que la dot sera payée à la première demande du marié et de son père. De plus, le père du marié s'engage dans ce contrat à loger dans sa maison et à ses propres frais le nouveau couple et leur progéniture pour une période de cinq ans. Si la cohabitation s'avère impossible, il s'engage à donner à son fils quarante florins de ses biens immobiliers.]

Assignatio dotis Astruguete filie Vidoni Boneti, Judei.

Anno Incarnationis Domini millesimo quadringentesimo duodecimo die dominica decima quinta mensis madii circa solis occasum quinte indictionis. Regnante etc. Notum sit cunctis presentibus et futuris quod cum tractatum fuerit matrimonium et deinde more judayco celebratum inter Mosse Abram filium Abrae Maymoni Judei loci de Sallone Arelatensis diocesis ex parte una et Astruguetam filiam Vidoni Boneti Judei de civitate Aquensis ex parte altera. Ecce quod nunc prenominatus Vidonus Boneti ut pater et legitimus administrator dicte Astruguete filie sue gracia dicti matrimonii et pro ipsius oneribus facilius supportandis bona fide etc. constituit ac dare et solvere promisit in dotem et pro dote ac nomine et ex causa dotis dicte Astruguete filie sue prenominatis Abrae Maymoni et Mosse Abrae patri et filio presentibus et pro se et suis stipulantibus solenniter et recipientibus videlicet ducentos octuaginta tres florenos auri ipsorum quolibet computato pro solidis sexdecim monete nunc currentis in civitate predicta scilicet tam in pecunia et rauppis quam eciam jocalibus et arnesiis corporis dicte Astruguette filie sue.

Renuncians etc.

Quos vero ducentos octuaginta tres florenos auri dicti valoris, promisit solempniter et convenit prenominatus Vidonis Boneti per se et suos dare, tradere, solvere et realiter per integrum expedire eisdem Abrae Maymoni et Mosse Abrae patri et filio ut supra presentibus et recipientibus aut suis, ad ipsorum Abrae Maymoni et Mosse Abrae patri et filii vel suorum primam et omnimodam requisitionem. Ita quod ipsorum Abrae et Mosse patris et filii vel alterius ipsorum aut suorum prima requisitio pro solutionis termino habeatur ex pacto.

In pace etc.

Cum omnibus etc.

De quibus etc.

Obligans etc.

Submitens se perpetua dictus Vidonus Boneti se gratis et sponte per se et suos realiter et personaliter viribus cohertionibus et carceribus curiarum supradictarum.

Renuncians etc.

Jurans etc.

De quibus etc.

Actum Aquis in domo dicti Vidoni Boneti.

Testes Durandus Soque, Bertrandus Egueserii et Falco Egueserii, cives et habitatores Aquensis.

Et ibidem et incontinenti non divertentes ad alios actus notum sit ut supra cunctis tam presentibus quam futuris quod prenominati Abram Maymoni et Mosse Abram volentes et admodum cupientes de et super premissis bonam fidem agnoscere et uti ut expedit judicio veritatis presertim quia prout assuerunt rey veritas sic se habet bona fide etc. ambo simul et ipsorum uterque insolidum per se et suos, ipse vero Mosse Abram cum auctoritate, licencia et consensu dicti Mosse Maymoni patris sui confessi fuerunt et in veritate publice recognoverunt prenominato Vidono Boneti socero suo presenti et pro se et suis stipulanti solenniter et recipienti se ab eodem Vidono habuisse et veraciter per integrum recipisse dictos ducentos octuaginta tres florenos auri dicti valoris, tam in pecunia et rauppis quam eciam jocalibus et arnesiis corporis dicte Astruguete uxoris sue prout recognitio ipsiusmet dotis eciam continetur in quadam carta ebrayce scripta juxta ritum Judeorum «*quesubba*» vulgariter nuncupata exhibita et ostenta michi notario et testibus infrascriptis, quem incipit in sui secunda linea «*usuccy*» ebrayce quod est «duo» latine et finit in eadem «*bordi*» ebrayce quod est latine «filius magistri,» prout dicti Judei ita verum esse assuerunt in presencia mei notario et testium subscriptorum.

Renuncians etc.

Quos vero florenos auri ducentos octuaginta tres valoris jamdicti voluerunt et sponte concesserunt prenominati Abram Maymoni et Mosse Abraam, pater et filius, per se et suos cum auctoritate jamdicta, dictam Astruguetam et suos habere et habere debetur propter salvos mundos et percipuos in et super omnibus bonis suis presentibus et futuris. Eosque reddere et restituere promiserunt eidem Vidono Boneti vel suis in omnem casum et eventum restitutionis dotis propriis, quod deus clementer avertat.

In pace etc.

Cum omnibus etc.

De quibus etc.

Obligantes etc.

Submitentes se perpetua prenominati Abram Maymoni et Mosse Abram, pater et filius ambo simul et ipsorum uterque insolidum, per se et suos cum auctoritate jamdicta realiter et personaliter viribus, cohercionibus et carceribus curiarum supradictarum.

Renunciantes etc.

Jurantes etc.

De quibus etc.

Actum et testibus quibus supra.

Et ibidem et incontinenti non divertentes ad alios actus, notum sit ut supra cunctis presentibus et futuris, quod prenominatus Abram Maymoni bona fide etc. per se et suos promisit et solenniter convenit dicto Vidono Boneti ut patri et legitimo administratori prenominate Astruguete, filie sue, et dicto Mosse Abrae, filio suo, presentibus, stipulantibus solenniter et recipientibus per se et dicta Astrugueta eorum filia et uxoris et suis se ipsos Mosse et Astruguetam conjuges tenere secum et in domo sua eos et utrunque [sic] ipsorum ac futuram prolem eorum alimentari suis propriis sumptibus et expensis, ad tempus et per tempus quinque annorum ab hodie inantea numerandorum sine difficultate et contradictione quibuscumque dum tamen dicti Mosse et Astrugueta conjuges incessanter obediant efficaciter et intendant eidem Abrae Maymoni et mandatis suis in omnibus licitis et honestis sine contradictione quacumque, alias si secus fiat per ipsos Mosse et Astruguetam conjuges modo quolibet propter quod eos ab eodem Abram oporteat segregati promisit et solenniter convenit perpetua ex nunc prout ex tunc dictus Abram Maymoni per se et suos prenominato Vidono Boneti et Mosse Abrae, filio suo, ut supra presentibus et recipientibus, dare, tradere et realiter expedire eidem Mosse, filio suo, de bonis suis mobilibus usque quantitatem quadraginta florenos auri valoris jamdicti ad extimam proborum virorum ad id per eosdem communiter elegendorum.

In pace etc.

Cum omnibus etc.

De quibus etc.

Obligans etc.

Submittens se perpetua prenominatus Abram Maymoni per se et suos realiter et personaliter viribus, cohercionibus et carceribus curiarum infrascriptorum.

Renuncians etc.

Jurans etc.

De quibus etc.

Actum et testibus quibus supra.

**12.** Archives départementales des Bouches-du-Rhône, protocole de Guillaume Capardi, 375 F. 17 f. 58 r.; 20 janvier 1429 n.s.

[Bonan Boniaqui, Juif de Salon, constitue la dot de sa petite-fille, Astrugue, qui doit épouser à la première demande Isac, fils de Bonafos Samuelis de Manosque. Elle est dotée d'une somme de 300 florins, dont le premier versement comprend 100 florins en vêtements et bijoux et 100 florins en numéraire. L'acte prévoit également que le père du marié nourrira le jeune couple pendant les douze premières années après le mariage.]

Constitutio dotis Astrugie filie Josse Bonani, filii Bonani Boniaqui.

Anno quo supra et die XX mensis Januarii, cum tractatum fuerit de matrimonio contrahendo per verba etc. inter Isacum Bonaffocii, Judeum de Manoasca, filium Bonaffocii Samuelis, Judei dicti castri, ex una, et honestam filiam Astrugiam, filiam Josse Bonani, Judei condam dicti castri Sallonis ex partibus etc. Post etc. Hinc finaliter fuit quod Bonanus Boniaqui, Judeus, pater dicti condam Josse et avus paternus dicte Astrugie, per se et suos promisit et convenit dicto Bonaffocio ut patri dicti Ysaqui presenti etc. dictam Astrugiam dare in veram coniugem dicto Ysaquo ad primam et simplicem requisitionem dicti Ysaqui et suorum et eius verso, prefatus Bonaffocius promisit dictum Ysacum dare etc. et premissa attendere et complere una pars promisit alteri et vicissimi sub obligatione etc. sub pena quinquaginta florenorum monete currentis et pro medietate aplicando parti obediente et altero domino nostro Arelatensis. Cum vix matrimonium etc. Igitur dictus Bonanus promisit dare nomine et ex cause dotis dicte Astrugie prefato Bonaffossio et per eum dicto Ysaquo tringentos florenos monete provincialis, per solutiones sequentes, videlicet in die matrimonii ducentos florenos, videlicet centum in vestibus et jocalibus et centum in peccunia numerata cum pacto videlicet quod si dicte vestes et jocalia assenderent ultra summam centum florenorum in peccunia etc. propter hoc modum diminuatur prima solutio dictorum centorum in peccunia etc. sed illud quod supra erit supra extimam centum florenorum arbitrio amicorum quod illud deducatur de centum florenis restantibus. Et dictos centum florenos restantes solui debeant per solutiones statuendas arbitrio duorum amicorum communum tempore dicti matrimonii. Et dictus Bonaffocius gratia dicti matrimonii promisit dicto Bonano presenti etc. dictos Isacum et Astrugiam sanos et equos nutrire et alimentare pro spacium duodecim annorum computandorum a die dicti matrimonii celebrandi in antea et omnes jassinas facere suis sumptibus. Et si lapsis dictis duodecim annis, si dictus Ysac cum eius uxore non possent esse cum dicto Bonaffocii [sic], promisit dictus Bonaffossius dicto Ysaco restituere dictam dotem in et per modum per quem receperit et ultra eidem tringentos florenos insimul et sine quacumque conditione, tam in mercanciis quam in bonis debitis et hoc de bonis propriis ipsius Bonaffocii et ultra legata dicto Ysaco facta per alias diversasque personas affines ipsius Ysaqui. Si autem dicti Ysacus et Astrugia non possent esse cum dicto Bonaffocio per dictum tempus et esset opus se admisse dispare, promisit dictus Bonaffocius per dictum tempus ex domum suam nutrire suis sumptibus et premissa promissa expedire sub obligatione etc.

Pro quibus submiserunt se et sua curia Sallonis, camere rationum et omnibus aliis in committatibus Provincie, Forcalquerii et Venayssini constitutis, etc.

Renunciaverunt etc.

Juraverunt etc.

De quibus etc.

Actum Sallone in domo Rostagni Basterii.

Presentibus Magistro Laurencio Alpenqui, fabro, Moneto Cortilis, macellario, de Sallone et Giraudo Rufferii de Manoasca.

Anno domini MCCCCXXX et die XII desembris, presens nota de communi concensu dicti Bonani et Astrugone presentium et Nathan Mordacays ut procurator dictorum Bonaffossii et Ysaqueti prout de sui potestate constat instrumentum sumptum per Magistrum Raymbaudum Vesiani de Manoasca sub anno domini MCCCCXXX die octava presentis mensis desembris fuit cancellata.

**13.** Archives départementales des Bouches-du-Rhône, protocole de Guillaume Capardi, 375 E 19 f. 85 r.; 12 décembre 1430.

[À la suite de l'annulation d'une promesse de mariage, deux Juifs, l'un de Salon, l'autre de Manosque, se donnent mutuellement quittance de ce qu'ils se devaient. En effet, alors que Astrugue, petite-fille de Bonan Boniaqui avait été promise en mariage à Isac, fils de Bonafos Samuelis de Manosque, celle-ci refuse de donner son consentement. En présence d'un juge, les deux parties décident de ne pas procéder au mariage et le fiancé et son père restituent les 100 florins de dot déjà reçus de Bonan Boniaqui.]

Quittancia facta inter Bonanum Boniaqui, Judeum de Sallone et Astrugonam eius felezenam ex una et Bonaffossium Samuelis de Manuasca atque Ysaquetum eius filium partibus ex altera.

Anno predicto et die duodecima mensis desembris, cum predicte tractatum fuerit de matrimonio contrahendo inter Ysaquetum filium Bonaffocii Samuelis, ville de Manoasca, Sistaricensis diocesis, ex una et honestam filiam Astrugonam, filiam Josse Bonani condam filii Bonani Boniaqui, Judei de Sallone, diocesis Arelatensis partibus ex altera. Post tractatum ipsius de communi concensu dicti Bonaffossii, patris, in absenti dicti Ysaqueti et eius nomine, et Bonanus Boniaqui in absenti dicte Astrugone, felezene sue et eius nomine promisissent procuratione toto posse ipsorum dictum matrimonium facere compleri et inde dos et donatio propter nupcias fuissent hinc inde facte, constitute atque promisse cum certis pactis aliis et conventionibus inter eosdem Bonaffosium et Bonanum habitis et firmatis cum pena et juramento prout de premissis plenius constat nota dicti tractatus et constitutionis dicte dotis ac promissionis dicte donationis sumpta per me notarium publicum subscriptum sub anno domini MCCCC vicesimo octavo et die vicesima mensis Januarii. Subsequenter post premissa et continuando promissa partes ipse mutuo encenia et jocalia dederunt propterea dictus Bonanus, volendo adimplere promissa et deductione dotis ipsius Astrugone per eum promisse dicto Bonaffocio realiter expedivit videlicet centum florenos inter duas solutiones, in prima, sexaginta florenos et in secunda, quadraginta florenos constantibus duabus notis per me infrascriptum notarium sumptis una et prima, anno domini MCCCC vicesimo octavo et die decima quinta mensis marcii et alia, anno domini MCCCC vicesimo nono et die vicesima quinta mensis madii, verum tamen advenienti anno et die in exordio huius presentis publici instrumenti descripti exeuntes et personaliter constituti in presencia venerabilis viri domini Guillelmi Gaudini, judicis Sallonis in camera domus sue in qua tenet studium suum, dictus Bonanus Boniaqui, Nathan Mordacayssii, nepos ipsius Bonaffocii et procurator dictorum Bonaffocii et Ysaqueti patris et filii huius potestatem et specialem mandatum ad omnia et singula infrascripta peragenda prout de sua potestate constat in descriptum ut in eo legitur per discretum virum magistrum Raymbaudum Vesiani, notarium publicum de Manuasca sub anno presenti et die octava mensis. Qui autem Nathan, procurator et nomine procuratorio dictorum Bonaffosii et Ysaqueti, in presencia dicti domini judicis ac mei notarii et testium subscriptorum requisivit eumdem Bonanum quatenus dictum tractatum vellet complere et omnia per ipsum promissa etc. offerendo se nominibus jamdictis se paratum illud tractatum perficere et omnia promissa per dictum Bonaffossium et quod ipsum et dictum Ysaquetum concervent attendere protestans quia per ipsum nec per partem suam non stat nec stabit de quibus petiit instrumentum. Dictus autem Bonanus dicit se etiam fore paratum et semper fuit quod apparet nam in...[2] promissorum per eum, ipse expedivit realiter dicto Bonaffocio centum florenos adimplere promissa per eum et protestatur quod per ipsum non stat. Et nunc dictus dominus judex ipsum interrogavit per quem stat. Qui Bonanus respondit quod per dictam Astrugonam que non vult suum prebere consssensum. Et dictus dominus judex jussit dictam Astrugonam ad se et in presencia partium ac mei notarii et testium infrascriptorum venire, que paulo post venit et palam ac in presencia quorum supra interrogata per dictum dominum judicem sepe et pluribus vicibus si vult habere in virum dictum Ysaquetum. Que respondit quod non. Interrogata quare non vult ipsum. Que respondit quia non placet sibi. Quam etiam Astrugonam dictus Bonanus, avus paternus, et in presencia quorum supra pluribus vicibus

---

[2] Mot illisible.

requisivit atque rogavit quod vellet dictum matrimonii tractatum complere. Que respondit quod non faceret ymo prediliget mori quam procedere ad ulteriora. Finaliter partes ipse videlicet dictus Nathan, nominibus predictis et dictus Bonanus et Astrugona, dicta Astrugona de licencia dicti Bonani, videntes quod periculozum foret eisdem sic permanere, dicta Astrugona renunciando prius medio suo juramento beneficio et bona ipsorum fide per se et suos etc. cesserunt, remiserunt et perpetuo desemparaverunt partes ipse et earum quelibet et quibus supra nominibus una alteri et vicissimi, omnes et singulas fides promissas huic Judeo actiones et rationes tam civiles quam criminales ac penas una pars adversus alia habet et habere posset ratione dicti matrimonii tractatus relaxantes partes ipse una aliam et eius verso in quantum in eis fuit de dicto tractatu et quia atento partes ipse procurent providere sibi alibi et cum aliis collocari, et inde confesse fuerunt partes habuisse et realiter recuperasse in presencia quorum supra hinc inde jocalia predem et mutuo traddita. Et specialiter dictus Bonanus confessus fuit se fore contentum de dictis centum florenos per eum et inter duas solutiones dicto Bonaffossio tradditos, de quibus centum florenis dictus Bonanus dictum Bonaffossium etc. et partes ipse de dictis jocalibus quitaverunt et voluerunt partes ipse ac expresse concesserunt quod dicte tres note tam constitutionis [sic] dicte dotis quam recognitiones cancellate et aboleante [sic], promittentes quod de illis ab inde in antea per se nec suos non se innubunt. Remittentes etiam omni et singulis injurias hinc inde factas atque dictas tam verbo quam litteratorie etc.

De quibus omnibus nec non de omnibus que una pars ab alia petere posset usque in hunc diem presentem una aliam [sic] et ejus verso et suos et omnia bona sua presentia et futura quitaverunt etc.

Promittentes nullam facere questionem et sub obligatione omnium bonorum suorum etc.

Pro quibus submiserunt se et sua curiis camere etc.

Renunciaverunt etc.

Juraverunt etc.

De quibus etc.

Actum Sallonis in domo dicti domini Guillelmi Gaudini, judicis.

Presentibus eo etc. Magistro Petro Baylini, lapicida, Elpario Vitalis, fabro, et Petro de Novellis, fusterio, dicti castri Sallonis, testibus ad premissa.

Capardi.

**14.** Archives, départementales des Bouches-du Rhône, protocole de Guillaume Capardi, 375 E 19 f. 101 v.; 30 janvier 1431 n.s.

[Bonan Boniaqui, Juif de Salon, constitue une autre dot à sa petite-fille, Astrugue, pour son mariage avec Ysaquet, fils de Josse Duranti d'Istres. Sa

[dot s'élève, cette fois, à 395 florins, dont 181 sont constitués de vêtements et bijoux. Le mari et son père reconnaissent avoir reçu intégralement la dot d'Astrugue.]

Pro Bonano Boniaqui, Judeo, recognitio dotis Astrugone.

Anno ab Incarnatione Domini MCCCCXXX et die penultima mensis Janoarii, cum Bonanus Boniaqui, Judeus de Sallone, nomine et ex causa dotis Astrugone, Judee, filie felezene sue, filie Josse Bonani condam, Judei filii dicti Bonani Boniaqui, promiserunt dare et solvere Josse Duranti de Ystrio et Ysaqueto Josse, eius filio, dicto Ysaqueto ut marito dicte Astrugone videlicet tringentos nonaginta quinque florenos monete currentis tam in peccunia numerata quam in vestibus, jocalibus et aliis ornamentis corporis ipsius Astrugone que vestes, jocalia et ornamenta ut pars ipse asseruit de communi concensu et per amicos communes fuerunt apreciate ad centum octuaginta unum florenos prout sic et plenus de premissis constare dixerunt quoddam instrumentum in ebreo sumptum quod vulgariter appellant «*cassuba*» quod incipitur in sua tercia linea «*meyr*» et finitur in eadem «*licqui*» et penultima lienea [sic] incipitur «*col*» et finitur «*vecavena.*» Hinc finaliter fuit quod anno et die predicto, prefati Josse Duranti et Ysaquetus Josse, eius filius, dictus Ysaquetus, de licencia dicti Josse etc. asserens medio suo juramento se fore maiorem decem et octo annis minorem viginti quinque, renunciando prius benefficio etc. ambo insimul etc. Palam et publice confessi fuerunt et in veritate sollempniter recognoverunt dicto Bonano Boniaqui Judeo presenti, stipulanti et recipienti pro se et suis se habuisse et realiter recepisse ab eodem Bonano realiter solvendi predictos tringentos nonaginta quinque florenos dotales ipsius Astrugone videlicet ut supradictum est centum octuaginta unum florenos in vestibus, jocalibus et arnesiis corporis ipsius Astrugone et residuum dicte summe in bona peccunia numerata. De quibus tringentos nonaginta quinque florenos, dicti pater et filius se tenuerunt pro bene contentis et dictum Bonanum Boniaqui presentem etc. omnia bona sua presentia et futura quitaverunt per pactum expressum de ulterius non petendo. Et fuit de pacto inter partes habito et convento quod si locus reppetitionis dicte dotis eveniret, quod absit, promiserunt dicti pater et filius coniunctum per divisum et quilibet insolidum dicto Bonano Boniaqui presenti, stipulanti et recipienti pro se et suis eosdem tringentos nonaginta quinque florenos reddere et restituere dicto Bonano aut suis heredibus in pace et sine contradictione in et per modum et per eosdem solutiones per eamdem dotem habuerunt. Item fuit de pacto inter dictas partes habito quod dicto loco advenienti, dictus Bonanus aut sui teneantur recipere vestes, jocalia et ornamenta dicte Astrugone in deductione dicte dotis reppetendo ad extimam duorum amicorum partium et juxta minorem valenciam de ipsa.

Dicti pater et filius stare et juri parere debeant una cum omnibus dampnis etc. sub expressa ypotheca et obligatione omnium bonorum suorum presentium et futurorum et pro quibus omnibus et singulis supradictis attendendis prefati Josse Duranti et Ysaquetus Josse, gratis et sponte, submiserunt se et sua realiter et personaliter vigori rigori, carceri et personali detentori curie camere Aquensis et curie camere Apostolice domini nostri pape et civitatis Avinionensis et omnibus curiis in comitatibus Provincie, Forcalquerii et Venayssini constitutis.

Renunciaverunt etc.

Juraverunt etc.

De quibus etc.

Actum Sallone in domo dicti Josse Duranti.

Presentibus Johanne de Lieurono, sabbaterio, Petro Poncii, sabbonerio et Jacobo Duranti de Garambodio, brasserio, tam dicti castri Sallonis quam habitatoribus eiusdem castri, testibus ad premissa et me Guillelmo Capardi.

Postquam et incontinenti absque aliquo intervallo, existens et personaliter constituta, honesta Judea Franqueta, filia Magistri Mosse Cohen, Judei fizici de Massilia, uxor dicti Josse Duranti, que bona sua fide per se et suos, de licencia dictorum Magistri Mosse patris sui et Josse mariti sui ibidem presentum licencia etc. ad huberiorem cauthelam dicti Bonani et suorum et pro dicta dote eiusdem Astrugone magis thuta promisit quod in locum reppetitionis eiusdem dotis dicte Astrugone, ipsa Franqueta, per se nec per alium aliqua ratione seu causa nec pro dote sua aut aliis juribus sibi competentibus aut competituris in et super bonis dictorum Josse et Ysaqueti in preiudicium dotis dicte Astrugone saltim donec dicta Astrugona aut dictus Bonanus vel sui fuerunt consequti centum quinquaginta florenos non se opponere nec dictam dotem reppetendum usque ad summam predictam inpedire. Item promisit dicta Franqueta, de licencia qua supra, per se et suos, dicto Bonano quod in locum reppetitionis dicte dotis eiusdem Astrugone, ipsa Franqueta non inpediet quominus dictus Bonanus aut sui non consequantur omnes et singulas vestes et jocalia corporis ipsius Astrugone que secum nunc habet aut haberet tempore restitutionis jamdicte fiende sub expressa ypotheca et obligatione omnium bonorum suorum presentium etc.

Pro quibus submisit tunc bona sua curiis supradictis etc.

Renunciavit etc.

Juravit etc.

De quibus etc.

Actum Sallone, loco et testibus jamdictis.

Postremo vero, anno et die predictis, prefati Josse Duranti et Ysaquetus Josse, dictus Ysaquetus de licencia jamdicta, per se et suos, promiserunt dicte

Franquete presenti etc. preservare indempnem de premissis supra et per eandem sub expressa obligatione etc.
Pro quibus submiserunt ut supra.
Renunciaverunt etc.
Juraverunt etc.
De quibus dicta Franqueta petiit instrumentum.
Actum loco et testibus jamdictis.
Capardi.

**15.** Archives départementales des Bouches-du-Rhône, protocole de Guillaume Capardi, 375 E 54 f. 236 r.; 21 mars 1435 n.s.

[Salves Caracause, Juif de Salon, dicte un testament qui est intéressant à plusieurs titres. Il y est successivement fait mention de quatre aumônes juives salonaises (*mahor, tacana, sedaca* et des filles pauvres à marier) et de deux hôpitaux juifs. C'est un des rares testaments à comporter un legs à un Chrétien. Le bénéficiaire en est Hugonin Alemand, neveu de Louis, qui fut archevêque d'Arles de 1423 à 1450. Il reçoit une somme de cinquante florins pour s'acheter une haquenée.]

Testamentum Salves Caracause, Judei de Sallone.
Anno quo supra et die XXI mensis marcii, cum nichil sit quod magis hominibus etc. Idcirco, ego, Salves Caracause, Judeus habitator loci Sallonis, filius Salves Caracause, Judei condam habitator civitatis Arelatis, sanus mente etc. licet eger corpore, timens casus mortis etc. nolens intestatus decedere etc. meum ultimum condo testamentum in hunc qui sequitur modum. In primis etc. corpus et animam meam Creatori celi et terre recomendo et eligo corpori meo sepulturam in simmeterio Judeorum dicti loci Sallonis scito ad molendinum Boree. Et lego helemosine dicti simmiterii de bonis meis appellate ebrayce «*tacana*,» videlicet decem florenos auri valoris quemlibet XVI solidorum monete provincialis solvendos infra quinque annos et quinque anuales et equales solutiones.

Item lego, amore dei, luminarie scole Judeorum dicti loci Sallonis ebrayce dicte «*mahor*» quinque cartalia oley annis singulis in vigilia magni Jeiunii Judeorum appellari ebrayce «*Jom Aquipurim*» solvenda, tradenda et expedienda per Gudetam uxorem et heredem meam dilectam infrascriptam quamdiu vixerit in humanis et non ultra.

Item plus lego cuilibet hospicio pauperum Judeorum utriusque sexus dicti loci Sallonis qui solvi sunt helemosinam recipere appellatam «*sedaca*» in ebreo et pro faciendo panes azimos ebrayce appellatos «*massa*» videlicet unam eminam annone singulis annis ante Pasca Judeorum tribus pauperibus hospicio sive habitatoribus eiusdem tradendam, solvendam et expediendam et hoc tamdiu quamdiu dicta Gudeta uxor mea vixerit in humanis et non ultra.

Item plus lego sive relinquo helemosine Judeorum dicti loci Sallonis qui fit in succursum matrimoniorum sive maritagiorum pauperum Judeorum et Judearum dicti loci videlicet duos florenos auri valoris et monete predictorum annis singulis exsolvendos, dandos et distribuendos arbitrio, voluntate et dispositione dicte Gudete, uxoris et heredis mee infrascripte aut illos ipsa Gudeta convertat in aliis piis helemosinis prout sue videbitur voluntati. Et illos singulis annis dari et erogari jube, statuo et ordino atque mando per ipsam Gudetam quamdiu vitam duxerit in humanis solum et dumtaxat et non ultra.

Item ego predictus Salves testator, recolens et in animo meo perpendens singularem amorem et affectionem quos erga me habuit eius benigna gratia egregius et magnificus dominus meus dominus Petrus Alamandi, miles, dominus Coyssello,[3] Lugduniensis diocesis, viguerius curie presenti loci Sallonis et totius terre temporalitatis Sancte Arelatensis ecclesie cuius anima in pace requiescat et post eum similiter egregius dominus meus dominus Hugoninus Alamandi, miles, eius filius, me specialiter habuit recomissum. Igitur premissorum intuitu et ut idem dominus meus dominus Hugoninus Alamandi supranominatum Gudetam uxorem et heredem meam habeat recomissam et ipsam ab indebitis oppressionibus preservet et prossethenus [sic] ut omnino confido deffendat, lego eidem domino meo domino Hugonino Alamandi pro una equineya emenda videlicet quinquaginta florenos auri valoris et monete predictorum sibi tradendos et solvendos infra primum annum mei obitus semel tantum.

In ceteris autem bonis meis mobilibus et immobilibus, rebus, juribus, etc. heredem meam universalem michi facio, instituo, nomino etc. esse volo videlicet supranominatam Gudetam uxorem meam dilectam et suos ad omnes suas et suorum omnium modas, voluntates in morte pariter et in vita plenarie et perpetuo faciendas.

Gadiatores etc. facio etc. videlicet Magistrum Bondavinum Comprati, phisicum, Astruguetum Gardi, Abram Bonaffocii, Maymonetum Davini et Abram de Sallone, Judeos dicti loci. Quibus et eorum cuilibet do, dono, tribuo et concedo plenam et liberam potestatem etc. de bonis meis vendendi etc. ceteraque alia faciendi etc.

Hoc est etc.

Cassans etc.

---

[3] Cuysellum; Cuiseaux (Saône-et-Loire, arrondissement de Louhans).

Rogans etc.

Testes etc. et me notario.

Actum Sallonis in domo dicti Salves, Judei testatori et in camera qua jacebat egrotus.

Testibus, presentibus, venerabilibus et discretis viris [sic] domino Petro Servati, Jacobo Matharoni, Petro Matharoni, Elziario de Tors, Johanne Crosati, sabbaterio de Sallone, Petro Flamemqui et Petro Sonalheti de Alvernico etc.

Et me Raymundo Salamonis, publico notario.

**16.** Archives départementales des Bouches-du-Rhône, protocole de Guillaume Capardi, 375 E 9 f. 26 r.; 15 octobre 1419.

[Profach Boniaqui est l'auteur d'un long testament. On y notera trois legs pies, dont l'un de quinze florins pour faire blanchir la synagogue à la chaux. Il révèle également que le testateur possédait en indivis avec son frère une maison dans la Juiverie. Profach fait dans ce testament des legs particuliers dont la somme dépasse mille florins et institue héritière universelle sa fille, Clarette.]

Testamentum Profachii Boniaqui, Judei de Sallone.

Anno quo supra et die decima quinta mensis octobris, noverint universi quod constitutus in presencia mei notarii et testium subscriptorum, Profachius Boniaqui, Judeus de Sallone, bona fide et eius certa sciencia, sanus dei gratia mente, licet corpore etc. anima...[4] etc. Volens etc. Dubitans et etc. suum condidit ultimum testamentum per modum infrascriptum. Et primo animam et corpus suas que ab hoc seculo etc. deo omnipotenti comendavit etc. Item elegit suam sepulturam in toro seu symmiterio Judeorum Sallonis scitum etc. Item legavit luminario lampadum synagoge dictorum Judeorum Sallonis quod ebraysse «*maor*» appellatur, quinque florenos auri monete currentis semel tantum. Item legavit idem testator in redemptionem etc. elemosine in synagoga Judeorum fundate pro reparatione parietum cimmiterii ipsorum que elemosina ebraysse appellatur «*tacana*,» alios quinque florenos auri etc. Item pari modo, legavit ecclesie seu synagoge Judeorum dicti loci pro faciendo dealbari de gipo dictam synagogam, quindecim florenos auri etc. Item legavit dictus testator Aymeto Boniaqui, Judeo de Sallone, fratri suo, ex utroque parente et suis, ducentos florenos auri monete predicte, cum pacto cuius quod dictus Aymetus dictis ducentis florenis auri sit et esse debeat contentus et quod nihil aliud petere possit et valeat in bonis

---

[4] Mot illisible.

ipsius Profachii nisi partem omnium bonorum ipsius Profachii et Aymeti fratris que ex nunc finit communam etc. Item voluit et ordinavit dictus testator quod casu quo dictus Aymetus et heres universalis infrascripta cum marito suo non possent esse bene simul et venirent ad divisionem bonorum, voluit quod attento quod domus quam ex nunc inhabitant que est scita infra menia Sallonis in quartono Judee confrontatur ab una cum hospicio Arnaudi Syfredi et cum duabus carreriis publicis videlicet cum carreria magna Judee a parte anteriori et posteriori cum carreria qua itur versus fortalicium Sallonis etc. est communis ipsorum testatoris et Aymeti cum ceteris bonis usque ad diem presentem et quod predicta domus est paterna, quod illa arbitrio proborum virorum extimetur et illam extimatam possit retinere dictus Aymetus satisfacto Clarete heredi infrascripte de medietate dicte extime, et non alias etc. Item legavit dictus testator Bellete, nepti sue, filie Aymeti, fratris dicti testatoris, uxorique Gardeti Abram de Bedarida de Massilia et suis, viginti quinque florenos auri semel tantum etc. et cum hoc sit contenta etc. Item legavit Boniaqueto Aym, Judeo, nepoti suo filioque ipsius Aymeti et suis, alios viginti quinque florenos auri cum conditione de quo in precedenti legato etc. Item legavit dictus testator pro suo bene placito, et pro bene placito infrascripte legatarie, videlicet Sterete, uxori ipsius Boniaqueti Aym et suis, alios viginti quinque florenos auri etc. Item legavit dictus testator, jure institutionis et alie, prout melius potest et valet cum intentione privandi etc. Salomono Judeo filio communi Magistri Bondavini Comprati, surgici de Tarascone et Dulciete condam uxoris ipsius Magistri Bondavini Comprati, filieque ipsius testatoris, videlicet quingentos florenos auri monete predicte. Volens et ordinans quod Clareta, heres infrascripta, nec sui non possit compelli ad solvendum dictos quingentos florenos auri nisi fuerit dictus Salomon etatis quindecim annorum etc. et durante dicta etate dictorum quindecim annorum, quod lucrum dictorum quingentorum florenorum auri cedat dicte Clarete et suis. Ordinans preterea dictus testator quod completa etate dictorum quindecim annorum quod eo tunc compellatur heres predicta aut sui solvere dictos quingentos florenos auri per solutiones infrascriptas, videlicet annis singulis centum donec quousque etc. Adiciens dictus testator quod casu quo dictus Salomon moriretur quocumque sine prole a suo corpore procreata eidem substituit dictam Claretam, heredem infrascriptam et suos. Addens dictus testator quo casu quo dictus Salamon aut sui aut alius suo nomine aliquid preter quingentos florenos etc. petere in bonis ipsius Profachii quod premissum legatum jure institutionis factum fuit nullum etc. Legavit eo tunc dictus testator dicto Salamoni felezeno suo pari modo, jure institutionis, quinque solidos predicte monete etc. Item legavit dictus testator Astrugie, uxori sue, in et super bonis suis etc. victum, vestitum iuxta statum sue persone, et quamdiu vitam duxerit in humanis et viduale nominem servaverit, legavit etc. dictus testator preterea dicte Astrugie, uxori sue, quinquaginta florenos auri valoris etc. et quod de illis possit testari et facere ad sui placitum etc. Item legavit dictus testator supradicto Magistro Bondavino Comprati, Judeo de Tarascone olim genero suo, viginti quinque florenos auri predicte monete et suis etc. Item legavit Jacob Davini, Judeo, filio Davini Josse condam de Sallone, consanguinei ipsius testatoris quinquaginta florenos auri predicte monete, hoc jure institutionis et cum illis quinquaginta florenos auri sit immunis etc. et nihil petere possit in et super ipsius testatoris. Primo si contingeret dictum Jacob questionem seu demandam facere in et super bonis predictis eo tunc legatum sit nullum tunc legatum, legandum faciende [sic] eidem de quinque solidis, jure institutionis. Volens dictus testator quod dictus Jacob dictos quinquaginta florenos debeat dare in augmentum dotis Mandine, filie sue. Si dicta Mandina moriretur quocumque absque eo quod in matrimonio collocaretur, illo tunc voluit dictus testator dictos quinquaginta florenos dari incrementum dotis alie filie primo collocande in matrimonio ipsius Jacob. Si non contingeret omnes filias ipsius Jacob sine collocatione in matrimonio quod illo tunc quinquaginta florenos sunt et esse debeant ipsius Jacob cum hac conditione quod si contingere [sic] dictum Jacob decedere quocumque sine prole etc. quod illi quinquaginta florenos auri revertantur ad heredem infrascriptam etc. Item legavit Vidaleto Boniaqui de Borriano, Judeo, filio Boniaqui de Borriano condam Judeo de Sallone, nepoti suo, jure institutionis viginti quinque florenos auri etc. cum hoc sit contentus etc. Volens dictus testator quo casu quo dictus Vidaletus inet super bonis predictis petitionem predictum legatum, jure institutionis, factum sit nullum et, illo casu, eidem legavit, pari institutione, quinque solidos etc. Item legavit dictus testator Bellete, nepti sue, uxorique Magistri Duranti Mosse de Cavallione, surgici, habitatoris Massilie, jure institutionis, decem florenos auri etc. Ordinans et dicens ut in precendenti legato. Item legavit dictus testator, amore dei et in intentione pietatis Astrugie, maiori filie Astrugii Cohen alias Grospias, Judei condam de Sallone, decem florenos auri et hoc in augmentum sue dotis. Volens et ordinans dictus testator quod heres infrascripta nec sui non possit compelli ad dandum dictos decem florenos nisi dicta Astrugia fuerit in matrimonio collocata. Jubens preterea quod casu quo dicta Astrugia moriretur quocumque sine prole etc. quod dicti decem florenos fuit pleno jure heredis et suorum. Item legavit Dayete, filie Salamonis de Narbona Judei condam de Sallone, consanguinee ipsius testatoris decem florenos auri et quod de illis possit testari pro libito sue voluntate. Item legavit Compradeto, felezeno suo, filioque communi Leonis Comprati, generi sui et Clarete, filie et heredis infrascripte et suis, centum florenos auri etc. et quod de illis possit testari si etatis fuerit. Item legavit Salamoneto, felezeno suo, filioque communi ipsorumque Leonis et Clarete, alios c florenos et quo de illis possit etc. Item legavit Blanquete, felezene sue, filie communi dictorum Leonis et Clarete, alios centum florenos auri et quod de illis possit etc.

In ceteris autem bonis suis mobilibus et immobilibus et seque moventibus, juribus, actionibus et rebus quibuscumque etc. heredem suam fecit, instituit et esseque voluit ac ore suo proprio nominavit dilectam filiam suam Claretam, filiamque communem ipsius testatoris et Astrugie, uxoris sue, et suos, voluitque et ordinavit dictus testator quod casu quo dicta Clareta moriretur quocumque sine prole legitima a suo corpore procreata, tunc eidem substituit pleno jure proximiorem generis ipsius testatoris. Volens atque retinens dictus testator de bonis ipsius non obstantibus quibuscumque legatis superius factis nec non et heredis institutione quibus nec esse cuilibet derogare intendit tringentos florenos auri de quibus possit et valeat idem testator non obstantibus premissis sed illis illesis remanentibus disponere, dare et distribuere ad sui voluntate. Si non de dictis tringentos florenos non disposuerit aut si de quota parte disposuerit omnia qua superunt de dictis tringentis sunt et esse debeant ipsius heredis et suorum pleno jure.

Gadiatores ac excecutores [sic] suos et huius sue ultime voluntatis constituit et ordinavit Vitalem Creguti et Salamonem Vitalis Cohen, Judeos dicti loci Sallonis et eorum quemlibet etc. quibus et eorum cuilibet dedit et concessit etc. hiis itaque dispositis etc. hanc voluit esse suam etc. Que si non valet jure testamenti valeat jure codicillorum aut donationis inter vivos aut causa mortis etc.

Cassans, irritans omnes alias suas ultimas voluntates etc.

Volens istam ceteris prevalere etc.

De quibus rogavit me notario et testibus subscriptis etc.

De quibus jubsit fieri heredi legatarius etc.

Actum Sallone in domo communi ipsorum testatorum et Aymeti, factum in camera que est super magnam carreriam Judee.

Presentibus Petro Bosse, Guillelmo Radulphi, Bertrando Buxi, Hugone Chaberti, Petro Salvati, fusteriis, Petro Grossi, brasserio de Sallone et Rostagno Odoli, brasserio castri de Malamorte, testibus ad premissa.

Capardi.

# Sources et bibliographie

### A. Sources manuscrites

1. *Archives départementales des Bouches-du-Rhône:*

   a. Série B: Comte de Provence

   Cour royale conservatoire des Juifs: B suppl. 16 bis: Procès devant la Cour entre Vinelli Nasci, Juif d'Avignon, et Salves Caracausa, Juif de Salon, 1406 (reg. 101 fol.)

   b. Série E: Registres de notaires

   375 E 6, 7, Jacques Franc, 1401, 1419.
   375 E 8 à 24, Guillaume Capardi, 1418-1436.
   375 E 39 à 41, Raymond Salomon, 1419-1420.
   375 E 43 à 56, Raymond Salomon, 1421-1436.
   375 E 67, 68, Jean Vaureys, 1420-1434.
   375 E 69 à 78, Isoard Guinier, 1425-1436.
   375 E 99, Jean Muguet, 1426-1432.
   375 E 117, Jean de Soliers, 1428-1429.
   375 E 118 à 122, Mourgues Alfant, 1429-1436.
   376 E 29 à 34, Jacques Franc, 1391-1406.
   376 E 66, Jean Astier, 1398-1399.
   376 E 83 à 89, Etienne Constantin, 1390-1400.
   376 E 92 à 100, Jacques Amaury, 1390-1415.
   376 E 102 à 107, Etienne Pachon, 1391-1404.
   376 E 108 à 139, Barthélémy Rognac, 1391-1433.
   376 E 140, Bernard de Maxence, 1399.
   376 E 141 à 154, Pierre de Rivo, 1399-1418.
   376 E 155 à 159, Pierre de Rivo, 1399-1414.
   376 E 160-161, Cadi Carrène, 1406-1407.
   376 E 163, Jean de Sollier, 1407-1408.
   376 E 164, Elzéar Franchi, 1412.
   376 E 166 à 177, Guillaume Gaudin, 1413-1423.
   376 E 177, ? , 1415-1416.
   376 E 178, Isoard Guinier, 1416.

c. Série III G: Archevêché d'Arles

Chartes originales:
- III G 1-15: «Livre d'or,» 489 chartes de 921 à 1682.
- III G 6-10: «Chartrier de Salon,» 443 chartes de 1142 à 1691.
- III G 11-15: «Chartrier de Mondragon,» 336 chartes de 1070 à 1694.

Cartulaires:
- III G 20: «Livre vert», manuscrit du XIII$^e$ siècle (add. XIV$^e$-XVI$^e$ siècles) contenant des actes depuis 417, 387 fol.
- III G 21: «Livre jaune,» manuscrit des XVI$^e$-XVIII$^e$ siècles contenant des actes depuis le XIII$^e$ siècle, 839 fol.
- III G 122-123: «Droits sur Sallon,» recueil factice constitué d'originaux et de copies de documents de toutes natures relatifs aux droits de l'archevêque à Salon (XIII$^e$-XVII$^e$ siècles), T. 1, 1246 fol.
- III G 124: «Registrum censuum Sallonis,» 5 août 1304. Lièvre des cens et droits divers perçus à Salon au profit de l'archevêque, 50 fol.
- III G 126: Recueil factice sans désignation. Pièces de toutes natures dont un assez grand nombre relatif à Salon et à la juridiction de Salon, 423 fol.
- III G 143: «Judicature de Salon.» Recueil factice de copies et d'originaux concernant les droits de juridiction et autres possédés par l'archevêque à Salon et dans d'autres lieux, XII$^e$-XVIII$^e$ siècles, 1186 fol.
- III G 145: «Communauté de Salon.» Recueil factice. Originaux et copies d'actes divers concernant les rapports de l'archevêque d'Arles avec les communautés de Salon et de Grans, les statuts de ces communautés, les directes et les droits de l'archevêque sur ces lieux (XIII$^e$-XVII$^e$ siècles), 1171 fol.

2. *Archives communales de Salon-de-Provence:*

- AA 2: Chartrier comprenant des chartes de concession et de confirmation des privilèges de Salon depuis 1365.
- AA 4: Chartrier comprenant des actes accordant des franchises de péages et des droits de chasse aux habitants de Salon, 1235-1365.
- AA 5 et ss.: Chartrier comprenant des actes divers intéressant la communauté depuis 1400.
- AA 9: Cartulaire du XVIII$^e$ siècle. Actes depuis 1264, 376 fol.
- CC 225: Cadastre de 1430.
- CC 226: Cadastre de 1453.
- CC 552: Emprunts contractés par la communauté, 1394-1567, 16 pièces.
- DD 5: Dossier relatif aux droits de pâture des troupeaux depuis 1242.
- GG 42: Cahier des censives de l'Église d'Arles: 18 mai 1434.

HH  23:     Lettre de franchise de tous droits et péages pendant deux ans pour les marchandises apportées au marché du samedi à Salon, 1447.
HH  36:     «Instruments» de 1327, 1395 et 1652 sur les poids et mesures.

## B. Sources imprimées

1. *Inventaires d'archives:*

Baratier, Édouard. *Supplément à l'inventaire de la série B. Chambre des Comptes et autres juridictions royales.* Manuscrit, 1948.
Bautier, Robert-Henri et Sornay, Janine. *Les sources de l'histoire économique et sociale du Moyen Âge, Provence, Comtat Venaissin, Dauphiné, États de la maison de Savoie,* T. 1: *Archives des principautés territoriales et archives seigneuriales;* T. 2: *Archives ecclésiastiques, communales et notariales, archives des marchands et des particuliers.* Paris: Éditions du Centre national de la recherche scientifique, 1968-1971.
Busquet, Raoul et Giraud, Paul. *Répertoire numérique de la série G, 4ᵉ fascicule. III G. Archevêché d'Arles.* Marseille: Archives des Bouches-du-Rhône, 1935.
*Fonds de Salon I. Répertoire des registres notariaux versés par Mᵉ Emile Camille, (376 E).* Manuscrit, 1927.
*Fonds de Salon II. Versement de Mᵉ Paul Giraud, (375 E).* Tapuscrit, 1927.
Gimon, Louis. *Archives de Salon antérieures à 1790. Inventaire sommaire des archives communales de la ville de Salon (Bouches-du-Rhône) antérieures à 1790 en neuf séries.* Manuscrit, 1884; revu et corrigé par Joseph Platero, s.d.
Isnard, M. Z. *État documentaire et féodal de la Haute-Provence. Nomenclature de toutes les seigneuries de cette région et leurs possesseurs depuis le XIIᵉ siècle jusqu'à l'abolition de la féodalité. État sommaire des documents d'archives communales antérieures à 1790. Bibliographies et armoiries.* Digne: Imprimerie-librairie Vial, 1913.

2. *Documents imprimés:*

Albanes, J. H., complétée par Ylysse Chevalier. *Gallia christiana novissima. Histoire des archevêchés, évêchés et abbayes de France,* T. 3: *Arles.* Valence; Imprimerie Valentinoise, 1901.
Benjamin ben Jonah. *The Itinerary of Benjamin of Tudela.* Tr. par Marcus Nathan Adler. New York: Philip Feldheim Inc., s.d. (1ˢᵗ ed. 1907).
Bonnemant, Laurent. «Mémoires de Bertrand Boysset. Contenant ce qui est arrivé de plus remarquable particulièrement à Arles et en Provence depuis 1372 jusqu'en 1414.» *Le Musée. Revue arlésienne, historique et littéraire,* 1876-1877.
Brun, Robert. «Annales avignonaises de 1382 à 1410 extraites des archives de Datini,» *Mémoires de l'Institut historique de Provence,* 1935-1938.
Cavalie, Marie-Josèphe. *Présentation et édition du Censier de Salon-de-Provence (1304).* Mémoire de maîtrise d'histoire présenté et soutenu en 1973, Université de Provence, Aix-Marseille I, Centre d'Aix.

Epstein, Isidore, ed. et trad. *The Babylonian Talmud, Seder Nashim*, Vol. 4. London: The Soncino Press, 1961.

Giraud, Ch. *Essai sur l'histoire du droit français au Moyen Âge.* 2 tomes. Paris: Videcoq, père et fils, éditeurs; Leipzig: Léopold Michelsen, libraire, 1846.

Moses ben Maimon. *The Code of Maimonides*, Book Four: *The Book of Women.* Tr. par Isaac Klein. New Haven and London: Yale University Press, 1972.

Pryor, John H. *Business Contracts of Medieval Provence. Selected notulae from the Cartulary of Giraud Amalric of Marseilles 1248.* Studies and Texts 54. Toronto: Pontifical Institute of Mediaeval Studies, 1981.

3. *Dictionnaires et autres instruments de recherche:*

Blumenkranz, Bernhard et Levy, Monique. *Bibliographie des Juifs en France.* Toulouse: Édouard Privat, 1974.

Blumenkranz, Bernhard, en collaboration avec Dahan, Gilbert et Kerner, Samuel. *Auteurs juifs en France médiévale. Leur œuvre imprimée.* Toulouse: Édouard Privat, 1975.

DuCange, Carolo du Fresne domino. *Glossarium Mediae et Infimae Latinitatis cum supplementis integris D. P. Carpenterii Adelungii, aliorum, suisque G. A. L. Henschel sequuntur Glossarium Gallicum, tabulae, indices auctorum et rerum, dissertationes.* 8 tomes. Graz-Austria: Akadimische Druck-U. Verlagsanstalt, 1954.

Gross, Henri. *Gallia Judaïca. Dictionnaire géographique de la France d'après les sources rabbiniques*, avec un supplément de Simon Schwarzfuchs. Amsterdam: Philo Press, 1969.

Honnorat, Simon J. *Dictionnaire provençal-français ou dictionnaire de la langue d'oc ancienne et moderne, suivi d'un vocabulaire français-provençal.* 2 tomes. Digne: Repos, 1847.

Maigne d'Arnis, W.-H. *Lexicon manuale ad scriptores mediae et infimae latinitatis ou Recueil de mots de la basse latinité.* Paris: J.-P. Migne, 1890.

Nicolas. *Tableau comparatif des poids et mesures anciennes du département des Bouches-du-Rhône, avec les poids et mesures républicaines.* Aix: Imprimerie de la veuve Adibert, an 10 [1801].

Niermeyer, J. F. *Mediae latinitatis lexicon minus.* 12 fasc. Leiden: E. J. Brill, 1954-1964.

Pansier, Pierre. *Histoire de la langue provençale à Avignon du XII$^e$ au XIX$^e$ siècle*, T. 3, Avignon: Librairie Aubanel frères, 1927.

Prou, Maurice et Clouzot, Étienne. *Pouillés des provinces d'Aix, d'Arles et d'Embrun.* Paris: Imprimerie nationale, 1923.

Singer, Isidore. *The Jewish Encyclopedia. A Descriptive Record of the History, Religion, Literature, and Customs of the Jewish People from the Earliest Times.* 12 tomes. New York: Ktav Publishing House Inc., 1964.

Vacant, A., Mangenot, E. et Amann, E. *Dictionnaire de théologie catholique.* 15 tomes. Paris: Librairie Letouzey et Ané, 1909-1950.

Villeneuve-Bargemont, Christophe, Comte de. *Statistique du département des Bouches-du-Rhône avec atlas.* 4 tomes. Marseille, Feissat Ainé, Imprimeur du Roi et de la Préfecture, 1829.

## C. Ouvrages généraux

Benoit, Fernand. *Histoire de l'outillage rural et artisanal.* Paris: Didier, s.d.

Bloch, Marc. *Les caractères originaux de l'histoire rurale française.* 2 tomes. Paris: Armand Colin, 1968.

Dauvillier, Jean. *Le mariage dans le droit classique de l'Église depuis le décret de Gratien (1140) jusqu'à la mort de Clément V (1314).* Paris: Librairie du recueil Sirey, 1933.

*La démographie médiévale. Sources et méthodes.* Annales de la Faculté des Lettres et Sciences humaines de Nice, n° 17, 1972. (Actes du Congrès de l'Association des historiens médiévistes de l'Enseignement Supérieur Public, Nice, 15-16 mai 1970.).

Duby, Georges. *Hommes et structures du Moyen Âge* [recueil d'articles]. Paris: La Haye, Mouton, 1973.

*L'économie rurale et la vie des campagnes dans l'Occident médiéval.* 2 tomes. Paris: Aubier et Montaigne, 1962.

Fossier, Robert. *Histoire sociale de l'Occident médiéval.* Paris: Librairie Armand Colin, 1970.

Fourquin, Guy. *Histoire économique de l'Occident médiéval.* Paris: Librairie Armand Colin, 1969.

Heers, Jacques. *L'Occident aux XIV$^e$ et XV$^e$ siècles. Aspects économiques et sociaux.* Paris: Presses universitaires de France, 1966.

Herlihy, David et Klapisch-Zuber, Christiane. *Les Toscans et leurs familles. Une étude du catasto florentin de 1427.* Paris: Presses de la Fondation nationale des sciences politiques, Éditions de l'École des Hautes Études en sciences sociales, 1978.

Mollat, Michel. *Études sur l'histoire de la pauvreté (Moyen Âge - XVI$^e$ siècle).* 2 tomes. Série «Études,» T. 8. Paris: Publications de Sorbonne, 1974.

Mols, Roger. *Introduction à la démographie historique des villes d'Europe du XIV$^e$ au XVII$^e$ siècle.* 3 tomes. Université de Louvain, Recueil de travaux d'histoire et de philologie, 4 sér., fasc. 1-3. Gembloux: J. Duculot, 1954.

Origo, Iris. *The Merchant of Prato. Francesco di Marco Datini.* New York: Alfred A. Knopf, 1957.

Russel, Josiah Cox. *Medieval Regions and Their Cities.* Newton Abbot, Devon: David & Charles Publishers Limited, 1972.

Wolff, Philippe. *Commerce et marchands de Toulouse (vers 1350 - vers 1450).* Paris: Librairie Plon, 1954.

——. «Quelques actes notariés concernant famille et mariage (XIV$^e$-XV$^e$ siècles),» *Annales du Midi,* n° 76 (janvier 1966) 115-123.

D. Ouvrages concernant La Provence et Le Comtat Venaissin

1. *Généralités*

Aubenas, Roger. *Cours d'histoire du droit privé. Anciens pays de droit écrit. XIII$^e$-XVI$^e$ siècles.* Aix-en-Provence: La pensée universitaire, 1952-1961:
- T. 1, *Partie générale*;
- T. 2, *Aspects du mariage et du droit des gens mariés*;
- T. 3, *Testaments et successions dans les anciens pays de droit écrit au Moyen Âge et sous l'Ancien Régime*;
- T. 4, *Autour de la propriété foncière (Moyen Âge et Ancien Régime)*;
- T. 5, *Contrats et obligations d'après les actes de la pratique*;
- T. 6, *Autour de deux passions de l'homme: la femme (en marge du mariage légitime) et l'argent (son trafic)*;
- T. 7, *Créanciers et débiteurs. Sûretés et voies d'exécution au Moyen Âge et sous l'Ancien Régime d'après les actes de la pratique.*

———. *Le testament en Provence dans l'ancien droit.* Aix-en-Provence: Paul Roubaud, 1927.

Baratier, Édouard. *Histoire de la Provence.* Toulouse, Édouard Privat, 1969.

———. *La démographie provençale du XIII$^e$ au XVI$^e$ siècle avec chiffres de comparaison pour le XVIII$^e$ siècle.* Paris: S.E.V.P.E.N., 1961.

———, Duby, Georges et Hildesheimer, Ernest. *Atlas historique, Provence, Comtat Venaissin, Principauté de Monaco, Principauté d'Orange, Comté de Nice.* Paris: Librairie Armand Colin, 1968.

Busquet, Raoul. *Études sur l'ancienne Provence. Institutions et points d'histoire.* Paris: Librairie ancienne Honoré Champion, 1930.

———. *Histoire de Provence des origines à la Révolution française.* Monaco: Les éditions de l'Imprimerie nationale, 1954.

Février, Paul-Albert. *Le développement urbain en Provence de l'époque romaine à la fin du XIV$^e$ siècle.* Paris: Éditions E. de Boccard, 1964.

Hébert, Michel. *Les péages de Basse Provence Occidentale d'après une enquête de la cour des Comptes de Provence 1366-1381.* Mémoire de maîtrise. Université de Provence, juin 1972.

Lavoie, Rodrigue. «Endettement et pauvreté en Provence d'après les listes de la justice comtale. XIV$^e$-XV$^e$ siècle.» *Provence historique.* 23, fasc. 93-94 (juillet-décembre 1973) 201-217.

Rolland, Henri. *Monnaies des comtes de Provence, XII$^e$-XV$^e$ siècles. Histoire monétaire, économique et corporative, description raisonnée.* Paris, A. J. Picard, E. Bourgey, 1956.

Sclafert, Thérèse. «Les routes du Dauphiné et de la Provence sous l'influence du séjour des papes à Avignon.» *Annales d'histoire économique et sociale,* 1929, 183-192.

Stouff, Louis. *Ravitaillement et alimentation en Provence aux XIV$^e$ et XV$^e$ siècles.* Paris: Mouton et Co., 1970.

2. *Études locales:*

   a. Aix-en-Provence

Coulet, Noël. *Aix-en-Provence. Espace et relations d'une capitale (milieu XIV$^e$ s. - milieu XV$^e$ s.).* 3 tomes. Thèse présentée devant l'Université de Provence pour obtenir le grade de docteur ès lettres, Aix-en-Provence, 1979; compte rendu de soutenance par Hayez, Michel. «Soutenance de thèse sur Aix.» *Provence historique* 31, fasc. 123 (janvier-février-mars 1981) 49-50.

   b. Arles

Stouff, Louis. *La ville d'Arles à la fin du moyen-âge.* Thèse en vue de l'obtention du doctorat ès lettres. 4 tomes. Université de Provence, Aix-en-Provence, 1979.
———. «Les registres de notaires d'Arles (début XIV$^e$-1450). Quelques problèmes posés par l'utilisation des archives notariales.» *Provence historique* 25, fasc. 100 (avril-juin 1975) 305-325.

   c. Avignon

Chiffoleau, Jacques. *La comptabilité de l'au-delà. Les hommes, la mort et la religion dans la région d'Avignon à la fin du Moyen Âge (vers 1320 - vers 1480).* Collection de l'École française de Rome, no 47. Rome: École française de Rome, 1980.
Girard, René. «Marriage in Avignon in the Second Half of the Fifteenth Century,» *Speculum* 28, n° 3 (July 1953) 485-498.
Guillemain, Bernard. *La cour pontificale d'Avignon 1309-1376. Étude d'une société.* 2$^e$ éd. Paris: Éditions E. de Boccard, 1966.
Ourliac, Paul. «Notes sur le droit des personnes à Avignon au XV$^e$ siècle,» *Annales du Midi* 55, n$^{os}$ 219-220 (juillet-octobre 1943) 499-511.
———. «Notes sur le mariage à Avignon au XV$^e$ siècle.» *Recueil de mémoires et travaux publiés par la Société d'histoire du droit et des institutions des anciens pays de droit écrit.* Fasc. 1. Toulouse: Imprimerie F. Boisseau, 1948, 55-61.

   d. Berre

Birrel, Jean. *La ville de Berre à la fin du Moyen Âge.* Cahiers du Centre d'études des sociétés méditerranéennes, n° 2. Aix-en-Provence: Publications de la Faculté des Lettres et Sciences humaines, 1968, 109-168.

   e. Carpentras

Bautier, Robert-Henri. «Feux, population et structure sociale au milieu du XV$^e$ siècle; l'exemple de Carpentras,» *Annales. Économies. Sociétés. Civilisations* 14, n° 2 (avril-juin 1959) 255-268.

   f. Cavaillon

Chiffoleau, Jacques. «Espaces urbain et régional de Cavaillon vers 1320-1340.» *Provence historique* 26, fasc. 106 (octobre-décembre 1976) 287-300.

g. Grasse

Malausséna, Paul-Louis. *La vie en Provence orientale aux XIV$^e$ et XV$^e$ siècles. Un exemple: Grasse à travers les actes notariés.* Paris, Librairie générale de droit et de jurisprudence, 1969.

h. L'Isle-en-Venaissin

Lacave, Michel. «Crédit à la consommation et conjoncture économique: l'Isle-en-Venaissin (1460-1560).» *Annales. Économies. Sociétés. Civilisations* 32, n° 6 (novembre-décembre 1977) 1128-1153.

i. Marseille

Baratier, Édouard et Reynaud, Félix. *Histoire du commerce de Marseille*, T. 2: *De 1291 à 1480.* (Publiée par la Chambre de Commerce de Marseille sous la direction de Gaston Rambert). Paris: Plon, 1951.

Droguet, Alain. *Administration financière et système fiscal à Marseille dans la seconde motié du XIV$^e$ siècle.* Sociétés médiévales méditerranéennes, Aix-en-Provence, Cahiers du Centre d'études des sociétés méditerranéennes. Nouvelle série n° 1. Université de Provence, 1983.

———. «Une ville au miroir de ses comptes: les dépenses de Marseille à la fin du XIV$^e$ siècle;» *Provence historique* 30, fasc. 120 (avril-mai-juin 1980) 171-210.

j. Ménerbes

Zerner, Monique. «Recherche d'une méthode d'interprétation démographique des cadastres du Comtat Venaissin (1414): Le cas de Ménerbes.» *Provence historique* 23, fasc. 93-94 (juillet-décembre 1973) 243-260.

k. Orange

Gasparri, Françoise. «La population d'Orange au XIV$^e$ siècle,» *Provence historique* 30, fasc. 120 (avril-mai-juin 1980) 215-218.

l. Pourrières

Nogues, Jeanne. *Le village de Pourrières de 1377 à 1407 d'après des registres de notaires.* Mémoire dactylographié présenté à l'Université de Provence, Faculté des Lettres et Sciences humaines d'Aix-en-Provence pour l'obtention d'un diplôme d'études supérieures, 1970-1971.

Plauchier, Claudine. *Pourrières de 1407 à 1430: Étude politique, économique et sociale.* Mémoire dactylographié présenté à l'Université de Provence, Faculté des Lettres et Sciences humaines, Aix-en-Provence, pour l'obtention d'une maîtrise en histoire médiévale, juin 1973.

m. Reillanne

Poppe, Danuta. *Économie et société d'un bourg provençal au XIV$^e$ siècle. Reillanne en Haute Provence,* préparée sous la direction de Georges Duby, Wrocław-Warszawa-Kraków-Gdańsk, Zakład Narodowy Imienia Ossolińskich Wydawnictwo, Polskiej Akademii Nauk (Académie polonaise des sciences. Institut d'histoire de la culture matérielle), 1984; compte rendu de Coulet, Noël. *Annales du Midi* 93, n° 152 (avril-juin 1981) 211-214.

n. Salon-de-Provence

Blanchard, Jean. *Histoire de Salon des origines à nos jours.* Salon, 1935.

Brun, Robert. *La ville de Salon au Moyen Âge; la vie économique, le régime seigneurial, le régime municipal.* Publications de la Société d'études provençales, 6. Aix-en-Provence, Imprimerie universitaire de Provence, 1924.

Gimon, Louis. *Chroniques de la ville de Salon depuis son origine jusqu'en 1792.* Aix: Veuve Remondet-Aubin, 1882.

Paillard, Philippe. *Histoire économique et sociale de Salon-de-Provence de 1470 à 1550.* Thèse dactylographiée, s.d.

———. «Vie économique et sociale à Salon-de-Provence de 1470 à 1550.» *Provence historique* 19, fasc. 78 (1969) 277-306; 20, fasc. 81 (1970) 189-223.

Rutkowska-Płachcinska, Anna. *Gospodarka i Zasięg Oddzialywania miasta średniowiecznego. Salon-de-Provence w polonie XIV w* (L'économie et l'activité d'une ville du Moyen Âge. Salon-de-Provence au milieu du XIV$^e$ siècle). Studia z dziejów Osadnictwa, Tom 7. Wrocław, Warszawa, Kraków: Zakład Narodowy Imienia Ossolińskich Wydawnictwo Polskiej Akademii Nauk, 1969.

———. *Salon-de-Provence. Une société urbaine au bas Moyen Âge.* Wrocław, Warszawa, Kraków, Gdańsk, Lodź: Zakład Narodowy Imienia Ossolińskich Wydawnictwo Polskiej Akademii Nauk (Académie polonaise des sciences. Institut d'histoire de la culture matérielle), 1982.

———. «Une société urbaine au Moyen Âge. Démographie, activités professionnelles, fortunes. Salon-de-Provence (1304-1349).» État dactylographié, à paraître dans les *Cahiers du C.E.S.M.*.

o. Tarascon

Hébert, Michel. *Tarascon au XIV$^e$ siècle. Histoire d'une communauté urbaine provençale.* Aix-en-Provence: Éditions Édisud, 1979; compte rendu de Stouff, Louis. *Provence historique* 31, fasc. 126 (octobre-novembre-décembre 1981) 414-416.

p. Valréas

Zerner, Monique. «Le terroir de Valréas au début du XV$^e$ siècle.» *Provence historique* 20, fasc. 79 (janvier-mars 1970) 45-56.

———. «Une crise de mortalité au XV$^e$ siècle à travers les testaments et les rôles d'imposition.» *Annales. Économies. Sociétés. Civilisations* 34, n° 3 (mai-juin 1979) 566-589.

E. OUVRAGES CONCERNANT LES JUIFS

1. *Généralités*

Abrahams, Israël. *Jewish Life in the Middle Ages.* Cleveland and New York: The World Publishing Company; Philadelphia: The Jewish Publication Society of America, 1961.

Altmann, Alexander. *Jewish Medieval and Renaissance Studies*. Cambridge: Harvard University Press, 1967.

Aron Maurice. *Histoire de l'excommunication juive.* Nîmes: Librairie ancienne A. Catélan, 1882.

Baron, Salo Wittmayer. *The Jewish Community. Its History and Structure to the American Revolution*, 3 vol. Westport, Connecticut: Greenwood Press Publishers, 1972.

——. *A Social and Religious History of the Jews. Late Middle Ages and Era of European Expansion (1200-1650), Vol. 9: Under Church and Empire.* New York and London: Columbia University Press, 2nd ed. revised and enlarged, 1965. Vol. 11: *Citizen or Alien Conjurer.* New York and London: Columbia University Press, 1967.

Blumenkranz, Bernhard. *Juifs et chrétiens dans le monde occidental (430-1090).* Paris: Mouton et Co., 1960.

——. *Le Juif médiéval au miroir de l'art chrétien.* Paris: Études augustiniennes, 1966.

——. *Les auteurs chrétiens latins du Moyen Âge sur les Juifs et le judaïsme.* Paris: Mouton et Co., 1963.

Depping, G. B. *Les Juifs dans le Moyen Âge. Essai historique sur leur état civil, commercial et littéraire.* Bruxelles: Wouters et Cie, 1844.

Epstein, Louis M. *The Jewish Marriage Contract. A Study on the Status of the Woman in the Jewish Law*, New York: Arno Press, 1973.

Finkelstein, Louis. *Jewish Self-Government in the Middle Ages.* 2nd ed. New York: Philipp Feldheim, Inc., 1964.

Ginsburger, M. «L'empoisonnement des puits et la Peste Noire.» *Revue des études juives* 84 (1927) 34-36.

Grayzel, Solomon. *The Church and the Jews in the XIIIth Century. A Study of Their Relations during the Years 1198-1254, Based on the Papal Letters and the Conciliar Decrees of the Period.* Philadelphia; The Dropsie College for Hebrew and Cognate Learning, 1933.

Guerchberg, Séraphine. «La controverse sur les prétendus semeurs de la ‹Peste Noire› d'après les traités de peste de l'époque.» *Revue des études juives* 108 (janvier-juin 1948) 3-40.

Iancu-Agou, Danièle. «Préoccupations intellectuelles des médecins juifs au Moyen Âge: inventaires de bibliothèques.» *Provence historique* 26, fasc. 103 (janvier-mars 1976) 21-44.

Katz, Jacob. *Tradition and Crisis. Jewish Society at the End of the Middle Ages.* New York; Schocken Books, 1971.

Kisch, Guido. «Relations between Jewish and Christian Courts in the Middle Ages,» *Historia Judaïca* 21 (1959) 82-108.

Kriegel, Maurice. *Les Juifs à la fin du Moyen Âge dans l'Europe méditerranéenne.* Paris: Hachette, 1979.

——. «Un trait de psychologie sociale dans les pays méditerranéens du bas Moyen Âge: le Juif comme intouchable.» *Annales. Économies. Sociétés. Civilisations*, 31, n° 2 (mars-avril 1976) 326-330.

Parkes, James. *The Jew in the Medieval Community. A Study of his Political and Economic Situation.* London: The Soncino Press, 1938; second edition with a New Introduction, New York: Hermon Press, 1976.

Shohet, David Menahem. *The Jewish Court in the Middle Ages.* Studies in Jewish Jurisprudence, Vol. 3. New York: Hermon Press, 1974.

Sirat, Colette. «Paléographie hébraïque médiévale.» *Annuaire 1972-1973,* École Pratique des Hautes Études, IV$^e$ Section. Sciences historiques et philologiques. Paris: Sorbonne, 1973.

Vajda, Georges. *Introduction à la pensée juive du Moyen Âge.* Études de philosophie médiévale, T. 35. Paris: Librairie philosophique J. Vrin, 1947.

   a. Allemagne

Agus, Irving A. *The Heroic Age of Franco-German Jewry. The Jews of Germany and France of the Tenth and Eleventh Centuries, the Pioneers and Builders of Town-Life, Town-Government and Institutions.* New York: Yeshiva University Press, 1969.

——. «The Standard Ketuba of the German Jews and its Economic Implications.» *The Jewish Quarterly Review* 42 (1951-1952) 225-232.

Kisch, Guido. *Jewry-Law in Medieval Germany. Law and Court Decisions Concerning Jews.* New York: American Academy for Jewish Research, 1949.

Shatzmiller, Joseph. «Doctors and Medical Practice in Germany around the Year 1200: The Evidence of Sefer Hasidim.» *Journal of Jewish Studies.* Vol. 33, 1-2 (Spring-Autumn 1982) 583-593.

   b. Angleterre

Entin-Rokeah, Zefira. «The Jewish Church-robbers and Host Desecration of Norwich (ca 1285).» *Revue des études juives* T. 141, fasc. 3-4 (juillet-décembre 1982) 331-362.

Lipman, V. D. *The Jews of Medieval Norwich.* London: The Jewish Historical Society of England, 1967.

Richardson, H. G. *English Jewry under the Angevin Kings.* London. Methuen & Co. Ltd. in association with the Jewish Historical Society of England, 1960.

   c. Espagne

Baer, Yitzhak. *A History of the Jews in Christian Spain,* Vol. 1: *From the Age of Reconquest to the Fourteenth Century.* Philadelphia: The Jewish Publication Society of America, 1961.

Carrasco Perez, Juan. «El libro del bedinaje de Estella (1328-1331).» *Miscelanea de estudios arabes y hebraicos* Vol. 30, fasc. 2º (1981) 109-120.

——. «Los Judíos de Viana y Laguardia (1350-1408): aspectos sociales y económicos.» *Vitoria en la Edad Media.* Actas del I Congreso de Estudios Históricos celebrado en esta Ciudad del 21 al 26 de setiembre de 1981, en conmemoración del 800 aniversario de su fundación. Vitoria-Gasteiz, 1982.

——. «Prestamistas Judios de Tudela a fines del siglo XIV (1382-1383).» *Miscelanea de estudios arabes y hebraicos* Vol. 29, fasc. 2$^e$ (1980) 87-142.

——. «Propriedades de Judíos en la merindad de Estella (1330-1381).» *Estudios en memoria del Professor D. Salvador de Moxó.* I.U.C.M., 1982, pp. 275-296.

Leroy, Béatrice. «De l'activité d'un Juif de Navarre, fin XIV$^e$ siècle.» *Archives juives* T. 17, n° 1 (1981) 1-6.

——. «La Juiverie de Tudela aux XIII$^e$ et XIV$^e$ siècles sous les souverains français de Navarre.» *Archives juives* T. 9, n° 1 (1972-1973) 1-11; n° 2, 15-19.

——. «Recherches sur les Juifs de Navarre à la fin du Moyen Âge.» *Revue des études juives* T. 140, fasc. 3-4 (juillet-décembre 1981) 319-432.

Neuman, Abraham A. *The Jews in Spain. Their Social, Political and Cultural Life during the Middle Ages.* 2 vols. New York: Octagon Books, 1969.

Romano, David. «Les Juifs de la couronne d'Aragon avant 1391.» *Revue des études juives* T. 141, fasc. 1-2 (janvier-juin 1982) 169-182.

### d. Grèce

Patlagean, Évelyne. «Contribution juridique à l'histoire des Juifs dans la Méditerranée médiévale: les formules grecques de serment.» *Revue des études juives* T. 124, fasc. 1-2 (1965) 137-156.

### e. Italie

*Aspetti e problemi della presenza ebraica nell'Italia centro-settentrionale (secoli XIV e XV).* Quaderni dell'Istituto di Scienze Storiche dell'Università di Roma, 2. Roma, 1983, comprenant surtout:
- Maire Vigueur, Jean-Claude. «Les Juifs à Rome dans la seconde moitié du XIV$^e$ siècle: informations tirées d'un fonds notarié.» Pp. 19-28.
- Esposito, Anna. «Gli Ebrei a Roma nella seconda metà del' 400 attraverso i protocolli del notaio Giovanni Angelo Amati.» Pp. 31-125.
- Caciorgna, Maria Teresa. «Presenza ebraica nel Lazio meridionale: il caso di Sermoneta.» Pp. 127-173.
- Boesch Gajano, Sofia. «Il Comune di Siena e il prestito ebraico nei secoli XIV e XV: fonti e problemi.» Pp. 175-225.
- Saffiotti Bernardi, Simonetta, «Gli Ebrei e le Marche nei secc. XIV-XVI: bilancio di studi, prospettive di ricerca.» Pp. 227-272.
- Quaglioni, Diego. «‹Inter Iudeos et Christianos commertia sunt permissa›. ‹Questione ebraica› e usura in Baldo degli Ubaldi (c. 1327-1400).» Pp. 273-305.
- Petrucci, Enzo. «Gli Ebrei in un inedito opuscolo anonimo sulla costituzione e riforma della Chiesa della fine del secolo XIV.» Pp. 307-342.

Mueller, Reinhold C. «Les prêteurs juifs de Venise au Moyen Âge.» *Annales. Économies. Sociétés. Civilisations* T. 30, n° 6 (novembre-décembre 1975) 1277-1302.

### f. France

Anchel, Robert. *Les Juifs de France.* Paris: J. B. Janin, 1946.

Blumenkranz, Bernhard. *Art et archéologie des Juifs en France médiévale.* Toulouse:

Les Belles Lettres, 1980; compte rendu par Iancu-Agou, Danièle. *Revue des études juives* T. 141, fasc. 1-2 (janvier-juin 1982) 237-266.

———. *Histoire des Juifs en France de l'époque romaine à la société française d'aujourd'hui.* Toulouse: Édouard Privat, 1972.

———. «Quartiers juifs en France (XII$^e$, XIII$^e$ et XIV$^e$ siècles).» *Mélanges de philosophie et de littérature juive* 3, 4 et 5 (1958-1962) 77-86.

———. «Synagogues en France du haut moyen âge.» *Archives juives* T. 14, n° 3 (1978) 37-42.

Coulet, Noël. «De l'intégration à l'exclusion: la place des Juifs dans les cérémonies d'entrée solennelle au Moyen Âge.» *Annales. Économies. Sociétés. Civilisations* T. 34, n° 4 (juillet-août 1979) 672-683.

Levi, Israël. *Les Juifs et l'inquisition dans la France méridionale.* Paris: Librairie A. Durlacher, 1891.

Nahon, Gérard. «Le crédit et les Juifs dans la France du XIII$^e$ siècle.» *Annales. Économies. Sociétés. Civilisations* T. 24, n° 5 (septembre-octobre 1969) 1121-1148.

Renan, Ernest. «Les écrivains juifs français du XIV$^e$ siècle.» Dans *Histoire littéraire de la France*, 31: [351-793, 789-802]. Paris: Imprimerie nationale, 1893; republished by Gregg International Publishers Limited, Westmead, Farnborough, Hants, England, 1969.

Schwarzfuchs, Simon. «De la condition des Juifs de France aux XII$^e$ et XIII$^e$ siècles.» *Revue des études juives* T. 125, fasc. 1-3 (janvier-septembre 1966) 221-232.

———. *Les Juifs de France.* Paris: Albin Michel, 1975.

Seror, Simon. «Contribution à l'onomastique des Juifs de France aux XIII$^e$ et XIV$^e$ siècles.» *Revue des études juives* T. 140, fasc. 1-2 (janvier-juin 1981) 139-192.

Yardeni, Myriam. *Les Juifs dans l'histoire de France.* Institut d'histoire et de civilisation françaises de l'Université de Haïfa. Leiden: E. J. Brill, 1980.

g. Languedoc-Roussillon

Amar, Paule, Chazelas, Geneviève et Blumenkranz, Bernhard. «Un dossier sur les Juifs en Languedoc médiéval dans la Collection Doat.» *Archives juives* (1968-1969) 32-40, 47-55.

Aubenas, Roger. «Conversion et affaires de famille; un épisode de l'expulsion des Juifs du Languedoc (1400).» Dans *Études en souvenir de Georges Chevrier, Mémoires de la Société pour l'Histoire du Droit et des Institutions des anciens pays bourguignons, comtois et romands*, T. 1, 29$^e$ fasc. (1968-1969) pp. 51-58. Dijon: Faculté de Droit et Science politique, 1972-1976.

Azémard, Émile. *Étude sur les Israélites de Montpellier au Moyen Âge.* Nîmes: Établissements Azémard Cousins, 1924.

Chazan, Robert. «Anti-usury Efforts in Thirteenth-Century Narbonne and the Jewish Response.» *Proceedings of the American Academy for Jewish Research* 41-42 (1973-1974) 45-67.

———. «Confrontation in the Synagogue of Narbonne: A Christian Sermon and a Jewish Reply». *The Harvard Theological Review* 67, n° 4 (October 1974) 437-457.

Dossat, Y. «Les Juifs à Toulouse à la fin du XIII$^e$ et au début du XIV$^e$ siècle.» *Archives juives* (1969-1970) 4-5.

Emery, Richard W. «Documents Concerning some Jewish Scholars in Perpignan in the Fourteenth and Early Fifteenth Centuries.» *Michaël. On the History of the Jews in the Diaspora*, 4: 27-48. Tel Aviv: The Diaspora Research Institute, 1976.

——. «Le prêt d'argent juif en Languedoc et Roussillon.» *Cahiers de Fanjeaux*, 12: *Juifs et judaïsme de Languedoc*, pp. 85-96. Toulouse: Édouard Privat, 1977.

——. «Les Juifs en Conflent et en Vallespir (1250-1415).» Dans *Conflent, Vallespir et Montagnes catalanes*, pp. 85-91. Actes du LI$^e$ Congrès de la Fédération historique du Languedoc méditerranéen et du Roussillon, organisé à Prades et Villefranche-de-Conflent, les 10 et 11 juin 1978. Montpellier, 1980.

——. «The Black Death of 1348 in Perpignan.» *Speculum* 42, n° 4 (October 1967) 611-623.

——. *The Jews of Perpignan in the Thirteenth Century; An Economic Study Based on Notarial Records*. New York: Columbia University Press, 1959.

Jusselin, Maurice. «Documents financiers concernant les mesures prises par Alphonse de Poitiers contre les Juifs (1268-1269).» *Bibliothèque de l'École de Chartes* 48 (1907) 130-149.

Kahn, Salomon. «Documents inédits sur les Juifs de Montpellier au Moyen Âge.» *Revue des études juives* 19 (1889) 259-281; 22 (1891) 264-279; 23 (1891) 265-278; 28 (1894) 118-141.

——. «Les Juifs de Gévaudan au Moyen Âge.» *Revue des études juives* 73 (1921) 113-137 ; 74 (1922) 73-95.

——. «Les Juifs de la sénéchaussée de Beaucaire.» *Revue des études juives* 65 (1913) 181-195; 66 (1913) 75-97.

——. «Les Juifs de Posquières et de Saint-Gilles au Moyen Âge.» *Mémoires de l'Académie de Nîmes* 35 (1912) 1-21.

——. *Notice sur les Israélites de Nîmes (672-1808)*. Nîmes: Imprimerie coopérative «La Laborieuse,» 1901.

Loëb, Isidore. «Histoire d'une taille levée sur les Juifs de Perpignan en 1413-1414.» *Revue des études juives* 14 (1887) 55-79.

Nahon, Gérard. «Condition fiscale et économique des Juifs.» Dans *Cahiers de Fanjeaux, 12: Juifs et judaïsme de Languedoc*, pp. 51-84. Toulouse: Édouard Privat, 1977.

——. «Les Juifs dans les domaines d'Alfonse de Poitiers, 1241-1271.» *Revue des études juives* 125, fasc. 1-3 (janvier-septembre 1966) 167-211.

Régné, Jean. «Étude sur la condition des Juifs de Narbonne du V$^e$ au XIV$^e$ siècle.» *Revue des études juives* 55 (1908) 1-36, 221-243; 58 (1909) 75-105, 200-225; 59 (1910) 58-89; 61 (1911) 228-254; 62 (1911) 1-27, 248-266; 63 (1912) 75-99.

Saige, Gustave. *Les Juifs du Languedoc antérieurement au XIV$^e$ siècle*. Paris: Alphonse Picard, 1881.

Seror, S. «À propos de la ‹collecta› de Perpignan.» *Archives juives* 11, n° 4 (1975) 58.

Shatzmiller, Joseph. «La ‹collecta› de Perpignan (1412).» *Archives juives* 11, n° 2 (1975) 20-24.

——. «Converts and Judaizers in the Early Fourteenth Century.» *Harvard Theological Review* 74, n° 1 (January 1981) 63-77.

——. «In Search of the ‹Book of Figures›: Medecine and Astrology in Montpellier at the Turn of the Fourteenth Century.» *AJS Review* 7-8 (1982-1983) 383-407.

——. «Paulus Christiani, Un aspect de son activité anti-juive.» Dans *Hommage à Georges Vajda. Études d'histoire et de pensée juives*, pp. 203-217. Louvain: Éditions Peeters, 1980.

Szapiro, E. «Les cimetières juifs de Toulouse au Moyen Âge.» *Revue des études juives* 125, fasc. 4 (1966) 395-399.

Vidal, Pierre. «Les Juifs des anciens comtés de Roussillon et de Cerdagne.» *Revue des études juives* 15 (1887) 19-55; 16 (1888) 1-23, 170-203.

h. Nord de la France

Ben-Sasson, H. H. «The ‹Northern› European Jewish Community and its Ideals.» Dans *Jewish Society through the Ages*, pp. 208-219. New York: Schocken Books, 1971.

Chazan, Robert. *Medieval Jewry in Northern France. A Political and Social History.* Baltimore and London: The Johns Hopkins University Press, 1973.

Grabois, Aryeh. «Du crédit juif à Paris au temps de Saint-Louis.» *Revue des études juives* 129, fasc. 1 (janvier-mars 1970) 5-22.

Jordan, William Chester, «An Aspect of Credit in Picardy in the 1240 s.: The deterioration of Jewish-Christian financial relations.» *Revue des études juives* 142, fasc. 1-2 (janvier-juin 1983) 141-152.

——. «Jewish-Christian Relations in Mid-Thirteenth Century France: an unpublished *Enquête* from Picardy;» *Revue des études juives* 138, fasc. 1-2 (janvier-juin 1979) 47-55.

——. «Jews on Top: Women and the Availability of Consumption Loans in Northern France in the Mid-Thirteenth Century.» *Journal of Jewish Studies* 29, n° 1 (1978) 39-56.

Kohn, Roger. «Les Juifs de la France du Nord à travers les archives du Parlement de Paris (1359?-1394).» *Revue des études juives* 141, fasc. 1-2 (janvier-juin 1982) 5-138.

Loëb, Isidore. «Le rôle des Juifs de Paris en 1296 et 1297.» *Revue des études juives* 1 (1880) 61-71.

Rabinowitz, R. *The Social Life of the Jews of Northern France in the XII$^{th}$-XIV$^{th}$ Centuries as Reflected in the Rabbinical Literature of the Period.* London: Edward Goldston Ltd., 1938.

i. Autres régions à l'exclusion de la Provence et du Comtat Venaissin

Blumenkranz, Bernhard. «Cultivateurs et vignerons juifs en Bourgogne du IX$^e$ au XI$^e$ siècle.» *Bulletin philologique et historique du Comité des travaux historiques et scientifiques* (1959) 129-136.

——. «Les Juifs à Blois au Moyen Âge: à propos de la démographie historique des Juifs.» Dans *Études de civilisation médiévale (IX$^e$-XII$^e$ siècles). Mélanges offerts à Edmond-René Labande*, pp. 33-38. Poitiers, 1974.

Bouton, André. «Les Juifs dans le Maine.» *Bulletin philologique et historique (jusqu'en 1610) du Comité des travaux historiques et scientifiques* (1963). Actes du 88$^e$ Congrès national des Sociétés savantes tenu à Clermont-Ferrand, 2: 711-723. Paris: Bibliothèque nationale, 1966.

Gauthier, Léon. «Les Juifs dans les deux Bourgognes. Étude sur le commerce de l'argent aux XIII$^e$ et XIV$^e$ siècles.» *Revue des études juives* 48 (1904) 208-229; 49 (1904) 1-17, 244-261.

Lazard, Lucien. «Les Juifs de Touraine.» *Revue des études juives* 17 (1888) 210-234.

Morey, J. «Les Juifs en Franche-Comté au XIV$^e$ siècle.» *Revue des études juives* 7 (1883) 1-40.

Prudhomme, A. *Les Juifs en Dauphiné aux XIV$^e$ et XV$^e$ siècles*. Grenoble: Imprimerie Gabriel Dupont, 1883.

——. «Notes et documents sur les Juifs du Dauphiné.» *Revue des études juives* 9 (1884) 231-263.

Schwarzfuchs, Simon. «D'une inscription hébraïque médiévale de Colmar à la finance internationale.» *Revue des études juives* 141, fasc. 3-4 (juillet-décembre 1982) 363-367.

Weill, G. «Les Juifs dans le Barrois et la Meuse du Moyen Âge à nos jours.» *Revue des études juives* 125, fasc. 1-3 (1966) 287-301.

2. *Ouvrages concernant les Juifs de Provence et du Comtat Venaissin*

a. Généralités

Amando, Pierre. *Essai sur l'organisation et la vie des Juiveries d'Avignon et du Comtat Venaissin*. Mémoire dactylographié, Faculté des Lettres d'Aix-en-Provence, 1941.

Arnaud, Camille. *Essai sur la condition des Juifs en Provence au Moyen Âge*. Forcalquier: Auguste Masson, 1879.

Arnaud d'Agnel, M. l'Abbé. «La politique de René envers les Juifs de Provence.» *Bulletin historique et philologique* (1908) 247-276.

Bardinet, Léon. «Antiquité et organisation des juiveries du Comtat Venaissin.» *Revue des études juives* 1 (1880) 262-292.

——. «Condition civile des Juifs du Comtat Venaissin pendant le XV$^e$ siècle (1409-1513).» *Revue des études juives* 6 (1882) 1-40.

——. «Les Juifs du Comtat Venaissin au Moyen Âge. Leur rôle économique et intellectuel.» *Revue historique* 14 (1880) 1-60.

Blumenkranz, Bernhard. «Pour une géographie historique des Juifs en Provence médiévale.» *Bulletin philologique et historique du Comité des travaux historiques et scientifiques*, (1965). Actes du 90$^e$ Congrès national des Sociétés savantes tenu à Nice, pp. 611-622. Paris: Bibliothèque nationale, 1966.

Bourilly, Joseph. «Notes d'ethnographie provençale. Ancien costume des Juifs.» *En Provence* n° 4 (1923) 91-93.

Bruzzone, P. L. «Documents sur les Juifs des États Pontificaux.» *Revue des études juives* 19 (juillet-décembre 1889) 131-141.

Busquet, Raoul. «Les privilèges généraux et la conservation des privilèges des Juifs de Provence.» *Mémoires de l'Institut historique de Provence* 4 (1927) 68-86.

Camau, Émile. «Les Juifs en Provence.» Dans *La Provence à travers les siècles*, pp. 249-367. Paris: Librairie ancienne Honoré Champion, 1930.

Coulet, Noël. «‹Juif intouchable› et interdits alimentaires.» *Exclus et systèmes d'exclusion dans la littérature et la civilisation médiévales, Sénéfiance*, n° 5. Aix-en-Provence: Éditions CUER MA, Université de Provence, 1978. Pp. 207-221.

Crémieux, Adélard. «Contribution à l'histoire de la vie économique des Juifs du Comtat.» *Revue des études juives* 102, fasc. 1-2 (juillet-décembre 1937) 41-79.

Davin, Emmanuel. «Les Juifs en Provence.» *Bulletin de la Société des amis du Vieux Toulon* n° 88 (1966) 42-59.

Delpal, Bernard. *Juifs et Chrétiens à Avignon et dans le Comtat Venaissin du grand schisme d'Occident au milieu du XVI$^e$ siècle (1378-1557)*. Diplôme de maîtrise de la Faculté des Lettres de Nanterre, 1968.

Dianoux, Hugues Jean de. «Cimetières juifs et soins pour les défunts en Avignon et dans le Comtat Venaissin.» *Archives juives* 7, n° 1 (1970-1971) 1-8; n° 2, 20-23.

Iancu, Danièle. «L'expulsion des Juifs de Provence à la fin du XV$^e$ siècle: données et problématique;» *Exclus et systèmes d'exclusion dans la littérature et la civilisation médiévales, Sénéfiance*, n° 5. Aix-en-Provence: Éditions CUER MA, Université de Provence, 1978. Pp. 223-237.

———. *Les Juifs en Provence (1475-1501). De l'insertion à l'expulsion.* Marseille: Institut historique de Provence, Archives communales, 1981; compte rendu par Leroy, Béatrice. *Revue des études juives* 141, fasc. 3-4 (juillet-décembre 1982) 401-403.

Iancu-Agou, Danièle. «Topographie des quartiers juifs en Provence médiévale.» *Revue des études juives* 133, fasc. 1-2 (janvier-juin 1974) 11-156.

Kohnstamm, Jackie A., et Moulinas, René. «Archaïsme et traditions locales: Le mariage chez les Juifs d'Avignon et du Comtat au dernier siècle avant l'émancipation.» *Revue des études juives* 138, fasc. 1-2 (janvier-juin 1979) 89-115.

Kriegel, Maurice. «Prémarranisme et inquisition dans la Provence des XIII$^e$ et XIV$^e$ siècles.» *Provence historique* 27, fasc. 109 (juillet-septembre 1977) 313-323.

Kukenheim Ezn, L. «Originalité des communautés juives en Provence.» *Revue de langue et littérature d'oc* n$^{os}$ 12-13 (1965) 152-159.

Lunel, Armand. *Juifs du Languedoc, de la Provence et des États français du Pape.* Présences du Judaïsme. Paris: Éditions Albin Michel, 1975.

Maulde, R. de. «Les Juifs dans les États français du Pape au Moyen Âge.» *Revue des études juives* 7 (1883) 227-252; 8 (1884) 96-120; 9 (1884) 92-115.

———. *Les Juifs dans les États français du Saint-Siège au Moyen Âge. Documents pour servir à l'histoire des Israélites et de la papauté.* Paris: H. Champion libraire, 1886.

Mosse, Armand. *Histoire des Juifs d'Avignon et du Comtat Venaissin.* Paris: Librairie Lipschutz, 1934.

Shatzmiller, Joseph. «‹Jews› Separated from the Communion of the Faithful in Christ in the Middle Ages.» Dans *Studies in Medieval Jewish History and Literature,* ed. Isadore Twersky, pp. 307-314. Cambridge, Mass.: Harvard University Press, 1979.

——. «L'excommunication, la communauté juive et les autorités temporelles au Moyen-Âge.» Dans *Les Juifs dans l'histoire de France,* dir. par Myriam Yardeni. Leiden: E. J. Brill, 1980. Pp. 63-69.

——. «L'inquisition et les Juifs de Provence au XIII$^e$ siècle.» *Provence historique* 23, fasc. 93-94 (juillet-décembre 1973) 327-339.

——. «L'organisation communautaire et les limites du ‹Self-Government› en Provence (1250-1350).» Dans *Cahiers de la Méditerranée: Les Juifs dans la Méditerranée médiévale et moderne,* pp. 1-9. Actes des journées d'études du C.M.M.C., 25-26 mai 1983. Nice, 1986.

——. «La perception de la ‹tallia judeorum› en Provence au milieu du XIV$^e$ siècle.» *Annales du Midi* 82, n° 98 (juillet-septembre 1970) 221-236.

——. «Notes sur les médecins juifs en Provence au Moyen Âge.» *Revue des études juives* 128, fasc. 2-3 (1969) 259-273.

——. «Rationalisme et orthodoxie religieuse chez les Juifs provençaux au commencement du XIV$^e$ siècle.» *Provence historique* 22, fasc. 89 (juillet-septembre 1972) 261-286.

——. «Tumultus et Rumor in Sinagoga. An Aspect of Social Life of Provençal Jews in the Middle Ages.» *AJS Review* 2 (1977) 227-255.

Soloveitchik, Haym. «Jewish and Provençal Law: a Study in Interaction.» *Recueil de mémoires et travaux publié par la Société d'histoire du droit et des institutions des anciens pays de droit écrit,* fasc. 9: *Mélanges Roger Aubenas,* pp. 711-723. Montpellier: Faculté de droit et de sciences économiques, 1974.

Twersky, Isadore. «Aspects of the Social and Cultural History of Provençal Jewry.» Dans *Jewish Society through the Ages,* ed. H. H. Ben-Sasson, and S. Ettinger, pp. 185-207. New York: Schocken Books, 1971.

b. Études locales

1. Aix-en-Provence

Coulet, Noël. «Autour d'un quinzain des métiers de la communauté juive d'Aix en 1437.» Dans *Minorités, techniques et métiers, Actes de la table ronde du Groupement d'Intérêt Scientifique Sciences Humaines sur l'Aire Méditerranéenne, Abbaye de Sénanque, octobre 1978.* Pp. 79-104. Aix-en-Provence: Institut de Recherches Méditerranéennes, Université de Provence, 1980.

——. «Juifs et justice en Provence au XV$^e$ siècle – un procès et un pogrom à Aix (1425-1430).» *Michaël. On the History of the Jews in the Diaspora,* 4: 9-25. Tel Aviv: The Diaspora Research Institute, 1976.

Duranti La Calade, J; de. «Notes sur les rues d'Aix au XIV$^e$ et au XV$^e$ siècles. Le quartier des Juifs.» *Annales de Provence* 10 (1913) 395-408; 18 (1920-1921) 166-184; 21 (1924) 5-27; 22 (1925) 103-111; 24 (1926) 21-41.

Iancu-Agou, Danièle. «Juifs et néophytes aixois au tournant du XV$^e$ siècle.» *Proceedings of the Eighth World Congress of Jewish Studies*, Division B, The Period of the Bible, pp. 61-68. Jerusalem: World Union of Jewish Studies, 1982.

———. «L'inventaire de la bibliothèque et du mobilier d'un médecin juif d'Aix-en-Provence au milieu du XV$^e$ siècle.» *Revue des études juives* 134, fasc. 1-2 (1975) 47-80.

———. «La communauté juive aixoise à l'extrême fin du XV$^e$ siècle: dissensions internes et clivage social.» Reprint from *Proceedings of the Seventh World Congress of Jewish Studies. History of the Jews in Europe*, held at the Hebrew University of Jerusalem, 7-14 August 1977, Jerusalem: World Union of Jewish Studies, 1981, 9-27.

———. «Les Juifs et l'or à Aix à la fin du XV$^e$ siècle.» *Sénéfiance n° 12*, pp. 211-223. Aix-en-Provence: Publications du CUER MA, Université de Provence, 1983.

———. «Notes à propos de l'aumône des Juifs d'Aix-en-Provence en 1482.» *Les Juifs: objet de connaissance*, Travaux de l'Université de Toulouse-Le Mirail, Série B - Tome 4, pp. 85-92. C.I.R.E.J., Toulouse: Service des Publications, Université de Toulouse-Le Mirail, 1984.

———. «Une strate mince et influente: les médecins juifs aixois à la fin du XV$^e$ siècle (1480-1500). Activités économiques et état social.» Dans *Minorités, techniques et métiers, Actes de la table ronde du Groupement d'Intérêt Scientifique Sciences Humaines sur l'Aire Méditerranéenne, Abbaye de Sénanque, octobre 1978*, pp. 115-126. Aix-en-Provence: Institut de Recherches Méditerranéennes, Université de Provence, 1980.

Shatzmiller, Joseph. «Documents de la communauté d'Aix-en-Provence, 1336.» *Michaël. On the History of the Jews in the Diaspora*, 4: 414-445. Tel Aviv: The Diaspora Research Institute, 1976.

2. Arles

Chotner, J. «Kalonymos ben Kalonymos, a Thirteenth-Century Satirist.» *The Jewish Quarterly Review* 13 (1900) 128-146.

Fassin, Émile. «Le Montjuif et les cimetières israélites.» *Bulletin de la Société des Amis du Vieil Arles* 1 (1903) 30-33, 87-90.

———. «Tablettes d'un curieux. Les Juifs d'Arles au Moyen Âge. Simples notes.» *Bulletin de la Société des Amis du Vieil Arles* 6 (1909) 89-97.

Hildenfinger, Paul. «Documents relatifs aux Juifs d'Arles.» *Revue des études juives* 41 (1900) 62-97; 47 (1903) 221-242; 48 (1904) 48-81, 265-272.

Remacle, Cte. «Établissement de charité israélites au Moyen Âge.» *Bulletin de la Société des Amis du Vieil Arles*, 4$^e$ année, n° 6 (octobre 1907) 416-430.

Stouff, Louis. «Activités et professions dans une communauté juive de Provence au Bas Moyen-Âge. La juiverie d'Arles, 1400-1450.» *Minorités, techniques et métiers, Actes de la table ronde du Groupement d'Intérêt Scientifique Sciences Humaines sur l'Aire Méditerranéenne, Abbaye de Sénanque, octobre 1978*, pp. 57-77. Aix-en-Provence: Institut de Recherches Méditerranéennes, Université de Provence, 1980.

### 3. Avignon

Bauer, Jules. «La peste chez les Juifs d'Avignon.» *Revue des études juives* 24 (1897) 251-262.

Guillemain, Bernard. «Citoyens, Juifs et courtisans dans Avignon pontificale au XIV$^e$ siècle.» *Bulletin philologique et historique du Comité des travaux historiques et scientifiques* (1961) 147-160.

Hayez, Michel et Anne-Marie. «Juifs d'Avignon au tribunal de la cour temporelle sous Urbain v.» *Provence historique* 23, fasc. 93-94 (juillet-décembre 1973) 165-173.

Pansier, P. «Les œuvres de charité juives à Avignon du XIV$^e$ au XVIII$^e$ siècle.» *Annales d'Avignon et du Comtat Venaissin* 10 (1924) 71-133.

Prévot, Ph. «À travers la carrière des Juifs d'Avignon.» *Mémoire de l'Académie de Vaucluse* 3 (1938) 91-112; 4 (1939) 23-32.

### 4. Bédarrides

Bauer, Jules. «Les Juifs de Bédarrides.» *Revue des études juives* 29 (1894) 254-265.

### 5. Carpentras

Castellani, Christian. «Le rôle économique de la communauté juive de Carpentras au début du XV$^e$ siècle.» *Annales. Économies. Sociétés. Civilisations* 27, n° 3 (mai-juin 1972) 583-611.

———. *Recherches sur le rôle économique de la communauté juive de Carpentras 1396-1420*, présenté à l'École Nationale des Chartes en janvier 1970 pour l'obtention du diplôme, état dactylographié.

Dubled, Henri. «La boucherie juive à Carpentras.» *Archives juives* 3, n° 3 (1966-1967) 26.

———. «Les Juifs de Carpentras à partir du XIII$^e$ siècle.» *Provence historique* 19, n° 77 (juillet-septembre 1969) 214-235.

Loëb, Isidore. «Les Juifs de Carpentras sous le gouvernement pontifical.» *Revue des études juives* 12 (1886) 34-64, 161-235.

### 6. Draguignan

Honoré, Louis. «Les Juifs à Draguignan du XIII$^e$ au XV$^e$ siècle.» *Bulletin de la Société d'études scientifiques et archéologiques de Draguignan* 43, 2$^e$ partie (1940-1941) 1-101.

### 7. Forcalquier

Levi, Israël. «La communauté juive de Forcalquier.» *Revue des études juives* 41 (1900) 274-275.

### 8. Gordes

Shatzmiller, Joseph. «En Provence médiévale: Les Juifs de Gordes (Vaucluse) (1312).» *Revue des études juives* 138, fasc. 3-4 (juillet-décembre 1979) 351-354.

### 9. Grasse

Malausséna, Paul-Louis. «Les Juifs à Grasse au Moyen Âge (XIV$^e$ et XV$^e$ siècles).» *Archives juives* (1967-1968) 2-9.

### 10. Hyères

Aubenas, Roger et Guenoun, Lucien. «Notes sur la condition des Juifs d'Hyères au XIV$^e$ siècle.» *Recueil de mémoires et travaux publiés par la Société d'histoire du droit et des institutions des anciens pays de droit écrit*, fasc. 1, pp. 1-3. Toulouse: Imprimerie F. Boisseau, 1948.

### 11. Malaucène

Loëb, Isidore. «Les Juifs de Malaucène.» *Revue des études juives* 6 (1882) 270-272.

### 12. Manosque

Iancu-Agou, Danièle. «Les Juifs et la justice en Provence médiévale: Un procès suvenu à Manosque en 1410.» *Provence historique* 29, n° 115 (janvier-février-mars 1979) 21-31.

Shatzmiller, Joseph. *Recherches sur la communauté juive de Manosque au Moyen Âge. 1241-1329.* Paris: La Haye, Mouton et Co., 1973.

### 13. Marseille

Bénichou, Lucette. «Recherches sur la communauté juive de Marseille au XIII$^e$ siècle.» *Archives juives* n° 1 (1970-1971) 9-11.

Bénichou-Sportouch, Lucette. *Recherches sur la communauté juive de Marseille au XIII$^e$ siècle*, mémoire dactylographié présenté en vue de l'obtention de la maîtrise d'histoire, Faculté de Lettres et Sciences humaines d'Aix-en-Provence, Université d'Aix-Marseille, 1969.

Busquet, Raoul. «La fin de la communauté juive de Marseille au XV$^e$ siècle.» *Revue des études juives* 83 (1927) 163-173.

——. «La fin de la communauté juive de Marseille au XV$^e$ siècle.» Dand *Études sur l'ancienne Provence. Institutions et points dd'histoire*, pp. 177-200. Paris: Librairie ancienne Honoré Champion, 1930.

Crémieux, Adélard. «Les Juifs de Marseille au Moyen Âge.» tiré à part de la *Revue des études juives* (1903).

Iancu-Agou, Danièle. «Autour du testament d'une juive marseillaise.» *Marseille. Revue municipale trimestrielle* n$^{os}$ 132-133 (1$^{er}$ semestre 1983) 30-36.

——. «Les relations entre les Juifs de Marseille et les communautaires juives d'Afrique du Nord à la fin du XV$^e$ siècle.» Dans *Les relations intercommunautaires juives en Méditerranée occidentale, XIII$^e$-XX$^e$ siècles*, Actes du colloque international de l'Institut d'histoire des pays d'outre-mer et du Centre de recherches sur les Juifs d'Afrique du Nord, Abbaye de Sénanque 1982, pp. 23-33. Paris: Éditions du Centre National de la Recherche Scientifique, 1984.

Loëb, Isidore. «Le procès de Samuel ibn Tibbon. Marseille, 1255.» *Revue des études juives* 15 (1887) 70-98; 16 (1888) 124-137.

——. «Les négociants juifs à Marseille au milieu du XIII$^e$ siècle.» *Revue des études juives* 16 (1888) 73-83.

——. «Un convoi d'exilés d'Espagne à Marseille en 1492.» *Revue des études juives* 9 (1884) 66-76.

Shatzmiller, Joseph. «Livres médicaux et éducation médicale: à propos d'un contrat de Marseille en 1316.» *Mediaeval Studies* 42 (1980) 463-471.

——. «Structures communautaires juives à Marseille: autour d'un contrat de 1278.» *Provence historique* 28, n° 115 (janvier-février-mars 1979) 33-45.

——. «Structures communautaires juives à Marseille: une confirmation.» *Provence historique* T. 30, n° 120 (avril-mai-juin 1980) 218-219.

Weyl, Jonas. «La résidence des Juifs à Marseille.» *Revue des études juives* 17 (1888) 96-110.

### 14. Monieux

Golb, Norman. «Monieux.» *Proceedings of the American Philosophical Society* 113, n° 1 (Janvier 1969) 67-94.

——. «New Light on the Persecution of French Jews at the Time of the First Crusade.» tiré à part des *Proceedings of the American Academy for Jewish Research* 34 (1966); compte rendu par Baratier, Édouard. «Un pogrom à Monieux à la fin du XI$^e$ siècle.» *Provence historique* 18, n° 72 (avril-juin 1968) 269-270.

### 15. Nice

Émanuel, Victor. «Les Juifs à Nice 1400-1860.» *Nice historique* n$^{os}$ 5-17 (1902), 71-75, 81-84, 102-105, 120-123, 135-138, 150-153, 167-171, 186-190, 205-208, 230-235, 263-266.

Gallois-Montbrun, Joseph-Armand. *Étude sur l'établissement et la résidence des Israélites en la ville de Nice.* Nice: Imprimerie Caisson et Mignon, 1875.

### 16. Orange

Gasparri, Françoise. «Juifs et Italiens à Orange au XIV$^e$ siècle: métiers comparés.» *Minorités, techniques et métiers, Actes de la table ronde du Groupement d'Intérêt Scientifique Sciences Humaines sur l'Aire Méditerranéenne, Abbaye de Sénanque, octobre 1978,* pp. 47-56. Aix-en-Provence: Institut de Recherches Méditerranéennes, 1980.

——. «Les Juifs d'Orange (1311-1380) d'après les archives notariales.» *Archives juives* 10, n° 2 (1973-1974) 22-23.

### 17. Saint-Rémy de Provence

Coulet, Noël. «Reconstruction d'une synagogue à Saint-Rémy de Provence (1352).» *Revue des études juives* 142, fasc. 1-2 (janvier-juin 1983) 153-159.

Marrel, E. «Un document sur les Juifs de Saint-Rémy de Provence au XIV$^e$ siècle.» *Revue des études juives* 47 (1903) 301-307.

### 18. Salon-de-Provence

Blanchard, Jean. «Notes sur la communauté juive de Salon-de-Provence.» *Archives juives* (1969-1970) 33-35.

Iancu-Agou, Danièle. «La communauté juive de Salon (1391-1435).» *Provence historique* 30, n° 122 (octobre-novembre-décembre 1980) 431-434.

Lhez, E. P. E. «Aperçu d'un fragment de la correspondance de Michel de

Nostredame.» *Provence historique* 11, fasc. 44 (avril-juin 1961) 117-142; fasc. 45 (juillet-septembre 1961) 205-229.

———. «L'ascendance paternelle de Michel de Nostredame.» *Provence historique* 18, fasc. 74 (octobre-décembre 1968) 385-424.

———. «La perception du subside versé au roi Louis XII par les ‹nouveaux chrétiens› résidant en Provence (1512-1513).» *Provence historique* 16, fasc. 66 (octobre-décembre 1966) 571-586.

19. Tarascon

Drouard, Alain. «La communauté juive de Tarascon-sur-Rhône à la fin du XIV$^e$ siècle et dans la première moitié du XV$^e$ siècle.» *Archives juives* n° 2 (1967-1968) 15-18.

———. «Les Juifs à Tarascon au Moyen Âge.» *Archives juives* 10, n° 4 (1973-1974) 53-60.

Kahn, Salomon. «Les Juifs de Tarascon au Moyen Âge.» *Revue des études juives* 39 (1899) 95-112, 261-298.

20. Toulon

Crémieux, Adélard. «Les Juifs de Toulon au Moyen Âge et le massacre du 13 avril 1348.» *Revue des études juives* 89 (1930) 33-72; 90 (1931) 43-64.

21. Trets

Gérin-Richard, H. de. «Traitement d'égalité et protection accordés aux Juifs par les seigneurs de Trets aux XIV$^e$ et XV$^e$ siècles.» *Répertoire des travaux de la Société de statistique de Marseille* 48 (1911-1920) 41-45.

Menkès, Fred. «Une communauté juive en Provence au XIV$^e$ siècle: étude d'un groupe social.» *Le Moyen Âge* 77 (1971) n° 2, pp. 277-303; n$^{os}$ 3-4, pp. 416-450.

# Index

N.B.: Comme le deuxième nom des Juifs change d'une génération à l'autre, les noms juifs ont été indexés par l'intermédiaire des prénoms.

Abréviations

| | | | |
|---|---|---|---|
| ar. | arrondissement | ch.-l. | chef-lieu |
| B.-du-R. | Bouches-du-Rhône | dép. | département |
| c. | canton | n. | note |

Abba Mari ben Eligdor 3
Abraam (Abramet) Maymoni 47, 94, 134-136, 139, 144, 199 n.36
Abraam Astrugii 34
Abraam Astrugii d'Avignon 30
Abraam Massipi de Lambesc 14
Abraam Mosse alias Atar de Marseille 27, 199 n.36
Abraam Salamonis de Saint-Maximin 30
Abraham Bédersi de Perpignan 3
Abram Bonaffocii 65
Abram Santo (Santol) 28, 47
Abramet Boneti 144
Abramet Cregudi 27, 94, 106, 134, 144
achat à terme 87, 88, 110-122, 133-138, 161, 168-171, 175, 177, 181
Acre, Israël 195 n.20
activité économique 85-89; nombre des actes 85-86
Agout, noble Urbaine d' 67-68
Aix-en-Provence, B.-du-R., ch.-l. ar. 9, 14, 18 n.28, 81; aumône 53, 55; comte de 62, 64-68; crédit 128, 129, 142 n.100, 143, 147 n.105, 148, 149, 152, 161 n.120; démographie xii, 21, 183; femme 137; Juiverie (quartier) 22-23; organisation communautaire 49, 66, prêt 111 n.80, 117 n.83, 121, 133; retard de remboursement 164-165; zone d'influence 148
Albi, Tarn, ch.-l. dép. 14
Alemand, Louis, archevêque 63
Alger, Algérie 196 n.24
Alhaudi, Barthélémy, viguier 59
alimenta 15, 69, 71, 193

Alleins, B.-du-R., ar. Arles 18 n.28, 129 n.89, 147 n.105
Allemagne, pays 16, 44, 70, 196 n.21 et 24, 197 n.26, 203 n.49
analyse quantitative vii, 85-86
Angleterre, pays 193 n.14
Antibes, Alpes-Maritimes, ar. Grasse, ch.-l, c. 14
Apt, Vaucluse, ch.-l. ar. xii, 64
apurement de comptes 87, 110, 112, 114-120, 123, 134, 136-138, 161, 168-170, 181
Argentière (L'), Ardèche 9
Arlatan (quartier urbain de Salon-de-Provence) 25 n.54, 92
Arles, B.-du-R., ch.-l. ar. 3 n.2, 10, 19, 64; archevêque d'ix-xi, xv, 4 n.4, 6, 51, 52, 59, 62-63, 81, 82, 91, 185; crédit 128, 129, 143, 147 n.105, 148, 149, 152, 154 n.117, 159, 161 n.120 ; démographie xii; femme 137; mesures et prix xvii; organisation communautaire 45, 46, 66, 67, 68; prêt 117 n.83, 121, 127, 133; retard de remboursement 164-165
Arnaudi de Fabrica, Guillaume 63
artisan 130-133, 149-153, 186, 187
Asher ben Yehiel 197 n.26
Asie Mineure, région 196 n.24
Astruc Crescas de Bésaudun 36 n.63, 55, 78 n.140, 79 n.141
Astruc Urgerii d'Aix-en-Provence 32
Astrug (Astruguet) Gardi 40, 47
Astrug Comprati de Clermont 31
Astrug Salomon de Mazan 92, 95-96, 97, 106, 138

Astrug Samielis Cohen 134-135, 144
Astrug Samuelis d'Argentière 31
Astrugelle, épouse de Compradet Duranti 33
Astrugonne, épouse de Jacob Astrugii d'Aix-en-Provence 27
Astrugonne, épouse de Jacob Josse et fille de Bonan Boniaqui 26, 28, 31
Astrugue, épouse de Josse Vidas 28
Astrugue, épouse de Profach Boniaqui 29, 134
Astrugue, épouse d'Ysac Josse d'Istres et petite-fille de Bonan Boniaqui 31, 80, 180, 191-205
Astrugue, épouse de Vital Josse 30
Astruguet de Vinariis 47
Astruguet Josse 28
Aubagne, B.-du-R., ar. Marseille, ch.-l c. 147 n.105
aumône 45-46, 50-59, 138, 185
Aureille, B.-du-R., ar. Arles 129 n.89, 147 n.105, 149 n.108
Aurioli, Jacobe, veuve de Jean 102
Aurons, B.-du-R., ar. Aix-en-Provence XII, 18 n.28, 129 n.89 et 90, 147 n.105, 149 n.108
auteur 3-4
autosuffisance 100-101, 105, 106
Autriche, pays 70
Avignon, Vaucluse, ch.-l. dép. XII-XIII, 11, 14, 44, 98, 183, 199; aumône 53, 55; crédit 128, 129, 143, 147 n.105, 148, 149; organisation communautaire 44, 46
Aymet Boniaqui 29, 40 n.74, 47, 81; crédit 134-135, 144

bains 7, 50, 51, 52
Barben (La), B.-du-R., ar. Aix-en-Provence 129 n.89 et 90, 147 n.105, 148 n.108, 149 n.109
Barberia, Marguerite 201
Barcelone, Espagne 196 n.24
Bastonenc (quartier urbain de Salon-de-Provence) 22, 24, 58, 92, 94, 95
Baussan, Jean, archevêque 4
baylon 43-50, 51-53, 65, 67, 138, 180, 192
Beaufort, Raymond Roger de, vicomte de Turenne 113
Bella, épouse de Josef Cohen 198
Bellant Bonani 28, 33
Bellant Davini del Castel de Sisteron 30
Bellette, épouse de Gardet Abraam de Bédarride 29

Bellette, fille de Boniac Bonaffossii alias de Borrian 29
Bellette, fille de Josse Vidas 28
Bengues Nathane d'Arles 63
Benvengude, épouse de Salves Caracause 78 n.140
Benvengude, veuve de maître Salomon Girondini 199
Berre, étang XIII
Berre l'Étang, B.-du-R., ar. Aix-en-Provence, ch.-l. c. 9, 10, 12, 18 n.28; crédit 128, 129 n.90, 143, 147 n.105, 148, 149
bétail 107, 123
bien immobilier 90-106, 138, 185
Bienvenue, fille de Josef Cohen 198
Blanquette, épouse de Salves Astrugii Cassini 29
Blanqui, Guillaume, d'Arles 63
Blois, Loir-et-Cher, ch.-l. d'ar 21 n. 40
Boeti, Goeffroi 60
Boeti, Philippe 60
Boeti, Raymond 60
Bohême, province 70
Bollène, Vaucluse, ar. Avignon, ch.-l. c. 9
Bonaffos Brunelli d'Apt 27
Bonafos Samuelis de Manosque 192-194
Bonan Boniaqui VIII, IX n.7, XIV, XV, 20, 28, 31, 35, 39, 40 n.74, 63; activités 89, 166-180; baylon 47, 48, 49-50, 192; crédit 134-136, 144; fortune 80, 180, 188, 191-192; stratégie matrimoniale 191-205; testament 26, 78 n.140
Bonan Thoni d'Istres 33, 40 n.74, 56, 58
Bonanet Bellanti 33, 144, 174
Bondavin Bondavini Avicxor d'Aix-en-Provence 60, 65
Bondavin Comprati de Tarascon, maître 29, 47, 48, 65
Bonedine, fille de Vital Vitalis Cohen de Carpentras 28
Bonenfant de Tournon 10
Bonenfant (Sancet), fils de Vital Abraam alias Atar 27, 96, 97, 199
Bonet Davini de Lattes 10, 27, 106, 144-145, 199 n.36
Bonet de Carpentras 95
Bonet Maymoni de Berre 10, 11, 135, 144
Bonette (Donette ou Cregude), épouse de Bonet Davini de Lattes 27
Boniac Aym 47, 51
Boniac Bonafossii alias de Borrian 29, 103, 144, 174

Boniac Davini d'Avignon 31
Boniac Petiti 29, 30, 94, 102, 144-145
Boniac Samiel 33
Boniaquet Aym 29
Bonin Urgerii d'Aix-en-Provence 32
Bonjudas Nathan Crescas 3
Bonoze, veuve d'Astrug Jacob d'Avignon 79 n.141
Borguésie, épouse de Vidas Salves 35, 78 n.140, 79 n.141, 97
Borrian (faubourg d'Arles) 9
Borrian (quartier de Noves) 9 n.1
boucherie 5, 50, 51, 52
Boulbon, B.-du-R., ar. Arles 147 n.105, 149
Bourgneuf (faubourg d'Arles) 9 n.1
Bourgneuf (faubourg de Salon-de-Provence) XII n.18, 93
Brignoles Var, ch.-l. ar. 147 n. 105

cadastre XV n.26, 91
Caderousse, Vaucluse, ar. Avignon 9
Caire, Le, Egypte 195 n.20
Capardi, Guillaume, notaire 193
Carpentras, Vaucluse, ar. Avignon VII, 9, 13-14, 16, 184; commerce 111; crédit 109, 117, 141-142, 145, 151, 160 n.119, 169-170; démographie 21; évêque de 100; Juiverie (quartier) 24; zone d'influence 148
Carpin, Antoine IX n.7
Carpini, noble Arnaud 60-61
Castellane, Alpes-de-Haute-Provence, ch.-l. ar. 9
Catherine, épouse de Gabriel Boneti de Valence (Espagne) 13 n.12, 34
Cavaillon, Vaucluse, ar. Apt. ch.-l. c. 9, 95 n.28
Cereyson, Jean, notaire 7 n.15
Charles II de Provence 22 n.48
Charles IV, roi de France 13
Charles de Tarente, vice-roi 81, 113
charte XV
cimetière 6, 50, 51, 62
Clarone, épouse d'Abraam Astrugii 34
Claronne, épouse de Léon Comprati 29
Clermont-Ferrand, Puy-de-Dôme, ch.-l, dép. 9
clientèle 147-158, 186
Codalet de Rivesaltes, Arnaud de 166-167
commerçant 92, 94, 109, 124, 138, 142, 150-153; voir aussi marchand
commerce XII, XIII, 99, 109, 110-111, 119, 124, 172-173; à crédit 88, 122, 134-138, 186, 188; au comptant 87, 88
communauté 183-184; voir aussi *universitas Judeorum*
Compradet Comprati de Lattes 30
Compradet Duranti 33
Compradet, fils de Léon Comprati 29
Comprate, épouse de Boniac Bonaffossii alias de Borrian 29
Comtat Venaissin, province VII, 14, 53, 73, 81; cadastres du 100-101
Conette (ou Essernide), épouse de Josse Bondia Cohen 78 n. 140
conjoncture 113, 123, 148
conseiller 44, 45, 65
Constantin, Étienne, notaire 109
Constantinople, Asie Mineure 196 n.24
Cordoue, Espagne 195 n.20
Cornillon-Confoux, B.-du-R., ar. Aix-en-Provence IX n.7, XII, 18 n.28, 108; crédit 147 n.105, 149 n.108
Côte d'Azur, région 14
courtier 142 n.100; voir aussi procureur
créance 166-180; transfert de 87, 110, 119, 124
créancier(s) 48, 124-146; association de 125-126, 139-141; lieux d'origine 127-129
crédit 87-89, 91, 107-181, 185, 186-189; délai de crédit 158-165, 176-178; en nature 110, 111, 117-124, 171-173, 181; en numéraire 109, 117-124, 171-172, 181; fluctuations mensuelles 115, 168-171; nombre des actes 108; volume 118-124, 170-173, 188
Cregud Abraam de Berre 27, 106
Cregud (alias Ferrare) Bendich 32
Cregud Aym 25 n.56, 34, 47, 57, 63, 92, 103-104, 105, 138; crédit 106, 134-137
Cregud Jacob de Saint-Maximin 92, 138
Cregudonne, épouse d'Astrug Samuelis d'Argentière et petite-fille de Bonan Boniaqui 31, 80, 180, 192
Cregudonne, épouse de Mosse Astrugii Cohen d'Aix-en-Provence 27
Cregudonne, fille de Cresquet Calli 32
Crescas (Cresquet) Calli 32, 104, 144
Crescas (Cresquet) Cregudi 27, 40 n.74, 81, 144-145
Crescas Josse 31, 180
Cresquas Mosse 34
Cresquas Rogeti de Marseille 27

Creyson Astrugii 98
*curtes* 105

Dauphiné, province 14, 193 n.14
David (Davinet) Maymoni 135, 144
Davin de Lattes 10
Davinet Josse 34, 93, 97, 105; crédit 134-136, 144
débiteur(s) 124-125, 146-158, 186; association(s) de 152-156, 173-176; lieux d'origine 147-148, 173
démographie IX-XII, 8-41
Dieulosal Bendich d'Uzès 11, 24, 32, 47, 81, 107; crédit 134-136, 139, 144
Digne, Alpes-de-Haute-Provence, ch.-l. dép. 18 n.28, 129
discrimination 5, 185
Donde (ou Estes), épouse de Cregud alias Ferrare Bendich 32, 144
Donette (Domiette, Bonedine), épouse de Bonan Boniaqui 31, 35, 78 n.140, 79 n.141, 144, 180
Donette (Durette ou Bonedine), épouse de Cresquet Calli 32
Donette, épouse de Salomon de Narbonne, puis d'Abram Santol 28
dot XIV-XV, 15, 69-77, 156, 180, 192-195, 202; composition 71; constitution de 26, 35, 39-41; durée de paiement 74-75, 77; modèle 70; moyenne par métier 75-76
Draguignan, Var, ch.-l. ar. 12, 64
drapier 74-76, 130
Drude, épouse de Mosse Abraam 144
Dulcie, épouse de Cregud Aym 34
Dulcie, épouse de Dieulosal Bendich 32
Dulciette, épouse de Salvet Vitalis Cohen 28
Dulciette, épouse de Salves Vitalis Manelli d'Avignon 29
Dulciette, épouse de Vital Salamonis Cohen 30
Dulciette (ou Dulsone), épouse de Bondavin Comprati de Tarascon 29
Durant, Jacques, notaire 7 n.15
Durant, Pierre, notaire 7 n.15
Durant Thoni 33

ecclésiastique 131-133, 150-153, 186
échéance de dette 158-159, 163
endettement 60-62, 68, 111, 181, 185
Espagne, pays: 12, 24, 44, 46, 61, 68, 183, 196, 197 n.26, 203 n.49; onomastique 96 n.29
espérance de vie 39-41

exogamie 16-18, 73, 183
expulsion 8, 10, 91
Eygalières, B.-du-R., ar. Arles 147 n.105
Eyguières, B.-du-R., ar. Arles XIII, 11 n.8, 14, 18 n.28; crédit 129 n.89 et 90, 143, 147 n.105

Fare-les Oliviers (La), B.-du-R., ar. Aix-en-Provence 129
Fauronet, fils de Vital Abraam 79
fécondité 36-38, 183
femme XI, 11 n.9, 16, 21, 25-26, 35-40, 69-81, 180, 191-205; crédit 133-137
feux, nombre de IX; chefs de XI, 19-21, 185
Fez, Maroc 195 n.20
fidéjusseur 153, 155
fortune 18, 36, 47-49, 68-81, 180, 191-192
Fossette, veuve de Bonafos de Cans alias Del Portal de Carpentras 58
four 50, 51, 52, 62
Franc, Jacques, notaire XIV, 166-180
France (pays) 7, 8, 12, 14, 16, 44, 70, 82, 196 n.21 et 24 ; Nord de la 10, 16, 21 n.40 ; Sud de la 96 n.29, 117, 197 n.26
Fréjus, Var, ar. Draguignan, ch.-l. c. 14

Gabriel Boneti de *Valencia Magna in Cathalonia* 13 n.12, 34
Gap, Hautes-Alpes, ch.-l. dép. 14
Gap, Raymond de, notaire 7 n.15
Gardanne, B.-du-R., ar. Aix-en-Provence, ch.-l. c. 18 n.28, 201
Gardet Abraam de Bédarride 29
Gaudin, Guillaume, juge 193-194, 203
Gaudini, Guimet 107
Gaufridi, Antoine 52
généalogie 8, 25-35, 38, 192
Gentala, épouse de Vital Vitalis Cohen de Carpentras 28
géographie IX, X, 23
Girardi, Raymond, maréchal-ferrant 102
grain 118-124, 133-136, 171-173, 186
Grans, B.-du-R., ar. Aix-en-Provence XII, 129 n.90, 147 n.105, 148 n.108
Grasse, Alpes-Maritimes, ch.-l. ar. 90, 184
Gudette, épouse de Salves Caracause 135
Guesson Bonnani d'Aix-en-Provence 32

habitat, concentration de l' 91-95, 184
Hanan de Veyne 193 n.14
Hongrie, pays 70
hôpital 52, 56
Hostagerii, Jean 51

Hugues, évêque de Vaison 59
huile 118-124, 133-136, 171-173

impôt 10 n. 5, 64-68, 185
influence, zone d'XII, 148, 173
intérêt 142, 188; taux d' 181
Isaac bar Isaac Simson 198
Isaac ben Asher Ha-Lévi 196 n.21
Isaac ben Mordekhaï Kimhi (Maestre Petit de Nions) 3 n.1
Isaac ben Sheshet Barfat 196 n.24
Isac, fils de Bonafos Samuelis de Manosque 191-194
Isnard d'Alleins, Louis IX n.7
Isnardi, noble Louis 94
Istres, B.-du-R., ar. Aix-en-Provence, ch.-l. c. 9, 14, 18 n.28; crédit 128, 147 n.105, 148 n.108 et 109
Italie, pays 12, 147 n.105, 183, 196 n.24

Jacob (rue de Salon-de-Provence) 22
Jacob Astrugii d'Aix-en-Provence 27
Jacob ben Méir Tam 196 n.21, 203 n.49
Jacob ben Moïse de Bagnols 3
Jacob Davini 34
Jacob de Berre 92
Jacob, fils de Jacob Josse 28, 31
Jacob Josse (Josep) 28, 30, 31, 64
Jaconet Mosse 25 n.56, 92, 93
Jacques II, roi 49
jardin 104-105
Jeanne, reine 22
Jérusalem, Israël 195 n.20
Josef Cohen 198
Josep Jacob de Saint-Maximin 28, 30
Josse Bonani 26, 31, 47, 49-50, 51, 192
Josse Bondia Cohen, maître 30, 47, 48, 52, 63, 103, 106, 138, 199 n.36; crédit 134-137, 144; testament 78 n.140
Josse Duranti d'Istres 202 n.46
Josse Vidas (maître Jusset Vice) 9, 47, 48, 92, 95, 97; onomastique 95-96 n.28
Josse Vitalis Avicdor de Carpentras 28, 31
Judah ben Nathan 196 n.21
Juiverie (quartier urbain de Salon-de-Provence, *Juzataria*) 6, 22-25, 81, 91-95, 105, 184
Juiverie (rue de Salon-de-Provence) 22, 58
juriste 130-133, 150-153
Jusset Bonafocii 47
Jusson de Tournon 10, 93, 144

Kalonymos ben Kalonymos d'Arles 3, 48
*ketoubâh* (*quessuba*, contrat de mariage) 15, 70, 202-204

laine 118, 122
Lamanon, B.-du-R., ar. Arles 18 n.28, 129 n.89 et 90, 147 n.105
Lamanon, Sancie, veuve de noble Bertrand de 97
Lambesc, B.-du-R., ar. Aix-en-Provence 14, 18 n.28, 128, 129 n.89 et 90, 143, 147 n.105, 149 n.108, 173
Lançon-de-Provence, B.-du-R., ar. Aix-en-Provence XIII, 18 n.28, 107, 129 n.90, 147, 149 n.108
Languedoc, province 10, 12, 16
Lattes (faubourg de Montpellier) 12
Léon Comprati 29, 46, 47, 48, 59, 65
Lialis, Guillaume 57
Lithuanie, pays 70
Lombard, Pierre 201
Louis III 64
Louis IV, roi 13

Macip Duranti d'Avignon 31, 35
Macipe, épouse de Bonin Urgerii d'Aix-en-Provence 32, 81
maison(s) 24-25, 81; transactions sur 91-95
Malaucène, Vaucluse, ar. Carpentras, ch.-l. c. 184
Mallemort, B.-du-R., ar. Arles 147 n.105, 149 n.108
Mandine, fille de Jacob Davini 34
Mandine, veuve de Cresquas Mosse 34, 134-135, 144
Manosque, Alpes-de-Haute-Provence, ar. Forcalquier, ch.-l. c. VIII, IX n.9, 13, 16; bien immobilier 90
marchand 74-76, 86, 106, 130-133, 172-173, 191
Marelli, Bernard, juge 199
mariage 156; cohabitation avec les parents 15-16; en Espagne 197 n.27; refus de 192-205; stratégies matrimoniales 73-74, 191-205
Marseille, B.-du-R., ch.-l. dép. XIII, 14, 16, 18 n.28, 96, 166, 198, 199, 203; crédit 128, 129, 143, 147 n.105; démographie XII, 67, 183; organisation communautaire 45, 64, 66
Martigues, B.-du-R., ar. Aix-en-Provence, ch.-l. c. 10, 147 n.105

Martini, Raymond 196 n.24
Massip Boniaqui de Carcassonne d'Arles 27, 96, 97, 199
Massip Davini 94
Massip de Sestiers de Montpellier 33
Massip Mosse 27
Massipe, épouse de Vital Abraam alias Atar et fille de Cresquas Rogeti 27, 79 n.145, 199
Maurette, épouse de Bellant Bonnani 28, 33
Maymonet Davini 47
Mayronne, épouse de Salomon Vitalis Cohen 28, 30, 78 n.140
Mayronnette, épouse d'Abramet Massipi 94, 134
Mazan, Vaucluse, ar. Carpentras 95
médecin 86, 106
Méir, fils de David de Capestang 3
Mel Dieulosal 32, 81
Mel Duranti de Lambesc 94
Mereuil, Hautes-Alpes, ar. Gap 201
mesure XVI-XVII
métier 74-76, 86, 129-133, 149-153
Meyrargues, B.-du-R., ar. Aix-en-Provence 9
migration XII, XIV, 3, 8-18, 92, 183
Miramas, B.-du-R., ar. Aix-en-Provence IX n.7, 18 n.28, 108; crédit 147 n.105, 149 n.108, 173
Moise ben Maimon, dit Maiomonide 195, 197 n.26
Moise de Salon 3
Moise de Villeneuve 67
Moise Tibbon 198
monnaie XVI, 4
Montémilar, Drôme, ar. Valence 10
Montpellier, Hérault, ch.-l. dép. 128, 129, 143, 147 n.105, 198 n.31
Morette, épouse de Boniac Petiti 29, 134-135, 144
mortalité 41
Mosse Abraam 27, 144
Mosse Astrugii Cohen d'Aix-en-Provence 27
Mosse Bondia Cohen 30
Mosse Gardi 27
Mosse Marnani de Marseille, maître 30
Mosse Maymoni de Berre 10, 40, 52, 134-136
Mosse Salamonis Cohen 30
moulin 51, 52, 62
Mouriès, B.-du-R., ar. Arles 14

Naples, Italie 198, 203
Narbonne, Aude, ch.-l. ar. 12, 14

Nathan Mordacaysii 193
Nathane, fille de Bellette, fille de Josse Vidas 28
noble 74-76, 130-133, 149-153
notaire 74, 130; registre de XIII-IX, XIII-XV, 7, 25-26, 108, 166, 168
Novare, Lombardie 201 n.41
Noves, B.-du-R., ar. Arles 9 n.1
numéraire 118-124, 133-138, 171-172; pénurie de 174, 186-187
nuptialité 38-39

oliveraie 57-58, 97, 98, 101-104, 123
onomastique 8-11, 95-96 n.28
Orange, Vaucluse, ar. Avignon 16
organisation communautaire 6, 185; voir aussi *universitas Judeorum*
Orgon, B.-du-R., ar. Arles, ch.-l. c. XIII, 14, 66, 129 n.89, 147 n.105, 149 n.108
orthodoxie 99-100

Paris, ville 201 n.41
pauvreté 20-21, 35, 49, 54, 56, 57, 152, 181, 186-187, 188, 201
paysan 74-76, 133, 150-153, 186-187
Pélissanne, B.-du-R., ar. Aix-en-Provence 129 n. 90, 143, 147, 148 n.108, 173
Pelligrini, Étienne 57
Pennes, Mirabeau (Les), B.-du-R., ar. Aix-en-Provence 147 n.105
Perpignan, Pyrénées Orientales, ch.-l. dép. VII, 12, 203; crédit 109, 164-165, 166-167; liens avec Salon 3
Perpignane, épouse de Bonanet Bellanti 33, 144
Pertuis, Vaucluse, ar. Apt, ch.-l. c. XII, 9, 129 n.90, 147 n.105
Peste Noire XI, XII, 183-184
Philippe le Bel, roi 13
Pinhane, veuve de Bonan Bellanti 134, 136
Pise, Italie 21
Place Neuve (rue de Salon-de-Provence) 22
Pologne, pays 70
Pontevès, Catherine, épouse de Guillaume de 61
Pontosii, Mermot 201
Porcherii, Jean, trésorier de Provence 68
Pourrières, Var, ar. Brignoles 73
prêt à l'intérêt 87, 109, 111-121, 126-138, 161, 168-171, 177, 186, 188; à l'investissement 121, 124, 181, 187-188; à la consommation 121, 187-188; obligatoire 63; sur gage 88

prêteur 92, 94, 106, 109, 124, 129, 133, 138, 142, 191
procureur 125; constitution de 87, 110; de créanciers 126, 141-146; de débiteurs 156-158, 176
Profach Boniaqui 29, 47, 79, 102-104, 107, 138; crédit 134-138, 144; fortune 80, 138
profession voir métier
Prophèque (Profiat) 3 n. 1
Prosa, Jean de 57
Provence, province VII, XII, XVII, 7, 21 n.40, 23, 50, 68, 81, 82, 91, 99, 184, 185; aumône 53; Basse IX, XI, 12, 13-14, 16, 147, 183; communautés juives de 64-68; comte de 62, 64-68, 81, 82, 185; conservateur des Juifs de 66; crédit 115; États de 113; Haute 12, 16; migration 11; monnaie XVI
Provinciale, épouse de Bonaffos Brunelli d'Apt 27
Puits de Jacob (place de Salon-de-Provence) 22
Puy-Engenier (quartier de Salon-de-Provence) XII, 25 n.54, 92, 94
Puy Sainte-Réparade (Le), B.-du-R., ar. Aix-en-Provence 147 n.105

quittance 87, 110, 124

Rabbenou Guerschom ben Juda 197
Rabbi Schlomo ben Isaac, dit Raschi 196 n.21, 197 n.28, 198
rabbin 3
Rachel, épouse de Jacob Davini 34
raisin 99-101, 171-172
Raymond, Guillaume, notaire 7 n.15
Raynaudi, noble Elzéar d'Arles 59
Raynaudi, noble Honorat d'Arles 52, 59
receveur et auditeur des comptes 44, 45
redevance 6, 62-63, 116, 185
Régniette, épouse d'Aymet Boniaqui 29
Reims, Marne, ch.-l. d'ar. 201 n.41
Reine, épouse de Bellant Bonani 33, 136, 144, 174
Reine, épouse de Bonan Thoni d'Istres 33
Reine, épouse de Jacob Josse 30
Reine, épouse de Mel Dieulosal 32
Reine, épouse de Salomon Vitalis Cohen 30
Reine (Régniette), épouse de Vital Cregudi 32, 35, 78 n.139, 81; crédit 134, 144
remboursement de dette 92, 97, 101, 102-103, 105, 110, 163-164, 171-172

René, roi 22 n.48, 66
Ricardi, Bertrand 57
Rique, épouse de Vital Abraam alias Atar 27
Riquette, épouse d'Aymet Boniaqui 29
Rivo, Pierre de, notaire 108
Rochechouart, Jean V de, archevêque 63
Rognac, Barthélémy, notaire XIV
Rognes, B.-du-R., ar. Aix-en-Provence 14, 147, n. 105, 148 n. 108
Rome, Italie 200
Roquemartine (voir aussi Eyguières) 9, 129 n.90
Rose de Veyne 193 n.14
Roussillon, province 12

Saconet de Lattes 27, 79 n.145
Saint-Cannat, B.-du-R., ar. Aix-en-Provence 147 n.105
Saint-Cézaire-sur-Siagne, Alpes-Maritimes, ar. Grasse 18 n.27 et 28
Saint-Chamas, B.-du-R., ar. Aix-en-Provence IX n.7, XII, XIII, 14, 108; crédit 129 n.89 et 90, 143, 147 n.105, 149 n.109
Saint-Jean, Jacques de 93
Saint-Martin-de-Crau, B.-du-R., ar. Arles XII
Saint-Maximin-la-Sainte-Baume, Var, ar. Brignoles, ch.-l. c. 128, 129, 143
Saint-Mître-les-Remparts, B.-du-R., ar. Aix-en-Provence XII, 129 n.89, 147 n.105, 148
Saint-Pourçain-sur-Sioule, Allier, ar. Moulins, ch.-l. c. 18 n.27 et 28
Saint-Claire de Marseille (monastère) 68
Salomon Astrugii Urgerii d'Aix-en-Provence 30, 32
Salomon ben Abraham ibn Adret 3 n.1, 61-62, 196
Salomon Bonaffocii de Draguignan 11, 33, 97, 106; crédit 134-136, 144
Salomon Bondia Cohent de Trets, maître 29
Salomon de Narbonne 28
Salomon, fils de Bondavin Comprati de Tarascon 29
Salomon, fils de Léon Comprati 29
Salomon Jacob de Digne 30
Salomon Vitalis Cohen 20, 29, 30, 40 n.74, 47; bien immobilier 102; crédit 134-136, 138, 144-145; fortune 80, 138; testament 78 n.140, 79
Salomonette, fille de Cresquas Rogeti 31, 199, 205 n.55
Salon, noble Hugue de, seigneuresse de Trets 81 n.158

Salves Astrugii Cassini 29
Salves Caracause 20, 40 n.74, 47, 49, 51, 63, 203 n.51; bien immobilier 92, 93; crédit 134-135, 144; testament 56, 57, 78 n.140
Salves Vitalis Manelli d'Avignon 29
Salvet Vitalis Cohen 20, 28, 30, 47
Salvette, épouse de Vital Vitalis Cohen et fille de Vidas Salves 28, 30, 80 n.150
Samuel de Marseille 3
Samuel de Médine de Salonique 49
Samuel de Ramerupt 196 n.21
Samuel de Salon 3
Samuel ibn Tibbon 197 n.27, 198, 203
Saragosse, Espagne 196 n.24
Sarrette (ou Sarone), épouse de Josse Vitalis Avicdor de Carpentras 31
sartre 86, 106
Saure, fille de Macip Boniaqui de Carcassonne 27, 96, 199
Scarpini, noble Audoard 94
Sénas, B.-du-R., ar. Arles 14, 18 n.28, 147 n.105
Sismone (ou Symette), épouse de Josep Jacob de Saint-Maximin 28
Sisteron, Alpes-de-Haute-Provence, ar. Forcalquier, ch.-l. c. 90
Sorette (Sara), épouse de Mosse Gardi 27
spéculation 115, 181
Spitalerii, Antoine 58
Stéphani, Antoine de Berre, prêtre 67
Ster, épouse d'Astruc Crescas de Bésaudun 36 n.63, 78 n.140, 79 n.141, 192
Ster (Sterette), épouse d'Ysac Josse et fille de Bonan Boniaqui 26, 31, 80, 180
Sterette, épouse de Boniaquet Aym 29
Sterette, épouse de Massip de Sestiers de Montpellier 33
Sterette, épouse de Salomon Astrugii Urgerii 32, 81
Sterette (ou Sarone), épouse de Josse Vitalis Avicdor de Carpentras 28
Suavis Rebolle, Sila 52
Suès (voir Lambesc) 14
Syme, épouse de Davinet Josse 34
Syme, épouse de Vital Bondia Cohen de Trets 30
Symette, épouse de Josep Jacob de Saint-Maximin 30
Symette, fille de Mosse Bondia Cohen 30
Symette, fille de Salomon Vitalis Cohen 30
synagogue 19, 20, 50, 51, 52
syndic 45, 65

Tarascon, B.-du-R., ar. Arles XII, 16, 23, 64-65, 66; bien immobilier 90-91, 95
terre 105, 123
testament(s) XIV-XV, 55, 77-81, 180; enfants dans 26-38; nombre de 78
textile 122
Thomanet, fils de Durant Thoni 33
Tolède, Espagne 197 n.26
Toulouse, Haute-Garonne, ch.-l. dép. 9, 152
Tournon, Ardèche, ch.-l. ar. 12
Trets, B.-du-R., ar. Aix-en-Provence, ch.-l. c. VII, 9, 13, 14, 38 n.68, 100; bien immobilier 95; crédit 128, 143
troc 110, 122, 181
Troyes, Aube, ch.-l. dép. 99, 198 n.29, 203 n.49

Uchaux, Vaucluse, ar. Avignon 9
*universitas Judeorum*, autonomie 82, 185; but 42; finances 19, 59-62; fonctionnement 43-47; nombre des actes 42-43; possessions 50-59, 62; représentants 43-50, 138, 185 voir aussi baylon, receveur et auditeur des comptes, conseiller et syndic
Uzès, Gard, ar. Nîmes, ch.-l. c. 9, 11 n.8

Vacquières, Hérault, ar. Montpellier XII
Valbonnette (voir Lambesc) 14
Valence, Drôme, ch.-l. dép. 149 n.108
Valence, Espagne 49, 196 n.24
Valréas, Vaucluse, ar. Avignon, ch.-l. c. 100-101
Vengussette, épouse de Bellant Davini del Castel de Sisteron 30
Ventabren, B.-du-R., ar. Aix-en-Provence 149 n.108
vente à crédit 87, 88, 110-120, 122-124, 133-138, 161, 168-172, 175, 177-178, 181, 187; voir aussi commerce
Verdache, révérend Jean 61
Vernègues, B.du-R., ar. Arles XII, 18 n.28, 129 n.89 et 90, 147, 149 n.108, 173
Vesbone, épouse de Compradet Comprati de Lattes 30
Veuve de Bongazas Cassini 79 n.141
Vidal Crescas 144
Vidalet Abraam de Carcassonne 79 n.145
Vidalet de Tournon 10, 144
Vidas (Videt) Salves, maître 28, 30, 35, 47, 95 n.28, 106, 139, 199 n.36; bien immobilier 97; crédit 134-137, 144; testament 78 n.140, 80 n.150
Vidas Samielli de Tarascon, maître 29

Vidon, fils de Bellant Bonani 33
vigne(s) 23, 95-101, 123; concentration des 98
village XII, 14, 147-149, 151, 173
vin 99-101
Vinas Ysac de Perpignan 33
Vinelli Nasci d'Avignon 203 n.51
vinification rituelle 99-100
Visan, Vaucluse, ar. Avignon 100-101
Vital Abraam alias Atar 27, 47, 78 n.139, 79, 107, 138, 199; bien immobilier 96, 97-98, 105; crédit 106, 134-137, 144-145
Vital Bondia Cohen de Trets 30
Vital Boniaqui de Borrian 29
Vital Cregudi (Creguti) 20, 24, 25 n.56, 32, 40 n.74, 107; baylon 46, 47, 48, 49, 51, 59, 67-68, 139; bien immobilier 92, 93, 97, 98, 102-104, 105; crédit 106, 134-138, 144-145; fortune 80-81, 137-138, 188; testament 35, 56, 57, 77-78, 79

Vital de la Garde d'Aix-en-Provence 55
Vital Josse 30
Vital Salomonis Cohen 30
Vital Vitalis Cohen 28, 30, 40 n.74, 107; crédit 135, 144-145
Vital Vitalis Cohen de Carpentras 28
Vitalis, Elzéar 60
voie d'exécution 181, 188

Ysac Josse 31
Ysac Josse d'Istres 31, 191, 194, 202 n.46, 204
Ysac Nathan d'Arles 32, 64, 66 n.133, 67
Ysac Urgerii d'Aix-en-Provence 32
Ysaquet Abraam de Perpignan 33, 144
Ysnardi, noble Catherine fille de Laurent 71-72

# Table des matières

Remerciements .................................... V
Introduction ..................................... VII
Monnaies et mesures .............................. XVI

### Première Partie:
### Les Juifs de Salon-de-Provence

Introduction ..................................... 3
1. La population juive de Salon-de-Provence ...... 8
   1. Lieux d'origine et migrations .............. 8
   2. Essai d'évaluation de la population ........ 18
   3. Caractères de la population ................ 25
2. La communauté ................................ 42
   1. L'*universitas Judeorum* et son administration interne ....... 43
      A. Ses représentants ....................... 43
      B. Possessions et aumônes de la communauté . 50
      C. Les finances de la communauté .......... 59
   2. Les fortunes des Juifs salonais ............ 68
Conclusion partielle ............................. 82

### Deuxième Partie:
### Le rôle économique des Juifs de Salon-de-Provence

Introduction ..................................... 85
3. Les activités professionnelles ................ 90
   1. Les investissements immobiliers ............ 90
      A. Les maisons ............................. 91
      B. Les vignes .............................. 95
      C. Les oliveraies .......................... 101
      D. Les autres biens immobiliers ............ 104
   2. Les activités autres que le crédit ......... 106
   3. Le crédit .................................. 107
      A. Formes et importance .................... 107
      B. Les créanciers .......................... 124

|   |   |
|---|---|
| C. Les débiteurs | 146 |
| D. Le délai de crédit | 158 |
| 4. Les activités de crédit de Bonan Boniaqui (1392-1399) | 166 |
| Conclusion partielle | 181 |
| Conclusion | 183 |
| Appendice: Une rupture de promesse de mariage: 1430 | 191 |
| Annexes | 207 |
| Pièces justificatives | 237 |
| Sources et bibliographie | 265 |
| Index | 289 |

### Liste des tableaux

|   |   |
|---|---|
| Tableau 1: Généalogie (Cregud Abraam de Berre) | 27 |
| Tableau 2: Généalogie (Vidas Salves) | 28 |
| Tableau 3: Généalogie (Boniac Petiti) | 29 |
| Tableau 4: Généalogie (Mosse Bondia Cohen, Vital Bondia Cohen, Josse Bondia Cohen) | 30 |
| Tableau 5: Généalogie (Boniac Davini) | 31 |
| Tableau 6: Généalogie (Cregud alias Ferrare Bendich, Dieulosal Bendich) | 32 |
| Tableau 7: Généalogie (Bonan Thoni d'Istres, Durant Thoni) | 33 |
| Tableau 8: Généalogie | 34 |
| Tableau 9: Nombre d'enfants par cellule familiale: A. D'après les testaments juifs; B. D'après les testaments chrétiens | 37 |
| Tableau 10: Actes concernant la communauté | 43 |
| Tableau 11: Fréquence des mentions des représentants de la communauté dans la documentation | 47 |
| Tableau 12: Sommes versées aux aumônes dans les testaments juifs (1391-1435) | 56 |
| Tableau 13: Répartition d'une contribution imposée aux Juifs de Provence (19 mars 1420 n.s.) | 64 |
| Tableau 14: Répartition de la contribution des Juifs de Provence (Orgon, 26 nov. 1446) | 66 |
| Tableau 15: Moyenne des dots par période: A. Dots juives; B. Dots chrétiennes | 72 |
| Tableau 16: Classification des dots par catégorie: A. Dots juives; B. Dots chrétiennes | 73 |

| | | |
|---|---|---|
| Tableau 17: | Classification socio-professionnelle: A. De ceux qui dotent la mariée; B. Des époux et de leurs familles | 75 |
| Tableau 18: | Somme des legs particuliers par catégorie | 78 |
| Tableau 19: | Nombre d'actes conservés par année | 108 |
| Tableau 20: | Nombre d'opérations par type | 109 |
| Tableau 21: | Reconnaissances de dettes | 111 |
| Tableau 22: | Importance des prêts dans l'ensemble des créances | 113 |
| Tableau 23: | Reconnaissances de dettes par année | 114 |
| Tableau 24: | Opérations par mois | 114 |
| Tableau 25: | Quantités mentionnées | 118 |
| Tableau 26: | Quantités de grains divers mentionnés | 120 |
| Tableau 27: | Quantités prêtées entre Chrétiens | 120 |
| Tableau 28: | Répartition des créanciers selon la religion | 125 |
| Tableau 29: | Répartition des prêts par des Chrétiens et des Juifs en nombre d'opérations | 126 |
| Tableau 30: | Classification des créanciers juifs salonais (1399): A: Prêts; B. Achats à terme; C. Ventes à crédit; D. Apurements de comptes | 134-136 |
| Tableau 31: | Nombre d'associés par type d'opérations | 139 |
| Tableau 32: | Fréquence des opérations dans la documentation et avec associations | 140 |
| Tableau 33: | Degré de parenté entre créanciers associés | 141 |
| Tableau 34: | Combinaisons de procureurs et de créanciers | 142 |
| Tableau 35: | Comparaison entre la fréquence d'apparition des Juifs salonais en tant que procureurs et créanciers dans les opérations où ces deux éléments se retrouvent (1391-1405) | 144 |
| Tableau 36: | Degré de parenté entre créancier et procureur | 146 |
| Tableau 37: | Répartition des débiteurs selon la religion | 153 |
| Tableau 38: | Combinaisons de débiteurs par type d'opérations | 154 |
| Tableau 39: | Nombre d'associés du débiteur par type d'opérations | 155 |
| Tableau 40: | Degré de parenté entre débiteurs associés | 156 |
| Tableau 41: | Combinaisons de procureurs et débiteurs | 157 |
| Tableau 42: | Degré de parenté entre débiteur et procureur | 158 |
| Tableau 43: | Délais de crédit (1391-1405) | 160 |
| Tableau 44: | Délais de crédit par type d'opérations | 161 |
| Tableau 45: | Délais de crédit dans les prêts entre Chrétiens | 163 |
| Tableau 46: | Remboursement des dettes | 164 |

| | |
|---|---:|
| Tableau 47: Nombre des actes du registre par année (Bonan Boniaqui) | 167 |
| Tableau 48: Nombre d'opérations par type (Bonan Boniaqui) | 168 |
| Tableau 49: Opérations par mois (Bonan Boniaqui) | 171 |
| Tableau 50: Quantités à rembourser (Bonan Boniaqui) | 171 |
| Tableau 51: Quantités de grains divers à rembourser (Bonan Boniaqui) | 172 |
| Tableau 52: Répartition des débiteurs selon la religion (Bonan Boniaqui) | 174 |
| Tableau 53: Combinaisons de débiteurs par type d'opérations (Bonan Boniaqui) | 175 |
| Tableau 54: Nombre d'associés du débiteur par type d'opérations (Bonan Boniaqui) | 175 |
| Tableau 55: Degré de parenté entre débiteurs associés (Bonan Boniaqui) | 176 |
| Tableau 56: Délais de crédit (Bonan Boniaqui) | 177 |
| Tableau 57: Délais de crédit par type d'opérations (Bonan Boniaqui) | 178 |

### LISTE DES CARTES ET GRAPHIQUES

| | |
|---|---:|
| Figure 1: Localisation de Salon-de-Provence | x |
| Figure 2: Mobilité géographique des Juifs de Salon | 12 |
| Figure 3: Aire de recrutement matrimonial Salon (1396-1435): A. Juifs; B. Chrétiens | 17 |
| Figure 4: Plan de Salon (XV$^e$ siècle) | 23 |
| Figure 5: Nombre d'enfants par famille | 37 |
| Figure 6: Classification socio-professionnelle: A. De ceux qui dotent la mariée; B. Des époux et de leur famille | 76 |
| Figure 7: Reconnaissances de dettes par année | 112 |
| Figure 8: Opérations par mois 1391-1405 | 116 |
| Figure 9: Lieux d'origine des créanciers juifs (1391-1405) | 127 |
| Figure 10: Lieux d'origine des créanciers chrétiens ayant traité avec des Juifs salonais (1391-1405) | 128 |
| Figure 11: Lieux d'origine des Chrétiens ayant prêté à des coreligionnaires (1391-1405) | 130 |
| Figure 12: Catégories socio-professionnelles des créanciers chrétiens (1391-1405) | 131 |
| Figure 13: Catégories socio-professionnelles des prêteurs chrétiens (1391-1405) (dans les prêts entre Chrétiens) | 132 |

Figure 14: Zone d'influence du crédit salonais (1391-1405) . 147
Figure 15: Catégories socio-professionnelles des débiteurs (1391-1405) .......................... 150
Figure 16: Catégories socio-professionnelles des emprunteurs chrétiens (1391-1405) (dans les prêts entre Chrétiens) ............................ 151
Figure 17: Délais de crédit (1391-1405) ............... 160
Figure 18: Délais de crédit par type d'opérations (1391-1405) 162
Figure 19: Opérations par mois (Bonan Boniaqui) ......... 170
Figure 20: Délais de crédit (Bonan Boniaqui) ............ 178
Figure 21: Délais de crédit par type d'opérations (Bonan Boniaqui) ................................... 179

DS 135 .F85 S3 1987

Wernham, Monique.  475196

La communaute juive de
Salon-de-Provence d'apres

DS 135 .F85 S3 1987

Wernham, Monique.  475196

La communaute juive de
Salon-de-Provence d'apres

**St. Mark's Library**
175 Ninth Avenue
New York, N.Y.  10011